JN045976

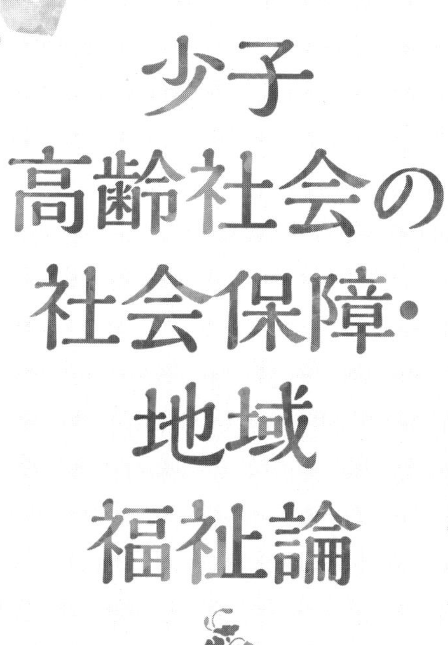

# 少子高齢社会の社会保障・地域福祉論

田中きよむ

中央法規

# はじめに

日本社会の少子高齢化が進行する下で，福祉政策の量的・質的ニーズが高まる一方，公共性と持続可能性を両立し得る福祉システムの再構築が重要な社会的課題になっている。

本書は，少子高齢化に関連する社会保障制度を中心にして，各分野における制度の基本構造をわかりやすく解説したうえで，行財政的な特徴分析や最新動向の分析をふまえつつ，今後の課題と方向を明らかにするものである。社会保障制度は，各制度が創設されたり改革が行われる社会的な背景をもち，財政・経済的な基盤によって成り立っているのであるから，そのような背景や基盤との関連構造を把握することが，社会保障制度を本質的に理解したり，今後の制度改革の方向を考えるうえで欠かせない。

そこで，本書では，社会保障制度の内容について，最新の動向を含めて詳しく理解できるだけでなく，各制度がどのような行財政構造によって成り立ち，その改革がどのような社会経済的な背景のもとで行われているのかをも理解できるようになっている。さらに，各制度がどのような課題をもち，どのようにすれば公共性を維持・発展させつつ，信頼される制度として持続していけるのかを考察する。その際，どのようなことが論点になっているのかをできる限り明快に示した。

本書は，年金，医療，介護，児童福祉，障害者福祉，生活保護というように，社会保障制度を幅広く取り上げ，各分野ごとに，基本的な仕組みから具体的にわかりやすく論述しているので，自分の関心のある分野から読んでもらうことができるようになっている。そして，広い範囲にわたって興味深く社会保障制度を理解することができるだけでなく，今後の福祉システムの課題と方向について，考えを深めてもらうことができるようになっている。

このように，本書は社会保障制度全般を詳しく理解できるようになっているので，大学・短大等の授業や，とりわけ各章の基本的制度構造を解説した部分については，社会福祉士や精神保健福祉士，介護福祉士，保健師や看護師の国家試験に向けた参考書として十分活用できるように配慮した。

第 1 章では，各論に入るに先立って，少子高齢化の社会状況をふまえたうえで，高齢化対策と少子化対策の基本的方向を見定める。

第 2 章では，年金制度の基本的な仕組みを解説したうえで，年金制度改革の焦点になっている負担と給付をめぐる問題について，主要な論点を示しながら，今後の課題について考察を加えている。

第 3 章では，医療保険制度や医療費の動向等について基本的な解説をしたうえで，高齢者医療システムなど,制度上の重要な課題になっている論点を取り上げ，今後の抜本的な改革方向を明らかにしている。

第 4 章では，介護保険制度の内容，構造を行財政面も含めて解説したうえで，介護保険法の改正を中心に，近年の動向をふまえた今後の課題と方向を明らかにしている。

第 5 章では，保育所制度，児童虐待防止対策，児童諸手当，育児休業制度について，制度の内容を解説するとともに，近年の動向をふまえた今後の課題と方向を明らかにしている。

第 6 章では，障害者福祉制度に関し，障害者の日常生活及び社会生活を総合的に支援するための法律（障害者総合支援法）を中心に，その基本構造を解説したうえで，近年の動向をふまえた今後の課題と方向を明らかにしている。

第 7 章では，生活保護制度とその関連制度に関して，低所得者や生活困窮者のための生活保障制度を含めて包括的に解説したうえで，生活保護制度等の今後の課題と方向について論じている。

第 8 章では，地域福祉（活動）計画に焦点を合わせながら，生活困窮者自立支援制度や虐待防止制度等とも関連する地域福祉施策・活動の動向分析と，地方における市町村単位の取り組みの類型化や地域単位の取り組みの事例分析を行った。社会保障と地域福祉が二律背反のようにとらえられる向きもあるが，決して相互に矛盾するものでもなく，一方の責任を他方に転嫁するものでもなく，住民，国民一人ひとりの生活課題を解決していくためには，社会保障による国と地方の公的責務（ナショナル・ミニマムとローカル・ミニマム）をしっかりと果たしつつ，その基盤上で，住民主体の地域福祉活動や地域づくり（シビル・ミニマム）が相乗的に機能することによって，福祉オプティマム（最適条件）に向けたベストミックスが実現していくものと考えられる。

田中きよむ

少子高齢社会の社会保障・地域福祉論◉目次

第1章

# 少子高齢化の社会状況

## 第1節 高齢化の社会状況と対応の基本視座

人口の高齢化と少子化は，いわばメダルの表と裏のような関係にあり，平均寿命の伸長に伴って高齢者人口が増加するのと並行して，年少人口が減少するという反比例の関係のもとで，人口の高齢化が進む。逆に言えば，高齢者人口が増加しても，それと同程度に年少人口が増加するならば，人口に占める高齢者人口の比重は高まらず，高齢化は進まない。高齢者人口の増加と年少人口の減少の同時進行が，人口の高齢化を促進する。

高齢化の一側面である高齢者人口の増加の要因として，平均寿命の伸長があげられる。厚生労働省「簡易生命表」によれば[(注1)]，戦後60年間で，男女とも平均寿命は図表1―1の通り大きく伸長しており，世界のトップレベルに位置して

図表1―1　戦後の男女の平均寿命の推移

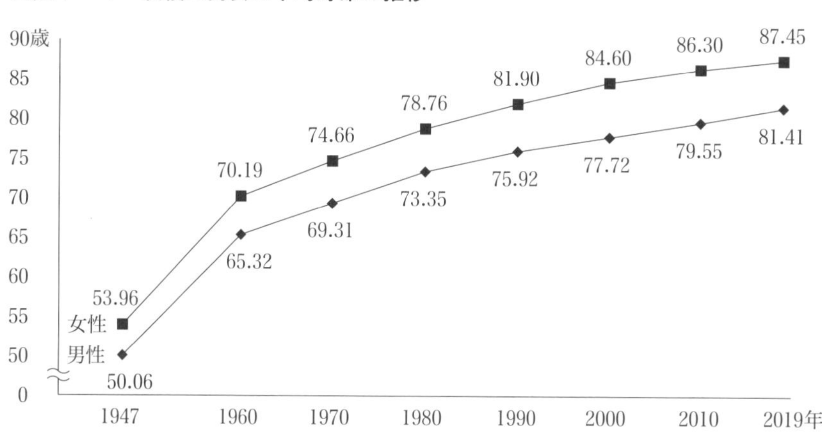


出典　厚生労働省「令和元年簡易生命表の概況」令和2年7月31日

いる（2017（平成29）～2019（令和元）年を中心とする比較では，女性は香港に次ぐ世界第2位，男性は香港，スイスに次ぐ第3位）。とりわけ，女性の平均寿命の伸長が著しく，男性との格差も，1947（昭和22）年の3.90歳から2019（令和元）年の6.03歳に拡大している。

平均寿命の伸長が高齢者人口の増大をもたらし，それに年少人口の減少が伴う場合，全人口に占める65歳以上人口の割合である高齢化率が高まる。平均寿命の伸長に伴って，65歳以上を高齢者とするとらえ方の見直しを求める気運が生まれつつあり，70歳や75歳で区切る方がよいとする世論や学会の提言(注2)が見られる一方，「人生100年時代」や「エイジレス社会」という表現もされるようになっているが，現在のところ公式の統計上は65歳で区切られている。一般的には，欧米先進諸国の状況をふまえ，高齢化率が7％台に達した社会は「高齢化社会（aging society)」，14％台に達した社会は「高齢社会（aged society)」，21％を超えた社会は「超高齢社会（ultra-aged society)」と称されている(注3)。

日本は，1970（昭和45）年に7％台，1994（平成6）年に14％台に達した後も，高齢化率が上昇し続けており，2007（平成19）年に21％台に到達した後，2019（令和元）年段階で28.4％を記録(注4)し，世界トップレベルの高齢国になっているが，さらに2036（令和18）年には33.3％，2065（令和47）年には38.4％に上昇すると推計されている(注5)。

都道府県別では，2019（令和元）年段階で，秋田県（37.2％)，高知県（35.2％)，島根県および山口県（34.3％）の順に高齢化率が高い県となっており，28道県で人口の3割以上が高齢者という状況にある(注6)。そのような県では，さらに市町村別に見ると，高齢化がいっそう進展している地域が浮かび上がる。例えば高知県では，2019（平成31）年1月現在で，34市町村のうち，50％台3自治体，40％台18自治体，30％台12自治体，20％台1自治体となっており，最も高齢化率の低い自治体である高知市（29.0％）でも，全国平均なみの水準にある(注7)。一方，長寿県であっても，逆に高齢化率は低い方に位置する典型的な県として沖縄県があげられる。100歳以上の人口比率および女性の平均寿命は長年，全国トップレベルにありながら，合計特殊出生率が相対的に高いため（2019（令和元）年段階で1.82であり全国1位(注8)），高齢化率はむしろ低い（2019（令和元）年段階で22.2％であり全国47位(注9)）。このことは，前述のように，寿命が伸長しても，少子化がそれほど進まなければ人口の高齢化が鈍化することを意味している。

高齢者人口の増加に伴って，要介護（支援）高齢者人口も増加する。65歳以上人口に相当する介護保険第1号被保険者数は，2242万2135人（2000（平成12）年度末）から3525万1602人（2018（平成30）年度末）へと1.57倍増加しているのに対し，同時期で，第1号被保険者の要介護（支援）認定者数は，247万982人（認定率11.02％）から645万2585人（認定率18.30％）へと2.61倍増加しており，要介護（支援）高齢者の増加ペースが高齢者の増加ペースより相当速いことがうかがえる。(注10)

そのような状況のなかで，要介護高齢者の増加を家族だけで受け止めることの限界・困難性が現れてきている。1つには，核家族化の進行と家族規模の縮小に伴い，同居介護の基盤が狭まりつつある。65歳以上の高齢者が子と同居している割合は，69.0％（1980（昭和55）年）→59.7％（1990（平成2）年）→49.1％（2000（平成12）年）→42.2％（2010（平成22）年）→35.9％（2019（令和元）年）と推移し，4割を割り込む一方，単身世帯または夫婦のみ世帯という高齢者は合わせて，28.1％（1980（昭和55）年）から60.0％（2019（令和元）年）へと6割に達している。(注11)そして，一世帯平均構成人員は，3.24（1980（昭和55）年）→2.98（1990（平成2）年）→2.66（2000（平成12）年）→2.38（2010（平成22）年）→2.15（2020（令和2）年）と減少してきている。(注12)同居率が下がり，家族介護の担い手の基盤が縮小するなかで，家族の仕事の都合などの制約が重なれば，家族だけによる介護が困難になる。

また，家族介護の主な担い手が女性に集中しているという現実がある。要介護者から見た主な介護者は同居者が58.4％を占めるが（2019（令和元）年），その内訳は，配偶者23.8％，子20.7％，子の配偶者7.5％となっており，同居介護者に占める女性の割合が65.0％を占めているという現状がある。(注13)しかし，年々，性別で見た女性の雇用者比率が高まり，(注14)女性の就労意欲が高まるなかで，そのような女性に家族介護の負担を求めることは，本人の自己実現や価値選択を妨げ，女性の労働力化による経済効率の観点からもマイナスの影響を生み出す。また，年齢別に主な同居介護者を見た場合，(注15)60歳以上の介護者は，男性で72.4％，女性で73.8％を占めており（2019（令和元）年），「老老介護」や

「認認介護」といわれるように，介護者側での高齢化が進むなかで，肉体的，精神的負担等の限界性が見られるようになっている。

それに関連して，医療水準の向上により救命技術は高まる一方，障害が残る状態が続き，介護が長期化・長時間化するという状況が生まれている。介護期間が長期化する一方で，同居介護者による介護時間が「ほとんど終日」19.3%，「半日程度」9.4%となっており（2019（令和元）年），各比率は2004（平成16）年時より，それぞれ2.3ポイント減少，1.5ポイント増加しており，また，要介護度が高い人ほど介護時間も長くなる傾向が見られる。(注16)

特定の家族が負担を負うことが要介護者との家族関係を壊すこともある。2005（平成17）年に高齢者虐待の防止，高齢者の養護者に対する支援等に関する法律（高齢者虐待防止法）が制定されたが，養護者（家族）による虐待と判断された件数は，図表1―2の通り推移しており，とくに2012（平成24）年度以降，増加傾向が見られる。(注17)虐待の種別・類型としては，2019（令和元）年度の場合，「身体的虐待」(67.1%)，「心理的虐待」(39.4%)，「介護等放棄」(19.6%)，「経済的虐待」(17.2%)，「性的虐待」(0.3%）の順になっている。(注18)同年度の被虐待高齢者の性別では「女性」が75.2%，要介護度別では「要介護1」が25.7%，「要介護2」が21.7%，「要介護3以上」が37.6%を占めている。たとえ善意で介護を引き受けても，いつまで続くともわからない状況のもとで，長期化に伴い1日当たりの介護時間も増加すれば，介護者の肉体的，精神的，経済的，時間的な負担は累積していく。とりわけ，被虐待高齢者から見た虐待者の続柄は，2019（令和元）年度の場合，「息子」が40.2%で最も多く，次いで「夫」が21.3%となっており，(注19)慣れない家事や介護を担いなが

**図表1―2　養護者（家族）による虐待と判断された件数**

| | | | | | |
|---|---|---|---|---|---|
| 2008年度 | 14,889件 | 2012年度 | 15,202件 | 2016年度 | 16,384件 |
| 2009年度 | 15,615件 | 2013年度 | 15,731件 | 2017年度 | 17,078件 |
| 2010年度 | 16,668件 | 2014年度 | 15,739件 | 2018年度 | 17,249件 |
| 2011年度 | 16,599件 | 2015年度 | 15,976件 | 2019年度 | 16,928件 |

出典　厚生労働省「『高齢者虐待の防止，高齢者の養護者に対する支援等に関する法律』に基づく対応状況等に関する調査結果」各年度

らも相談できず，仕事などとの両立にストレスを感じつつ行き詰まってしまう男性の様子がうかがえる。一方で，家族介護の担い手としては女性が多いが，因習的な家族意識が残存するなかで，とくに「嫁」が介護を担うことが当然視され，報いや謝意もないまま強いられる形をとる場合，精神的負担は大きくなる。

以上のような状況は，社会的な介護支援を必然化することになるが，介護保険制度や地域福祉システムが，要介護者の尊厳や自己決定を尊重しつつ[(注20)]，家族介護の負担軽減を図るうえで有効に機能しているかどうかが問われる。介護保険制度の導入背景，給付・負担の行財政構造，制度改革の動向を分析するとともに，今後の課題と方向を考察する必要がある（第5章参照）。

介護システムだけではなく，高齢化の進展に伴って，年金や医療システムも，必要なニーズを満たす公的責任に基づく公共性が問われるとともに，高齢世代と現役世代との公平性（世代間公平性）や持続可能性が問われることになる。高齢化の進展に伴って，現役世代の負担による高齢世代の扶養・給付という考え方を中心とする制度設計に限界が生じ始めており，世代間の公平性確保に向けた再検討が必要になっている。同時に，被扶養配偶者の負担問題に見られるような同一世代間の公平性（世代内公平性）や，高所得者と低所得者の間の公平性（垂直的公平性），職域間の負担・給付のバランス問題に見られるような同レベル所得者間の公平性（水平的公平性）といった各次元の公平性とともに，老後の生活保障制度として信頼され得る公共性が確保される必要がある。それらの総合的なバランスが可能な限り追求されずに一面的になる場合，制度の信頼を損なうことになる（第2章，第3章参照）。高齢化の進展とともに，より多くの人が年金，医療に対するニーズを長期的にもつとともに，その財政規模や経済に与える影響が大きくなるほど，公平性と公共性に対する国民の意識は敏感になる。それだけに，より多くの国民が納得できる福祉システムの再構築が大きな課題になる。

高齢化の進展は，福祉システムの財政負担問題を生み出す側面があるが，そのような面だけから必ずしも否定的にとらえる必要はなく，高齢者の生活需要に着目した地域経済や産業の振興により，雇用増から税収増につなぎ，生活密着型経済と財政の好循環をもたらす可能性もある。介護，看護，医療のほか，健康，住宅，食事，移動，旅行，レジャー，趣味，情報，生きがいづくり，就労など，高齢者の多様な需要に着目して，信頼関係に基づく誠実なサービス展開や機会の創出が図られるならば，高齢者の巨大市場を活かすことができるだろう。[注21] そのような生活に着目した地域経済の振興と併せて，安心して暮らせる地域づくりが求められている。例えば，デンマークでは，「自己決定の尊重」「残存能力の活用」「生活の継続性」という福祉理念（ノーマライゼーション）に基づき，要介護高齢者や障害者を含め，住民がその人らしい生活ができるまちづくりが行われてきている。

地域の実情とニーズに適合したまちづくりは，自治体と住民の自己決定によって可能になる。各自治体の実情に合わせた福祉ビジョンの策定，実行を進めるうえで，住民自身が主体的にかかわることが，住民のもつ潜在能力を発揮しつつ，住民のニーズと満足度に適合した地域づくりを形成することにつながる。また，健康づくりや予防を重視しつつ，保健・医療・福祉の連携などを図ることにより，住民のニーズに合わせた総合的で効率的な資源配分が可能になるばかりでなく，地域で元気に暮らせる期間をできる限り長くすることで，生活の質を高めることになる。そのことは結果的に，医療や介護の社会的コストの節減に資することにもなる。[注22] その場合の地域づくりとは，ハード面だけではなく，自主的な健康・生きがいづくりや，見守り，居場所づくりなど，人と人とのネットワーク形成のようなソフト面が重要になる。

「福祉」を軸とする地域づくりを進める場合，高齢者や障害者だけでなく，若者や子どもを含めた住民一人ひとりが魅力ある地域づくりを考える必要があり，住民全体にとって暮らしやすい「幸せ」なまち・むらづくりを考え，話し合い，実行することが地域の活性化につながる。必ずしも財政的に豊かでなくとも，知恵を出し合い，人が動くことで地域に活力が生まれる。そのことは，2000（平成12）年成立の社会福祉法（社会福祉事業法等の改正による）に規定された「地域福祉計画」の策定・実行にも活かすことができ，「住んでよかった，住み続けたい」まち・むらづくりに向けて，住民が自分たちでやりたいこと，できること，しなければならないことを考え，実行していくことが，地域の主体的な潜在能力を顕在化させ，生き生きとしたまちづくりを実現することにつながるだろう。[注23]

そのような地域づくりにおいて，高齢者にかかわる部分についても，要介護高齢者への対応だけでなく，比較的元気な高齢者が活躍できる機会や拠点を発掘する視点も重要になる。もちろん，独力では生活課題の解決が困難な要介護高齢者への社会的支援は不可欠であるが，高齢者全体から見れば要介護高齢者は2割程度を占め，残りの8割程度は元気な高齢者である。しかし，そのような多数派の人々が各自の能力や興味・関心を発揮できる機会が必ずしも十分にあるわけではない。特に日本の場合，高齢者の労働意欲が高いことが指摘されているが，65歳以上の男性労働力率で見ても（2019年），カナダ14.9%，フランス3.4%，ドイツ7.8%，イタリア5.1%，日本25.3%，イギリス10.9%，アメリカ20.2%というように，欧米諸国と比べても相対的に高い[注24]。また，高齢者の地域活動への参加状況も，例えば，直近1年間の自主的なグループ活動への参加経験度は，36.4%（1988（昭和63）年度）→54.8%（2003（平成15）年度）→59.2%（2008（平成20）年度）→61.0%（2013（平成25）年度）というように，増加傾向が見られる[注25]。そのような高齢者のエンパワメントの機会を創出していくことが，これからの時代において社会の活力を維持していくうえでも重要な意義をもつ。

同時に，要介護高齢者に対しても，保護的発想だけでアプローチすることは，本人の残存能力の発揮や主体的な意思の発信の可能性を見落としかねず，結果的に本人の尊厳を傷つけるということに注意しなければならない。もっぱらサービスを受けるだけの受け身的な存在というような偏見を取り除き，自己決定に基づく主体的な自己実現の条件づくりが求められる。

今日，「老人」という表現を避け，「高齢者」という表現が定着するようになっている。「老人」という表現には，マイナスイメージがつきまとうため，客観的表現に変えられるようになった。では，なぜ，マイナスイメージを伴うようになったのであろうか。『広辞苑』（岩波書店）によれば，「老」には，「としとること，としとった人」という意味のほか，「年功，経験を積むこと，物なれていること」という積極的な意味も含まれている。また，『英和辞典』（研究社）によれば，“age”には，「としをとる，ふける」のほか，「熟する」という積極的な意味の邦訳もある。「老」にも，“age”にも，それ自体としては，負のイメージを植えつける消極的な含意はない[注26]。

それゆえ，「老人」の語義というよりも，その語に伴う負のイメージが意識される反面，正のイメージが弱まったことにより，「高齢者」という，年齢の高さのみを示す表現に変えられたと考えられる。「老人」が負のイメージを伴う側面としては，心身機能の低下が周囲に与える影響や，新しいものを受け容れにくい，変化への適応や生活行動に時間がかかる，といったことが考えられるが，経験や熟練といった正のイメージが伴いにくくなった社会的背景として，いくつかの要因が考えられる。

まず，科学技術の高度化によって，伝統文化面などを別にすれば，伝承や熟練の意義が急速に低下している。また，核家族化の進行も，子や孫に高齢者との交流を少なくし，対話機会が減少することによって，高齢者のこれまでの「生きざま」や人生経験，現在の「もち味」をかみしめ，享受する機会を減少させる。そして，たまに会ったときの表面的な変化，印象で人格的判断をしてしまう。生活時間の加速化ということも考えられる(注27)。日本の高度経済成長期を経た経済大国化のプロセスのなかで，過度の身体的・精神的ストレスを伴う長時間・過密労働のもとでのゆとりのない暮らしという生活様式が否応なく根づいてきた。それに加えて，近年の携帯電話や電子メール，SNS（ソーシャル・ネットワーキング・サービス）等の普及により伝達・連絡や日程調整の速度が速まった反面，自然な時間の流れが人工的に破壊され，子どもから大人まで1日のスケジュールを敷き詰め，時間の「遊び部分」を失いつつある。いわば「次の約束」が間断なく結ばれていくために，時間に支配される。そのように加速する生活時間のレール上から見た場合，高齢者の緩慢な生活行動は否定的に映ってしまう。さらに，少子高齢化に伴う現役世代の社会保障負担増が，高齢世代への負のイメージを強めることになる。

それらの要因によって強まる負のイメージを避けようとする結果，形式的な年齢表現にすぎない「高齢者」が定着してきたと言える。しかし，この表現は，負のイメージの混入を避けようとする反面，前向きな人間関係を含意するものでもない。「お年寄り」という表現が用いられることもあるが，敬意を払いつつも，保護的対象というニュアンスがある。「熟年」という表現も一時流行したが，不自然なわざとらしさが否めない。最近では「シニア」という表現も見られる。これは，「高齢」というニュアンスを弱めるため，「年長」という表現に変えたという工夫が見られるが，年齢表現を修正しながら横文字で示したにすぎず，前向きな温かさを伴わない（英語表現に対する当事者の抵抗感も予想される）。自然で気さくな表現でありつつ，頼りにします，という積極的な敬意を示す表現としては，例えば「先輩住民」がよいのではないか（これは，生前の日本女子大学名誉教授・一番ヶ瀬康子氏からアドバイスされたものである）。

しかし，「先輩住民」を言葉のうえだけでなく，実質的に定着させるためには，偏見・差別意識（エイジズム）の払拭と社会環境の変化が求められる。WHO（世界保健機関）が「高齢者の六つの神話」の打破を提唱（1999年国際保健デー）したように，高齢者は何も貢献できず負担になるだけの同質的な集団ではなく，一人ひとりが多様なエネルギー，ニーズ，志をもっている。そのことを若い世代が実感するには，高齢者と正面から向き合い，じっくりと対話する交流の機会を増やす必要がある。(注28) そして，高齢化に伴う社会保障の必要性を負担面だけでとらえないためには，「逆手」の発想で積極的な高齢化対応型地域づくりを進めていくことが実践的な意義をもつ。(注29) そのためには，高齢者自身に主体性を発揮してもらう機会を創出するとともに，一人ひとりの高齢者が生き生きと安心して暮らせる条件・関係づくりに向けた事業者，行政，専門機関，社会福祉協議会，NPO・ボランティア団体，地域住民等の支援ネットワークが必要になる。

## 第２節｜少子化の社会状況と対応の基本視座

前節で述べたように，高齢化の進行の裏面には少子化の進行がある。少子化を測る代表的指標として合計特殊出生率がある。これは，15歳から49歳までの女性の年齢別出生率を合計したものであり，１人の女性が生涯において平均的に出産する子どもの数を意味する。

日本の合計特殊出生率は，戦後70年以上の推移を見ると，図表１－３の通り，1947（昭和22）年：戦後最高記録→1950（昭和25）年：初めての３台→1952（昭和27）年：初めての２台→1961（昭和36）年：初めての１台→1966（昭和41）年，丙午（ひのえうま）年：1.58→1973（昭和48）年：人口置換水

**図表1―3　合計特殊出生率の推移**

| 西暦 | 1947 | 1950 | 1952 | 1961 | 1966 | 1973 | 1989 | 1993 | 1997 |
|---|---|---|---|---|---|---|---|---|---|
| 合計特殊出生率 | 4.54 | 3.65 | 2.98 | 1.96 | 1.58 | 2.14 | 1.57 | 1.46 | 1.39 |
| 西暦 | 2003 | 2005 | 2010 | 2014 | 2015 | 2016 | 2017 | 2018 | 2019 |
| 合計特殊出生率 | 1.29 | 1.26 | 1.39 | 1.42 | 1.45 | 1.44 | 1.43 | 1.42 | 1.36 |

出典　厚生労働省「令和元年（2019）人口動態統計（確定数）の概況」

準を上回っていた最後の年→1989（平成元）年：丙午年を初めて下回った年→1993（平成5）年：初めての1.4台→1997（平成9）年：初めての1.3台→2003（平成15）年：初めての1.2台→2005（平成17）年：戦後最低記録というエポック・メーキングな時期を経て，2015（平成27）年）まで上昇傾向が見られた後，2019（令和元）年にかけて続落している[注30]。国際比較では，フランス1.88（2018年），スウェーデン1.76（2018年），アメリカ1.73（2018年），イギリス1.68（2018年），ドイツ1.57（2018年），イタリア1.29（2018年），韓国0.98（2018年）などとなっており，相対的に低い諸国のなかでも，日本は韓国やイタリアなどに次いで低い水準にある[注31]。

人口を維持するための水準（人口置換水準）としては，合計特殊出生率は概ね2.07の水準が必要とされている[注32]。男女2人から2人の子が生まれることが基本となるが，乳児が生まれてすぐに亡くなる可能性を考えると2よりやや大きい必要がある。そのような状況は1973（昭和48）年までで，その後は長期的には低落傾向が見られる。ただし，1966（昭和41）年は丙午年であり（「甲乙丙丁……」の十干と「子丑寅卯……」の十二支の組み合わせで，60年に1度のサイクルになる），女子を出産することがタブー視される言い伝えの影響により，合計特殊出生率が突出して低下した特異な年であった。しかし，1989（平成元）年に初めてこの最低記録が更新され，1.57を記録した（いわゆる1.57ショック）。その後も，合計特殊出生率は低下し続け，2005（平成17）年には過去最低を記録している。そのような少子化状況のもとで，出生中位推計によれば，日本人の人口は，1億2709万人（2015（平成27）年）から，9924万人（2053（令和35）年）と1億人を割り，さらに8808万人（2065（令和47）年）まで減少する見通しとなっている[注33]。

**図表１―４　出生率および出生数の推移**

| 西暦 | 1990 | 1995 | 2000 | 2005 | 2010 |
|---|---|---|---|---|---|
| 出生数 | 122万1585 | 118万7064 | 119万547 | 106万2530 | 107万1305 |
| 出生率 | 10.0‰ | 9.6‰ | 9.5‰ | 8.4‰ | 8.5‰ |
| 西暦 | 2015 | 2016 | 2017 | 2018 | 2019 |
| 出生数 | 100万5721 | 97万7242 | 94万6146 | 91万8400 | 86万5239 |
| 出生率 | 8.0‰ | 7.8‰ | 7.6‰ | 7.4‰ | 7.0‰ |

出典　厚生労働省「令和元年（2019）人口動態統計（確定数）の概況」

**図表１―５　年少人口（０～14歳）および年少人口比率の推移（各年10月１日）**

| 西暦 | 2013 | 2014 | 2015 | 2016 | 2017 | 2018 | 2019 |
|---|---|---|---|---|---|---|---|
| 年少人口 | 1639万人 | 1623万人 | 1595万人 | 1578万人 | 1559万人 | 1542万人 | 1521万人 |
| 比率 | 12.9％ | 12.8％ | 12.5％ | 12.4％ | 12.3％ | 12.2％ | 12.1％ |

出典　総務省統計局「人口推計」各年

少子化を表す別の指標である出生数と出生率（人口1000人当たりの出生数）で見ると，図表１―４の通り，2016（平成28）年以降，出生数は100万人を割り，出生率は８‰を割り，2019（令和元）年段階でも，出生数，出生率ともに戦後最低を記録している(注34)。また，いわゆる子ども人口である年少人口（０～14歳）および年少人口比率で見ると，図表１―５の通り，近年でも減少傾向が続き，2019（令和元）年段階でも，年少人口，年少人口比率ともに戦後最低を記録している(注35)。

このような少子化の背景として，いくつかの側面が考えられる。１つは，いわゆる晩婚化が進んでいることである。平均初婚年齢は，男性26.1歳・女性22.9歳（1947（昭和22）年）→男性27.2歳・女性24.5歳（1967（昭和42）年）→男性28.4歳・女性25.7歳（1987（昭和62）年）→男性28.5歳・女性26.6歳（1997（平成９）年）→男性30.1歳・女性28.3歳（2007（平成19）年）→男性31.1歳・女性29.4歳（2018（平成30）年）というように上昇しており，この間，男性が5.0歳，女性が6.5歳の上昇であり，特に女性の上昇程度が大きく，男性との差が3.2歳から1.7歳へ縮小する傾向にある(注36)。女性の場合，25～29歳の未婚率は，30.6%（1985（昭和60）年）→48.0%（1995（平成7）年）→59.9%（2005（平成17）年）→60.3%（2010（平成22）年）→61.3%（2015（平成27）年）と推移し，この30年間で2倍程度上昇しており，30〜34歳女性の未婚率では，10.4%（1985（昭和60）年）→19.7%（1995（平成7）年）→32.6%（2005（平成17）年）→34.5%（2010（平成22）年）→34.6%（2015（平成27）年）と推移し，この30年間で3倍以上上昇している。(注37)

初婚年齢の上昇は初産年齢の上昇につながる。第1子出生時の母の平均年齢は，26.7歳（1985（昭和60）年）から30.7歳（2018（平成30）年）に上昇しており，それだけ，その後の出生児数が制約されることになる。(注38)

初婚年齢の上昇につながる要因の1つとしては，女性の就業が進んできたことがあげられる。雇用者（勤め人）全体に占める女性比率は，31.7%（1965（昭和40）年）→35.9%（1985（昭和60）年）→41.3%（2005（平成17）年）→45.3%（2019（令和元）年）と推移し，4割強を占めるようになっている。(注39)女性の労働力率で見た場合（女性の年齢別に見て，仕事に就いている人とその意思をもって就職活動している人の合計が人口に占める割合），20〜24歳では，66.2%（1975（昭和50）年）→71.9%（1985（昭和60）年）→74.1%（1995（平成7）年）→69.8%（2005（平成17）年）→76.3%（2019（令和元）年）と，この40数年で10ポイント程度上昇しているが，25〜29歳では，42.6%（1975（昭和50）年）→54.1%（1985（昭和60）年）→66.4%（1995（平成7）年）→74.9%（2005（平成17）年）→85.1%（2019（令和元）年）と，この40数年で40ポイント以上上昇している。30〜34歳でも，43.9%（1975（昭和50）年）→50.6%（1985（昭和60）年）→53.7%（1995（平成7）年）→62.7%（2005（平成17）年）→77.5%（2019（令和元）年）と，この40数年で30ポイント以上上昇している。とりわけ20代後半の上昇が著しく，2002（平成14）年以降，20代前半と逆転している。(注40)

縦軸に労働力率をとり，横軸に年齢をとってグラフを描いた場合，日本の女性の労働力率は，M字型カーブを描き，学生時代を経て就職後，20代後半で最初のピークを迎え，結婚・出産・育児期間を通じて下降し，30代後半にボトムに達した後，子育てに手がかからなくなる40代後半の2度目のピークに向けて再就職などが進み，その後，最終的なリタイアに向けて労働市場から次第に撤退していくという傾向が見られる。しかし，上述のように，とくに20代後半，30代前半の就労意欲が高まっているうえ，30代後半のボトム水準も2004（平成16）年以降，上昇し続けており，M字型カーブの谷がそれだけ浅くなる形で変形し，富士山型に近づきつつある。

女性の労働意欲が高まる一方で，仕事と育児の両立が容易でない場合，両者はトレード・オフ（両立困難）の関係になり，結婚・育児を先に延ばして仕事を選択するということが行われる。未婚女性の労働力率（2019（令和元）年）は，25〜29歳で92.9％，30〜34歳で89.4％と高水準にあるが，同年の有配偶女性の労働力率は，25〜29歳で71.8％，30〜34歳で69.5％と，20ポイント程度低くなる(注41)。このことは，結婚に伴い自発的に離職している面もあるにせよ，仕事と育児の両立が容易ではない実態を映し出すものと言える。

出生動向基本調査によれば，1987（昭和62）年調査では，夫婦の平均理想子ども数2.67に対し，平均予定子ども数は2.23となっており，1997（平成９）年調査では，理想子ども数2.53，予定子ども数2.16，2005（平成17）年調査では，理想子ども数2.48，予定子ども数2.11，2010（平成22）年調査では，理想子ども数2.42，予定子ども数2.07，2015（平成27）年調査では，理想子ども数2.32，予定子ども数2.01となっている(注42)。理想出生児数と予定出生児数に差があるのは，理想に比べて現実の予定数を抑制していることの現れである。理想の子ども数をもたない理由としては，2015（平成27）年調査の場合，多い順に，「子育てや教育にお金がかかりすぎるから」（56.3％），「高年齢で生むのはいやだから」（39.8％），「欲しいけれどもできないから」（23.5％），「これ以上，育児の心理的，肉体的負担に耐えられないから」（17.6％），「健康上の理由から」（16.4％），「自分の仕事に差し支えるから」（15.2％）等となっている(注43)。年齢・身体的理由で出産が難しい事情を別にすれば，子育ての経済的，精神的，肉体的負担や仕事との両立の難しさが，理想の出産を抑制する要因になっていることがうかがえる。

少子化の進行に対して，出産を画一統制的に促したり，出産しない女性を非難視することは，時代錯誤であるばかりでなく，個々人の価値判断の自由を侵すことになる。その意味でも，個々人の価値判断に対して中立的な政策を維持しなければならないが，理想とする出生児数を現実には制限せざるを得ない社会環境があるとすれば，個人の選択の自由を妨げていることになる。その環境要因の1つに政策・制度で対応すべき社会的環境があるとすれば，個人の価値判断をゆがめる意味で非中立的な効果をもたらしていることになり，選択の自由を保障する環境整備が求められる。すなわち，少子化に対する政策介入の余地は，理想とする子どもの数を実現可能なものにする条件づくりにあると言える。

少子化の背景には，さらに，子どもをもつことへの意識の変化や，女性の社会参加に伴う収入への影響などがある。

農業などの第一次産業中心の時代には，子どもが家族を支える労働力として期待されることもあったが，1950年代半ばからの高度経済成長期を経るなかで，製造業などの第二次産業へ産業構造の中心が移り，さらに1970年代半ばからサービス業などの第三次産業へ産業構造の中心が移り，従事者の比重もそのようにシフトしてくるなかで，後継ぎとしての期待は薄れるようになった。また，年金制度が成熟化する反面，核家族化が進むなかで，子どもに経済的扶養を期待する意識も年々低下してきている。

そのように子どもをもつことの経済的必然性が低下するとともに，子どもをもつことは精神的満足の対象としての側面が強くなる。とくに若い世代ほど，社会的に一人前になる，といった社会的，世間的評価を意識した出産動機よりも，子どもがかわいいから，といった個人的な出産動機のほうが強くなる[(注44)]。

子どもを「授かる」という意識から「つくる」という意識へ変化し，子どもをもつことが選択的対象になることにより，社会的価値から個人的価値に重点が移り，究極的には「妊娠・出産を経験したいから」子どもを「つくる」という個人的価値に基づく選択をする人や，逆に「つくらない」という選択をする人もいるという指摘がある[(注45)]。DINKS（Double Income No Kids）という人々が増えているといわれるように，子どもをもつことが精神的満足の対象という側面が強くなると，他の精神的満足の対象との代替性が生じ，子どもをもつこと以外に楽しみが見出されることもある。

独身者の意識としては，「独身にとどまっている理由」としては，男女ともに，「適当な相手にめぐり会わない」が最も多い（25～34歳）という調査結果が明らかにされている[(注46)]。「適当な相手にめぐり会わない」という回答は，結婚相手を選ぶことに余裕が生まれているとも言えよう。とくに，女性の経済力が高まってくれば，自分の生活に関しては経済的に依存する必要性が減り，結婚することに精神的余裕が生まれる。(注47)

単に独身にとどまるだけでなく，収入を確保しながら支出を節約して経済的利益を追求するという行動をとる人もいる。学卒後も親と同居して基本的な生活を依存しながら，少しでも楽をしたいという考え方をもつ人であり，いわゆるパラサイト・シングルといわれる人々で，都市部を中心に増えているとして，そこから少子化を説明する立場もある。(注48)もっとも，景気の影響などにより，フリーターや非正規労働者など，若年層の就労が不安定化している面もあり，親に依存して生活せざるを得ない事情もあるだろう。(注49)

核家族化が進み，地域とのつながりが弱まるなかで，子育ての不安や相談が増え，子育てを必ずしも楽しいと感じない人も多くなっている。育児に関する質問を含む世論調査によれば，子育てを「楽しいと感じることの方が多い」という人が半数以下になっている。(注50)それだけ，子育てに対する社会的支援が必要になっていると言えよう。(注51)

以上のように，少子化と子育てをめぐる状況や意識をさまざまな角度から概観してきたが，それもふまえて，少子化の影響，原因，および対策の基本的方向をまとめよう（図表１―６）。

少子化が政策レベルで問題視される理由は，経済的側面と財政的側面がある。経済的側面としては，経済成長へのマイナス影響がある。経済成長率は，人口増加率と１人当たりの労働生産性によって規定されるので，労働生産性の上昇（技術革新）があまり期待できないとすれば，少子化による人口減少は，

**図表１―６　少子化の影響と要因**

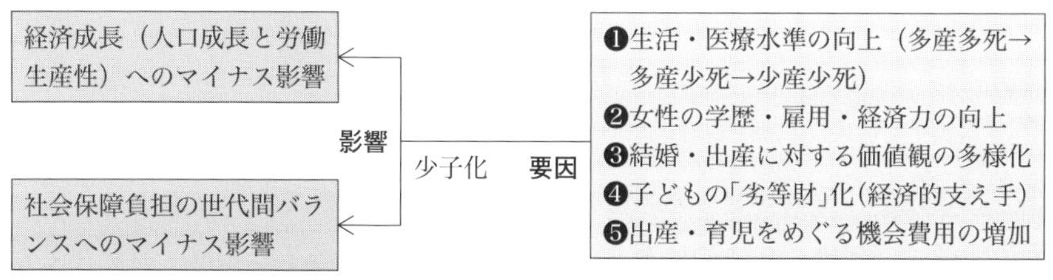

経済成長に対してマイナス影響をもたらす。[注52] 財政的側面では，年金などの社会保障負担へのマイナス影響がある。世代間再分配の性格が強い福祉システムのもとで少子高齢化が進むことは，受給側の高齢世代が増加し，負担側の現役世代が減少していくことを意味し，現役世代1人当たりの負担が大きくなっていき，世代間のバランスが崩れる可能性がある。

少子化の要因としては，❶生活・医療水準の向上，❷女性の学歴・雇用・経済力の向上，❸結婚・出産に対する価値観の多様化，❹子どもの「劣等財」化，❺出産・育児をめぐる機会費用の増加，という諸点があげられる。

戦後の大きな流れで見た場合，第一に，「生活・医療水準の向上」という点があげられる。一般的に，経済発展とともに，多産多死→多産少死→少産少死という変化が見られるが，日本の場合も，戦後の多産多死という状況から，高度経済成長期を経て多産少死という状況に変わる。生活水準や衛生・栄養面の改善に加えて，1961（昭和36）年から国民皆保険が実施され，医療機関の増加と医療水準の向上により乳児等の死亡率が減少したものと考えられる。そして，1974（昭和49）年には合計特殊出生率が人口置換水準を割り込み，それ以降，少産少死という状況が次第に明確になってくる。生活・医療水準の向上に伴って乳児等の死亡確率が小さくなるとともに，子どもの数が抑制されるようになる。

第二に，「女性の学歴・雇用・経済力の向上」があげられる。女性の学歴が高まり，前述の通り，雇用が進むことは，経済力が高まることを意味する。その結果，経済的扶養をあてにした結婚への切実感が弱まる一方，女性にとって仕事と育児の両立が困難であったり，仕事が軌道に乗るまで結婚を後回しにすること等により，晩婚化・晩産化が進む。

第三に，「結婚・出産に対する価値観の多様化」という点があげられる。第二にあげたように，女性の経済力が高まってくると，結婚に対しても余裕をもって考えることができるようになり，前述の通り，結婚したいと思う相手とめぐり会うまでは急ぐ必然性も小さくなってくる。

第四に，「子どもの『劣等財』化」という点があげられる。[注53] 産業構造の変化，核家族化，年金制度などの社会保障整備が進むなかで，一家を支える労働力，後継ぎ，老後の経済的扶養という期待がもてなくなることは，親を支える観点から，子どもが「劣等財」化すること，すなわち，子どもをもつことの経済的価値が小さくなることを意味する。その結果，前述の通り，精神的満足の対象という側面が強くなり，子どもをもつことが他の楽しみや生きがいとの代替性を帯び，絶対的要求ではなくなってくる。ただし，少子化の結果という側面から見れば，子どもが少なくなることは，家族人数の観点から，１人当たりの価値が稀少性をもつという意味で「稀少財」になる。子どもは少なくなる一方で，かえって子ども１人に対する費用や時間は多くかけられることになり，それが場合によっては，過保護に結びつくこともある。

第五に，「出産・育児をめぐる機会費用の増加」という要因があげられる。機会費用とは，代替的な機会が複数ある場合，ある機会を選択し，他の機会を放棄することによって失う逸失利益のことであり，ＡとＢという２つの選択肢がある場合，Ｂを選んだことによって逸する利益を意味する。例えば，独身で仕事をするという選択肢をＡ，それによって得られる収入をA1，支出をＡ２とし，結婚して育児をするという選択肢をＢ，それによって得られる収入をＢ1，支出をＢ２としよう。その場合，両者はトレード・オフの関係（両立困難）にあると仮定する。そして，独身で仕事を続けるＡよりも，結婚して出産・育児に集中するＢを選んだ場合，仕事で得られるはずの収入は減少する（Ａ１＞Ｂ１）。したがって，収入面だけで見た場合，Ａ１－Ｂ１が機会費用になる。純益という点から見れば，子育てコストが増大している状況のもとで，結婚・子育て費用を回避して独身を続けたほうが支出は少なくて済むと考えられるので，支出額はＡ２＜Ｂ２となり，（Ａ１－Ａ２）＞（Ｂ１－Ｂ２）となり，純益で見た機会費用は，（Ａ１－Ａ２）－（Ｂ１－Ｂ２）となる。

このような機会費用は，女性の学歴が高まり，経済力が向上するほど大きくなる。とくに育児との両立が困難である場合，結婚を選択することによる経済的デメリットは大きく感じられるので，それを選択することに慎重になる。上記の例で，収入面に限定して，Ａ１－Ｂ１で機会費用を考えた場合，それに関連する試算も行われている。[（注54）]

上記の例で，Ａを選択したうえで，さらに，Ａ１をできるだけ維持・蓄積しつつ，Ａ２をできるだけ節約するという行動をとる人もいるだろう。親と同居して，支出を「節約」し，収入は自分のものとして確保したいとする若者に対して，「稀少財」化した子どもを過保護化して，それをあえて許容する親がいれば，パラサイト・シングル的な行動が可能になる。

上記の例では，仕事と育児の両立が困難であると仮定したが，現実にも，両立が容易でない状況がある。それが理由で，結婚や育児へのためらいが生まれるとすれば，両立の余地を広げることによって個人の選択の幅を広げ，社会的効用を高めることになる（ワーク・ライフ・バランス）。とくに未婚女性の場合，再就職以上に就業継続を希望する割合が高くなっており[(注55)]，個人の価値判断の自由を侵さない範囲で社会的環境を改善することが，少子化対策としてとり得る最低限度の方向になる[(注56)]。それは，前述のように，理想とする子どもの数を実現する条件を整えることにも通ずる。経済的側面だけに限っていえば，上記の例では，Ａ１を維持しつつ，Ｂ２を抑制することを意味する。

仕事と育児の両立，あるいは機会費用の抑制に向けて，とり得る方向としては，政策レベル，職場レベル，家庭レベル，地域レベルでの対応が考えられる。政策レベルでは，保育所，児童諸手当，育児休業，教育・住宅費などに関する改善策が考えられる。保育所に関しては，保育所の量的な整備だけでなく，機能的，質的な向上を図るなどして，保護者側のニーズとの乖離を埋めていく必要がある。児童諸手当の給付水準や育児休業中の賃金補償水準を，子育て費用の実質的な軽減や育児休業の取得（とくに男性）が可能な水準になるよう改善することも考えられる。教育・住宅費用に対する社会的支援を強めることも考えられる。

職場レベルでは，育児休業をとりやすい環境をつくり，仕事の継続を可能にする条件を整えたり，子どもが幼少時の労働時間の弾力化を柔軟に認めたり，職場内託児の条件を整えたりすることが考えられる。

政策レベルや職場レベルだけでなく，家庭レベルでの対応も重要になる。女性の外での仕事の機会が多くなるにつれて，家庭労働と併せた総労働時間は女性の方が多くなりつつある。それにもかかわらず，男性側が，家事，育児，介護は妻や嫁がやるべきだという因習的な意識から抜け切れていなかったり，意識の変化が見られる場合でも行動が伴わない場合，女性側の負担は大きくなって，男女間の負担は不公平なものになり，仕事との両立が難しくなる[(注57)]。今後，いっそう，女性の社会参加が進む状況のもとで，夫婦間のパートナーシップに

基づく家庭内の公平なワーク・シェアリングが必要になる。(注58)

さらに，核家族化や地域のつながりが希薄化するもとで，子育てに対する不安や悩みが増えていることを考えれば，地域における意識的な子育て支援も重要になる。地域における子育て支援ネットワークの構築・強化や子育てサークルの開設，子育て相談や子ども自身の悩みの相談の窓口・手段・担い手の拡充，保育所の地域子育て支援機能の充実や共生型居場所づくり(注59)，スクールソーシャルワーカーの拡充と安定的配置などが考えられる。地域の人的資源を発掘・育成しながら，子育てを支援する地域のネットワークを築く方向である。そのことは，今日，拡大・深刻化している虐待，非行，不登校，いじめ，ひきこもり，家庭の養育問題などに対しても，地域のなかで早期に解決していく手がかりになる。

（注）

1　厚生労働省「令和元年簡易生命表の概況」令和２年７月31日

2　日本老年学会・日本老年医学会「日本老年学会・日本老年医学会「高齢者に関する定義検討ワーキンググループ」報告書」（2017年）によれば，65～74歳を「準高齢者（pre-old)」，75歳以上を「高齢者（old)」，さらに超高齢者の分類を設ける場合，90歳以上を「超高齢者（oldest-old，super-old)」と称する提言が行われている。

3　ただし，これらの用語には，厳密な基準や根拠が定まっているわけではない（杉原直樹・高江洲義矩「高齢化社会をめぐる用語の意味するもの」『老年歯科医学』第15巻第１号，10～13頁，2000年）。

4　内閣府『令和２年版高齢社会白書』2020年

5　国立社会保障・人口問題研究所「日本の将来推計人口（平成29年推計)」（2017年）による出生中位推計である。

6　総務省統計局「人口推計（2019年（令和元年）10月１日現在)」

7　高知県総務部統計分析課「令和元年度版県勢の主要指標」

8　厚生労働省「令和元年（2019）人口動態統計（確定数）の概況」令和２年９月17日

9　前掲６

10　厚生労働省「介護保険事業状況報告（年報)」平成12年度，平成30年度

11　内閣府『平成26年版高齢社会白書』2014年および厚生労働省「2019年　国民生活基礎調査の概況」令和２年７月17日

12　総務省「住民基本台帳に基づく人口，人口動態及び世帯数」各年による。なお，国立社会保障・人口問題研究所「日本の世帯数の将来推計（全国推計)」（2040（平成30）年推計）によれば，一般世帯の平均世帯人員は2015（平成27）年の2.33人から2040（令和22）年の2.08まで減少するものと推計されており，同期間で，世帯主が65歳以上の「単独」世帯は625万世帯から896万世帯へ1.43倍増加し，世帯主が75歳以上の「単独」世帯は337万

世帯から512万世帯へ1.52倍増加するものと見込まれている。

13　「2019年　国民生活基礎調査の概況」

14　雇用者総数に占める女性比率は，1985（昭和60）年の35.9％から2019（令和元）年の45.3％へ上昇し続けている（厚生労働省「令和元年版働く女性の実情」）。

15　前掲「2019年　国民生活基礎調査の概況」

16　前掲「2019年　国民生活基礎調査の概況」

17　厚生労働省「『高齢者虐待の防止，高齢者の養護者に対する支援等に関する法律』に基づく対応状況等に関する調査結果」（各年度）を参照。なお，介護保険制度施行後も残されている家族介護問題については，春日キスヨ『介護問題の社会学』（岩波書店，2001年）を参照。

18　厚生労働省「令和元年度『高齢者虐待の防止，高齢者の養護者に対する支援等に関する法律』に基づく対応状況等に関する調査結果」

19　同上

20　虚弱高齢者の自己決定支援の場合，それが「主体性」や「関係づくり」などと関連していることが明らかにされている（笠原幸子・畑智恵美「虚弱高齢者の自己決定を尊重した介護福祉士の実践構造と関連要因」『厚生の指標』第68巻第1号，2021年）。

21　田村安興・田中きよむ・白石功「高知県における高齢化対応型産業の実態と展望」四銀キャピタルリサーチ，2002年，高知県社会福祉協議会「シニア世代のセカンドライフ実態調査結果」2011年。また，高齢社会のあり方を消費，住まい，健康，就業，社会参加などから多面的に探ったものとして，エイジング総合研究センター編著『大転換期　日本の人口事情―少子高齢社会の過去・現在・未来―』（中央法規出版，2014年）を，高齢者の実態から政策課題を明らかにしたものとして，河合克義「高齢者の実態からみえてくる政策課題」（『経済』第277号，2018年）を参照。

22　水谷利亮・田中きよむ・玉里恵美子・時長美希『「介護保険」から「保健福祉のまちづくり」へ』自治体研究社，2001年

23　田中きよむ「地域福祉計画・地域福祉活動計画をめぐる高知県の動向と課題」高知大学経済学会『高知論叢』第82号，2005年，田中きよむ・水谷利亮・玉里恵美子・霜田博史「限界集落における孤立化防止と共生の居場所づくり・地域づくり」高知大学経済学会『高知論叢』第108号，2013年，田中きよむ・水谷利亮・玉里恵美子・霜田博史『限界集落の生活と地域づくり』晃洋書房，2013年，田中きよむ「地域福祉（活動）計画と住民主体のまち・むらづくり―高知県内各市町村の取り組み―（上・下）」『ふまにすむす』第25号・26号，2014年・2015年，田中きよむ・霜田博史「地域福祉（活動）計画とその持続性に関する一考察」『高知論叢』第115号，2018年

24　OECD Statistics（http://stats.oecd.org/）

25　内閣府「高齢者の地域社会への参加に関する意識調査」各年度

26　「老＝考」ととらえ，高齢者の考え，判断する力に着目しつつ，イメージの転換を示唆するものとして，金子勇編著『高齢化と少子社会』（ミネルヴァ書房，2002年）序章（金子）を参照。他方，高齢期に発生する生活問題のとらえ方を示すものとして，社会保障政策研究会『社会保障改革を読み解く』（自治体研究社，2017年）第8章（小川栄二）を参照。

27　広井良典『定常型社会』（岩波書店，2001年）から示唆を得た。

28　大友信勝監・編著『講座・私たちの暮らしと社会福祉　高齢者の生活と福祉―高齢者福

祉入門―』(中央法規出版，1999年）３講（大川一郎）を参照。

29　社会に支えられる高齢者から社会を支える高齢者という発想の転換（人口ピラミッドの逆三角形から正三角形への転換）により，積極的な地域づくりを展開している地域事例として，広島県安芸高田市川根地区の取り組みがある（田中きよむ「安芸高田市川根地域の住民主体の地域づくり」『ふまにすむす』第24号，2013年)。また，今日の人口現象を経済社会から位置づけるのではなく人間社会の発展としてとらえ直す視点も示唆されている（エイジング総合研究センター編著『大転換期　日本の人口事情―少子高齢社会の過去・現在・未来―』中央法規出版，2014年)。

30　厚生労働省「令和元年（2019）人口動態統計（確定数）の概況」

31　厚生労働省「令和元年（2019）人口動態統計月報年計（概数）の概況」

32　国立社会保障・人口問題研究所「人口統計資料集（2020)」表４－３

33　国立社会保障・人口問題研究所「日本の将来推計人口（平成29年推計)」

34　前掲「令和元年（2019）人口動態統計（確定数）の概況」

35　総務省統計局「人口推計」各年

36　内閣府『平成23年版　子ども・子育て白書』2011年，厚生労働省「平成25年人口動態統計月報年計（概数）の概況」，内閣府『令和２年版　少子化社会対策白書』2020年

37　前掲『平成23年版　子ども・子育て白書』，内閣府『平成26年版　少子化社会対策白書』2014年，前掲『令和２年版　少子化社会対策白書』

38　前掲『令和２年版　少子化社会対策白書』。なお，1990年代以降，夫婦の出生力に低下の兆しがみられることが指摘されている（毎日新聞社人口問題調査会編『少子高齢社会の未来学』論創社，2003年，第Ⅲ章（高橋))。実際，夫婦の完結出生児数は，2010（平成22）年に初めて２人を割る（1.96）に至った（国立社会保障・人口問題研究所「第15回出生動向基本調査（結婚と出産に関する全国調査)」2015年)。一方，いわゆる「増田レポート」と総称される一連の増田寛也らの研究（増田寛也＋人口減少問題研究会「壊死する地方都市」『中央公論』2013年12月号，日本創成会議・人口減少問題検討分科会報告「成長を続ける21世紀のために『ストップ少子化・地方元気戦略』」2014年５月８日，増田寛也＋日本創成会議・人口減少問題検討分科会「ストップ『人口急減社会』」『中央公論』2014年６月号，増田寛也『地方消滅』中央公論新社，2014年）においては，2010（平成22）～2040（平成52）年の間に20～39歳の女性人口が５割以下に減少する896自治体を「消滅可能性都市」，とくに2040年時点で人口が１万人を切る523自治体は消滅可能性が高いと結論づけ，「希望出生率」1.8，人口置換水準2.1の実現を段階的に目指す「総合戦略」が必要だとしている。ただし，これらの研究に対しては，田園回帰の動向や政策動向との関係，導出論拠をめぐる批判もある（小田切徳美「『農村たたみ』に抗する田園回帰」・坂本誠「『人口減少社会』の罠」『世界』2014年９月号)。また，人口減少社会危機論や「第二増田レポート」の示唆する規制緩和の方向性を批判的にとらえるものとして，平岡和久『人口減少と危機のなかの地方財政』(自治体研究社，2020年）第２章を参照。

39　厚生労働省雇用均等・児童家庭局編『平成16年版　女性労働白書』2004年，同『女性労働の分析　2012年』，前掲「令和元年版働く女性の実情」

40　内閣府編『男女共同参画白書　平成21年版』2009年，前掲『女性労働の分析　2012年』，前掲「令和元年版働く女性の実情」

41　前掲「令和元年版働く女性の実情」。ただし，2009（平成21）年では，未婚女性の労働力率は，25～29歳で91.8％，30～34歳で90.6％であるのに対して，同年の有配偶女性の労働力率は，25～29歳で53.3％，30～34歳で53.2％であったので，この10年で有配偶女性の

労働力率がかなり高まってきている。

42　国立社会保障・人口問題研究所「出生動向基本調査（結婚と出産に関する全国調査）」各年

43　前掲「第15回出生動向基本調査」

44　経済企画庁国民生活局「平成9年度国民生活選好度調査」。また，子どもをもつ理由は，未婚者・夫婦ともに「子どもがいると生活が楽しく豊かになるから」が7～8割と圧倒的に多く，「子どもをもつことで周囲から認められるから」という回答は1割未満であることが明らかにされている（前掲「第15回出生動向基本調査」）。

45　柏木惠子『子どもという価値』中央公論新社，2001年

46　前掲「第15回出生動向基本調査（独身者調査）」2015年

47　「結婚することには多くの夢がある」と思う人は，男性（68.6％）より女性（63.3％）のほうが少なく，「結婚しなくても，豊かで満足のいく生活ができる」と思う人は，男性（26.4％）より女性（33.4％）のほうが多い（内閣府国民生活局「平成16年度国民生活選好度調査」，いずれも「全くそう思う」と「どちらかといえばそう思う」の回答合計）。

48　山田昌弘『パラサイト・シングルの時代』（ちくま書房，1999年）を参照。さらに，山田は，「リスク回避」と「世間体重視」の日本人特有の価値意識に日本の少子化のポイントがあることを指摘している（山田昌弘『日本の少子化対策はなぜ失敗したのか？』光文社，2020年）。なお，小塩は，若者の「結婚離れ」が少子化の原因であることを仮説的に提起している（小塩隆士『18歳からの社会保障読本』ミネルヴァ書房，2015年）。

49　なお，岡沢は，理想の子ども数より予定数が少ない理由として，経済的，心理的，肉体的負担等の理由以外に，「未来が不透明で，不安感が大きいから」を加える必要があるとして，国際比較の視点から政策対応の選択肢をあげている（岡沢憲芙・小渕優子編著『少子化政策の新しい挑戦』中央法規出版，2010年，序章）。

50　内閣府「国民生活に関する世論調査」2002年によるが，2003（平成15）年以降は，育児に関する調査項目は設けられていない。なお，「子育ての楽しみの増幅」という視点から少子化対策の方向性を示唆したものとして，越智祐子・村上寿来「『子育ての楽しみ』要因と少子化対策の可能性―兵庫県を事例とした探索的分析から―」『厚生の指標』第56巻第7号，2009年を参照。

51　妻が就業継続の場合，1～3歳以上の子をもつほぼすべての夫婦が制度・施設または子の祖母の支援を援用しており，専業主婦（再就職型を含む）でも子育て支援がないと出生意欲は低いことが明らかにされている（国立社会保障・人口問題研究所「第14回出生動向基本調査（夫婦調査）」2010年，前掲「第15回出生動向基本調査（夫婦調査）」）。

52　ただし，人口減少は環境に対しては親和的関係にあり，むしろ，人口・経済の成長を前提としてきた社会システムを見直すべきとする考え方もあり，少子高齢化に関しても，「子どもと高齢者」の人口に占める割合は戦後，増加し続けており，「地域」とのかかわりが強い人々であることから，コミュニティの重要性が示唆されている（前掲・広井『定常型社会』，広井良典・小林正弥編著『コミュニティ』勁草書房，2010年，広井良典『人口減少社会という希望』朝日新聞出版，2013年）。また，1人当たり生産性の向上等を通じて豊かさを実現することが可能とする見方もあり（原田泰『人口減少の経済学』PHP研究所，2001年），マクロ経済や労働供給への影響は悲観論と楽観論が併存している状況にある（京極髙宣・髙橋重郷編『日本の人口減少社会を読み解く』中央法規出版，2008年，第8章）。

53　「劣等財」および後述の「稀少財」「機会費用」という経済用語を少子化の文脈で用い

ることについては，島田晴雄編著『高齢・少子化社会の家族と経済』NTT出版，2000年，11章（筒井晶子）から示唆を得た。

54　内閣府「家族とライフスタイルに関する研究会報告」（2001年）によれば，短大卒の女性の生涯賃金で比較した場合，就業を継続する場合に比べて，退職して正社員として再就職した場合は7200万円の逸失利益が発生し，退職してパートとして再就職した場合は１億8600万円の逸失利益が発生するという。再就職ではなく専業主婦を続ける道を選んだ場合には，さらに大きな逸失利益が発生するであろう。

55　前掲「第15回出生動向基本調査（独身者調査）」（2015年）によれば，未婚女性のうち，結婚・出産の機会にいったん退職し，子育て後に再び仕事をもつ「再就職コース」を理想とする回答割合は34.6％に対して，就業継続を理想とする回答割合は42.2％（結婚し子どもをもつが仕事も一生続ける「両立コース」32.3％，結婚するが子どもはもたず仕事も一生続ける「DINKSコース」4.1％，結婚せず仕事を一生続ける「非婚就業コース」5.8％）となっている。

56　仕事と子育ての両立支援が，男女共同参画の促進，労働力不足への対応，少子化対策として有効であるとの指摘（阿藤誠「少子化と子育て支援策」『生活と福祉』第646号，2010年）や，同様に，現金給付よりも，保育サービス等による仕事と育児の両立支援策等を重視する見方（椋野美智子「少子化対策の課題と展望―少子化対策としての子ども・子育て政策―」『週刊社会保障』第2592号，2010年）がある。

57　６歳未満の子をもつ共働き世帯の夫の１日当たりの家事・育児・介護時間は84分であるのに対して，妻は370分となっており（2016（平成28）年），４倍以上の差が見られる（内閣府『男女共同参画白書　令和２年版』）。

58　ただし，男性の家庭労働への参加を妨げる要因として，長時間の雇用慣行の存在も指摘されている（前掲・金子『高齢化と少子社会』の第２章（白波瀬佐和子））。なお，少子化現象を日本社会のジェンダー構造，価値意識，コスト感の基軸から分析したものとして，目黒依子・西岡八郎『少子化のジェンダー分析』勁草書房，2004年を参照。少子化問題から労働やジェンダー平等社会のあり方を問うものとして，友寄英隆『「人口減少社会」とは何か』学習の友社，2017年を参照。また，ドイツと比較しながら，日本では出産後主婦モデルが依然として維持されている背景として就業と育児が男女ともに可能となる働き方の柔軟化が進んでいないことを指摘したものとして，田中洋子「主婦モデルから就業―ケア共同モデルへ？―出産後の就業継続をめぐる日独の比較―」（『社会政策』第12巻第１号，2020年）を参照。

59　居場所づくりについては，柳下換・高橋寛人編著『居場所づくりに必要なこと―子ども・若者の生きづらさに寄りそう』（明石書店，2019年）を参照。

第2章

# 年金システムの制度分析

## 第1節 年金保険制度の構造

### 1——— 年金の全体構造

今日，年金制度に対する国民の関心が高まっている。それは，不安や不満を含め，とくに老後の生活に対する強い関心の現れと言えよう[注1]が，平均寿命の伸長とともに，多くの人にとって老後の生活が大きな比重を占めるようになり，高齢化に伴って，その財政規模が経済に与える影響が大きくなっていることも背景にあると考えられる。

年金の財政規模や国民の負担の程度を表現する場合，国民所得を基準にして説明することができる。付加価値（賃金と利潤）の総和を国民所得というが，国民所得に対する税金＋社会保険料の割合を国民負担率という。これは，2018（平成30）年度実績で44.1％であるが，一方，社会保障給付費が国民所得に占める割合は，同年度で30.1％となっている[注2]。すなわち，国民所得の4割以上が保険料や税金という形で徴収され，そのうちの7割近くが社会保障給付費に使われている現状にある。

社会保障給付費の実額は，2018（平成30）年度で121兆5408億円（1人当たり96万1200円）であり，その内訳は，年金給付費55兆2581億円，医療給付費39兆7445億円，福祉その他の給付費26兆5382億円（その他の給付費のうち介護対策給付費が10兆3872億円を占める）であり，それぞれの財源構成比は，年金45.5％，医療32.7％，福祉その他21.8％（介護のみで8.5％）である[注3]。

以上のように，現状では，国民所得のうち4割強が保険料や税金として負担され，そのうちの7割弱相当分が社会保障給付費として財政支出され，さらに，そのうちの5割弱が年金保険給付費に充てられている。社会保障給付費の財政負担が大きくなるなかで，年金保険給付費がその半分近くを占めていることからも，その負担と給付のあり方は，国民生活と国民経済において大きな意味をもつことがわかる。

以下，本節では，年金保険制度の基本構造を解説したうえで，制度改革をめぐる論点を次節で取り上げ，今後の方向を考えたい。

支給事由別（給付目的別）に見た年金の種類は，老齢年金，障害年金，遺族年金に分かれる。老齢年金は，退職後の収入の不足を補うことを目的とし，原則として65歳から支給される。障害年金は，障害に伴う稼得収入の不足や支出の増加を補うことを目的とし，原則として20歳以上を対象に支給される。遺族年金は，生計稼得者の死亡に伴う遺族の収入の不足を補うことを目的とし，遺族である配偶者や18歳未満の子（または20歳未満の障害のある子）などに支給される。

職域別に見た年金の種類は，国民年金，厚生年金，共済年金に分かれていたが，2012（平成24）年8月に成立した「被用者年金制度の一元化等を図るための厚生年金保険法等の一部を改正する法律」等により，2015（平成27）年10月から共済年金は厚生年金に統合された。国民年金だけに加入が義務づけられた人は，自営業者，農林漁業従事者や20歳以上の学生など，被用者ではない立場にある成人である。厚生年金は，民間企業等の法人や個人の事業所（従業員が常時5人以上いる場合は強制適用，それ以外は任意適用）に常時使用される労働者が加入する。共済年金は，公務員や私立学校教職員が加入する年金であったが，上述の通り，厚生年金に一元化された。厚生年金は，雇用される立場の労働者が加入を義務づけられた年金である面から，被用者年金という。国民年金は，1985（昭和60）年の国民年金法の改正（1986（昭和61）年度からの施行）に伴い，制度上の名称は「基礎年金」となる。すなわち，自営業者らだけではなく，民間企業労働者や公務員なども被用者年金と同時に国民年金にも加入するようになり，20歳以上60歳未満のすべての国民に加入が義務づけられ，文字通り国民共通の基礎となる年金として位置づけられた。

職域別に見た各年金から，それぞれ，目的に応じた年金が支給される。すなわち，職域別の年金種類と支給事由（目的）別の年金種類がクロスする形で，老齢基礎年金・障害基礎年金・遺族基礎年金，老齢厚生年金・障害厚生年金・

遺族厚生年金という6種類の年金に分かれることになる。ただし，1985（昭和60）年の年金関連法の改正に伴い，一人一年金の原則が確立され，老齢基礎年金と遺族厚生年金，障害基礎年金と老齢（または遺族）厚生年金の併給を例外とすれば，複数の支給事由に該当する場合でも，原則として併給することができなくなった。

基礎年金を基準にした加入者（被保険者）は，第1号被保険者，第2号被保険者，第3号被保険者の3種類に分けられる。基礎年金および被用者年金の保険料収入と保険給付の財政を管理する保険者は，国である（厚生労働省であるが，年金の運営業務は厚生労働大臣から委任・委託を受けた日本年金機構が担う）。第1号被保険者とは，自営業者，農林漁業従事者や20歳以上の学生など，基礎年金だけに加入する人である。第2号被保険者とは，民間企業等に雇用される労働者や公務員など，基礎年金と被用者年金の両方に加入する人である（図表2－1）。

第1号被保険者は，毎月，定額の保険料を自主納付するのに対し，第2号被保険者は，毎月，給料（標準報酬月額）から定率の保険料が天引きされる。後者の場合，その定率保険料に基礎年金保険料が含まれているとみなされ，いったん，被用者年金の会計に計上されたうえで，基礎年金保険料部分が国民年金特別会計（基礎年金勘定）に移される。第3号被保険者とは，第2号被保険者に扶養される配偶者であり（扶養する配偶者の勤務先に第3号被保険者に該当する旨の届出を行う），専業主婦（夫）に代表される（事実婚の状態にある人を含む）。ただし，全くの無職だけではなく，本人の年収（第3号被保険者が仕事を始めた日以降の1年間の収入の見込み）が130万円未満，かつ扶養配偶

**図表2－1　公的年金制度の体系**

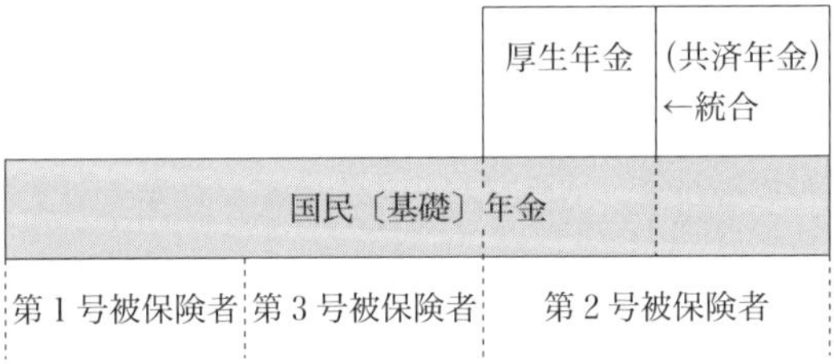

| | | | |
|---|---|---|---|
| | | 厚生年金 | （共済年金）←統合 |
| 国民〔基礎〕年金 | | | |
| 第1号被保険者 | 第3号被保険者 | 第2号被保険者 | |

者の年収の2分の1未満であり，1日または1週間の所定労働時間，1か月の所定労働日数がそれぞれ当該事業所において同種の業務に従事する通常の就労者の概ね4分の3未満であれば，パートやアルバイトなどの場合も，第3号被保険者の資格を得る。

第1号被保険者と第3号被保険者は，基礎年金だけに加入するという点では共通するが，後者は第3号被保険者であることをもって保険料納付が免除されるのに対し，前者は原則として納付を義務づけられ，支払い困難な事情が認められた場合のみ免除の対象（生活保護の生活扶助受給者や障害年金1・2級受給者の届出による法定免除と，それ以外の低所得者の申請免除がある）となる。しかも，後述の通り，給付計算における免除期間の算入方法も異なる。2019（令和元）年度末現在で，第1号被保険者1453万人，第2号被保険者4488万人，第3号被保険者820万人となっている(注4)。なお，第1～3号被保険者のすべてにおいて日本国籍は要件とされないが，第1号被保険者のみ国内住所を要件とする。

年金給付の構造から見れば，基礎年金は原則として65歳から支給される（いわゆる1階部分）。それに上乗せされるのが，被用者年金としての厚生年金であり，報酬比例部分という（いわゆる2階部分）。60代前半においても，特別支給として，基礎年金と同様の考え方に基づく給付が被用者年金から支給されてきた。これを定額部分という（1階部分）。それにも報酬比例部分が上乗せされる（2階部分）。ただし，後述のように，1994（平成6）年度と1999（平成11）年度の年金制度改革により，60代前半の給付は，段階的に廃止されることになったため（図表2－2），1961（昭和36）年4月2日以降生まれの男性，1966（昭和41）年4月2日以降生まれの女性は特別支給の対象外となる。

65歳以降に支給される基礎年金と，60代前半に支給されてきた定額部分は，給付が加入（納付）期間に比例する年金の基本部分としての共通性がある。報酬比例部分は，給付が現役時の給与水準に比例するという性格をもつ。

## 2―――基礎年金の構造

老齢年金の場合は，基礎年金の給付計算式は，「満額年金×（納付済み期間＋免除期間×α）÷加入可能期間×物価スライド率」となる。このうち，満額

図表2―2　老齢年金制度の支給開始年齢

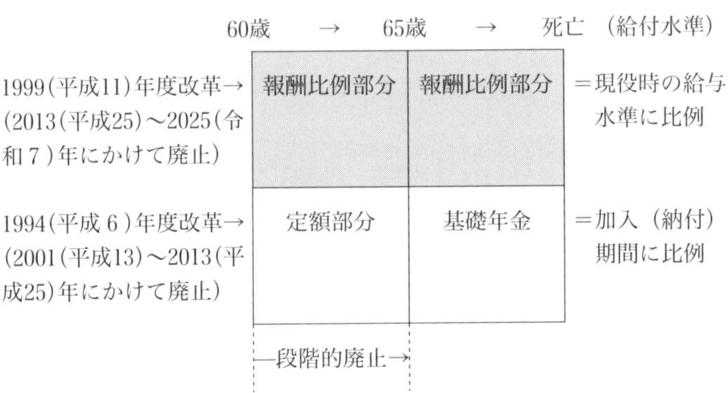


年金とは，加入可能期間に保険料を完納した場合の年金額であり，モデル年金とも言われる（2020（令和2）年度で月6万5141円)。加入可能期間とは，国民年金制度が1961（昭和36）年度から施行された関係上，その年度以降に20歳以上になる人は原則として20歳から59歳までの40年間である。1961（昭和36）年度時点で20歳を超えている人は，59歳までに40年間加入することはできないので，それに応じて加入可能期間は短くなる。

上の計算式のうち，「免除期間×$\alpha$」部分は，免除対象者によって$\alpha$の数値が区別される。

❶　一般免除の場合

一般の低所得者で全額免除を受けた人は，$\alpha = 1/2$であり，例えば免除期間が8年間の場合，4年分を全額払ったものと扱われて給付にカウントされる（残りの期間を完納した場合，給付額＝満額年金×（32＋8×1/2）÷40)。ただし，2002（平成14）年度から半額免除が設けられ，さらに2006（平成18）年度から1/4免除と3/4免除が追加された。その結果，学生等を除く一般免除制度としては，より所得の低い人から順に，$\alpha = 1/2$（4/4免除)，5/8（3/4免除)，3/4（2/4免除)，7/8（1/4免除）の4段階免除制となった。各免除の所得基準は，前年所得が57万円（4/4免除)，78万円（3/4免除)，118万円（2/4免除)，158万円（1/4免除）となっている（扶養親族等控除額や社会保険料控除額を含まない金額)。

基礎年金の給付費用のうち国の税金等の占める割合である国庫負担率は3分の1であったが，2009（平成21）年度から2分の1になった。したがって，その部分は保険料の減免に関係なく税金投入されるわけであるから，それと残りの保険料負担分2分の1のうち，本人の実際の負担分を加えたものがαとなる。例えば，1/4免除の人は，保険料負担部分に関して4分の3を納付していることになるので，α＝本人負担分（1/2×3/4）＋国庫負担分（1/2）＝7/8となり，例えば，この免除期間が8年であるとすれば，7年分を全額払ったものと扱われて給付にカウントされる（残りの期間を完納した場合，給付額＝満額年金×（32＋8×7/8）÷40）。

❷　学生納付特例制度の場合

20歳以上の学生で免除を受ける人は，2000（平成12）年度から学生納付特例制度が実施され，免除の適用基準が従来の世帯収入から学生本人の所得（前年度所得が「118万円＋扶養親族等の数×38万円＋社会保険料控除等」以下）に変更されたうえ，α＝0（制度実施前は当時の国庫負担率に合わせてα＝1/3であった）になった。例えば，免除期間が3年（20～22歳）の場合，給付はノーカウントになるので，残りの期間を完納した場合，給付額＝満額年金×（37＋3×0）÷40となる。

学生が免除を受ける場合は，一般の免除の対象（❶）にはなれない。ただし，給付資格がチェックされる際には，免除期間がカウントされる。すなわち，給付資格を得るには，原則として最低10年の納付期間が必要であるが（2017（平成29）年8月より，それまでの25年から10年に短縮される），その資格期間には免除期間も含まれる。免除による給付水準の減額を回避したい場合には，免除制度の適用後10年以内であれば，追納措置が認められている（就職後のいわゆる出世払い）。なお，2004（平成16）年度改革により，翌年度から施行された若年者納付猶予制度（30歳未満で低所得の第1号被保険者を対象）も，学生納付特例制度と同様の扱い（受給資格期間カウント，年金額ノーカウント，10年以内の追納措置）となる。

❸　第3号被保険者の場合

第3号被保険者については，制度上は免除という表現が用いられないが，実際には保険料を負担する必要は全くなく，事実上，免除を受けている人である。この場合は$\alpha = 1$となり，免除期間は，保険料を払った人と同じ扱いになる。例えば，20歳で第2号被保険者と結婚して被扶養配偶者の立場で59歳まで婚姻期間が継続した場合，本人は保険料を全く納めることなく満額年金が受けられる（給付額＝満額年金×（0＋40×1）÷40）。

基礎年金給付費の財源は，第1号被保険者の定額保険料および積立金の運用収入，国庫負担金，そして各被用者年金制度が加入者数に応じて負担する拠出金からなり（事務費は国庫負担のみ），第2号被保険者と第3号被保険者の基礎年金相当の保険料は，各被用者保険から人数に応じ一括拠出する。

障害基礎年金は，20歳以上を給付対象とするが，国民年金法上の障害等級1級・2級の障害状態にあることの認定が必要である。保険料納付要件は，①保険料納付済みおよび免除期間が，加入期間（20歳から初診日のある月の前々月まで）の3分の2以上であること，②初診日のある月の前々月までの1年間に滞納がないこと（初診日が2016（平成28）年3月末以前の場合），のいずれかを満たす必要がある。20歳未満初診の場合，保険料納付要件はないが，所得制限がある（単身世帯の場合，前年所得が限度額360万4000円を超えると半額支給停止，462万1000円を超えると全額支給停止となる）。なお，障害基礎年金の認定をめぐる客観性・公平性については，課題も指摘されている（市川，2020）。

障害基礎年金の給付水準は，2級の場合，老齢基礎年金満額と同額であり，1級はその1.25倍の水準となっている（納付要件を満たしていれば，納付・免除期間による減額はない）。2004（平成16）年度の年金制度改革により，障害基礎年金と，老齢厚生（退職共済）年金または遺族厚生（共済）年金との併給が可能となった（一人一年金原則の例外）。また，任意加入時代に初診があり任意加入していなかった人で1級または2級相当の障害がある場合，「特別障害給付金」の対象となる（2005（平成17）年度から施行された福祉的措置で，2020（令和2）年度の場合，1級は月5万2450円，2級は月4万1960円の支給額）。

遺族基礎年金は，18歳未満の子（または20歳未満の障害がある子）をもつ妻，またはその子（子の場合は婚姻していないことが条件）を対象としていたが，2014（平成26）年4月から父子家庭も対象とするようになった。保険料納付要件は，❶死亡当事者の保険料納付済みおよび免除期間が，加入期間（20歳から死亡日を含む月の前々月まで）の３分の２以上であること，❷死亡日を含む月の前々月までの１年間に滞納がないこと（死亡日が2016（平成28）年３月末以前の場合），❸老齢基礎年金の受給資格（この場合は10年以上ではなく25年以上加入）を満たしている人が死亡した場合，のいずれかを満たす必要がある。給付水準は，老齢基礎年金満額と同じであり，納付要件を満たしていれば，納付・免除期間による減額はない。

## 3――― 被用者年金の構造

被用者年金としての厚生年金は，60代前半の特別支給の定額部分および報酬比例部分と，後半まで継続支給される報酬比例部分から構成される。定額部分の給付額は，定額単価（1630～3056円）×加入期間×スライド率で示される（2020（令和２）年度単価)。このうち，定額単価は生年月日によって異なり，1927（昭和２）年４月１日以前生まれは3056円で，後世代になるほど1630円（1946（昭和21）年４月２日以降生まれ）に近づく。スライドは，被用者年金の場合，物価スライド（毎年実施）と賃金スライドがあり，物価や賃金の上昇（下落）率に合わせた上昇（下落）部分をいう。ただし，後述の通り，1999（平成11）年度改革により65歳以上の賃金スライドは2000（平成12）年度から廃止されたため，受給開始時の賃金再評価（過去の賃金記録の現在価値への換算）を別とすれば，それ以降は物価スライドだけが適用される(注5)。例えば，前年度に比べて物価が１％上昇したときにはスライド率は100分の101であり，１％下落したときには100分の99となる。一般的に表現すれば，ｎ年度から（ｎ＋１）年度への上昇（下落）率がａ％であれば，物価スライド率は（ａ＋100）/100となる（物価上昇の場合はａ＞０で，下落の場合はａ＜０)。定額部分は，生年月日が同じで加入期間が同じであれば，同一の額を受け取る部分である。その意味では，計算式は異なるものの（単価を基準に積み上げるか，満額を基準に減算するか)，基礎年金と同様の考え方に基づく給付構造と言える。

被用者年金の報酬比例部分の給付額は，平均標準報酬月額×支給乗率（5.481/1000～7.308/1000）×加入期間×スライド率という計算式で示される(注6)。このうち，平均標準報酬月額とは，おおよそ現役期間の平均的な賃金水準を意味する（ただし，上述の通り，受給開始時の年金計算にあたっては，賃金の再評価が行われる)。「標準報酬月額」とは，ある年の３か月（４～６月）の平均月給額を等級分けしたものであり，１年間（その年の９月から翌年の８月まで)，保険料算出上の賃金月額として適用されるベースでもある。それは，一定の範囲内の賃金水準（３か月平均した月給額）にある人々を同一の賃金水準に一括することを意味する。すなわち,標準報酬月額は第１級(８万8000円）～第32級（65万円）の32段階が設けられ，実際の賃金水準（３か月平均額）が９万3000円未満の人は第１級として一括され，実際の賃金水準が63万5000円以上の人は第32級に一括される[(注７)]。その間に位置する場合は，例えば23万円以上25万円未満の人は第16級（24万円）というように一括される（図表２－３)。支給乗率は生年月日によって異なり，1927（昭和２）年４月１日以前生まれは1000分の7.308で，後世代になるほど1000分の5.481（1946（昭和21）年４月２日以降生まれ）に近づく[(注８)]。

報酬比例部分と言われるゆえんは，現役時の賃金水準に比例した給付部分ということであり，平均標準報酬月額がポイントになる。民間企業等で雇用される労働者の場合，厚生年金保険料率は全国一律であるが，賃金水準によって実際の保険料負担額は異なるので（例えばＡさんの標準報酬月額がＢさんの２倍であれば，保険料負担額も２倍になる)，その負担の多寡に応じて給付に差がつけられているわけである。被用者の場合，実際の保険料は，標準報酬月額に保険料率をかけて得られる額が給料から天引きされるが，労使折半負担原則であるため，実際にはその算出額の半額が労働者の給料から徴収され，残りの半額は事業主負担となる。

老齢厚生年金の給付水準は，標準世帯のモデル年金（夫が平均的収入で40年間就業し，妻がその期間すべて第３号被保険者である世帯）の場合，2020（令和２）年度において月22万724円（夫婦２人分の老齢基礎年金月額13万282円＋夫の報酬比例部分９万442円）である。

なお，老齢厚生年金が強制適用されるのは，常用雇用５人以上の事業所であり（５人未満の場合は任意適用事業所となる)，被保険者は適用事業所の70歳未満の被用者である。労使の保険料は，育児休業中は免除されるが，介護休業中は免除されない。2014（平成26）年４月からは，出産休暇中の保険料も免除

図表2―3　標準報酬月額の等級表（2020（令和2）年9月〜）

| 等級 | 標準報酬月額 | 報酬月額 |
|---|---|---|
| 1 | 88,000円 | 93,000円未満 |
| 2 | 98,000円 | 93,000円以上〜101,000円未満 |
| 3 | 104,000 | 101,000〜107,000 |
| 4 | 110,000 | 107,000〜114,000 |
| 5 | 118,000 | 114.000〜122,000 |
| 6 | 126,000 | 122,000〜130,000 |
| 7 | 134,000 | 130,000〜138,000 |
| 8 | 142,000 | 138,000〜146,000 |
| 9 | 150,000 | 146,000〜155,000 |
| 10 | 160,000 | 155,000〜165,000 |
| 11 | 170,000 | 165,000〜175,000 |
| 12 | 180,000 | 175,000〜185,000 |
| 13 | 190,000 | 185,000〜195,000 |
| 14 | 200,000 | 195,000〜210,000 |
| 15 | 220,000 | 210,000〜230,000 |
| 16 | 240,000 | 230,000〜250,000 |
| 17 | 260,000 | 250,000〜270,000 |
| 18 | 280,000 | 270,000〜290,000 |
| 19 | 300,000 | 290,000〜310,000 |
| 20 | 320,000 | 310,000〜330,000 |
| 21 | 340,000 | 330,000〜350,000 |
| 22 | 360,000 | 350,000〜370,000 |
| 23 | 380,000 | 370,000〜395,000 |
| 24 | 410,000 | 395,000〜425,000 |
| 25 | 440,000 | 425,000〜455,000 |
| 26 | 470,000 | 455,000〜485,000 |
| 27 | 500,000 | 485,000〜515,000 |
| 28 | 530,000 | 515,000〜545,000 |
| 29 | 560,000 | 545,000〜575,000 |
| 30 | 590,000 | 575,000〜605,000 |
| 31 | 620,000 | 605,000〜635,000 |
| 32 | 650,000 | 635,000円以上 |

されることになった。厚生年金基金に加入した事業所の場合は，国に代わって厚生年金（スライド以外）の代行給付を行うことに加えて，代行部分の1割以上の付加給付を行う[注9]。

年金を受給しながら就労する場合，年金額の一部または全部がカット（支給停止）されることがあるが，これを「在職老齢年金制度」という。どれだけカットされるかは，働いて得る報酬と年金額の合計額によって決まる。具体的には，「総報酬月額相当額」（その月の標準報酬月額＋その月以前の１年間の標準賞与額÷12か月）と「年金基本月額」（老齢厚生年金または退職共済年金の１か月分）の合計額が，60～64歳の場合，28万円（支給停止調整開始額）を超える場合は年金の支給停止となり[注10]，さらに総報酬月額相当額が46万円（支給停止調整変更額）以下か超過するかによって停止額が異なる。65歳以上の場合は，総報酬月額相当額と年金基本月額の合計額が46万円（支給停止調整額）を超える場合は停止となる。

60～64歳では，総報酬月額相当額と年金基本月額の合計額が28万円を超える場合，さらに総報酬月額相当額が46万円以下で，年金基本月額が28万円以下であれば，支給停止額は「(総報酬月額相当額＋年金基本月額－28万円）×１/２」となり，年金基本月額が28万円を超える場合は「総報酬月額相当額×１/２」となる。総報酬月額相当額が46万円を超過し，年金基本月額が28万円以下であれば，支給停止額は「(46万円＋年金基本月額－28万円）×１/２＋（総報酬月額相当額－46万円)」となり，28万円を超える場合は「46万円×１/２＋（総報酬月額相当額－46万円)」となる。65歳以上では，総報酬月額相当額と年金基本月額の合計額が46万円を超える場合，支給停止額は「(総報酬月額相当額＋年金基本月額－46万円）×１/２」となる。

例えば，60代前半で，総報酬月額相当額が20万円，年金基本月額が13万円の人の場合，「(20万円＋13万円－28万円）×１/２」＝2.5万円が年金額からカットされる。

障害厚生年金は，障害状態に関して，１・２級の場合は基礎年金と同じであるが，障害基礎年金に該当しない障害程度の場合，独自の３級，および一時金としての障害手当金がある。年金給付の計算式は，１級の場合，「平均標準報酬月額×5.481/1000×加入期間×物価スライド率×1.25＋配偶者加給年金」，２級の場合，「平均標準報酬月額×5.481/1000×加入期間×物価スライド率＋配偶者加給年金」，３級の場合，「平均標準報酬月額×5.481/1000×加入期間×物価スライド率」となっており，重度ほど給付水準が高くなる構造になっている[注11]。なお，2020（令和２）年度の場合，配偶者加給年金月額は１万8741円，

３級の最低保障年金月額は４万8858円となっている。

遺族厚生年金については，次節において，女性の年金問題の文脈で論じる。

## 第２節｜近年の年金政策の特徴と課題

人口構造の変化に対応して，負担と給付をめぐる年金制度の見直し（年金関連法の改正）が行われてきた。近年では，1985（昭和60）年の基礎年金制度の創設，1989（平成元）年の学生強制加入，1994（平成６）年の60代前半の定額部分の段階的廃止，1999（平成11）年の60代前半の報酬比例部分の段階的廃止等が決定され（いずれも，法改正年），2004（平成16）年度改革では，保険料固定方式，マクロ経済スライド方式，夫婦間の年金受給権分割制の導入等が決定された（2004（平成16）年６月５日改正法成立）。さらに，2012（平成24）年度改革では，社会保障・税一体改革の一環として，マイナスの物価スライドの実施（2013（平成25）年10月～），基礎年金国庫負担分財源の消費税恒久化（2014（平成26）年４月～），遺族基礎年金の父子家庭への対象拡大（2014（平成26）年４月～），老齢年金受給資格期間の25年から10年への短縮（2015（平成27）年10月～），産休中の保険料免除（2014（平成26）年４月～），低所得者への福祉的給付（2015（平成27）年10月～），被用者年金の一元化（2015（平成27）年10月～），短時間労働者への厚生年金拡大（2016（平成28）年10月～）等が決定された（2012（平成24）年８月10日関連法成立）。

さらに，国民年金法等改正（公的年金制度の持続可能性の向上を図るための国民年金法等の一部を改正する法律，2016（平成28）年12月成立）により，短時間労働者への被用者保険の適用拡大の促進（500人以下の企業も，労使の合意に基づき，企業単位で短時間労働者への適用拡大化（2017（平成29）年４月～）），国民年金第１号被保険者の産前産後期間の保険料の免除（免除期間は満額の基礎年金を保障（2019（平成31）年４月～）），年金額の改定ルールの見直し（マクロ経済スライドについて前年度までの未調整分を含めて調整（2018（平成30）年４月～），賃金変動が物価変動を下回る場合に賃金変動に合わせて年金額を改定（2021（令和３）年４月～））などが進められている(注12)。そのうえ，国民年金法等改正（年金制度の機能強化のための国民年金法等の一部を改正する法律，2020（令和２）年５月成立）により，被用者保険の適用拡大（短時間労働者を被用者保険の適用対象とすべき事業所の企業規模要件を現行500人超→100人超→50人超に段階的引き下げ（2022（令和４）年10月〜→2024（令和６）年10月〜)），在職中の年金受給の在り方の見直し（60〜64歳の在職老齢年金制度について，支給停止が開始される賃金と年金の合計額基準を現行の28万円から47万円に引き上げ（2022（令和４）年４月〜)），受給開始時期の選択肢の拡大（現在60〜70歳の年金受給開始時期の選択肢を60〜75歳に拡大（2022（令和４）年４月〜)），確定拠出年金の加入可能年齢の引き上げ，受給開始時期の選択肢の拡大（2022（令和４）年４月〜）などが行われる。

以下では，近年の年金制度改革を中心に，その主な内容と特徴を明らかにしたうえで，年金制度の公共性と持続可能性の観点から，今後の方向性を検討する。

少子化は負担人口の縮小を意味し，高齢化は受給人口の増大を意味する。その両者の比率を表現したものが「年金扶養比率」（被保険者数／受給権者数）であるが，基礎年金の場合，4.00（1996（平成８）年度）→3.05（2003（平成15）年度）→2.40（2010（平成22）年度）→1.99（2016（平成28）年度）→1.93（2017（平成29）年度）という状況にあり，厚生年金の場合，4.01（1998（平成10）年度）→3.00（2003（平成15）年度）→2.39（2010（平成22）年度）→2.30（2016（平成28）年度）→2.32（2017（平成29）年度）という状況にあり，両年金ともに，２前後の状況にあることがうかがえる[注13]。世代間再分配という側面でみれば，現役４人で高齢者１人を支えていた時代から２人で１人を支える時代に移行しつつあることを意味し，現役世代の負担はそれだけ大きくなる。しかし，現役世代に負担が集中することは，他方で世代間の公平性の問題を発生させることになる。そこで，主な制度改革は，負担者側の保険料の引き上げから固定化への転換，受給者側の支給繰り延べや給付抑制に焦点があてられてきた。

## １――― 保険料引き上げ

これまでは，給付水準を基本的に維持するための保険料引き上げが行われてきたが，2004（平成16）年度改革では，保険料を将来的に固定し，その枠内で給付を抑制するという「保険料固定方式」が導入された。すなわち，基礎年金の場合，2004（平成16）年度月1万3300円を，2005（平成17）年度から毎年280円（2004（平成16）年度価額）ずつ引き上げ，2017（平成29）年度以降，月1万6900円（2004（平成16）年度価額）に固定する（2020（令和2）年度現在1万6540円）。厚生年金の場合，2003（平成15）年度13.58％（2013（平成15）年度から月給とボーナスの保険料率を統一する総報酬制が導入され，月給17.35％・ボーナス1％から，月給・ボーナス同率の13.58％に変更された）を，2004（平成16）年10月から毎年0.354％ずつ引き上げ，2017（平成29）年度以降，18.3％に固定するというものである。

これは，年金給付水準を維持するために現役世代の保険料負担が上昇し続けることを緩和するため，一定のレベルまでで保険料上昇をストップさせ，その範囲内に給付水準を抑制することを受給者側に求めるものと言える。スウェーデンの制度改革が参考にされたものと思われるが，スウェーデンでは，1999年改革により，対年収保険料率を18.5％で固定することになった。[（注14）]

ただし，前提とされた推計合計特殊出生率を現実が下回る形で少子化が進む場合，「固定」された保険料（率）自体が上方修正される可能性がある。いずれにせよ，保険料固定方式の下でも被保険者が負担に応じきれるのかという問題がある反面，保険料固定化等に伴う給付抑制により，とくに基礎年金のみの受給者の場合，基礎年金が老後の生活保障としての機能を果たし得るのかという問題がある。[（注15）]

## 2――― 支給開始年齢の繰り延べ

1994（平成6）年度改革においては，60～64歳の1階部分である定額部分の段階的廃止（2001（平成13）～2013（平成25）年度にかけて実施）が決まった。1999（平成11）年度改革においては，同じく60代前半の2階部分である報酬比例部分の段階的廃止（2013（平成25）～2025（令和7）年度にかけて実施）が決まった。それぞれ，3年ごとに，支給開始年齢を1歳ずつ繰り延べる計画になっている。

60代前半の定額部分については，男性の場合，1941（昭和16）年4月1日以前生まれの人は60歳から支給が開始されたが，1941（昭和16）年4月2日～

1943（昭和18）年4月1日生まれの人は61歳からの支給，1943（昭和18）年4月2日～1945（昭和20）年4月1日生まれの人は62歳からの支給というように次第に繰り延べていき，1949（昭和24）年4月2日以後生まれの人は65歳からの基礎年金の支給のみとなる。女性の場合，5年遅れのスケジュールで，1946（昭和21）年4月2日～1948（昭和23）年4月1日生まれの人から61歳に繰り延べ始め，最終的に1954（昭和29）年4月2日以後生まれの人は65歳からの基礎年金の支給のみとなる。

60代前半の報酬比例部分については，男性の場合，1953（昭和28）年4月2日～1955（昭和30）年4月1日生まれの人から61歳に繰り延べ始め，最終的に1961（昭和36）年4月2日以後生まれの人は65歳からの支給となる。女性の場合，同じく5年遅れのスケジュールで，1958（昭和33）年4月2日～1960（昭和35）年4月1日生まれの人から61歳に繰り延べ始め，最終的に1966（昭和41）年4月2日以後生まれの人は65歳からの支給となる（図表2－4）。

以上のスケジュールが実施されることにより，男性で1961（昭和36）年4月2日以後，女性で1966（昭和41）年4月2日以後に生まれた人は，60代前半の公的年金は受けられないことになる。これは，財政的観点からは，5年間の支

**図表2－4　報酬比例部分の引き上げスケジュール**

| 生年月日 | | 支給開始年齢 | |
|---|---|---|---|
| 男性 | 女性 | 定額部分 | 報酬比例部分 |
| ～1941.4.1 | ～1946.4.1 | 60歳 | 60歳 |
| 1941.4.2～1943.4.1 | 1946.4.2～1948.4.1 | 61歳 | 60歳 |
| 1943.4.2～1945.4.1 | 1948.4.2～1950.4.1 | 62歳 | 60歳 |
| 1945.4.2～1947.4.1 | 1950.4.2～1952.4.1 | 63歳 | 60歳 |
| 1947.4.2～1949.4.1 | 1952.4.2～1954.4.1 | 64歳 | 60歳 |
| 1949.4.2～1953.4.1 | 1954.4.2～1958.4.1 | — | 60歳 |
| 1953.4.2～1955.4.1 | 1958.4.2～1960.4.1 | — | 61歳 |
| 1955.4.2～1957.4.1 | 1960.4.2～1962.4.1 | — | 62歳 |
| 1957.4.2～1959.4.1 | 1962.4.2～1964.4.1 | — | 63歳 |
| 1959.4.2～1961.4.1 | 1964.4.2～1966.4.1 | — | 64歳 |
| 1961.4.2～ | 1966.4.2～ | — | 65歳 |

給を停止することにより，それだけ財政支出を抑制することを意味するが，被保険者の立場に立てば，５年間の生活問題となる。

さらに，65歳を超えての支給開始年齢の引き上げについても政策論議が行われるようになるが，社会保障制度改革国民会議（2013（平成25）年）では，「現在2025（平成37）年までかけて厚生年金の支給開始年齢を引き上げている途上にあり，直ちに具体的な見直しを行う環境にはないことから，中長期的課題として考える必要がある」として，支給開始年齢の一層の引き上げについては，中長期的課題として位置づけられた。(注16)

その後，「高齢社会対策大綱」(2018（平成30）年）においては，公的年金受給開始年齢時期の70歳以降の選択可能性や，在職老齢年金制度のあり方などが検討課題とされたほか，私的年金制度の普及・充実，老後資産を確保するための職場を通じた投資教育の推進，60～64歳の就業率の引き上げなどが目指されることになった。(注17)また，「経済財政運営と改革の基本方針（いわゆる「骨太の方針」)」(2019（令和元）年）においては，(注18)「全世代型社会保障への改革」という位置づけで，「人生100年時代を迎え，働く意欲がある高齢者がその能力を十分に発揮できるよう，高齢者の活躍の場を整備することが必要である」とする一方，「現在60歳から70歳まで自分で選択可能となっている年金受給開始の時期については，70歳以降も選択できるよう，その範囲を拡大する」という方向が示される。

それらをふまえて，全世代型社会保障検討会議（2019（令和元）年）においては，受給開始時期の選択肢の拡大，厚生年金の適用範囲の拡大，在職老齢年金制度の見直し，私的年金の見直し，70歳までの就業機会確保等の制度改革方向が示された。(注19)そして，前述の通り，国民年金法等改正（年金制度の機能強化のための国民年金法等の一部を改正する法律，2020（令和２）年５月成立）により，受給開始時期の選択肢の拡大（現在60～70歳の年金受給開始時期の選択肢を60～75歳に拡大，2022（令和４）年４月施行）などが行われることになった。

退職時期と年金受給開始時期が接続すれば，空白期間の生活問題は生じないが，それに関しては，2004（平成16）年６月の高年齢者等の雇用の安定等に関する法律（高年齢者雇用安定法）の改正によって，2006（平成18）年度から，

❶65歳までの段階的な定年引き上げ，❷継続雇用（再雇用）制度の導入，❸定年制の廃止，のいずれかを選択することが事業主に義務づけられた。その場合，労使協定により再雇用対象者を限定できるので，すべての希望者が再雇用される保証はなかった。

そこで，高年齢者雇用安定法は2012（平成24）年８月に改正され，段階的に希望者全員を65歳まで継続雇用することが義務づけられた（2013（平成25）年４月施行）。改正法施行後，実際に選択されているのは，再雇用時に賃金を低くすることができる継続雇用制度が多数派になっている(注20)。ただし，「除外事由」（勤務状況が著しく不良で職責を果たし得ないときや，障害により業務に耐えられないとき等）が設けられたうえ，継続雇用の対象者を限定する「基準」を適用できる経過措置が12年間設けられた。

その後，「経済財政運営と改革の基本方針」（2019（令和元）年）においては，「65歳から70歳までの就業機会確保については，多様な選択肢を法制度上整え」，「(a)定年廃止，(b)70歳までの定年延長，(c)継続雇用制度導入」に加えて，「個人とのフリーランス契約への資金提供」など「が想定し得る」とされた(注21)。全世代型社会保障検討会議（2019（令和元）年）においても，「フリーランスなど，雇用によらない働き方の保護の在り方」として，「多様な働き方の一つとして，希望する個人が個人事業主・フリーランスを選択できる環境を整える必要がある」とされた(注22)。それらをふまえ，高年齢者雇用安定法がさらに2020（令和２）年３月に改正され（2021（令和３）年４月施行），65歳までの雇用確保義務に加えて70歳までの就業確保努力義務が課せられ，定年を65歳以上70歳未満に定めている事業主や65歳までの継続雇用制度を導入している事業主に対して，❶70歳までの定年引き上げ，❷定年制の廃止，❸70歳までの継続雇用制度導入，❹70歳まで継続的に業務委託契約を締結する制度の導入などが努力義務とされた。しかし，❹にかかわる創業支援等措置の場合，過半数労働組合等の同意を得る条件はあるものの，労働関係法令による労働者保護（労災保険など）の適用は受けられなくなっている。

また，継続雇用（再雇用）の場合，賃金の大幅低下は避けられない。老後の生活に対する公共責任を維持する観点からは，高年齢者雇用安定法を再度改正し，60歳未満の定年禁止規定を65歳未満に変更することにより，選択肢の１つとしてではなく，65歳以上の定年を一般化し，年金支給開始年齢との空白期間を埋めることが考えられる。

しかし，肉体的，精神的労働能力や退職意思に関して個人差もある。年金と賃金のバランスを考えながら，労働者の退職時期の選択に対して中立公平な制度を考える必要もある。その場合，早い時期に退職する人の場合，退職までの一定期間の賃金水準を高めに設定し，年金給付の水準は低めに設定する一方，遅く退職する人は，退職までの一定期間の賃金を低めに設定し，年金給付の水準は高めに設定することが考えられる。例えば，65歳に退職する人（Ａさん）は，退職までの一定期間（例えば55〜64歳）の賃金水準（Ａ１）を高めに設定し，年金給付（Ａ２）の水準は低めに設定する。また，70歳で退職する人（Ｂさん）は，退職までの一定期間（60〜69歳）の賃金（Ｂ１）を低めに設定し，年金給付（Ｂ２）の水準は高めに設定する。すなわち，Ａ１＋Ａ２＝Ｂ１＋Ｂ２となるように賃金と年金の間で調整を行えば，退職時期による有利，不利がなくなる。雇用主にとっても，「退職までの一定期間（例えば55〜69歳）×１か月当たり賃金」がＡさん，Ｂさんのいずれの場合でも同じであれば，人件費負担は変わらない。年金財政から見ても，各々の「退職時からの平均余命×１か月当たり年金給付額」がＡさん，Ｂさんのいずれの場合でも同じであれば，財政負担は変わらない。

そのように，賃金と年金の間で調整を行い，退職時期による有利，不利をなくし，労働者，雇用主，年金財政の三者にとって中立的で持続可能な賃金・年金調整システムを構築すべきであろう。現行でも，年金の繰り上げ・繰り延べ支給制度はあるが，年金サイドからのみの水準の引き下げ・引き上げ措置であり，雇用サイドとの調整が望まれる。

## ３――― 給付抑制

給付水準の切り下げは，1985（昭和60）年度改革により，定額単価や支給乗率の変更を通じて20年かけて行われてきたが，1999（平成11）年度改革においても，新規受給者の５％カットと賃金スライド（新規裁定者の賃金再評価を除く５年ごとの賃金スライド）の廃止が決定された（2000（平成12）年度施行）。給付の抑制による年金財政支出の抑制を図るものと言える。

また，物価下落率（前年度）に合わせたマイナス・スライドの実施（翌年度）は，一時凍結されていたが，2003（平成15）年度から実施されるようになった。2003（平成15）年度△0.9%，2004（平成16）年度△0.3%，2005（平成17）年度0％（据え置き），2006（平成18）年度△0.3%，2007（平成19）～2010（平成22）年度0％（据え置き），2011（平成23）年度△0.4%，2012（平成24）年度△0.3%，2013（平成25）～2015（平成27）年度は過去のデフレ時の保留分を3年かけて△2.5%，2016（平成28）年度0％（据え置き），2017（平成29）年度△0.1%，2018（平成30）年度0％（据え置き），2019（令和元）年度0.1%引き上げ，2020（令和2）年度0.2%引き上げ，と推移してきた。その結果，2003（平成15）年度と比べて2020（令和元）年度は，老齢基礎年金の場合，夫婦満額（月額）で，13万2834円から13万282円へ，厚生年金の場合，40年加入の標準世帯（夫の老齢基礎年金および報酬比例部分と，専業主婦の妻の老齢基礎年金の合計額）で，23万5992円から22万724円へ減少している。

2004（平成16）年度改革においては，前述の「保険料固定方式」の導入に加えて，「マクロ経済スライド方式」の導入により給付抑制が図られることになった。これは，少子高齢化の影響分を差し引いて物価・賃金スライドさせるものであり，「公的年金被保険者総数の減少率（少子化要因）＋平均的な年金受給期間の伸び率（高齢化要因）」を勘案した一定率をスライド調整率としたうえで，新規受給者に対しては，賃金再評価の際に，賃金（可処分所得）伸び率からスライド調整率を差し引き，既裁定者に対しては，物価上昇率からスライド調整率を差し引いて改定するものである。ただし，それは，❶物価・賃金上昇率＞スライド調整率の場合であり，❷物価・賃金上昇率＜スライド調整率の場合は改定率0％で据え置き，❸物価・賃金が下落した場合は，その下落率に合わせたマイナス改定を実施してスライド調整率は用いない，というルールになっている。例えば，物価・賃金上昇率2％，スライド調整率1％の場合，結果的に1％のスライドが実施される（❶の場合）。物価・賃金上昇率2％，スライド調整率3％の場合，結果的に0％スライドで据え置かれる（❷の場合）。物価・賃金上昇率△2％，スライド調整率1％の場合，結果的に△2％のスライドが実施される（❸の場合）。

しかし，実際には，近年のデフレ傾向の下ではスライド調整率がほとんど適用されていないが[注23]，社会保障制度改革国民会議（2013（平成25）年）では，「マクロ経済スライドについては，仮に将来再びデフレの状況が生じたとしても，年金水準の調整を計画的に進める観点から，検討を行うことが必要である」（例えば❸の場合，△２％－１％＝△３％のスライドとなる方向が示唆される）とされた[注24]。

そして，国民年金法等改正（公的年金制度の持続可能性の向上を図るための国民年金法等の一部を改正する法律，2016（平成28）年12月成立）により，物価上昇率＜スライド調整率の場合（現行では改定率０％で据え置き），そのスライド調整率の超過分が物価上昇率＞スライド調整率の際に繰り越し実施（キャリーオーバー制度）されることになった（2018（平成30）年度～）。例えば，物価・賃金上昇率２％，スライド調整率３％の場合（現行では，０％スライドで据え置かれる❷の場合），△１％が繰り越し実施される。

2004（平成16）年度改革の際には，デフレ時のマイナスの物価スライドは別として，「マクロ経済スライド」と「保険料固定方式」の導入により，モデル世帯の年金水準を2004（平成16）年度の現役世代の手取り収入の59.3％から，2023（平成35）年度以降の50.2％（受給開始時）に引き下げることが目指されていた。しかし，2014（平成26）年の財政検証結果においても，「マクロ経済スライド」の適用が拡大されたり，少子・高齢化の前提が変わるならば，さらなる給付水準の抑制（または「固定」保険料・率の引き上げ）が行われる可能性も示唆されていた[注25]。そして，2019（令和元）年の財政検証結果においては，経済成長や雇用が進む場合(Ⅰ)でも，給付抑制は27年間続き，所得代替率は61.7％（2019（令和元）年度）から51.9％（2046（令和27）年度）へ低下するだけでなく，2115（令和97）年度以降に積立金枯渇の可能性も出てくる。経済成長率△0.5％の場合(Ⅵ)では，所得代替率は2043（令和25）年度には50.0％となり，2052（令和34）年度には国民年金積立金がなくなり完全賦課方式に移行して所得代替率は38～36％になる[注26]。逆に，現在の給付水準を維持するためには，成長率が横ばいの場合，現在（2019（令和元）年度）20歳の人は68歳９か月まで働いて保険料を納める必要がある。少子高齢化でも給付が自動調整されるマクロ経済スライドにおいては，経済成長が進まなければ所得代替率が50％を割っていくので，50％を維持するためには，スライド停止，保険料引き上げ，消費税増税等が必要になる。

## 4――― 国庫負担率の変更と年金一元化

国庫負担率の引き上げは，保険料の上昇を抑制する効果がある。年金給付費の財源のうち，税金等の国費が投入されているのは基礎年金部分の給付費の3分の1であったが，その引き上げは，残りの保険料負担分3分の2を圧縮することになる。1999（平成11）年度改革時の年金関連改正法附則においては，現行の国庫負担率3分の1を「平成16年までの間に，安定した財源を確保し」「2分の1への引上げを図る」ことが明記されていた。2004（平成16）年度の国庫負担は約5.8兆円であるが，それを同年度だけで2分の1に引き上げるとすれば，国庫負担は約8.7兆円となり，約2.9兆円の追加財源が必要になる。そのような財源問題がからみ，2004（平成16）年度改革においては，結局，引き上げ時期を「平成21年度までの間のいずれかの年度」に先送りすることになり，2009（平成21）年6月の国民年金法等改正法の成立により，同年度から引き上げられた。前述の保険料固定方式は，この2分の1への引き上げを前提としている。

さらに，社会保障・税一体改革関連法の成立（2012（平成24）年8月）により，基礎年金国庫負担の財源を消費税の増税（現状の税率5％から2014（平成26）年4月に8％に引き上げた後，2015（平成27）年10月に10％へと段階的に引き上げられる予定であったが，実際には，2017（平成29）年4月に延期，さらに2019（令和元）年10月に再延期された）で恒久的に賄うことが決定された。

基礎年金全体を税方式化する考え方もあり（八田・小口，1999，八代，1999・2003，広井，2001，西沢，2003），後述の通り，報酬比例部分の改革とセットで主張されている。年金のミニマム保障に対する公的責任は明確になるが，これまでの納付実績を考慮すれば，移行に相当の期間を要する（駒村，2003）。

さらに，報酬比例部分も含め，年金全体を一元化する考え方もある。この場合，所得比例の保険方式，または所得に比例して課税される拠出税（社会保障税）方式（神野・金子，1999）によって，自営業者等も含め，職域ごとに分立した年金制度を一元化しつつ，納付額の少ない者に対しては最低保障年金が一般財源から補足給付される。保険料負担額（または納税額）が一定の高水準を超えた段階で，給付は平準化される。免除適用または非課税の低所得者に対しても最低水準の年金が給付され（一般税による最低保障年金），一定水準までの低額納付者に対しても補足的な上乗せ給付が行われ（保険料または社会保障税＋一般税），その水準を超えた人には所得比例の保険料または社会保障税のみによる給付が行われ，さらに高額の納税者に対しては給付制限（給付の平準化）が行われることになる。横軸に負担額，縦軸に年金給付額をとってグラフ化した場合，低所得者に対しては一般税から全額または部分的な補足給付が行われるが，高額納税者のフラット水準に至るまでは，負担額が多くなる人ほど給付が多くなるという構造（右上がり曲線）は維持されるので，逆転現象は起こらない（図表２－５）。

保険方式による年金の完全一元化は民主党（当時）が，政権政党になる以前の旧・野党時代から提案してきたものであるが，当時のマニフェスト（政権公約）によれば，一元化を前提とする保険方式の「所得比例年金」をベースにして，消費税を財源とする最低保障年金（月額７万円を上限）を補足給付するというものである[注27]。なお，2010（平成22）年３月，当時の民主党政府は首相を議長とする「新年金制度に関する検討会」を発足させ，同年６月には基本原則（年金一元化の原則，最低保障の原則，負担と給付の明確化の原則，持続可能

**図表２－５　年金制度の一元化案**

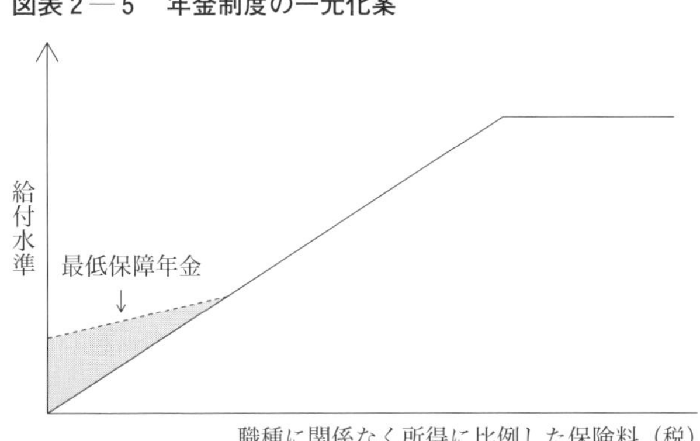

の原則,「消えない年金」の原則, 未納・未加入ゼロの原則, 国民的議論の原則) をとりまとめたが, 最低保障年金に関してマニフェストに明記されていた「消費税を財源とする」「月額7万円」という表現は示されなかった。

その後, 社会保障・税一体改革関連法の成立 (2012 (平成24) 年8月) により, 厚生年金への共済年金の一元化が決定された (2015 (平成27) 年10月施行)。しかし, 最低保障年金に関しては, 制度化されず,「社会保障制度改革国民会議報告書」(2013 (平成25) 年8月) においても言及されていない。

年金の完全一元化は, 職域に関係なく負担 (納付額) に応じて給付が得られるという明快さがあるうえ, 一般税からも最低保障年金が補足的に給付されるので, すべての国民に最低水準の年金給付が保障されるというメリットがある。ただし, 本体は所得をベースとするため, サラリーマンや公務員ら被用者と, 自営業者らとの間で所得捕捉率の違いによる職域間での負担の不公平が生じる可能性もある。そこで,「8――今後の方向」で述べる通り, 基礎年金部分については普遍的な最低生活水準を確立し, それ以上の上乗せ給付部分については, 年金一元化を進めつつも, 被用者と自営業者らの間で負担の仕組みは別建てにすることが考えられる。

## 5――第3号被保険者制度と年金権の夫婦分割制

従来の年金保険料負担者以外に, 負担者の範囲を拡大することによって, 1人当たりの負担を抑制, 縮小させるという方法もあり得る。これについては, 主に第3号被保険者制度が公平性の観点から論議の対象になってきた (堀, 1997, 駒村, 2003)。能力に応じた負担という観点や, 世帯単位で見れば専業主婦世帯と共働き世帯の負担は同じであること, 家庭労働が評価されていないという観点, 等から第3号被保険者制度を支持する立場がある一方, 専業主婦世帯が, 夫の収入や「帰属所得」(妻の余暇や, 家庭労働によってもたらされる世帯の生活の快適さ等の非貨幣的便益) から見て相対的に恵まれているという観点や, 第3号被保険者の免除分を共働き世帯の夫婦や独身者も (第2号被保険者全体で) 負担しているという点, 女性の社会参加に歯止めをかける (第3号被保険者制度適用の収入基準に合わせた就労調整) という観点, 等から同制度を批判する立場がある (八田・木村, 1993, 木村, 2003)。

2004（平成16）年度改革においては，基礎年金保険料を第3号被保険者本人または配偶者が直接負担する考え方や，パートの厚生年金適用基準（一定期間における週の所定労働時間が正社員（短時間を除く）の4分の3以上または年収130万円以上）を拡大する（週の所定労働時間が20時間以上または年収65万円以上）考え方も採用されず，第3号被保険者制度自体は現状通り存続することになった。

その後，社会保障・税一体改革関連法の成立（2012（平成24）年8月）により，第1級の標準報酬月額を9万8000円から8万8000円へ引き下げること（本人の年収106万円以上），所定労働時間は正社員の2分の1（週の所定労働時間が20時間）以上に変更適用，被保険者数が常時501人以上の企業に勤めていることなどを適用対象者の要件として，短時間労働者への厚生年金の適用拡大が図られた（2016年（平成28）年10月施行）。さらに，前述の通り，国民年金法等改正（2016（平成28）年12月成立）により，短時間労働者への被用者保険の適用拡大の促進（500人以下の企業も，労使の合意に基づき，企業単位で短時間労働者への適用拡大化（2017（平成29）年4月施行）が図られたうえ，国民年金法等改正（2020（令和2）年5月成立）により，さらに被用者保険の適用拡大（短時間労働者を被用者保険の適用対象とすべき事業所の企業規模要件を現行500人超→100人超（2022年10月施行）→50人超（2024年10月施行）に段階的引き下げ）が図られた。

2004（平成16）年度改革においては，第3号被保険者制度の廃止の代わりに採用されたのが，年金受給権の夫婦分割制であり，2007（平成19）年4月以降に離婚した場合，夫と妻の報酬比例部分の差額（妻が第3号被保険者の場合は夫の報酬比例部分）の2分の1を限度に，婚姻期間，それに相当する保険料を妻（夫の方が納付記録上の保険料負担実績が少ない場合は夫）が支払ったものとみなし，納付記録上の権利を移転するというものである。言い方を換えれば，夫婦の納付記録上の保険料負担実績の合計額の2分の1を限度に分割することになるが，分割対象になるのは，報酬比例部分に限定され，基礎年金は対象外である。

2008（平成20）年4月以降の離婚するまでの第3号被保険者期間は自動的に2分の1の移転が法律で強制されるが，同年3月以前の第3号被保険者期間や離婚前の妻（または夫）の第2号被保険者期間については，差額の2分の1を限度に夫婦間で話し合うことになっており（話し合いの結果は，公正証書を公証役場に提出する），折り合いがつかない場合は家庭裁判所の決定（調停・判決）に委ねることになる[注28]（図表2－6）。

例えば，2005（平成17）年4月に結婚し，2010（平成22）年3月に離婚した夫婦がいるとして，妻はその期間，第3号被保険者であり，夫はその期間，標準報酬月額20万円，保険料率15％で変わらず，2005（平成17）年4月から2008（平成20）年3月までの分割比は2分の1で合意したと仮定した場合，夫の保険料負担総額は，20万円×15％×12か月×5年＝180万円となり，妻に移転される納付記録上の権利は，その2分の1の90万円となる。

年金受給権の夫婦分割制は，妻の家庭労働（内助の功）を評価するものと言えるが，2分の1を限度とする分割比の合意に時間や精神的負担がかかる場合，権利放棄することも考えられるので，2008（平成20）年4月以降の第3号被保険者期間だけでなく，制度的に割り切った合理的な分割比を一般適用することが望ましい。ただし，後述の遺族厚生年金との関係を考えた場合，例えば遺族を妻とした場合，その選択肢の1つである亡夫の受け取っていた老齢厚生年金の4分の3の分割比率による遺族厚生年金と，離婚した場合の妻を受け取

**図表2－6　年金権の夫婦分割制**

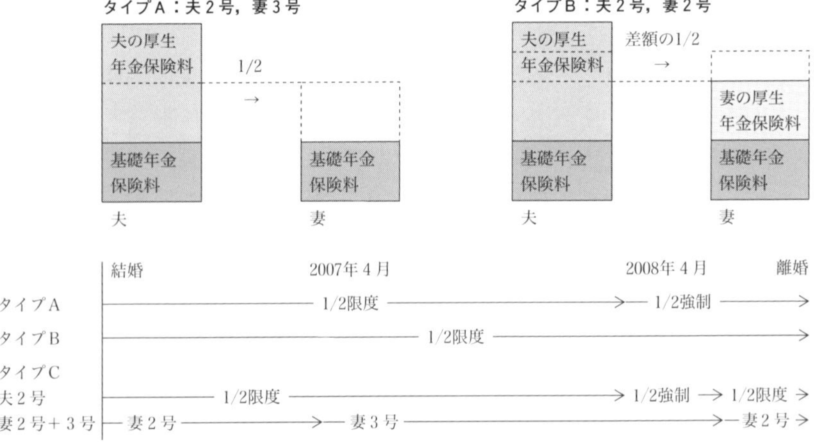

り側とした場合の２分の１の分割比率を比較した場合，離婚より婚姻継続を促す経済的誘因が働くことになり，個人の意思決定にゆがみをもたらすことを考慮に入れるならば，離婚の場合の分割比率の上限を２分の１とすることに合理性があるとは言えず，４分の３に統一することも考えられる。

年金受給権の分割によっても，第３号被保険者の基礎年金部分を第２号被保険者全体で負担している実態に変わりはない。専業主婦が夫の収入に関して平均的に恵まれた状況にあり，夫の収入が高いほど妻が労働市場から撤退する傾向（ダグラス＝有澤の法則）があることを考えれば（労働市場にどの程度参画するかは各個人・世帯の自由であるが，その選択結果を共働き夫婦や独身者が支えている），他の低所得免除者と同一視することに合理性はなく，専業主婦にも基礎年金保険料の一定の負担を求める（実際は夫が負担するかどうかは別にして）ことが公平と言える。そのことは，学生や自営業者等の他の免除者が給付計算上，不利になることとのアンバランス（同じ全額免除であっても，学生はノーカウント，自営業者等はハーフカウントであるのに対して，専業主婦はフルカウント）を是正する意味からも求められる。

離婚しない場合は，遺族年金をめぐる公平性の問題が残る。支給事由が異なる年金の併給禁止措置（第１節で述べた一人一年金の原則）の例外の１つとして，老齢基礎年金と遺族厚生年金の併給が認められている。この場合，遺族厚生年金の受け取り方として，２つの選択肢に加え，1994（平成６）年度改革によって３つ目の選択肢が追加され，2004（平成16）年度改革によって４つ目の選択肢が追加された。

最初の２つの選択肢からみると，Ａ「夫の老齢厚生年金の４分の３」か，Ｂ「妻自身の老齢厚生年金」のいずれかを遺族年金として選択することになる。例えば，夫の老齢厚生年金が10万円であるとすれば，Ａは７万5000円になる。平均的には，女性は男性に比べて賃金水準が低く，加入期間も短いので，それが報酬比例部分にも反映し，年金水準の男女格差が見られるが（男性の６割程度），仮にＢを６万円とする[(注29)]。この場合は，金額の高いＡが選択されるだろう。その場合，妻自身の保険料負担が活かされなくなる。しかも，Ａは第３号被保険者にも年金受給権があるので，第２号被保険者の女性と同じ給付水準になり，この場面でも，国民・厚生年金保険料を負担してきた第２号被保険者とその負担対象外とされてきた第3号被保険者との間で公平性の問題が生じる。

そこで，1994（平成6）年度改革により，C「夫の老齢厚生年金の2分の1＋妻の老齢厚生年金の2分の1」が選択肢に追加された。同じ金額例を使えば，C＝5万＋3万＝8万円になり，この場合はCが選択され，妻の保険料を部分的に活かすことができるうえ，専業主婦よりも給付水準が若干高くなる。しかし，Cが常に最高額になるとは限らず，1994（平成6）年度改革によっても問題は解消しないという指摘が行われた。例えば，Bが4万円の場合，Cは7万円になり，やはりAが選択されることになる。

2004（平成16）年度改革では，第2号被保険者である妻の保険料納付実績を活かす観点から，本人の老齢厚生年金の全額受給（B）を基本とし，かつ，他の選択肢で受給できる額（AまたはC）との差額を受給するタイプが追加された（選択肢Dとする)。すなわち，D＝B＋（Bと，AまたはCとの差額）であり，上述の最初の金額例を用いれば，D＝6万円＋（1万5000円または2万円）＝7万5000円または8万円となる（図表2―7）。この選択肢Dは，形式的には，第2号被保険者である妻の保険料納付実績を完全に活かすことになるが，BをAまたはCが上回る限り，AまたはCと水準は同じであり，選択肢Aによる限り，第2号被保険者である夫の老齢厚生年金水準が同じ場合，第3号被保険者である妻とやはり同水準の遺族年金になる。

したがって，第3号被保険者に少なくとも一定の負担を求めたうえで給付を変えないか，第3号被保険者には負担を求めない代わりに給付を下げるか，あるいは第3号被保険者と比べて，第2号被保険者期間のある妻への夫（第2号被保険者）からの配分比率を高める（Aに関して）かによって，不公平性を是正する必要がある。

**図表2―7　遺族厚生年金の4つの選択肢**

| 遺族厚生年金 | A「夫の老齢厚生年金の3/4」<br>ex. 10万×3/4＝7.5万円 | B「妻自身の老齢厚生年金」<br>ex. 6万円 | C「夫の老齢厚生年金×1/2＋妻の老齢厚生年金×1/2」<br>ex. 10万×1/2＋6万×1/2＝8万円 | D「B＋(AまたはCとの差額)」<br>ex. 6万＋(1.5万or 2万)＝7.5万円or 8万円 |
|---|---|---|---|---|
| 老齢基礎年金 | 月6万5141円<br>（2020年度） | 月6万5141円<br>（2020年度） | 月6万5141円<br>（2020年度） | 月6万5141円<br>（2020年度） |

## 6——— 財政方式

少子高齢化の影響を受けない持続可能な年金制度を樹立する観点から，前述の基礎年金部分の税方式化とセットにして，報酬比例部分について，賦課方式重点型（修正積立方式）の現行の財政方式（現役世代の負担で高齢世代の給付を賄う部分が多い）から完全積立方式（本人の過去の納付実績のみで給付水準が決まる）に転換する方向もある。

財政方式には，理論的に，賦課方式と積立方式という２つの考え方がある。世代軸と時間軸という二次元を考えた場合，時間軸に沿って個人の過去（現役時）の負担と将来（退職後）の給付を均衡させるという考え方が積立方式である。すなわち，自分の過去の保険料積立金とその運用益のみで将来の自分の給付を賄うという考え方であり，自己責任型の財政方式と言える。一方，世代軸に沿って負担と給付のバランスをとる考え方が賦課方式である。時間軸の一点を年度で切り取った場合，ある年度の高齢世代に必要な給付財源をその年度の現役世代の保険料負担ですべて賄うという考え方であり，世代間扶養型の財政方式と言える（図表２―８）。

積立方式の場合，生涯のタイム・スパンで，自分の現役時の負担（財政収入）と退職後の給付（財政支出）を均衡させる方式であることにより，少子高齢化の影響を受けないという長所がある反面，インフレーション等の不確実性への対応が困難という短所があるほか，後述の通り，制度移行に伴って「二重の負担問題」が発生するという短所がある。一方，賦課方式の場合，単年度で現役世代の負担（財政収入）と高齢世代の給付（財政支出）を均衡させる方式であることにより，インフレーション等の不確実性に対応して，年金価値の目減りを防ぐために必要な財源を現役世代に賦課することができるという長所がある反面，少子高齢化の進行に伴い世代間の負担の公平性問題を惹起しやすい。

日本の場合，歴史的には，積立方式の考え方で制度が発足したが，高度成長期のように保険料を引き上げやすい時期に十分な引き上げを行ってこなかった経緯もあり，また予想以上に高齢化が進み，給付対象者や給付期間が増加したこともあって，賦課方式の要素が強まってきた。つまり，現在の年金給付のためには，受給者自身の過去の負担分だけではカバーしきれず，現役世代の負担

**図表2―8　積立方式と賦課方式の概念図**

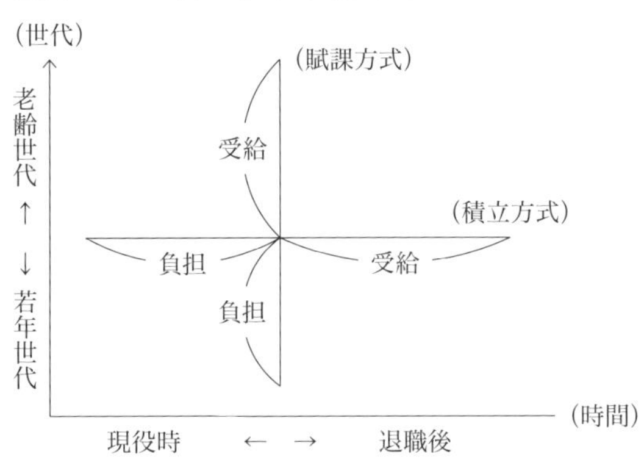


分から移転している割合が高まっている（現在の受給世代の年金額の８割程度が現役世代からの移転による）。そのような変化に着目して，日本の年金制度が賦課方式と言われることもあるが，積立部分もあるので，正確に言えば，賦課方式に重点化する形で修正された修正積立方式である。

基礎年金の完全税方式化を前提にして，報酬比例部分の賦課方式重点型から完全積立方式への転換を求める考え方が，研究者の間では有力な改革案の１つになっているが，政策レベルではこれまで現実的な検討の対象にはなっていない。この考え方は，積立方式への移行によって，人口構造の変化に対して中立的な年金制度の構築を図るものと言える。少子高齢化がどのように進もうとも，給付は過去の個々人の負担実績のみに基づくので，世代間の再分配は行われず，人口構造の変化の影響を受けないからである。

ただし，積立方式へ変更する場合，自己責任型への移行は，公的年金としての性格を維持する必要性を小さくすることから，Ａ「国営，強制加入のまま積立方式化する」，Ｂ「強制加入を維持するが民営化する」，Ｃ「完全に民営化して任意加入にする」という３つの考え方があり得る。Ｃは最も自由化されたタイプであるが，そうすると，加入しない人が出てくることから，老後の年金が基礎年金部分だけになる人が増える可能性がある。そこで，老後の生活に対する国家責任を維持する立場に立てば，ＡまたはＢが選択肢になる。Ａ，Ｂのいずれかを選択する場合，国が運営するのがよいかどうか，という点がポイントになる。今日の年金制度の不安定化の要因の１つとして，積立金の運用上の失敗があり，株式や債券等の運用などにより，年度により多額の損失が発生している。(注30) そのような点を含めた行政非効率を問題視する場合（運用主体は年金積立金管理運用独立行政法人（GPIF)），運用などに対する国民的チェックを強化する（あるいは運用自体を停止する）以外に，民営化するという方向もあり得る。とくに，社会保障・税一体改革関連法（2012（平成24）年８月成立）により，年金運用の見直しが行われ，国内株式の割合が12％から25％へ高められ，国内債券の割合が60％から35％へ引き下げられた（2014（平成26）年10月）こともあり，不安定化要素が高まっている。

基礎年金の完全税方式化と報酬比例部分の完全積立方式化は，基礎年金部分に公共責任（公助）を重点化しつつ，報酬比例部分を自己責任化（自助）するものであり，年金のナショナルミニマムの明確化と，少子高齢化が進むもとでの年金制度の持続性を図る提案としては評価できる。ただし，基礎年金の税方式化を図る場合，過去の納付実績をどう評価するのかという問題が生じるし，報酬比例部分を完全積立方式に移行させる場合，現役世代に「二重の負担問題」が生じる（小塩，2013)。移行する時点で，すでに一定年齢に達している高齢者等に対しては積立方式が適用できないため，その給付のためには，やはり現役世代が負担し続ける期間が必要になる。つまり，自分のための積立負担に加えて，移行時の他世代のための負担が追加されることになる。後者の負担分を税負担で賄うという方法もあるが，基礎年金部分以上の追加負担については，合意形成が課題になる。あるいは，国債発行による負担の先送り，他の歳出との調整，これまでの積立金の取り崩し等を考えざるを得ないだろう。また，金融の観点からのマクロ的な検討も必要になる（玉木，2014)。

## 7——— 少子化対策

2004（平成16）年度改革においては，その前提となる合計特殊出生率が，2002（平成14）年度の1.32から，2007（平成19）年度の1.31で底を打った後，2050（平成62）年度の1.39に向かうという人口推計が前提となっていた。しかし，実際には，ボトムと予測されていた2007（平成19）年度以前の2003（平成15）～2005（平成17）年度において1.31を下回り，2005（平成17）年度の1.26

で底を打った後，2015（平成27）年度の1.45まで反転上昇した後，再び2019（令和元）年度の1.36まで続落してきている。

そのように，前提とするデータよりも少子化をめぐる現実の動向が異なるとすれば，固定方式による保険料水準の修正か，モデル世帯における所得代替率で見た給付水準（受給開始時）の修正が必要になる。

また，少子化対策が相当の効果を上げるようなことがあれば，保険料の引き上げや給付の抑制が緩和される可能性もある。予定出産児数が理想出産児数より少ない現実があり，少なくとも，そのギャップを埋める社会的環境（仕事と育児の両立支援等）の整備が求められる（第1章参照）。

## 8――― 今後の方向

年金の公共性を考えた場合，年金の最低保障部分を確定し，国民全体に基礎年金を普遍的に保障することが必要になる（年金水準の十分性を保障する公共責任）。強制加入でありながら，支払えない，という人が多くなっており，国民年金の納付率は近年，7割を割っている[注31]。強制加入にもかかわらず，免除を除いた滞納率が3割程度もあり，年金の空洞化現象が続いており，老後等の最低生活保障機能が果たせなくなっている。そこで，これまでの納付実績は受給権に反映させつつ，低年金者には，生活保護水準がクリアできるような補足的給付を一般財源で行うことが考えられる（その分，生活保護費支出は減少する）。例えば，年金給付額が保護基準より低い場合は差額を補足給付し，年金給付額が保護基準より高くなる場合には補足給付を行わないようにする。生活保護制度は自立助長の観点から恒久的な制度として運用されておらず，また，資産，労働力，扶養義務者に関するチェックが行われるため，保護基準より収入が下回っても保護受給できるとは限らず，受給できる場合もスティグマを伴いやすい。権利として，老後・障害・遺族に応じた生活保障を年金制度によって確立しつつ，それに応じて生活保護制度を縮減し，その財源を最低保障年金に回すべきである[注32]。

第3号被保険者制度は廃止していき，第1号被保険者（同一の免除・給付算定基準への全体的統一）または第2号被保険者（低所得の場合，労使双方の負担を考慮した軽減保険料率の設定）に統合していくことが考えられる（同時に，同一価値労働同一賃金に基づくパート労働者の労働条件の見直しや厚生年金の加入基準のさらなる検討も必要である)。そして，生活保護基準を下回る部分については，上述の通り，補足的給付を行う。

基礎年金以上の上乗せ給付については，少子高齢化に対応するため，これから保険料を納付する世代を中心に，完全積立方式に移行することが望ましい。サラリーマンと公務員については，所得に応じた定率保険料を求めるか，あるいは所得税の一部を年金目的税化し，その納付実績にリンクした給付を行う。自営業者等については，最低保障年金として補足される基礎年金に対する上乗せの定額負担を任意で求め，その納付実績にリンクした給付を行う。サラリーマンと公務員については年金制度が一元化されたが，自営業者等については所得の捕捉問題があるので，任意の定額負担による別建ての上乗せ給付を行う。なお，積立金の運用については，これまでの損失問題等の反省に立ち，被保険者がチェックできる体制を強化しつつ，個人の運用選択も可能にする。

完全積立方式への移行過渡期においては，「二重の負担問題」を避けるために，一般財源等によって高齢世代等への給付財源を確保することのほか，別建てで完全積立方式の制度を創設して移行を進めたり，賦課方式の枠内で，積立方式のように個人の負担と給付がリンクするように給付調整措置を導入していくことなどが考えられる(注33)。

年金受給権の夫婦間分割制度については，離婚時に限らず，離婚しない場合も含め，老齢期や配偶者を喪失した際の年金ニーズが発生するときに，それまでの配偶者の家庭生活等への貢献に報いるために一般適用する方が合理的である（遺族年金の廃止を伴った「貢献年金」への一元化)。分割比は２分の１が適当であるか，遺族年金への誘因による個人の離婚に関する選択意思をゆがめない統一的な分割比率を再検討すべきである。そして，話し合いの力関係に左右されないためにも，制度的な分割比率を確立すべきであろう。

以上のように，基礎年金部分については，老後等の最低生活保障に対する公共責任を明確にしつつ，それ以上の上乗せ給付については，少子高齢化の影響に対して中立的な制度を確立し，持続性を確保すると同時に，ジェンダーの視点からも，個人の貢献と意思決定を尊重する制度立案が望まれる。そのような改革により，老後等の生活の基礎的部分については誰もが安定した見通しをもてると同時に，上乗せ給付については，負担・給付や貢献・還元の関係が明確になるうえ，運用選択も可能になるので，年金制度の透明性と信頼性を高めることにもなる。

（注）

1　金融広報中央委員会「家計の金融行動に関する世論調査」（2020年）によれば（世帯主が20歳以上の2人以上世帯調査），老後の生活について「心配である」と回答している世帯は78.0％（「非常に心配である」35.7％と「多少心配である」42.3％の計）に上り，同世帯の「老後の生活を心配する理由」としては，「年金や保険が十分でない」が73.7％と最も多くあげられ，「十分な金融資産がない」が71.6％と続いている。年金に対する考え方としては，「日常生活費程度も賄うのが難しい」44.1％，「ゆとりはないが，日常生活費程度は賄える」49.3％，「年金でさほど不自由なく暮らせる」5.4％という回答状況になっている。なお，公的年金の貧困削減効果は，とくに女性の方が低いことを明らかにしたものとして，渡辺・四方（2020）を参照。

2　廣光俊昭編著『図説日本の財政　令和2年度版』財経詳報社，国立社会保障・人口問題研究所「平成30年度　社会保障費用統計」令和2年10月16日

3　前掲「平成30年度　社会保障費用統計」

4　厚生労働省年金局「令和元年度厚生年金保険・国民年金事業の概況」令和2年12月

5　ここでは省略しているが，2004（平成16）年度の年金制度改革によって導入された「マクロ経済スライド方式」については第2節の3を参照。

6　2003（平成15）年4月以降の被保険者期間についての改定後の算式であり，同年3月以前の被保険者期間については，平均標準報酬月額×支給乗率（7.125/1000～9.5/1000）×加入期間×スライド率という改定前の算式が適用される。

7　厚生年金の標準報酬月額等級表は，30等級から31等級に変更され（2016（平成28）年10月～），さらに32等級に変更された（2020（令和2）年9月～）。

8　2003（平成15）年4月以降の被保険者期間についての改定後の支給乗率であり，同年3月以前の被保険者期間については，1927（昭和2）年4月1日以前生まれは9.5/1000であり，後世代になるほど7.125/1000（1946（昭和21）年4月2日以降生まれ）に近づく。

9　ただし，厚生年金法の改正（2013（平成25）年6月）により，代行部分の年金資産に不足が生じたり給付の代行割れのおそれのある財政難に直面している基金については，厚生労働大臣が解散命令を発動できることになった。

10　ただし，後述の通り，60～64歳の場合，支給停止調整開始額（合計基準額）は28万円から47万円に引き上げられる（2022（平成4）年4月～）。

11　報酬比例部分の年金額は，2003（平成15）年4月以降の被保険者期間についての改定後の計算式であり，同年3月以前の被保険者期間については，「平均標準報酬月額×7.125/1000×加入期間×物価スライド率」という改定前の計算式が適用される。

12　実際，2021（令和3）年度の公的年金の支給額は，物価変動率0.0％に対して賃金変動率が△0.1％であるため，賃金変動率に合わせて△0.1％の減額が予定されている一方，少子高齢化に合わせたマクロ経済スライド調整率△0.1％の実施は2022（令和4）年度以降のインフレ時に持ち越される予定となっている。

13　厚生労働省年金局「公的年金各制度の年金扶養比率の推移」，第81回社会保障審議会年金数理部会「公的年金財政状況報告」2019年３月28日

14　正確には，年金権の対象となる所得（総所得額から本人負担分年金保険料額を控除した額）の18.5％という保険料率になる（小谷宗明「スウェーデンと日本の年金制度比較研究」『経済政策研究』第２号（通巻第２号），2006年）。

15　基礎年金保険料納付率（現年度）は，67.1％（2005（平成17）年度），63.9％（2007（平成19）年度），60.0％（2009（平成21）年度），58.6％（2011（平成23）年度），60.9％（2013（平成25）年度），63.4％（2015（平成27）年度），66.3％（2017（平成29）年度），69.3％（2019（令和元）年度）と漸減・漸増傾向を示しつつ滞納率が３割程度見られる一方（厚生労働省年金局「令和元年度の国民年金の加入・保険料納付状況について」2020年６月29日），老齢基礎年金のみ受給権者の平均受給月額は，４万7210円（2005（平成17）年度），４万8057円（2007（平成19）年度），４万8992円（2009（平成21）年度），４万9632円（2011（平成23）年度），４万9958円（2013（平成25）年度），５万927円（2015（平成27）年度），５万186円（2017（平成29）年度），５万2437円（2019（令和元）年度）というように，増加傾向を示しつつも，月５万円前後の状況で推移している（厚生労働省年金局「厚生年金保険・国民年金事業の概況」各年度）。

16　社会保障制度改革国民会議「社会保障制度改革国民会議報告書」平成25年８月６日

17　「高齢社会対策大綱」平成30年２月16日閣議決定

18　「経済財政運営と改革の基本方針2019」令和元年６月21日閣議決定

19　全世代型社会保障検討会議「中間報告（案）」令和元年12月19日

20　雇用確保措置として，「継続雇用制度の導入」を選択した企業の割合は，2013（平成25）年６月１日現在で81.2％，「定年の引き上げ」を選択した企業は16.0％，「定年制の廃止」を選択した企業は2.8％となっており，希望者全員が65歳以上まで働ける企業は66.5％（希望者全員65歳以上の継続雇用49.1％，65歳以上定年14.7％，定年制の廃止2.6％）となっている（厚生労働省「平成25年『高年齢者の雇用状況』集計結果」）。2019（令和元）年６月１日現在では,「継続雇用制度の導入」を選択した企業の割合は77.9％，「定年の引き上げ」を選択した企業は19.4％，「定年制の廃止」を選択した企業は2.7％となっており，希望者全員が66歳以上働ける企業は11.7％（希望者全員66歳以上の継続雇用6.8％，66歳以上定年2.2％，定年制の廃止2.7％）となっている（厚生労働省「令和元年『高年齢者の雇用状況』集計結果」）。

21　前掲「経済財政運営と改革の基本方針2019」

22　前掲・全世代型社会保障検討会議「中間報告（案）」

23　2015（平成27）・2019（令和元）年度の２回にとどまっているが，2015（平成27）年度の初適用時は，賃金上昇分2.5％－スライド調整率0.9％という形で適用され，同時に過去のデフレ時の保留分として△0.5％引き下げられた。

24　前掲「社会保障制度改革国民会議報告書」。厚生労働省は，その後，社会保障審議会年金部会（2014（平成26）年10月15日）においてデフレ時のマクロ経済スライドの導入方針を示している。

25　2014（平成26）年の財政検証結果によれば，合計特殊出生率の前提を中位（2060（令和42）年で1.35）とした場合，経済状況によって，2050（令和32）年度の所得代替率は51.0～39.0％であり，デフレ時も含めて「マクロ経済スライド」をフル稼働した場合，所得代替率は51.2～41.9％という見通しになっていた（厚生労働省「国民年金及び厚生年金に係る財政の現況及び見通し―平成26年財政検証結果―」）。なお，少子化の状況等によっては

所得代替率が50%を下回り得るのに，その場合の具体的措置が明確化されていない問題も指摘されていた（北浦，2007）。

26　厚生労働省「国民年金及び厚生年金に係る財政の現況及び見通し—2019（令和元）年財政検証結果—」2019年8月27日。なお，6ケースすべてで実質賃金増加（2013（平成25）〜2018（平成30）年の6年間で2016（平成28）・2018（平成30）年度の2回）という現実的ではない前提に立っていることや，年金（分子）は税・保険料差引き前であるのに現役所得（分母）は可処分所得であるので分子・分母を統一すれば所得代替率はすでに50%割れとなる（2014（平成26）年度も現実離れした賃金・物価上昇率を前提条件にしていた）との指摘も行われている（中原圭介「2019年の財政検証から読み取れる年金の未来」）。一方，ケースⅥだけがTFP（全要素生産性）の実現確率が高い（約90%）反面，所得代替率が相当低くなる可能性をふまえ，「将来の年金財政が本当に厳しくなる可能性を示唆する」と指摘されている（小黒，2021）。また，高齢者の貧困化の観点から，2019年財政検証の問題点を指摘したものとして，伊藤（2020）を参照。

27　民主党等の年金改革案を検討したものとして，里見（2008, 2009）を参照。

28　離婚等に伴う保険料納付記録分割件数は，1万3105件（2008（平成20）年度），1万5004件（2009（平成21）年度），1万8674件（2010（平成22）年度），1万8231件（2011（平成23）年度），1万9361件（2012（平成24）年度），2万1519件（2013（平成25）年度），2万2468件（2014（平成26）年度），2万7149件（2015（平成27）年度），2万6682件（2016（平成28）年度），2万6063件（2017（平成29）年度），2万8793件（2018（平成30）年度），2万9391件（2019（令和元）年度）と推移している（厚生労働省年金局「厚生年金保険・国民年金事業の概況」各年度）。一方，納付記録の分割を受けた者（第2号改定者）の分割改定後の平均年金月額増加額は，2万6828円（2015（平成27）年度），3万1967円（2016（平成28）年度），3万1058円（2017（平成29）年度），3万1265円（2018（平成30）年度），3万651円（2019（令和元）年度）と推移している（厚生労働省年金局「令和元年度　厚生年金保険・国民年金事業の概況」令和2年12月）。なお，配偶者がいない女性の場合，遺族厚生年金等により年金額が比較的高額な人と，離婚時に年金分割ができなかった人や（元）夫が厚生年金加入者でなかった人は年金額が低額になりやすい，との指摘がある（畠中，2021）。

29　2019（令和元）年度における厚生年金保険（民間被用者である第1号被保険者の場合）老齢年金受給権者の男子65歳以上の平均年金月額は17万1305円であるのに対して，女子65歳以上の平均年金月額は10万8813円であり，女子は男子の63.5%の水準である（前掲「令和元年度　厚生年金保険・国民年金事業の概況」）。

30　年金積立金管理運用独立行政法人（GPIF）が公表している資金運用状況によると，公的年金の積立金は，2015（平成27）年度第2四半期に7兆8899億円，第4四半期に4兆7990億円の損失を計上し，年度を通して5兆3098億円の損失を計上した。さらに，2016（平成28）年度第1四半期には5兆2342億円，2017（平成29）年度第4四半期には5兆5408億円の損失，2018（平成30）年度第3四半期には14兆8038億円の損失に直面している。2019年度第4四半期には17兆7072億円の損失となり，年度を通して8兆2831億円の損失を計上した。なお，厚生年金の2019（令和元）年度決算における歳入歳出差は3315億円，決算結了後の積立金（簿価ベース）は112兆8931億円であり，国民年金の同年度決算における歳入歳出差は1631億円，決算結了後の積立金（簿価ベース）は7兆6142億円となっている（厚生労働省年金局「厚生年金・国民年金の令和元年度収支決算の概要」2020年8月7日）。

31　前掲14を参照。なお，国民年金第1号被保険者の属する世帯の総所得の平均値は443万円，中位数が268万円，100万円未満の割合が25.1％，うち所得なしの割合が11.2％となっており，１号期間滞納者の未納理由は「保険料が高く，経済的に支払うのが困難」が70.6％と最も多く，「納める保険料に比べて，十分な年金額が受け取れないと思う」6.5％，「年金制度の将来が不安・信用できない」が6.3％と続いている（厚生労働省年金局「平成29年国民年金被保険者実態調査結果の概要」2019年３月）。

32　2018（平成30）年度の被保護世帯162万9143世帯のうち，高齢者世帯54.1％，障害者・傷病者世帯25.3％，母子世帯5.3％で計84.7％を占めており（厚生労働省「被保護者調査（平成30年度確定値）の結果」（2020年３月４日），そのほとんどは単身世帯である。なお，2018（平成30）年度の生活保護費負担金は３兆7485億円であるのに対して「第１回生活保護基準の新たな検証手法の開発等に関する検討会」（2019年３月18日），同年度の国民年金給付費4769億円と基礎年金給付費等基礎年金勘定へ繰入額３兆2102億円を合わせて３兆6871億円である（前掲「厚生年金・国民年金の令和元年度収支決算の概要」）。イギリスでも，公的扶助依存型の老後の生活保障制度から離脱する方向が進められてきており（丸谷，2009，2012），日本においても，税方式等による実質的な強制加入を前提に，低所得者は生活保護制度に依存するよりも世代間リスク・シェアリング機能をもつ年金制度への加入が望ましいとする示唆が与えられている（山重・高畑，2010）。

33　ドイツでは，賦課方式による公的年金とは別建てで，任意加入による積立方式の個人老齢保障制度（リースター年金）が導入され，低所得層や子のいる世帯には保険料補助が行われている（土田・田中・府川，2008，第７章（府川）を参照）。スウェーデンでは，賦課方式の枠組みを残しつつも，「みなし掛金建て方式」により「みなし運用利回り」が記録され，個人の負担・給付関係を明確にする個人勘定制度が採用されており，年金資産が年金負債を上回るよう給付が自動的に調整される（北浦，2007）。また，オーストラリアでは，資力要件つきの税方式の老齢年金と，雇用主に拠出義務を課した積立方式の私的年金を組み合わせたシステムが導入されている（西村，2012）。

（参考文献）


・畠中亨「多様化するライフスタイルと年金問題」『住民と自治』第696号，2021年
・八田達夫・木村陽子「公的年金は，専業主婦世帯を優遇している」『季刊社会保障研究』第29巻第３号，1993年
・八田達夫・小口登良『年金改革論』日本経済新聞社，1999年
・広井良典『定常型社会』岩波書店，2001年
・広井良典・山崎泰彦『社会保障』ミネルヴァ書房，2009年
・堀勝洋『年金制度の再構築』東洋経済新報社，1997年
・市川亨「障害基礎年金の認定格差とあるべき姿」『障害者問題研究』第48巻第３号，2020年
・井口直樹『日本の年金政策』ミネルヴァ書房，2010年
・今泉佳久『公的年金の経済学』日本経済評論社，2005年
・石田成則・山本克也編著『社会保障論』ミネルヴァ書房，2018年，第７章
・石崎浩『公的年金制度の再構築』信山社，2012年
・石崎浩『年金改革の基礎知識』信山社，2016年
・石崎浩『年金財政はどうなっているか』信山社，2020年
・伊藤周平『消費税改革と社会保障改革』筑摩書房，2020年

・神野直彦・金子勝編『「福祉政府」への提言』岩波書店，1999年
・城戸喜子・駒村康平編著『社会保障の新たな制度設計』慶應義塾大学出版会，2005年
・木村陽子『自分を守るための年金知識』筑摩書房，2003年
・北浦義明「年金改革の論点」跡田直澄・前川聡子編著『社会保障改革一体改革への途』清文社，2007年
・駒村康平・渋谷孝人・浦田房良『年金と家計の経済分析』東洋経済新報社，2000年
・駒村康平『年金はどうなる』岩波書店，2003年
・丸谷浩介「イギリスの公的・私的年金制度改革」『海外社会保障研究』第169号，2009年
・丸谷浩介「イギリスにおける年金支給開始年齢の引き上げと『定年制』の廃止」『海外社会保障研究』第181号，2012年
・村上清『年金制度の危機』東洋経済新報社，1997年
・村上清『年金制度の選択』東洋経済新報社，1998年
・日本ソーシャルワーク教育学校連盟編『最新社会福祉士養成講座・精神保健福祉士養成講座⑦社会保障』中央法規出版，2021年，第5章第3節
・西沢和彦『年金大改革』日本経済新聞社，2003年
・西村淳「オーストラリアの年金改革と支給開始年齢の引上げ」『海外社会保障研究』第181号，2012年
・野村総合研究所『2004公的年金改革』2002年
・小黒一正「セーフティネット機能としての年金の意義」『社会保障研究』第5巻第4号，2021年
・小塩隆士『社会保障の経済学　第4版』日本評論社，2013年
・小塩隆士『人口減少時代の社会保障改革』日本経済新聞社，2005年
・李静淑『日本の国民年金制度』大学教育出版，2013年
・里見賢治『新年金宣言』山吹書店，2008年
・里見賢治「民主党中心政権の福祉政策・期待と危うさ」『賃金と社会保障』第1500号，2009年
・田近栄治・金子能宏・林文子『年金の経済分析』東洋経済新報社，1996年
・高山憲之『年金改革の構想』日本経済新聞社，1992年
・玉木伸介「公的年金の積立方式に関する金融の観点からの検討」『季刊社会保障研究』第49巻第4号，2014年
・土田武史・田中耕太郎・府川哲夫編著『社会保障改革』ミネルヴァ書房，2008年
・東京都社会福祉協議会『年金制度とは・・改訂第5版』2015年
・植村尚史『若者が求める年金改革』中央法規出版，2008年
・牛丸聡『公的年金の財政方式』東洋経済新報社，1996年
・渡辺久里子・四方理人「高齢者における貧困率の低下―公的年金と家族による私的扶養―」『社会政策』第12巻第2号，2020年
・山重慎二・高畑純一郎「年金制度と生活保護制度―高齢期の所得保障スキームの在り方をめぐって―」『季刊社会保障研究』第46巻第1号，2010年

・山下慎一「公的老齢年金におけるリスク・逆選択・人間像」『週刊社会保障』第3092号，2020年
・矢野聡『日本公的年金政策史』ミネルヴァ書房，2012年
・八代尚宏『少子・高齢化の経済学』東洋経済新報社，1999年
・八代尚宏・日本経済研究センター編著『社会保障改革の経済学』東洋経済新報社，2003年
・吉原健二『わが国の公的年金制度』中央法規出版，2004年
・吉原健二・畑満『日本公的年金制度史』中央法規出版，2016年

第3章

# 医療システムの制度分析

本章では，医療保険制度の構造を機能，制度分類，給付と負担，財源の側面から説明したうえで，近年の医療費の動向とその要因・要素，保険財政の状況とその影響要因を解説する（第1節）。そのうえで，近年の医療政策の特徴，および今後の政策課題と方向について論じる（第2節）。

## 第1節 医療保険制度の構造と医療費をめぐる動向

### 1——— 医療保険制度の概要

**基本的機能**

医療保険制度の基本的機能は，傷病などに伴う支出の増大や，収入の減少を集団的に補完することにある。もし，社会保険という形で政府が強制加入を求めなければ，保険に加入しない人は，医療費を自己責任で全額負担することになり，家計に大きな影響が生じ，生活困難に陥る。それを防ぐために，保険料拠出を求めて財源をつくり，給付が必要なときに財政支出を行う。そのことにより，個々人の治療に伴う直接的な費用負担を軽減し，基本的な治療機会の公平な保障が目指される。

全額負担しないまでも，民間の保険会社との契約により自己防衛手段を講じることもできるが，民間保険の場合，公費負担がないうえ，利益を生み出すことが絶対的な条件になるから，それだけ保険料負担が高くなる。その保険料負担に応じてまで加入しようとする人は，自分で傷病リスクが高いと予想する人に偏る可能性が高い。保険会社にとっては，リスクの少ない人に加入してもらう方が経営的メリットが強いが，リスクが高いと予想する人を完全には排除できないため，むしろそういう人が加入してくる可能性がある。このことは，保険会社にとって選好対象となりにくい人を呼び込むことになり，保険料がそれによっていっそう高くなることを意味する。保険料がそのように高くなっても加入しようとする人は，さらにいっそうリスクの高い人になるので，加入者がさらに限定されてゆくことになり，経営的に成り立ちにくくなる。

そのような民間保険の属性は，選好対象でない人を結果的に呼び込んで選んでしまうことから，「逆選択」と呼ばれる。経済理論的には，そこから，社会保険としての医療保険の必然性が説明されることがある。しかし，現実には，すでに重い傷病を患っている人などは，民間保険の契約対象から外されるうえ，まだ患っていない人が自分の傷病リスクを予想することも容易ではない。現に，保険会社は各種の医療保険商品を発売し，経営を成り立たせている。ただし，それは社会保険に加えて，オプション的な現金給付を求め，かつ保険料負担ができる人が加入することを意味する。

したがって，傷病リスクからみた「逆選択」ということよりも，負担に応じられない人を排除することになることが民間保険の本質であり（負担能力からみれば「選択」），そのことにより，国民の生命に対する社会的責任が問われることが，社会保険としての医療保険を必然化させると言える（注1）。「小さな政府」を求める傾向が強いアメリカでは，社会保険としての医療保険の対象は高齢者と障害者に限定され（メディケアmedical care），それ以外の人は民間保険会社と契約せざるを得ないが，負担能力がないまま無保険者になる人も多く，結果的に，公費負担による医療扶助（メディケイドmedical aid）の対象となる人を増やすという逆説的な現象を生み出してきた。しかし，オバマ政権のもとで変化が生まれ，無保険という事態の解消に向けて医療アクセスを改善する医療制度改革法（Patient Protection and Affordable Care Act）が2010年３月に成立した（注2）。

イギリスのNHS（National Health Service）や北欧諸国に見られるように，経済的困窮者に限らず，国民一般を対象として公費負担による医療制度をもつ国もあるが，ドイツや日本のように，保険原理を使ってリスクを分散させ，負担目的を明確にして合意を得ながら，社会的責任を果たそうとする国もある。保険方式の場合，給付に負担が連動するので（社会保険の場合は税負担もあるので，個人保険ほどストレートではないが），保険財政の効率化に向けた政策認識や保険者意識を醸成しやすいという側面もあるにせよ，給付増に結びついた負担増というルールに応じきれず，結果的に保険から外れる人々を生み出す選別性が働く側面もある。

## 制度の分類

日本の医療保障制度は医療保険制度を中心に構成されているが，それをベースとしつつ，対象を限定した公費負担医療制度もある。これは，国家責任がとくに強く求められる場合に，患者一部負担金（窓口負担）を免除または軽減（一定以上の所得者に対する費用徴収）するために，少なくとも患者一部負担を公費で重点的に負担するものである（一部負担分以外の給付部分については，公費が優先する場合と，保険給付が優先する場合がある）。公費負担の根拠としては，国家補償的性格，強制措置的性格，福祉的性格，治療研究的性格などに分けられる。

国家補償的な性格の公費負担医療制度としては，原爆被爆者や戦傷病者に対する医療があげられる（公費優先）。強制措置的な性格の公費負担医療制度とされるものは，社会に与える影響があることから，命令入所，措置入院，勧告入院となった場合であり，精神医療，感染症などで強制的な措置を伴う場合に適用される（保険優先，ただし新感染症は公費優先）。福祉的な性格の公費負担医療制度としては，生活保護の給付を受けている世帯に対する医療扶助（保険優先，ただし国民健康保険加入世帯が生活保護を受ける場合は国民健康保険から脱退する義務が国民健康保険法上課せられているので，結果的には無保険となり，公費優先となる）のほか，身体障害者の更生医療（職業能力を高めたり日常生活を容易にするために視覚・聴覚・平衡機能，音声・言語・そしゃく機能，肢体不自由，心臓・腎臓・肝臓・小腸・免疫機能の障害を軽減・改善する治療），身体障害児の育成医療（視覚・聴覚・平衡機能，音声・言語・そしゃく機能，肢体不自由，心臓・腎臓・肝臓・免疫機能，呼吸器・ぼうこう・直腸・小腸機能等の障害に関して確実に治療効果が期待できる医療），精神障害者の通院医療などがあった。ただし，これらの障害児・者に対する医療は，第6章で見る通り，障害者自立支援法（現・障害者の日常生活及び社会生活を総合的に支援するための法律（障害者総合支援法））の成立により，従来の無料ないし軽減負担から，原則1割負担に変わった（ただし，低所得者の軽減措置がある)。治療研究的な性格の公費負担医療制度とは，原因が不明で治療方法が確立していない難病で，難治性疾患克服研究事業として臨床調査研究の対象に指定された130疾患のうち，さらに医療の確立・普及を図るとともに患者の医療費の負担軽減を図ることを目的とする特定疾患治療研究事業として指定された56疾患を対象にしていたが（保険優先)，生計中心者が住民税非課税である場合や重症患者の場合を除き，一定額の自己負担（所得に応じた負担限度）があった。そして，難病の患者に対する医療等に関する法律（難病医療法）の成立（2014（平成26）年5月，施行は2015（平成27）年1月）に伴い，公費負担医療制度の対象となる56種類の難病を300種類程度に拡大する一方（2015（平成27）年1月に110疾患を対象に助成を先行実施，2019（令和元）年7月からは333疾患を難病医療費助成制度の対象疾病とした)，生計中心者が住民税非課税の場合や重症患者の場合を含め，負担限度額を設定，引き上げるとともに，軽症者は原則対象外とされた。

公費負担医療制度が適用される場合を除けば，原則として国民は被保険者ないし，その扶養家族として，医療保険制度の適用のみを受け，現行では年齢に関係なく定率の患者一部負担を求められる。これを皆保険といい，国民健康保険法により，すべての市町村に国民健康保険の設立が義務づけられ，施行された1961（昭和36）年度に実現した。

医療保険は，職域によって制度が区別される。民間企業労働者が加入する医療保険には，組合管掌健康保険（組合健保）と全国健康保険協会管掌健康保険（協会けんぽ）がある。組合健保は，従業員規模で見た大企業等に従事する労働者が加入する保険である。すなわち，単独の事業所または密接な資本関係を有する複数の事業所等で従業員700人以上（単一組合等の認可基準)，同種または一定地域に所在する異業種の複数の事業所で従業員3000人以上（総合組合の認可基準）いれば，健康保険組合を設立することができる。この場合の保険者は健康保険組合になる。健康保険組合は，保険料率および労使負担比率について，法律で決められた範囲内で自主的に決められる。

協会けんぽは，健康保険組合を結成しない事業所を対象とし，組合管掌健康保険の場合よりも従業員規模が小さい事業所の従業員が中心に加入する保険である。その前身である政府管掌健康保険においては国が直接，保険者となって保険財政を管理していたが，2006（平成18）年6月の健康保険法等改正により，2008（平成20）年10月から全国健康保険協会として公法人化し，都道府県単位の財政運営，保険料設定を行っている。

公務員および私立学校教職員が加入する医療保険は共済制度であり，共済組合および日本私立学校振興・共済事業団が保険者となり，国家・地方公務員の場合は共済組合員，私立学校教職員の場合は事業団の加入者となる。船員が加入する医療保険は船員保険であり，国が保険者であったが，2010（平成22）年10月から全国健康保険協会（船員保険部）が保険者となっている。

これらの被雇用者が加入する保険を一括して，被用者保険と呼ぶ。

被用者保険に対して，地域で働く人や退職した人らが加入する保険が国民健康保険および後期高齢者医療制度であり，そのような性格から地域保険と呼ぶこともある。被用者保険被保険者とその扶養家族および生活保護世帯を除くすべての住民が強制加入となり，自営業・農業者や退職者などが加入し，保険者は市町村が担ってきた。しかし，持続可能な医療保険制度を構築するための国民健康保険法等の一部改正（2015（平成27）年5月成立）に伴い，2018（平成30）年4月から，国民健康保険の都道府県単位化が図られ，保険者は市町村と都道府県が共同で担うことになった。なお，医師や弁護士，理髪業者など，同業種300人以上で国民健康保険組合を設立することも可能であり，その場合は，国民健康保険組合が保険者となる。

さらに，国民健康保険の被保険者，自分の子どもが加入する被用者保険の扶養家族，被用者保険の被保険者本人のいずれの立場であろうと，75歳以上になれば，それらの保険から脱退し，後期高齢者医療制度に加入する義務がある。75歳以上の人（および65歳以上75歳未満で一定の障害があると認定を受けた人）に対しては，老人保健法に基づく老人保健制度が適用されていたが，後述の通り，2006（平成18）年の健康保険法等の改正により，「高齢者の医療の確保に関する法律」に基づく後期高齢者医療制度が2008（平成20）年度から施行されている。各都道府県単位で全市町村により構成される後期高齢者医療広域連合が保険者となる。

各医療保険の加入状況（被保険者および扶養家族の人数・割合）を見ると[注3]，

組合健保2954万1000人（23.40%），協会けんぽ3940万人（31.21%），共済制度857万5000人（6.79%），船員保険11万9000人（0.09%），国民健康保険3025万6000人（24.96%），後期高齢者医療制度1771万8000人（14.03%）という状況になっている（2019（令和元）年3月末現在）。協会けんぽ加入者が最大であり，被用者保険：国民健康保険：後期高齢者医療制度＝61%：25%：14%という加入分布状況であることがわかる。なお，外国人登録者も各医療保険の適用を受けることができる。

### 保険給付の種類

保険給付は，医療費の一部を保険で負担することによって，医療機関で治療を受けた場合の直接的な費用負担を軽減することを主な目的としている。被保険者は，日頃から保険者に対して保険料を支払っておくことによって，医療機関で治療を受けたときには一部負担で済ませ，残りの医療費は保険者から給付を受ける。ただし，その給付部分は現金で直接に被保険者（患者）に対して支払いが行われるのではなく，医療機関が保険者に請求することによって，保険者が医療機関に対して，一部負担を除く医療費を支払う。これを診療報酬（医療行為の対価）といい，それぞれの医療行為が点数表示され（1点＝10円として，何点分の医療行為であるかを表示），一部負担を除く費用が診療報酬明細書（レセプト：Rezept）によって請求される（図表3－1）。診療報酬は，厚生労働大臣の中央社会保険医療協議会（中医協）への諮問に対する答申をふまえて，厚生労働省通知として2年単位で改定される。

医療機関からの請求に対して，保険者との間に立って，請求内容を審査し，支払いを代行する審査支払機関があり，被用者保険の場合は社会保険診療報酬

**図表3－1　医療保険をめぐる負担・給付関係**

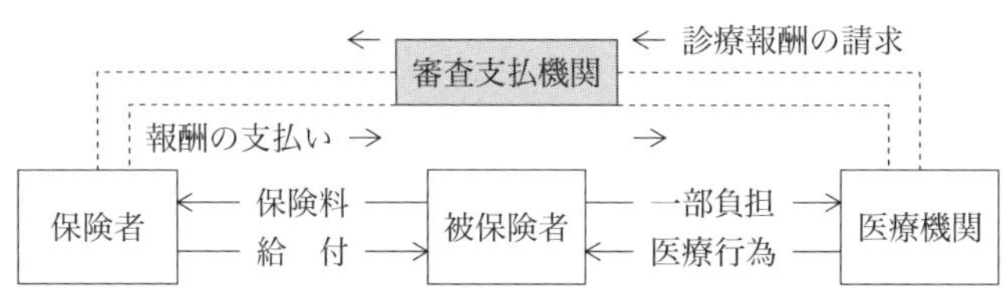

支払基金，国民健康保険と後期高齢者医療制度の場合は国民健康保険団体連合会がその業務を担う。被保険者（患者）にとっては，保険給付部分は現金では支払われず，診察，看護，薬剤，治療材料，処置，手術などを通じた現物（療養）の形で受け取ることになるので現物（療養）給付という。保険給付は，それを主要な内容とするものであるが，その他，費用の一部が後から償還（現金の払い戻し）される場合や，純粋に現金で給付を受ける場合もある。給付は，そのように現物給付，償還払い給付，現金給付という3つの性格に大別できるが，現物給付と償還払い給付を合わせて「医療に関する給付」という。保険給付は，具体的な種類別に分類すれば，以下の内容に分けられる。

❶　「療養の給付」（被扶養者の場合は「家族療養費」）：労働災害，健康診断，予防接種，正常な妊娠分娩，付添看護は対象外

❷　「入院時食事療養費」（被扶養者の場合は「家族療養費」）：食事療養標準負担額（保険適用外の食材費として2018（平成30）年度から1食460円，住民税非課税世帯の低所得者は入院90日目まで1食210円，91日目から160円に減額）以外の調理費

❸　「入院時生活療養費」：療養病床に入院する65歳以上の高齢者の場合，生活療養標準負担額（保険適用外の食材費と調理費を合わせた食費として1食460円，光熱水費相当の居住費として1日370円，住民税非課税世帯の低所得者は食費が入院90日目まで1食210円，入院91日目から1食160円，そのうち年金収入が年額80万円以下の人は1食130円，老齢福祉年金受給権者は1食100円かつ居住費無料）以外の厚生労働大臣が定める平均的な生活療養費

❹　「保険外併用療養費」（75歳未満の被扶養者の場合は「家族療養費」）：先進・高度医療等や特別なサービスとして，「評価療養」（将来的に保険適用とするか評価される療養），「患者申出療養」（患者からの申出に基づく国内未承認の医薬品等の使用や先進的な医療），「選定療養」（差額ベットへの入院など患者自ら希望して選ぶ療養）を受けた場合，保険が適用される一般の保険診療と共通する基礎的な部分の保険給付

❺　「訪問看護療養費」（被扶養者の場合は「家族訪問看護療養費」）：難病患者や末期がん患者などが自宅療養している場合，医師の指示に基づいて訪問看護ステーション等から受ける訪問看護（病状観察，清拭・洗髪，褥瘡予防

措置など）に関する保険給付

❻　「療養費」（被扶養者の場合は「家族療養費」）：特殊事情で保険診療が受けられず保険者がやむを得ないと認めた場合に，いったん支払った医療費のうち，後から現金払い戻しを受ける保険給付部分

❼　「移送費」（被扶養者の場合は「家族移送費」）：災害現場などから医療機関に移送された場合や，医師の指示により緊急転院した場合などに，いったん支払った移送費用を限度に現金払い戻しを受ける保険給付

❽　「高額療養費」：被保険者本人（または家族）の1件につき1か月当たり自己負担（または世帯合算）額が所得段階別の負担限度額（70歳未満の場合はA～Eの所得段階別の5段階，70歳以上の場合は低所得Ⅰ・Ⅱ，一般，現役並み所得Ⅰ～Ⅲの6段階）の負担限度額（月額）を超えるときに，現金払い戻しを受ける保険給付

❾　「高額医療・高額介護合算制度」：医療保険と介護保険の自己負担が両方ある世帯で，過去1年間（前年8月1日～7月31日）の同一世帯の負担合算額が所得段階別（70歳以上の場合，低所得Ⅰ・Ⅱ，一般，現役並み所得Ⅰ～Ⅲの6段階）の負担限度額（年額）を超えるときに，現金払い戻しを受ける保険給付。

❿　「傷病手当金」：被保険者本人が業務外の傷病のために働けず報酬を受けられない場合に，休業4日目（船員保険では1日目）から支給開始後1年6か月を限度に標準報酬日額の3分の2相当を現金給付（国民健康保険は給付を行うことができるものとされているが実際は支給されていない）

⓫　「出産手当金」：被保険者本人が出産休暇中に報酬を受けられない場合に，標準報酬日額の3分の2を現金給付（国民健康保険は対象外）

⓬　「出産育児一時金」（被扶養者の場合は「家族出産育児一時金」）：出産に伴う諸費用の負担を軽減するための現金給付（国民健康保険は給付を行うものとされているが，特別の理由があるときは，行わないことができる）

⓭　「埋葬料（費）」（被扶養者の場合は「家族埋葬料」）：被保険者本人または被扶養家族が死亡した場合に，生計維持関係のあった遺族などに対して，葬祭費用の補助として行われる5万円（以内）の現金給付（国民健康保険は「葬祭費（または葬祭の給付）」と言い，給付を行うものとされているが，

特別の理由があるときは，行わないことができる）

このうち，❶～❺は，現物（療養）給付に相当する。❶は前述の通りであるが，労働災害や，傷病とみなされないものは対象外となる。❷は，入院給食の材料費に相当する部分が保険外負担となり，それ以外の部分（調理費）が現物で給付されることを意味する。ただし，❸で示した通り，療養病床に入院する高齢者については食費全額および光熱水費が保険外負担化された。❹は，先進・高度医療などを受けた場合に，一般の保険診療と共通する基礎的部分が保険適用（現物給付）されることを意味する。❺は，療養の給付と同率の給付を現物給付の形で受け取る。ただし，介護保険の要介護認定を受けた人が訪問看護を利用する場合は介護保険の適用が優先されるが，末期がんや難病などの厚生労働大臣が定める疾病等に該当する場合，急性増悪等による主治医の指示があった場合（特別訪問看護指示書が発行された場合）に限り，医療保険から給付される。

❶～❾は，被保険者（被扶養家族）が費用の全額をいったん支払った後，その一部が償還払い（現金の払い戻し）されるものである。❻は，被保険者（被扶養家族）が保険証を携帯せずに受診した場合に，いったん医療費全額を負担したうえで，後から保険給付相当額の払い戻しを受けるものである。❼も，緊急時や災害時に移送費用の実費の範囲内で払い戻しを受けるものである。❽は，第2節でも述べる通り，保険適用診療費一部負担（定率）の月額が一定限度を超えた場合に超過分の払い戻しを受けるものである（受診者ごとに同じ医療機関でも医科と歯科，入院と外来は別々に計算される）。ただし，70歳未満の場合，あらかじめ，所得区分A（標準報酬月額で83万円以上）～D（標準報酬月額で26万円以下）の場合は限度額適用認定申請を，E（住民税非課税世帯）の場合は限度額適用・標準負担額減額認定申請をして，それぞれの認定証の交付を受けたうえで，受診時に被保険者証とともに医療機関窓口に提出すれば，限度額を超えた自己負担分は現物給付される。70歳以上の場合，自己負担限度額の所得区分が低所得Ⅰ（年金収入の年額が80万円以下で世帯全員が住民税非課税），低所得Ⅱ（年金収入80万円超で世帯全員が住民税非課税），一般（単身で年収383万円未満，夫婦世帯で520万円未満），現役並み所得Ⅰ～Ⅲ（一般の基準以上の年収で3割負担の人）に分かれるが，限度額を超えた自己

負担分を現物給付されるためには，あらかじめ，現役並み所得Ⅰ（標準報酬月額で50万～28万円）・Ⅱ（標準報酬月額で79万～53万円）の人は限度額適用認定申請を，低所得Ⅰ・Ⅱの場合は限度額適用・標準負担額減額認定申請をして，それぞれの認定証の交付を受ける必要がある（一般所得〔標準報酬月額で26万円以下〕と現役並み所得Ⅲ〔標準報酬月額で83万円以上〕は手続きの必要なし）。❾は，世帯の医療保険一部負担額と介護保険サービス利用料の合計が所得段階別限度額（70歳以上の場合，現役並み所得者Ⅲの年額212万円～低所得者Ⅰの年額19万円までの6段階）を超えた場合，医療分は「高額介護合算療養費」として，介護分は「高額医療合算介護（予防）サービス費」として，自己負担の合算額に応じて各保険に按分されて後から支給される（高額療養費や高額介護（予防）サービス費の支給がある場合は，それらの支給額が差し引かれる）。

❿～⓭は，純粋な意味での現金給付である。❿と⓫は，傷病や出産に伴い，給与を受けられない場合に，傷病・産休前の標準報酬日額の3分の2が現金で給付されるものである。⓬は，正常な妊娠分娩が傷病とみなされず，❶の対象外となる代わりに，被保険者本人またはその被扶養者の出産費用として現金給付を一括して受けるものである。給付額は，一児につき，42万円（過失の有無を問わず補償金を支払う産科医療補償制度に加入している分娩機関で出産した場合，それ以外の場合は40万4000円）である。⓭は，被保険者本人やその被扶養者が死亡した場合に支給される。

### 保険給付の財源

保険給付の財源は，保険料を基本にしつつ，一部，税（公費）負担が行われている。ここでは，それを個人単位（ミクロ・レベル）で見た場合と保険単位（メゾ・レベル）で見た場合に分けて説明しよう（社会全体（マクロ・レベル）の視点で捉えた「国民医療費」については，2で後述する）。

❶　個人単位

被保険者個人単位で見た場合，保険料負担は，被用者健康保険の場合，標準報酬月額の一定比率を労使折半で負担することを原則としており（保険者単位で労使負担比率の変更可能），労働者の標準報酬月額に保険料率をかけて算出される保険料の半分程度を労働者が実際の給与から負担し（天引き），残りの半分程度は使用者（事業主）の負担となる（図表３－２）。育児休業中は，労使とも保険料が免除される。

保険料率は，①組合健保の場合は，3.0％～13.0％の範囲内で各組合別に定められる（労使折半負担原則であるが，事業主の負担割合を増やす変更はできる）。②協会けんぽの場合，当初は旧・政府管掌健康保険を受け継ぎ，全国一律で8.2％であったが，2009（平成21）年度から都道府県別の保険料率が導入されることになり，現在は3.0％～13.0％の範囲内で定められている。③共済制度（短期部門）は，国家公務員，地方公務員等，私学教職員によって保険料率は異なり，さらにその３職種それぞれのなかの各組合等によって異なる。④船員保険（疾病部門）は9.60％（被保険者負担分4.55％，船舶所有者負担分5.05％）となっている。

⑤国民健康保険の場合は，市町村ごとに，各加入世帯の経済状況などに応じて，保険料（保険税）が決定される。保険料（保険税）の構成要素は，所得割額＋資産割額＋被保険者均等割額＋世帯別平等割額からなる。このうち，所得割と資産割は，各世帯の所得や資産に対して定率の負担が課されるが，負担額が所得の多寡によって差が出る部分であり，応能負担部分である。被保険者均等割は，経済力に関係なく，世帯人数に比例して１人当たり一定額に世帯人数を乗じた額が徴収される部分である（国民健康保険の場合は，世帯主と世帯員の全員が被保険者となる）。世帯別平等割は，同じく経済力に関係なく，１世帯当たり定額が徴収される。被保険者均等割と世帯別

**図表３－２　医療保険の給付財源（ミクロ・レベル）**

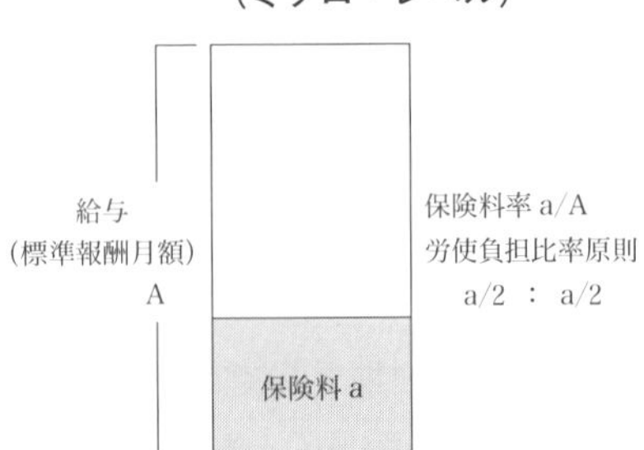


**図表３－３　医療保険の給付財源（メゾ・レベル）**

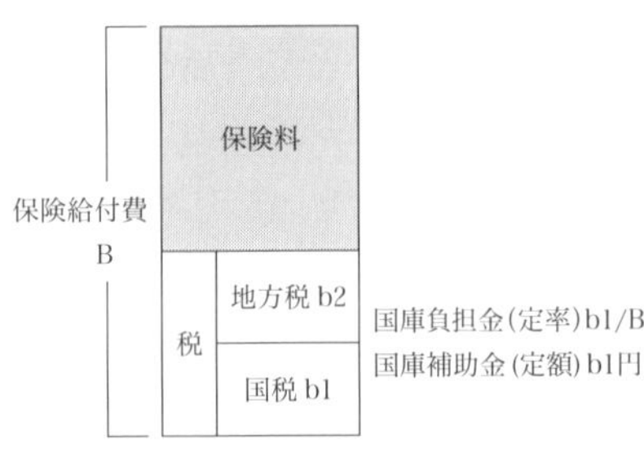

平等割は，経済力に関係なく原則として一律の徴収が行われることから，応益負担部分である。国が定めた標準としては，応能負担：応益負担の割合が50％：50％となるよう決定することとしているが，市町村によっては，その比率を変えることもできる(注４)。⑥後期高齢者医療制度の場合は，75歳以上の各個人が被保険者となり，各都道府県単位で保険料が決定される。保険料の構成要素は，所得割額＋均等割からなり，所得割と均等割の比率は各都道府県単位で広域連合が決定する。

❷　保険単位

保険単位で見た場合，各個人から徴収した保険料に税（公費）が組み合わされて財源が構成されることになる。国庫負担・補助は，各保険の給付費または事務費の一部に対して行われるが（図表３－３），その比重は保険の種類によって異なる。給付費のうち，①組合健保の場合は，定額の予算補助が行われる。②協会けんぽの場合は16.4％（2010（平成22）年７月以降）の国庫負担が行われる。③共済制度は国庫負担・補助がない。④船員保険の場合は定額の予算補助が行われる。

⑤市町村国民健康保険の場合は，国庫負担が41％を占めるが，地方負担を合わせると50％になる（2005（平成17）年度から公費負担50％のうち，都道府県７％負担が導入され，2013（平成25）年度から９％に変更された)。⑥後期高齢者医療制度の場合は，国庫負担が約33％を占めるが，地方負担を合わせると50％になる（給付費の50％が税（公費）でカバーされるが，そのうち，国：都道府県：市町村の分担比率＝４：１：１（老人保健制度当時の負担ルールの継承）に基づき，国：都道府県：市町村＝約33％：約８％：約８％になる)。

### 負担・給付比率

現段階の負担・給付比率は，2006（平成18）年６月の健康保険法等の改正に基づき，同年10月と2008（平成20）年４月に段階的に施行された。

70歳未満にかかる被用者健康保険の場合は，2002（平成14）年度までは，被保険者本人の場合は２割負担（８割給付)，その扶養家族は入院２割負担（８割給付)，外来３割負担（７割給付）であったが，2002（平成14）年７月の健康保険法等の改正により，2003（平成15）年4月から，被保険者本人・家族ともに，入院・外来を問わず，3割負担となった。国民健康保険の場合は，それまで通り，世帯主・世帯員ともに，外来・入院を問わず，3割負担である。ただし，いずれの場合においても，3歳未満に関しては，同法改正により，3割負担から2割負担に引き下げられた（2002（平成14）年10月実施）。老人保健制度の対象となる70歳以上の場合，同法改正により，定額選択制（診療所の場合）が廃止されて1割負担が原則化されたうえ，一定額以上の所得者については2割負担となった（2002（平成14）年10月実施）。同時に，老人保健制度の対象者は75歳以上に段階的に引き上げられることになった。

そして，2006（平成18）年6月の健康保険法等の改正により，70歳以上で現役並み所得者（夫婦で年収520万円以上，単身で383万円以上）は3割負担，それ以外の一般所得者は75歳以上の場合は1割，70代前半の場合は2割負担（同法改正では70代前半の一般所得者は，2008（平成20）年4月より1割から2割へ引き上げられることとされていたが，2008（平成20）～2013（平成25）年度の間は引き上げ実施が凍結され，2014（平成26）年度から実施された）へと変更されることになった。一方，3歳未満の2割負担への引き下げは，小学校就学前児童に対象が拡大された（図表3－4）。

以上から，職域に関係なく，未就学児童は2割負担，小学生以上70歳未満は3割負担，70歳以上は1～3割負担に分類され，医療費に対する負担・給付比

**図表3－4　2006（平成18）年健康保険法等改正に伴う一部負担の変更**

| 年齢＼実施時期 | | 2006（平成18）年9月以前 | 2006（平成18）年10月以降 | 2008（平成20）年4月以降 |
|---|---|---|---|---|
| 75歳以上 | 現役並み所得 | 2割 | 3割 | 3割 |
| | 一般所得 | 1割 | 1割 | 1割 |
| 70歳以上 | 現役並み所得 | 2割 | 3割 | 3割 |
| | 一般所得 | 1割 | 1割 | 2割 |
| 小学生以上70歳未満 | | 3割 | 3割 | 3割 |
| 未就学児 | 3歳以上 | 3割 | 3割 | 2割 |
| | 3歳未満 | 2割 | 2割 | 2割 |

注　70代前半の2割負担は，2014（平成26）年度から実施。

率は3種類に区別されることになった。なお，70代前半の一般所得者の1割負担から2割負担への引き上げについては，社会保障・税一体改革の一環としても位置づけられ，早急に結論を得る方向で実施が促された結果,(注5) 実施凍結が解除されるに至った。さらに，75歳以上の一般所得者の1割負担の2割負担への引き上げが，2017（平成29）～2019（令和元）年度の財務省による医療保険制度改革案などで示されてきたが，全世代型社会保障検討会議において，その中間報告（案）（2019（令和元）年12月）による引き上げ提案を経て，その最終報告では，2022（令和4）年度施行に向けて，一定以上の所得者（単身世帯で年収200万円以上，夫婦などの複数世帯で320万円以上）の2割負担への引き上げが提示された。(注6)

## 2———国民医療費の動向

医療費は，患者一部負担，保険料負担，税（公費）負担によって財源が構成されているが，その社会的費用を国民全体（マクロ・レベル）で見た場合，国民医療費という。すなわち，国民医療費とは，国民が1年間で医療機関などにおいて傷病治療に要した社会的費用である。それは，家計，企業，政府の経済主体によって負担する部分が異なる。家計の負担という点から見た国民医療費は，保険外負担（の一部）と保険一部負担，および保険料負担であり，企業（民間法人）の負担という観点から見た国民医療費は，原則として労使折半による事業主の保険料負担分を指す。政府（中央政府および地方政府）から見た国民医療費は，税（公費）負担分を指す。

家計の負担分のうち，保険外負担と保険一部負担は，医療機関に対して直接支払われる。家計と企業によって負担される保険料は，税（公費）負担分とともに患者に対する保険給付費を構成し，医療機関に対しては，診療報酬として支払われる。また，税（公費）負担には，前述の公費負担医療制度を通じて，患者一部負担分ないし保険給付相当分が医療機関に支払われる側面もある。それらのいくつかのルートを通じて医療機関に対して支払われた国民医療費は，医療機関の人件費，医療設備費，薬剤費などに充てられる（図表3－5）。

自動車メーカーにおける車の製造過程においても，労働者の人件費，車の製造機械，原材料が必要であるのと同様に，医療サービスも産業の一種である。

**図表3—5　財源別に見た国民医療費**

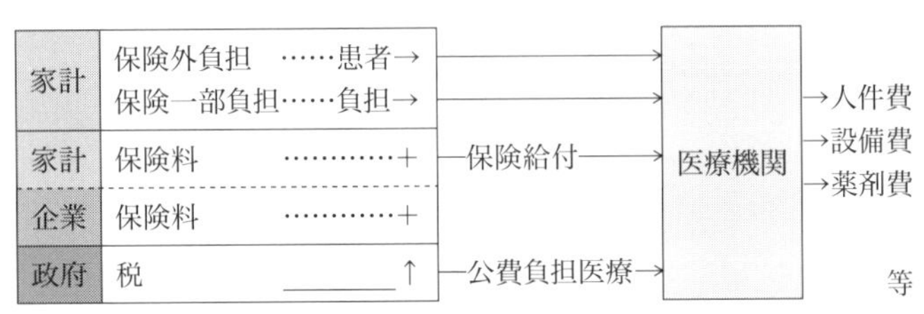


その意味では，医療費の増加は，医療機関の従事者，医療機器メーカーの従業員，製薬メーカーの従業員などの雇用・所得の増加に結びつき，経済成長の一部を構成している。しかし，市場経済との違いは，サービスへの対価が個人的な消費支出のみに委ねられているのではなく，一部負担に加えて，非消費支出（社会保険料と税金）を通じてプール（共同拠出）された公的資金で負担をしているという点である。いわば，個人の財布のみでなく社会の財布からも，医療サービスに対する支払いが行われているのである。したがって，後述のように，医療費に関する財政支出の増加に対して，保険料などの財政収入が比例的に増加しない場合には，財政問題が表面化することになる。

国民医療費には，患者一部負担や入院時食事療養費，移送費，保険薬局調剤費などが含まれるが，正常な妊娠・分娩に要する費用や健康診断，予防接種に要する費用，固定した身体障害のために必要とする義眼や義肢の費用などは含まれない。2018（平成30）年度において，国民医療費は43兆3949億円であり，1人当たり34万3200円になっている[注7]。

国民医療費の構成比（2018（平成30）年度）を各種性格別にみると[注8]，診療種類別に見た場合では，医科診療医療費72.2％（入院38.1％，入院外34.0％），薬局調剤医療費17.4％，歯科診療医療費6.8％，入院時食事・生活医療費（療養費および標準負担額の合計額）1.8％，訪問看護医療費0.5％という割合になっている。傷病分類別に見た場合，循環器系の疾患19.3％，新生物（腫瘍）14.4％，筋骨格系および結合組織の疾患8.0％，損傷・中毒等7.8％，呼吸器系の疾患7.4％という割合になっている。制度区分別に見た場合，医療保険等給付分（75歳未満）45.5％，後期高齢者医療給付分34.7％，患者等負担分12.5％，公費負担医療給付分7.3％という構成割合になっている。年齢階級別に見た場合，65歳以上60.6％，65歳未満39.4％となっている。財源別に見た場合，保険料49.4％（被保険者28.2％，事業主21.2％），公費38.1％（国庫25.3％，地方12.9％），患者負担11.8％となっている。

財源別医療費で見れば，国民医療費は，保険料，税（公費），患者負担の形で負担されているが，その最も基本的な負担ベースは国民所得である。患者負担分は，労働者に対する一次分配所得である賃金から直接支払われるのに対し，労働者の賃金と企業の利潤の付加価値総額である国民所得を源泉として保険料と税が徴収されることによって，保険給付費が捻出される（再分配）。したがって，国民医療費が国民所得を上回ることはないにせよ，前者の伸び率が後者の伸び率を上回る場合には，国民医療費に対する国民所得の負担率は高まる。(注９) そのことから，国民医療費の上昇率を国民所得の上昇率の範囲内に抑えることが政策目標の１つとされてきた。近年の両者の伸び率は，図表３－６の通りになっている。

1979（昭和54）～1982（昭和57）年の年平均伸び率では，国民医療費の伸び率が国民所得の伸び率を上回っているが（第二次オイルショック後），1983（昭和58）～1991（平成３）年の年平均伸び率では，国民所得の伸び率の方が上回るようになっている（バブル景気を中心とする時期）。しかし，1992（平成４）～1999（平成11）年では，再び国民医療費の伸び率の方が大きく上回るようになっている（バブル景気後の長期不況期）。この間，国民医療費の伸び率自体もそれ以前に比べて低下しているが，それ以上に大きく国民所得の伸びが落ち込んでおり，結果的に，国民医療費の伸びが上回っていると言える。バブル景気の崩壊を契機に，国民所得が前年に比べてほとんど増えないゼロ成長の時代に突入した状況を反映している。

2000（平成12）年以降も，国民所得はプラス・マイナスを繰り返す状況が続くが，ほとんどの年で国民医療費の伸びを下回っている。国民医療費の伸びがゼロかマイナスになる年は，制度的影響も考えられる。2000（平成12）年は介護保険の導入実施により国民医療費の一部が医療保険から介護保険へ移行した影響が考えられる。とくに，70歳以上の人については，介護保険に移行した場合，一部負担分が国民医療費としてカウントされず介護サービス費に転じるだけでなく，老人保健の給付費も減り，介護保険給付費に転じることになった。

**図表３―６　国民医療費と国民所得の対前年（平均）伸び率**

| | 国民医療費（%） | 国民所得（%） |
|---|---|---|
| 1979〜1982年度 | 8.5 | 6.3 |
| 1983〜1991年度 | 5.2 | 5.8 |
| 1992〜1998年度 | 4.6 | 0.4 |
| 1999年度 | 3.8 | △0.3 |
| 2000年度 | △1.8 | 2.4 |
| 2001年度 | 3.2 | △3.0 |
| 2002年度 | △0.5 | △0.4 |
| 2003年度 | 1.9 | 1.4 |
| 2004年度 | 1.8 | 1.3 |
| 2005年度 | 3.2 | 1.2 |
| 2006年度 | △0.0 | 1.3 |
| 2007年度 | 3.0 | △0.0 |
| 2008年度 | 2.0 | △7.2 |
| 2009年度 | 3.4 | △2.9 |
| 2010年度 | 3.9 | 2.4 |
| 2011年度 | 3.1 | △1.0 |
| 2012年度 | 1.6 | 0.1 |
| 2013年度 | 2.2 | 4.0 |
| 2014年度 | 1.9 | 1.4 |
| 2015年度 | 3.8 | 2.8 |
| 2016年度 | △0.5 | 0.5 |
| 2017年度 | 2.2 | 2.2 |
| 2018年度 | 0.8 | 0.8 |

出典　厚生労働省「国民医療費の概況」

現に，2000（平成12）年度の老人医療費（70歳以上）の対前年伸び率はマイナス5.1％であり，医療費全体の減少幅より大きい。2002（平成14）年度と2006（平成18）年度は，健康保険法等の改正が一部実施され，とくに高齢者の一部

**図表3－7　国民医療費の対国民所得比の推移**

| 年度 | 1990 | 1991 | 1992 | 1993 | 1994 | 1995 | 1996 | 1997 | 1998 | 1999 | 2000 | 2001 |
|---|---|---|---|---|---|---|---|---|---|---|---|---|
| % | 5.94 | 5.92 | 6.41 | 6.67 | 7.00 | 7.12 | 7.27 | 7.44 | 7.82 | 8.14 | 7.81 | 8.31 |
| 年度 | 2002 | 2003 | 2004 | 2005 | 2006 | 2007 | 2008 | 2009 | 2010 | 2011 | 2012 | 2013 |
| % | 8.31 | 8.35 | 8.39 | 8.55 | 8.44 | 8.70 | 9.56 | 10.19 | 10.34 | 10.77 | 10.90 | 10.70 |
| 年度 | 2014 | 2015 | 2016 | 2017 | 2018 | | | | | | | |
| % | 10.75 | 10.86 | 10.74 | 10.74 | 10.73 | | | | | | | |

出典　厚生労働省「国民医療費の概況」

負担が引き上げられた影響が考えられる。

近年の国民医療費の規模を対国民所得比で見ると，図表3－7の通り，徐々に高まりつつ，1990年代終わり頃から8％前後で推移してきたが，2009（平成21）年度以降，10％台で推移している。国際比較のうえでは，日本の医療費はとくに高いとは言えないが[注10]，国内に目を転じたとき，高齢化や不況の影響により財政問題が表面化したこともあり，後述の通り，医療システムの再構築が迫られてきた。

国民医療費の増加要因には，図表3－8の通り，「人口増」，「人口構成の高齢化」，「診療報酬改定」，「その他」という4つの要因がある。このうち，「人口増」は，人口増加に伴って医療費が上昇する側面を表現しているが，すでに人口は減少し始めており，国民医療費に対しては，マイナス影響が続いている。「人口構成の高齢化」は，それによって高齢者医療費を中心に，医療費が上昇する側面を表現しているが，相対的に大きな要因となっており，2分の1～3分の1以上，寄与している年が多く見られる。「診療報酬改定」は，診療行為に対する点数評価が医療費に影響を与える側面を表現しているが，近年の抑制方針の影響もあり，医療費の増加要因としてはほとんど寄与せず，むしろ診療報酬引き下げによってマイナス要因となっている。「その他」は，自然増とも呼ばれ，医療の高度化が医療費に影響を与える側面を表現している。これは，医療設備や技術の高度化により，コスト・プッシュ要因になることを意味するが，高齢化要因と並んで相対的に大きな要因を占めてきており，2分の1～3分の2程度，寄与している年が多く見られる。なお，「その他」には，患

**図表３―８　国民医療費の伸び率の要因**

(%)

| | 2008年度 | 2009年度 | 2010年度 | 2011年度 | 2012年度 | 2013年度 | 2014年度 | 2015年度 | 2016年度 | 2017年度 | 2018年度 | 2019年度 |
|---|---|---|---|---|---|---|---|---|---|---|---|---|
| 国民医療費の伸び率 | 2.0 | 3.4 | 3.9 | 3.1 | 1.6 | 2.2 | 1.9 | 3.8 | △0.5 | 2.2 | 0.8 | 2.4 |
| 人口増の影響 | △0.1 | △0.1 | 0.0 | △0.2 | △0.2 | △0.2 | △0.2 | △0.1 | △0.1 | △0.2 | △0.2 | △0.2 |
| 高齢化の影響 | 1.3 | 1.4 | 1.6 | 1.2 | 1.4 | 1.3 | 1.2 | 1.0 | 1.0 | 1.2 | 1.1 | 1.0 |
| 診療報酬の改定 | △0.8 | 0.0 | 0.2 | 0.0 | 0.0 | 0.0 | 0.1 | 0.0 | △1.3 | 0.0 | △1.2 | △0.1 |
| その他(医療の高度化等) | 1.5 | 2.2 | 2.1 | 2.1 | 0.4 | 1.1 | 0.7 | 2.9 | △0.1 | 1.2 | 1.1 | 1.6 |

出典　厚生労働省「医療保険に関する基礎資料」令和３年１月

者負担の見直し等も含まれる。

医療費を１人当たりで見た場合,「受診率」,「１件当たり日数」,「１日当たり診療費」の要素で構成される。これを医療費（１人当たり診療費）の３要素という。これらの３要素を掛け合わせることによって，１人当たり診療費が導き出せる。

このうち,「受診率」とは，一定期間内に医療機関にかかった人の割合を意味し,「医療機関の診療件数÷平均加入者数」によって千分率で（×1000）表現される。実際には，同一人が複数受診することもあるが，一定期間において，保険加入者数のうち医療機関にかかった延べ人数を表現するものと言える。「１件当たり日数」とは，１つの疾病のために医療機関に通院・入院した平均日数を意味する。「１日当たり診療費」とは，１日当たりの医療費の単価であり，診療費÷診療実日数で表現される。

これら３つの要素のうち,「受診率」と「１件当たり日数」は医療サービスの需要側の受診行動に関係し,「１日当たり診療費」は，供給側のコスト要因と言えるが，近年（2009（平成21）～2018（平成30）年度）の増減率を見ると，「受診率」は1％前後の増加率，「1件当たり日数」はマイナス基調，「1日当たり診療費」は2～3％前後の増加率で推移している。一方，単年度（2018（平成30）年度）の年齢別で見ると，入院では，とくに75歳以降，「受診率」と「1件当たり日数」が増加していく反面，「1日当たり診療費」は減少していく傾向が見られるのに対して，入院外では，「受診率」は84歳のピークまで増加した後に減少していき，「1件当たり日数」は年齢とともに増加し続け，「1日当たり診療費」は74歳のピークまで増加した後に減少していく傾向が見られる。(注11)

供給側のコスト要因において，国際比較上も相対的に高い比重を占めているのが薬剤費である。(注12)これは薬剤比率（薬剤料の比率）と呼ばれ，日本では医療費点数に占める投薬・注射等にかかる薬剤費点数の比率によって表現される（薬局調剤分を含む）。保険から支払われる薬剤費の単価を薬価基準といい，公定価格になっているが，薬剤比率は，2005（平成17）年28.7％，2006（平成18）年28.6％，2007（平成19）年29.3％，2008（平成20）年29.0％，2009（平成21）年33.2％，2010（平成22）年33.0％，2011（平成23）年34.6％，2012（平成24）年35.0％，2013（平成25）年35.0％，2014（平成26）年35.3％，2015（平成27）年36.0％，2016（平成28）年36.0％，2017（平成29）年36.4％，2018（平成30）年35.6％，2019（令和元）年36.3％と推移しており，増減はあるものの，漸増傾向にある。薬剤比率の入院・入院外（外来）別では，2017（平成29）年の場合，入院9.2％，入院外40.9％，2018（平成30）年の場合，入院8.9％，入院外40.0％，2019（令和元）年の場合，入院9.7％，入院外40.5％となっており，それ以前も含め，入院が1割程度，入院外が4割程度の比重を占める傾向が見られる。(注13)

医療をめぐる国際比較上の日本の特徴としては，他にもいくつかあげることができる。例えば，病床数の国際比較（人口1000人当たり）では（2017～2018年），日本13.0，ドイツ8.0，フランス5.9，イタリア3.1，アメリカ2.9，カナダ2.6，イギリス2.5，デンマーク2.4，スウェーデン2.1，等となっており，日本の人口当たり病床数は突出して多いと言える。(注14)医師数の国際比較（人口1000人当たり）では（2017～2018年），ドイツ4.3，スウェーデン4.3，イタリア4.0，フランス3.2，イギリス2.8，アメリカ2.6，日本2.5，等となっており，日本の人口当たり医師数は少ない状況にある。(注15) 人口当たり病床数が多いにもかかわらず，人口当たり医師数（あるいは看護師数）が少ない（あるいは多くない）ことは，一定病床数当たりの医師数（あるいは看護師数）が少なくなることを意味する。(注16)

人口当たり病床数と１人当たり入院診療費の間には相関関係が認められる。地域間の比較を行う場合，保険者が市町村である国民健康保険の診療費が有用な基準になるが，横軸に人口10万人当たり病床数をとり，縦軸に国民健康保険１人当たり入院診療費をとって，47都道府県の位置をグラフ上にプロットすれば，ほぼ正比例の関係が見られる。これは，人口一定数当たりに対する病床の供給数が相対的に多い地域では，ほぼベッドが満たされる限り（病床や医師は，供給が需要を生み出すという経済学上のセイの法則が働きやすい），その結果としての入院診療費を一定人口数で割った１人当たりコストは高くなる傾向があることを意味する。(注17)

病床数の増加を抑えながら密度の高いケアを実施することにより，入院期間を短縮することが今後の医療システムの課題の１つになる。そのことは，患者ができる限り早く地域に戻り，普通の暮らしを送れるようにするという意味で，QOL（生活の質）やノーマライゼーションの観点からも重要になる。入院患者一人ひとりに対する密度の高いケアを実施するうえでは，病床当たりの医療スタッフの充実が欠かせない。(注18) 反面，在宅や施設の受け入れ可能な条件づくりなしに，病床数の削減が医療費の効率化の観点のみから一面的に進められる場合には，医療難民を生み出す危険性もある。

## 3 ——— 医療保険の財政状況

今日，医療システムの改革が迫られるようになった背景には，医療保険の財政問題がある。1990年代に入って以降，不況の影響により，図表３－９の通り，各医療保険の財政赤字が表面化するようになった。2003（平成15）～2006（平成18）年度は，各医療保険が黒字基調に転じている。これは，2002（平成14）年および2006（平成18）年の健康保険法等の改正により，患者一部負担率が引き上げられたことや，2002（平成14）～2006（平成18）年にかけて，老人保健制度の給付費に占める各医療保険拠出金の割合が70％から50％に引き下げ

**図表3―9　各医療保険の収支状況の推移**

| | 組合管掌健康保険 | 全国健康保険協会管掌健康保険 | 国民健康保険（市町村） |
|---|---|---|---|
| 1995年度 | △1222億円 | △2783億円 | △1090億円 |
| 1996年度 | △1975億円 | △4193億円 | △1154億円 |
| 1997年度 | △17億円 | △950億円 | △292億円 |
| 1998年度 | 365億円 | △35億円 | △1020億円 |
| 1999年度 | △1992億円 | △3163億円 | △1205億円 |
| 2000年度 | △1163億円 | △1569億円 | △1029億円 |
| 2001年度 | △3013億円 | △4231億円 | △595億円 |
| 2002年度 | △3993億円 | △6169億円 | △348億円 |
| 2003年度 | 1397億円 | 704億円 | 1792億円 |
| 2004年度 | 3062億円 | 2405億円 | 2132億円 |
| 2005年度 | 2956億円 | 1419億円 | 2026億円 |
| 2006年度 | 2372億円 | 1117億円 | 1983億円 |
| 2007年度 | 600億円 | △1390億円 | 916億円 |
| 2008年度 | △3189億円 | △2290億円 | 93億円 |
| 2009年度 | △5234億円 | △4893億円 | 66億円 |
| 2010年度 | △4156億円 | 2540億円 | 293億円 |
| 2011年度 | △3497億円 | 2589億円 | 1020億円 |
| 2012年度 | △2973億円 | 3104億円 | 574億円 |
| 2013年度 | △1154億円 | 1866億円 | 206億円 |
| 2014年度 | 634億円 | 3726億円 | △214億円 |
| 2015年度 | 1279億円 | 2453億円 | △568億円 |
| 2016年度 | 2376億円 | 4987億円 | 1484億円 |
| 2017年度 | 1351億円 | 4486億円 | 2306億円 |
| 2018年度 | 3048億円 | 見込5948億円 | |
| 2019年度 | △986億円 | | |

注　全国健康保険協会管掌健康保険は，2007（平成19）年度までは，その前身の政府管掌健康保険である。

出典　医療保険制度研究会編『目でみる医療保険白書』各年度版，健康保険組合連合会編『社会保障年鑑』各年度版，健康保険組合連合会編『図表で見る医療保障』各年度版

られた（公費負担が30%から50%へ引き上げられた）影響，さらに2003（平成15）年4月からの総報酬制の導入による保険料収入の増加の影響が考えられる。2007（平成19）年度は，退職者医療制度の対象年齢拡大に伴う拠出金や保険給付費の増加により，黒字幅の縮小，赤字化が見られる。2008（平成20）年度以降は，後期高齢者医療制度創設に伴う支援金の増加や景気悪化に伴う保険

料収入の減少による財政悪化が見られる（健康保険組合）反面，一般会計から特別会計への繰入れによる影響（国民健康保険）や，2010（平成22）年からの国庫補助率の引き上げ（13%→16.4%），2010（平成22）～2012（平成24）年度の保険料率の引き上げの影響（協会けんぽ）が考えられる。[注19]

国民医療費の動向をどう評価するかについては，異なる見方が示されている。一方では，国際比較において，国民医療費の水準では日本は低く，世界でもトップレベルの高い平均寿命や低い乳児死亡率を達成していることを考えれば，コスト・パフォーマンスで見た日本の医療のマクロ的な効率は高いとする見方がある。[注20]他方，不況の長期化や高齢化の進展を考慮すれば，楽観視できないという慎重論がある。[注21]たとえ国際比較上は高いとは言えず，望ましい効果をもたらしているとしても，国内の医療保険財政の安定化を図るうえでは，医療保険システムの再構築が求められるようになっている。

財政が不安定化する背景には，医療保険財政の収入面と支出面の対照的な動向が影響している。収入面の事情としては，景気後退に伴う失業やリストラ，あるいは人口構造面からの少子化により，被用者数が減少または伸び悩む一方，被用者の給与がカットされたり伸び悩むことが影響する。その結果，保険料収入が減少したり伸び悩んだりする状況が生まれる。支出面の事情としては，高齢化や医療の高度化に伴い，保険給付費の増加傾向が続いていることがある。

ただし，近年の保険給付費の増加傾向に対して，制度的な抑制要因が作用している。１つは，1997（平成９）年，2002（平成14）年，2006（平成18）年の健康保険法等改正に伴う患者一部負担の引き上げである。一部負担が引き上げられることにより，医療保険からの財政支出がそれだけ抑えられたことに加え，一部負担の増加は受診抑制効果をもたらす。[注22]保険給付費に対する制度的な緩和要因として，もう１つは，2000（平成12）年度からの介護保険の実施があげられる。高齢者ケアに関し，医療保険から介護保険への部分的移行に伴い，2000（平成12）年度には一定の財政改善効果が見られた。医療保険財政の不安定化要因と，制度的支出抑制措置と考えられるものをあげると，図表３―10の通りとなる。

医療費抑制政策において，とくに政策的焦点を当てられたのが，高齢者医療

**図表3—10　医療保険財政の不安定化要因と制度的支出抑制**

| （収入面） | | （支出面） | | （制度的支出抑制） |
|---|---|---|---|---|
| 保険料収入等の減少，伸び悩み | ⟷ | 保険給付費の増加傾向 | ← | ・一部負担の引き上げ |
| ・被保険者数の減少，伸び悩み | | ・人口の高齢化 | | ・保険適用範囲の縮小 |
| ・賃金の減少，伸び悩み | | ・医療の高度化 | | ・診療報酬の抑制 |
| ・低所得者の増加 | | | | ・介護保険への移行 |
| ・国庫負担・補助の抑制 | | | | ・病床規制・削減 |

注　筆者作成

**図表3—11　従来の老人保健制度**

| | 給付費 | | |
|---|---|---|---|
| 一部負担<br>（1～3割） | 国20%<br>↓<br>約33% | 地方10%<br>↓<br>約16%<br>（約8%ずつ） | すべての保険から70%<br>↓<br>50%<br>（老人保健拠出金） |

公費負担30%→50%（2002～06年：段階的引き上げ）
国：都道府県：市町村＝4：1：1

費である。2007（平成19）年の年齢階級別に見た国民医療費は，75歳以上で10兆5479億円であり，国民医療費に占める割合は30.9%となっていた。(注23) かつての老人保健制度のもとでは，高齢者医療費の増加は，老人保健拠出金を通じて，現役中心の被用者保険の財政に影響を与えていた。老人保健制度の対象となる75歳以上の高齢者に関しては（2003（平成15）～2007（平成19）年度にかけて，70歳以上から段階的に75歳以上に引き上げられた），本人の一部負担を除く医療給付費の財源構成は，2002（平成14）年9月までは国20%，地方10%（都道府県5%，市町村5%），全保険からの拠出金70%になっていたが，国・地方の公費負担分30%は，2002（平成14）年10月～2006（平成18）年10月にかけて，50%へ段階的に引き上げられ，全保険からの拠出金も50%になった。全保険負担分は「割り勘」的な分担をすることになっており，老人保健拠出金として，各保険ごとに，1000人当たり老人加入者数を全国平均とみなし（つまり，保険の種類による老人加入率の違いを無視して），高齢者を含む各保険の加入者数に比例して負担することになっていた。したがって，全保険負担分は70％から50％へ抑制されるようになったが（図表３―11），各保険の保険料収入の鈍化傾向と相まって，財政支出面から見れば，高齢化のもとでの高齢者医療費の増加が，老人保健拠出金を通じて，各保険財政に影響を与えていた。そこで，次に見るように，後期高齢者医療制度の創設を含む制度改革が行われた。

## 第２節｜近年の医療政策の特徴と課題

前節では，近年の医療費や保険財政の動向を見たが，景気の低迷や医療費の増加傾向のもとで保険財政が悪化するなかで，医療費抑制政策が講じられてきた。そのような政策基調は，1980年代から見られる。

1980年代以降の近年の医療制度改革の特徴を簡潔に述べるならば，保険一部負担の引き上げ，保険適用範囲の縮小，診療報酬の抑制，介護保険への移行促進，病床数の規制等による保険財政支出の抑制政策と言うことができる[注24]。以下では，健康保険法等改正による医療保険制度改革と，病床規制にかかわる医療法の改正動向，さらに社会保障・税一体改革の特徴を述べる。それらをふまえ，最後に，今後の課題と方向を述べる。

### １――― 2006（平成18）年健康保険法等改正による医療制度改革の内容

2006（平成18）年６月に行われた健康保険法等の改正による医療保険制度改革の主な内容は，以下のようになっている。

#### 70歳以上の一部負担引き上げ等（2006（平成18）年10月，2008（平成20）年４月施行）

これについては，すでに述べた通り，70歳以上の一部負担の引き上げ等の負担・給付比率の見直しが，段階的に実施された（70代前半の一般所得者の引き上げは政策的に凍結されたが，2014（平成26）年度から実施）。前述の財政問題から，高齢者については一部負担を引き上げる一方，児童については少子化対策の観点から負担を引き下げる，という対照的な政策意図がうかがえる。

### 高額療養費負担限度額の引き上げ（2006（平成18）年10月施行）

保険給付の種類の説明ですでに述べた通り，定率一部負担分の金額が一定限度を超えた場合に超過分の払い戻しを受ける償還払い給付として，高額療養費制度があるが，この改正では，その負担限度額の引き上げが行われた。70歳以上と未満では基準が異なり，かつ，年収（70歳以上の場合）ないし標準報酬月額（70歳未満の場合）が一定額以上の比較的高所得者と，それ未満の一般所得者，住民税非課税の低所得者で基準が異なるが，一般所得者（70歳以上の場合は単身で年収383万円未満，夫婦世帯で年収520万円未満，70歳未満の場合は標準報酬月額で53万円未満かつ住民税課税）の場合，負担限度額は以下の通り，変更された。

（70歳以上）　個人外来月１万2000円，世帯入・通院合算月４万200円

↓

個人外来月１万2000円，世帯入・通院合算月４万4400円

（70歳未満）　月７万2300円＋（医療費－24万1000円）×１％

↓

月８万100円＋（医療費－26万7000円）×１％

70歳以上の場合，まず，個人ごとに外来の高額療養費を算出する。次に，世帯の外来・入院の一部負担を合算し，高額療養費を算出する。そして，前者の償還を受ける場合，後者の合算額から前者を差し引いた額が残りの償還額になる。例えば，一部負担額は，夫が外来５万円，妻が入院10万円の場合，まず，５万円－１万2000円＝３万8000円が個人外来の高額療養費になる。次に,（５万円＋10万円）－４万4400円＝10万5600円が夫婦合算の高額療養費になる。したがって，個人外来の償還を受ける場合，10万5600円－３万8000円＝６万7600円が残りの償還額になる。

70歳未満の場合，計算式中の「医療費」は一部負担と給付を合わせた社会的医療費を指す。例えば，医療費が100万円（３割負担30万円＋７割給付70万円）の場合，８万100円＋「(100万円－26万7000円）×0.01」＝８万7430円が基準になり，30万円－８万7430円＝21万2570円が償還額になる。

この法改正では，70歳未満の引き上げ幅が大きいが，負担限度額の引き上げは，償還払い給付を通じた保険財政支出の抑制を意味する。

**療養病床（医療型）に入院する高齢者に関する保険適用範囲の縮小化（2006（平成18）年10月施行）**

長期療養患者が入院する医療保険適用の療養病床について，当初は70歳以上を対象に，食費全額（食材費＋調理費）＋居住費（光熱水費）が保険外負担化された。一般および現役並み所得者の場合は，食費１食460円×３食＋居住費１日320円＝１日1700円（低所得者等は減額）を「生活療養標準負担額」として保険外負担することになり，残りは「入院時生活療養費」として医療保険から現物給付される。

前節で保険給付に関して述べた「入院時食事療養費」は，「食事療養標準負担額」として食材費のみを保険外負担化することを意味するが，この「入院時生活療養費」の場合，「生活療養標準負担額」として，調理費を含む食費全額に加えて，光熱水費を居住費として保険外負担化することを意味し，保険の適用範囲の縮小を通じた保険財政支出の抑制を意味する。なお，この「入院時生活療養費」の適用対象は，2008（平成20）年４月から65歳以上に拡大されている。

**後期高齢者医療制度（長寿医療制度）の創設（2008（平成20）年４月施行）**

1982（昭和57）年制定の老人保健法が「高齢者の医療の確保に関する法律」に改称されるとともに，老人保健制度が廃止され，後期高齢者医療制度が創設，施行された。

後期高齢者医療制度は，75歳以上になると，それまでの医療保険から脱退して加入し直す。年齢によって区別され，独立した形で都道府県単位で財政運営を行う新しい種類の保険であり，各保険に加入したまま適用される従来の老人保健制度とは異なり，都道府県単位で保険者意識と財政責任をもたせる政策意図がうかがえる。都道府県ごとにすべての市町村が加入する「後期高齢者医療広域連合」が保険者となり，保険料賦課（決定），財政運営を行い，市町村が保険料を徴収する。

財源構成は図表３—12の最上段のようになる。例えば，75歳以上10万人のＡ県の給付費を年間270億円と仮定すると（人口，金額は架空），10：40：50の分担割合に応じて，保険料負担総額27億円，後期高齢者支援金108億円，公費

**図表3—12　後期高齢者医療制度の財政構造**

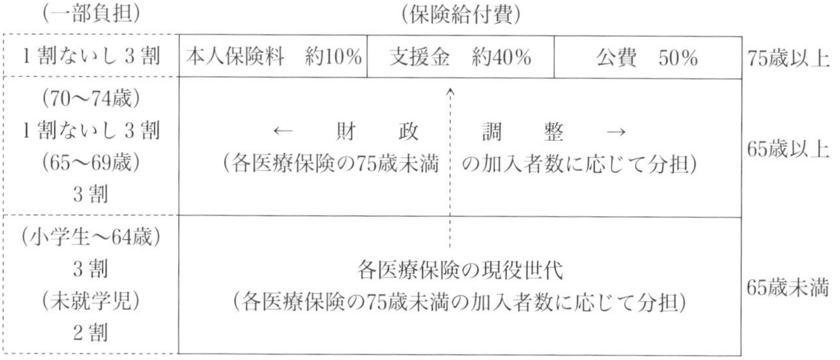

| (一部負担) | (保険給付費) | | | |
|---|---|---|---|---|
| 1割ないし3割 | 本人保険料　約10% | 支援金　約40% | 公費　50% | 75歳以上 |
| (70～74歳)<br>1割ないし3割<br>(65～69歳)<br>3割 | ←　財　政　調　整　→<br>(各医療保険の75歳未満の加入者数に応じて分担) | | | 65歳以上 |
| (小学生～64歳)<br>3割<br>(未就学児)<br>2割 | 各医療保険の現役世代<br>(各医療保険の75歳未満の加入者数に応じて分担) | | | 65歳未満 |

135億円となる。保険料は，当初2年間は保険給付費の10％（支援金は40％）で始まったが（2年単位で見直し），保険料の構成要素は，国民健康保険料の4要素のうちの均等割と所得割が用いられ，両者の比率は各都道府県の後期高齢者医療広域連合が決定する。A県の均等割：所得割＝6：4と仮定すると，16.2億円（27億円の6割）を75歳以上10万人で割ったものが均等割であり，1人年間1万6200円となる（低所得者には軽減措置あり）。所得割負担分10.8億円（27億円の4割）は，所得の異なる75歳以上の各人の所得に同率が賦課される。それをP％とすれば，各人で異なる所得（X1＋……＋X100000）×P％＝10.8億円となるよう設定される。例えば，A県の75歳以上10万人の総所得が540億円であるとすれば，P＝2％となり，これが各人に賦課される所得割率となる。例えば，X1さんの年間所得が300万円であるとすれば，年間保険料は，均等割（1万6200円）＋所得割（300万円×2％＝6万円）＝7万6200円となる。

保険給付費の約40％を占める後期高齢者支援金は，各医療保険が75歳未満の加入者数に応じて分担する。各加入者数が，国民健康保険400万人，共済制度100万人，全国健康保険協会管掌健康保険300万人，組合管掌健康保険200万人と仮定すると（人数は架空），前述のA県の場合，例えば国民健康保険の分担金＝108億円（270億円の40％）×（400万人÷全人口1000万人）＝43.2億円，75歳未満1人当たり負担額は，国民健康保険の場合，43.2億円÷加入者400万人＝1080円となるが，いずれの保険の場合でも1人当たり負担は同一額となる。公費負担分135億円は，老人保健制度と同じく，国：都道府県：市町村＝４：１：１で分担する。この場合，国90億円，都道府県22.5億円，市町村22.5億円となる。65歳以上75歳未満の前期高齢者に関する財政調整は，各保険の独立性を維持したうえで，同様に保険給付費全体を各保険が75歳未満の各保険加入者数に応じて分担する。

このように，75歳以上に適用されていたかつての老人保健制度の財政調整の仕組みを後期高齢者医療制度の保険給付費の約40％（後期高齢者支援金），前期高齢者の保険給付費全額に適用することにより，財政調整期間を75歳以上から65歳以上に拡大したものと見ることができる。しかし，国民健康保険同様，年度開始前の推計給付費に基づいて算出される保険料等の財政収入を保険給付に伴う財政支出の実績が上回る場合は，保険財政が赤字になる。

なお，75歳以上の保険料（および支援金の）負担比率は２年ごとに見直される。その際，若年人口の減少率の２分の１が加算されることになっており，少子高齢化の進行を後期高齢者の保険料負担増で賄う仕組みになっている。例えば，75歳未満の若年人口が２年間で１％減少したとすれば，第Ⅱ期の後期高齢者の保険料負担比率は，10％＋0.5％（１％×１/２）＝10.5％（支援金は39.5％）となる。

実際の後期高齢者の保険料負担比率は，2008（平成20）～2009（平成21）年度の10％から，その２年間の後期高齢者医療制度広域連合の剰余金全額の充当と都道府県に設置されている財政安定化基金の取り崩しにより上昇幅が抑えられ，2010（平成22）～2011（平成23）年度は10.26％となり（13.8％になる予定であったが抑えられた），2012（平成24）～2013（平成25）年度は10.51％，2014（平成26）～2015（平成27）年度10.73％，2016（平成28）～2017（平成29）年度は10.99％，2018（平成30）～2019（令和元）年度11.18％，2020（令和２）～2021（令和３）年度11.41％となっている。全国平均保険料（被保険者１人当たり月額）は，2008（平成20）～2009（平成21）年度5283円，2010（平成22）～2011（平成23）年度5249円，2012（平成24）～2013（平成25）年度5569円，2014（平成26）～2015（平成27）年度5632円，2016（平成28）～2017（平成29）年度5785円，2018（平成30）～2019（令和元）年度5857円，2020（令和２）～2021（令和３）年度6397円と推移してきている。(注25)

年額18万円以上の年金受給者は年金天引きの「特別徴収」(介護保険料との合計額が年金額の2分の1を超える場合を除く)，それ以外の場合は市町村に納める「普通徴収」となる。ただし，連帯納付義務者（世帯主か配偶者）がいる年金収入180万円未満の人は，申請すれば口座振替もできる。なお，65歳以上75歳未満の障害者は，任意加入の対象となる。

普通徴収の対象である年金年収18万円未満の人から滞納者が生まれる。滞納者に対しては短期被保険者証の交付のほか，滞納期間が1年続いた場合，老人保健制度では禁じられていた被保険者資格証明書の発行（後期高齢者医療広域連合長名）が制度上は可能になっている。しかし，実際には厚生労働省通達によって慎重な対応が求められ，被保険者資格証明書は交付されていない。(注26)

後期高齢者医療制度広域連合は，都道府県ごとにすべての市町村が加入する義務があり，財政運営を行う運営主体となる（保険者)。具体的には，保険料賦課（決定)，医療費給付，被保険者の資格管理，等を担う。保険料は，医療費に応じて都道府県ごとに設定される。一方，市町村は，保険料の徴収，保険証の交付，窓口業務，等を担う。

保険料の賦課基準は被保険者単位となり，給付費用の約10%程度の保険料が均等割と所得割によって賦課されるが，均等割：所得割の比率は，各都道府県の後期高齢者医療制度広域連合ごとに決定されるので異なる。例えば，高知県の場合，県民所得が相対的に低いことから，保険料収入を確保するために，所得に応じた応能負担の所得割よりも，応益的な均等割の比率が高く設定されている（均等割：所得割＝59：41)。

すなわち，給付費用の10%を保険料負担するとすれば，高知県の場合は5.9%を後期高齢者の人数で均等割することになるが，低所得者に対しては，国の基準に従って，定率の軽減措置が講じられる。その際，年金収入から公的年金控除として120万円を差し引いて得られる所得から，さらに15万円を差し引いた残額によって，いずれの軽減率かが判断され，そのいずれにも該当しない場合には，割引のない均等割額が課される。

所得割は，75歳以上の高齢者によって所得の大小はあるが，給付費用の10%のうちの残り4.1%（高知県の場合）を確保するために必要な一定比率が設定される。所得から基礎控除33万円（年収から153万円）を差し引いた値が0より大きい場合，所得割率が賦課される。

なお，保険料には，所得割と均等割の軽減措置がある。所得割の場合，所得金額が58万円以下であれば５割軽減されていたが（年金年収153万～211万円，2016（平成28）年度約160万人対象），2017（平成29）年度から２割軽減となり，2018（平成30）年度からは軽減措置が廃止された。均等割の軽減率は，法令上の軽減措置として７割軽減，５割軽減，２割軽減が設定されたが，特例軽減措置として，７割軽減の代わりに９割軽減（年金収入80万円以下，2018（平成30）年度約384万人対象）と8.5割軽減（年金収入168万円以下，2018（平成30）年度約356万人対象）が設定されることになり，５割軽減（年金収入224万円以下），２割軽減（年金収入270万円以下）と併せて４種類が設定されてきた。しかし，国庫補助の廃止に伴い，９割軽減は2020（令和２）年度から，8.5割軽減は2021（令和３）年度から，本則通り７割軽減に戻されることになった。

【後期高齢者医療制度の保険料算定の考え方と算定例】

保険料の賦課基準（被保険者単位）

所得割＝被保険者の所得金額×所得割率　（所得に応じた定率負担）

被保険者均等割＝被保険者均等割額　（被保険者人数に応じた負担）

所得金額＝年金収入（年額）－公的年金控除120万円（年金年収330万円以下の場合）

均等割の軽減措置（「所得金額－15万円」が以下のイ，ロ，ハの場合）

イ　「33万円」以下　→７割軽減

ロ　「33万円＋(24.5万円×世帯主以外の被保険者数)」以下　→５割軽減

ハ　「33万円＋(35万円×世帯に属する被保険者数)」以下　→２割軽減

（軽減措置後）

【高知県の場合[注27]】2020（令和元）・2021（令和２）年度

均等割額５万4316円，所得割率10.49％

算定例

(a)　75歳以上単身世帯（基礎年金収入79万円）

所得金額：79万円－120万円＝０円

０円＜33万円→７割軽減

均等割：５万4316円×３割＝年１万6295円

所得割：０円

合計：１万6295円＋０円＝１万6295円（年額）

(b)　75歳以上単身世帯（厚生年金収入210万円）

所得金額：210万円－120万円＝90万円

90万円－15万円＝75万円＞33万円＋（35万円×１人）軽減なし

均等割：年５万4316円

所得割：90万円－33万円（基礎控除）＝57万円

57万円×10.49％＝５万9793円

合計：５万4316円＋５万9793円＝11万4109円（年額）

(c)　75歳以上夫婦世帯（夫の年金収入167万円，妻の年金収入79万円）

夫の所得金額：167万円－120万円＝47万円

妻の所得金額：79万円－120万円＝０円

→（47万円－15万円）＋０円≦33万円なので７割軽減

均等割：５万4316円×３割＝年１万6295円

夫の所得割：47万円－33万円＝14万円

14万円×10.49％＝１万4680円

夫合計：均等割１万6295円＋所得割１万4680円＝３万975円（年額）

妻合計：均等割１万6295円＋所得割０円＝１万6295円（年額）

上記算定例(a)にある通り（老齢基礎年金満額程度受給の単身世帯），生活保護世帯（後期高齢者医療制度の対象外）を除き，どれだけ収入の少ない人でも，一定額の負担が求められる。

### 医療費適正化計画の策定（2008（平成20）年４月施行）

「高齢者の医療の確保に関する法律」に基づき，国が示す基本指針に則して生活習慣病対策，長期入院の是正に向けた政策目標やそれを達成するための取り組み，達成した場合の医療費の見通しを国の全国医療費適正化計画，および都道府県医療費適正化計画として策定することになった。計画期間は，第1期・2期計画は5年計画であったが，第3期計画からは，介護保険事業（支援）計画や障害福祉計画に合わせられるスパンとする形で，6年計画に変更された。

2008（平成20）年度を初年度とする第1期計画（5年計画）では，特定健診の実施率の38.9％（2008（平成20）年度）から70％への引き上げ（2012（平成24）年度），特定保健指導の終了率の7.7％（2008（平成20）年度）から45％への引き上げ（2012（平成24）年度），メタボ該当者・予備軍の10％以上減少（2012（平成24）年度），平均在院日数について，2006（平成18）年度における全国最短の25日（長野県）と全国平均の32.2日との差を9分の3（全国平均を29.8日）に縮小する（2012（平成24）年度）ことなどが政策目標とされた。(注28) 国，都道府県の両計画とも，3年目に，進捗状況の中間評価を行うことになっている。

第2期計画（2013（平成25）～2017（平成29）年度）においては，2017（平成29）年度の全国目標値として，特定健康診査実施率70％（2011（平成23）年度44.7％），特定保健指導実施率45％（2011（平成23）年度15.0％）が再設定されるとともに，メタボ該当者・予備軍減少率25％（2008（平成20）年度比），平均在院日数28.6日（2012（平成24）年29.7日）が設定された。(注29)

長期入院を是正する一環として，療養病床に関して，医療の必要性が高い患者は医療保険で，必要性が低い患者は介護施設等で受け止めることとし，第1期計画では，医療保険適用の医療型療養病床23万床と介護保険適用の介護型療養病床（介護療養型医療施設）約12万床について，前者の削減と後者の廃止により，両病床合わせて約35万床（2006（平成18）年時点）から約21万床（2012（平成24）年度）まで削減する（当初目標の15万床から上方修正された）ことが目標とされた。介護型療養病床は，2011（平成23）年度末で廃止されることになっていた（次章参照）。ただし，これらの療養病床の削減計画については，療養病床の介護老人保健施設等への転換が進まない状況をふまえ，介護型療養病床の廃止については，介護保険法の改正（2011（平成23）年）によって2017（平成29）年度末まで延期されたうえ，第2期計画においては，療養病床の機械的な削減は行わず病床数の目標は凍結されることになった。(注30)

第3期計画（2018（平成30）〜2023（令和5）年度）においては，❶入院医療費について，後述の都道府県「医療計画」（地域医療構想）に基づく病床機能の分化・連携の推進成果を反映させた推計を行い，❷外来医療費については，糖尿病の重症化防止，特定健診・特定保健指導の推進，後発医薬品の使用促進，等による医療費適正化効果を含む推計を行うこと，とされた（注31）。逆に言えば，それらの推計医療費を達成するためには，それらの推計要素となる医療の効率化に向けた施策を推進しなければならないことを意味する。

## 2——医療法改正による医療制度改革の内容

ハード面から医療施設体系の再編成に基づく病床規制を行うことにより，医療費の上昇を抑制する政策も1980年代から行われている。医療機関のハード面を規制する根拠法は，1948（昭和23）年制定の医療法に基づいている。

1985（昭和60）年の第一次医療法改正によって「医療計画」が制度化された。この医療計画は，都道府県知事が作成し，計画期間は，遅くとも5年ごとに再検討されるものとして5年計画であったが，2018（平成30）年度から，介護保険事業（支援）計画や障害福祉計画に合わせられるスパンとする形で，6年計画に変更された。

この計画は，都道府県ごとに，一次医療圏（日常的な健康づくりやプライマリケア：各市町村単位），二次医療圏（療養病床および一般病床の基準病床数を定める：都道府県内の広域市町村圏域単位），三次医療圏（特殊医療・先進医療・高度救急医療：都道府県単位）を設定して，病床数の計画化（上限目標数の設定）を図るものである（図表3—13）。このうち，二次医療圏は，特殊医療や高度・先進医療以外の必要な医療が基本的に自給できるエリアであり，中軸的な圏域になる。なお，❶一般，❷療養，❸精神，❹結核，❺感染症の各病床のうち，❶と❷は二次医療圏，❸，❹，❺の各病症は，三次医療圏に算入される。

1992（平成4）年には，第二次医療法改正が行われ，特定機能病院と療養型病床群が制度化されると同時に，後者の診療報酬が抑制された。特定機能病院は，大学病院などの高度先進医療を担う病院として位置づけられ，三次医療圏に算入された。療養型病床群は，高齢者などの慢性型の長期療養患者を対象と

図表3—13　医療計画の三次元のイメージ

（広域市町村圏域単位）

| 二次医療圏 | 二次医療圏 | 二次医療圏 | 二次医療圏 | 二次医療圏 |
|---|---|---|---|---|
| 一次医療圏 | | | | |
| | 一次医療圏 | | | |
| | | 一次医療圏 | | |
| | （市町村単位） | | 一次医療圏 | |
| | | | | 一次医療圏 |
| | | | | |

←　三次医療圏　→

（都道府県単位）

するものであり，病棟または病室単位で都道府県から指定を受け，二次医療圏に算入された。

療養型病床群は一般病院に比べて，1人当たり床面積が1.5倍広い反面，実働ではなく雇用されている看護職員配置の表現によれば，患者：看護師・准看護師の配置基準が6：1に下げられるほか（一般病床は4：1），患者：看護補助者の配置基準（6：1）も，独自に設けられた。なお，後述の第四次医療法改正に伴って，「療養型病床群」は「療養病床」に表現が改められた。また，介護保険の導入に伴って，介護型が設けられることとなり（次章参照），療養型病床群はキュア（治療）よりケア（介護）的な性格が強くなる。

1997（平成9）年には，第三次医療法改正が行われ，療養型病床群が診療所に拡大されると同時に，地域医療支援病院が制度化された。地域医療支援病院は，地域の医療機関に対する後方支援を行う病院であり，原則として200床以上で，他の医療機関からの患者紹介比率が80％以上あり，医療設備の共同利用，24時間体制の救急医療，地域医療従事者の研修などを担う。地域医療支援病院は，二次医療圏に1つ以上あることが望ましいとされた。

2000（平成12）年には，第四次医療法改正が行われ，二次医療圏の設定基準に，地域間格差の是正や在院日数の短縮が設けられた。また，精神・感染症・結核病床以外の「その他の病床」（特定機能病院，地域医療支援病院，療養病床，その他）に慢性的な長期療養患者が混在していることを踏まえ，一般病床

（特定機能病院，地域医療支援病院，その他）と療養病床の明確な区別を行うことになった。同時に，一般病床については，患者：看護職員が4：1から3：1へ，看護職員の配置基準の引き上げが行われた。(注32)

2006（平成18）年には，第五次医療法改正が行われた。(注33)具体的には，❶「患者等への医療に関する情報提供の推進」を図るため，選択に必要な情報を医療機関が都道府県知事に報告することを義務づけるとともに，知事は報告された情報の公表を義務づけられた（医療機能情報提供制度)。❷「医療計画制度の見直し等を通じた医療機能の分化・連携の推進」を図るため，がん，脳卒中，急性心筋梗塞，糖尿病の4疾病および救急医療，災害時医療，へき地医療，周産期医療および小児医療の5事業の具体的な医療連携体制を医療計画で明示する等，地域において切れ目のない医療の提供を目指すこととされた。(注34)❸「地域や診療科による医師不足問題への対応」を図るため，都道府県の「地域医療対策協議会」を制度化したり，とくに確保の必要性が高い医療については医療計画に位置づけることとされた。その他，❹医療安全支援センターの制度化等による「医療安全の確保」，❺行政処分を受けた医師等の再教育の義務化等による「医療従事者の資質の向上」，❻非営利性の強化等を図るための「医療法人制度改革」を進めることとされた。

なお，第六次医療法改正に向けて，病床の機能分化・連携の推進，在宅医療の推進，特定機能病院の承認の更新制，医師確保対策，医療機関における勤務環境の改善，医療事故にかかる調査の仕組み等の整備，等が検討されてきたが，(注35)それは次に述べる社会保障・税一体改革のなかで「地域における医療及び介護の総合的な確保を推進するための関係法律の整備等に関する法律」（地域医療・介護総合確保推進法）として具体化された。

2015（平成27）年には，第七次医療法改正が行われた。具体的には，医療機関相互間の機能の分担および業務の連携を推進するため，地域医療連携推進法人の認定制度（地域において良質かつ適切な医療を効率的に提供するため，病院等に係る業務の連携を推進するための方針を定め，医療連携推進業務を行う一般社団法人は，都道府県知事の認定を受けることができる）を創設するとともに，医療法人制度の見直しが図られた。すなわち，❶医療法人の経営の透明性の確保およびガバナンスの強化に関する事項，❷医療法人の分割等に関する事項，❸社会医療法人の認定等に関する事項に関する規定が整備された。

2017（平成29）年には，第八次医療法改正が行われた。具体的には，安全で適切な医療提供の確保を推進するため，❶検体検査の精度の確保（ゲノム医療の実用化に向けた遺伝子関連検査の精度の確保等），❷特定機能病院におけるガバナンス体制の強化（医療安全に関する重大事案が発生したことをふまえ，特定機能病院が医療の高度の安全を確保する必要があることを明記すること等），❸医療に関する広告規制の見直し（医療機関のウェブサイト等を適正化するため，虚偽または誇大等の不適切な内容を禁止），❹持分なし医療法人への移行計画認定制度の延長，等が図られた。

2018（平成30）年には，第九次医療法改正が行われた。これは，地域間の医師偏在の解消等を通じ，地域における医療提供体制を確保するため，都道府県の医療計画における医師の確保に関する事項の策定，臨床研修病院の指定権限および研修医定員の決定権限の都道府県への移譲等の措置を講ずるものである。具体的には，❶医師少数区域等で勤務した医師を評価する制度の創設，❷都道府県における医師確保対策の実施体制の強化（都道府県においてPDCAサイクルに基づく実効的な医師確保対策を進めるための「医師確保計画」の策定），❸医師養成過程を通じた医師確保対策の充実，❹地域の外来医療機能の偏在・不足等への対応（外来医療機能の偏在・不足等の情報を可視化するため，二次医療圏を基本とする区域ごとに外来医療関係者による協議の場を設け，夜間救急体制の連携構築など地域における外来医療機関間の機能分化・連携の方針と併せて協議・公表する仕組みの創設）等が図られる。

## 3――― 社会保障・税一体改革における医療制度改革

2012（平成24）年8月10日に成立した社会保障・税一体改革関連8法において，その基本法である社会保障制度改革推進法において，「保険給付の対象となる療養の範囲の適正化等を図ること」として保険給付の適用範囲の縮小が目指されることと並んで，「今後の高齢者医療制度については，状況等を踏まえ，必要に応じて，（中略）社会保障制度改革国民会議において検討し，結論を得る」として，高齢者医療制度改革は棚上げされた。

社会保障制度改革国民会議においては，医療給付の重点化・効率化の一環として，70～74歳の一般所得者の一部負担の１割から２割への負担引き上げ，病床の機能分化（急性期病床の削減とリハビリテーション病床の増加），国民健康保険の保険者の都道府県への移行などが目指される一方で，「後期高齢者医療制度については」「十分定着して」おり「今後は，現行制度を基本」とするとして，結局，制度存続の方向が示された(注36)。

その報告書を受けて，地域医療・介護総合確保推進法が2014（平成26）年６月18日に成立した。

医療法関係部分（第六次医療法改正）については，❶医療・介護の事業（病床の機能分化・連携，在宅医療・介護の推進等）のための消費税増収分を活用した新たな基金の都道府県への設置（2014（平成26）年６月施行），❷医療機関が都道府県知事に対して，その有する病床において担っている医療機能（高度急性期（急性期の患者に対し，状態の早期安定化に向けて，診療密度が特に高い医療を提供する機能），急性期（急性期の患者に対し，状態の早期安定化に向けて，医療を提供する機能），回復期（急性期を経過した患者への在宅復帰に向けた医療やリハビリテーションを提供する機能），慢性期（長期にわたり療養が必要な患者を入院させる機能））の現状と今後の方向を病棟単位で毎年報告し（「病床機能報告制度」2014（平成26）年10月施行），都道府県は，それをもとに二次医療圏ごとの医療機能別必要量や実現施策を含め，バランスのとれた医療機能の分化・連携を推進するための地域医療構想（「地域医療ビジョン」）を策定して（2015（平成27）年度施行）医療計画に新たに盛り込む，❸都道府県は地域医療構想の実現について医療関係者等との「協議の場」を設置し，その協議が整わず，要請・命令等にも従わない場合の権限強化（医療機関名の公表，各種補助金の交付対象除外），❹医師確保支援を行う地域医療支援センターの機能を法律に位置づける，❺医療事故にかかる調査の仕組みを位置づける，❻診療の補助のうちの特定行為（看護師が手順書により行う場合には，実践的な理解力，思考力および判断力並びに高度かつ専門的な知識および技能が特に必要とされるもの）を明確化し，それを手順書により行う看護師の研修制度を新設（2015（平成27）年10月施行），❼医療計画と介護保険事業支援計画の計画期間が揃うように医療計画の計画期間を６年に改めて中間年（３年）で必要な見直しを行う（2018（平成30）年度施行），等の内容になっている。

## 4――― 2015（平成27）年医療保険制度改革関連法

この関連法の成立により，保険の適用範囲の見直し（縮小），低所得者保険料軽減措置の見直し，保険者の見直し（広域化）が図られた。

❶食事療養標準負担額の見直しにより，入院給食費１食640円のうち，食材費中心に，自己負担（保険外負担）分が引き上げられ，260円→360円（2016（平成28）年度）→460円（2018（平成30）年度）となっている（一般世帯）。❷紹介状なく大病院（500床以上）を受診する際の定額負担が導入され（2016（平成28）年度），5000円～１万円が徴収されることになった（１～３割負担とは別途負担）。❸「患者申出療養制度」の創設（2016（平成28）年度）により，医療法に基づき原則禁止されている混合診療（保険診療と保険外診療の併用）について，患者の同意に基づけば，例外とされてきた先進医療等（保険外併用療養費）以外も適用対象とされるようになった。❹後期高齢者制度の低所得者特例軽減措置（所得割と均等割）について，先述の通り，2017（平成29）年度から段階的に廃止されることになった。❺国民健康保険の都道府県単位化が図られ（2018（平成30）年度），先述の通り，市町村と都道府県が保険者として共同運営することとなり，市町村は，加入者の資格管理，保険給付，保険料の賦課徴収を担う一方，都道府県は，統一運営方針の策定，市町村ごとの納付金決定，給付点検を担うことになった。

## 5――― 今後の課題と方向性

最後に，主に医療システムとのかかわりで，いくつかのポイントに絞って，今後の課題と方向を考察する。

### 薬価基準・診療報酬の改革

第１節の２でも見たように，日本の医療システムの特徴の１つとして，薬剤比率が相対的に高いという点があげられる。これには，薬価基準制度が影響している。保険から支払われる薬剤費の単価は，診療報酬のなかの薬価基準として公定価格が設定されるが，日本の場合，銘柄別薬価になっており，製薬メーカーごとに異なる薬価基準が設定される。同じような成分，効能の薬でも，先発薬は高値がつけられ，特許期限が切れた後に出回る後発薬（ジェネリック医薬品）は安値になる。

薬価基準は，医療機関や調剤薬局の仕入れ価格（市場実勢価格の加重平均値）に一定比率（R幅，リーズナブル・ゾーン）が上乗せされる仕組みになっており，薬価基準と仕入れ価格の差額は薬価差（益）として，医療機関の収入になる。したがって，後発薬に比べて高値の先発薬のほうが，差益率は同じでも，差益額は大きくなるので，先発薬が取引される傾向が強い。その結果，薬剤費は高くなり，医療費を上昇させる要因になる。

後発薬の評価，活用が政策的にも推進されているが，より抜本的な方向としては，銘柄別薬価を廃止し，統一薬価制に転換することが考えられる。ドイツやスウェーデンでは，保険方式と税方式の違いはあるにせよ，公定価格制度の下で，同様の成分・効能であれば，低価薬に統一する仕組みになっている。日本でも，銘柄ではなく，成分・効能の内容を基準にして合理的な価格設定を行うことが考えられる。さらには，薬価基準を廃止して，実勢価格に統一することも考えられる。近年の薬価基準の引き下げによって，薬価差（益）は縮小してきたが，公的資金によって特別の利益を医療機関に保障することに合理性はない。むしろ，モノの評価よりもヒトの評価に重点を移し，医療従事者の技術や経験が正当に評価される仕組みを構築する必要がある。そのことは，いわゆる薬漬けを防止することにもつながる。

それに関連して，「診療報酬の向上的評価システム」を導入することを提案したい。近年の政策動向は，いわば病院への兵糧攻めや患者への負担攻めを行うことで医療費をハードに抑制しようとする側面が強い。しかし，そのような方法は，医療スタッフの勤労意欲を阻害したり患者の生活不安をあおるというマイナス影響を伴う。治療の実績・効果や第三者の高い評価が報酬として正当に反映されるシステムを構築することにより，医療スタッフの向上心を高め，質の向上（コスト・パフォーマンスの改善）を通じて患者の負担縮小化（入院・通院期間の短縮化）も図れるような制度設計が望まれる。要するに，個別レベルでは良質の医療を提供することが高い評価につながり，社会的レベルでは医療コストが適正化されるような制度環境の改革が求められる。

## 医療機関の役割分担と連携

日本の場合，医療機関の待ち時間が長いことへの不満がある一方で，医療機関を比較的自由に選べるというフリーアクセスが可能であることも特徴の1つになっている。フリーアクセスを日本の医療制度の長所として評価する見方もあるが，そのことが，高度な設備が整った大病院への志向を強め，医療費の上昇につながっている側面もある。かかりつけ医の選択は保障されるべきだが，専門医による本格的な治療を必要とするかどうかの適切な助言が求められる。診療所などで対応できる場合でも，一足飛びに大病院に向かう傾向を改善するためには，現在，政策的に進められている患者負担の上乗せによる牽制ではなく，患者の納得が得られるよう，初期段階でのアドバイス機能を制度的に位置づけて充実させる必要がある。デンマーク，イギリス，ドイツ，アメリカなどでは，家庭医などの担当医の診療・紹介が，専門医にかかるための前提条件になっている。かかりつけ医のアドバイザー的役割を強化しつつ，そのような二段階システムの制度化が検討されてよい。

それとの関連で，各医療機関が自分の得意とする分野に重点的に力を注ぎつつ，他の医療機関との間で病診・病々連携を進めて分担化するという「独自性の深化と地域連携・分担」が，経営戦略のうえでも，医療資源の合理的な配分を進めるうえでも1つのポイントになる。自院の得意分野でもない患者を囲い込むことは，効果が乏しいまま通院・入院期間を長期化させることにつながる。現在進められている地域医療構想による医療機能に基づく報酬の差別化政策の下では，高度急性期のように報酬の高い方向への誘因が働き，実態と異なる病床機能が報告されており，そのことは，医療資源配分の非効率化をもたらし，患者にとっても費用負担を増加させるだけでなく，その医療機関の評価を下げることにもなる。医療機能によって差別化されることなく正当に評価されるシステムの下で，各医療機関が独自性を深化させつつ，必要に応じて適切な医療機関を紹介し合う関係を構築，活性化することが，各医療機関の専門性を高め，社会的，個人的医療コストを効率化することにもつながる。

医療機関間の連携だけでなく，保健・医療・介護の連携や，住環境などの整備も今後いっそう重要になる。高齢化とともに急性型から慢性型へと疾病構造が変化するもとで，予防や介護のニーズがいっそう高まっていくことへの対応

が急がれねばならず，保健や介護との連携を図りつつ，プライマリケアやターミナルケアを再構築する必要がある。(注37)

予防から介護に至る総合ケア体制を地域内で完結できる体制の必要性が大きくなる。その場合，医療資源で他分野までカバーするのではなく，地域内で，役割に応じた分担と合理的資源配分を行うことが求められる。同時に，重度化対応の施設整備と並んで，住環境整備や在宅医療，在宅ケアの体制を充実させる必要がある。各種調査で明らかなように，高齢者の多くは在宅や地域で暮らし続け，終末を迎えることを望んでいるにもかかわらず，まだ在宅・地域福祉への信頼が確立しているとは言えない。自己決定に資する環境整備を行うことが，高齢者ニーズに的確に応え生活の質を高める道になると同時に，社会的な医療コストの適正化にもつながる。その場合，一人ひとりの患者や要介護者に対して，各医療機関や介護事業所等が個別に対応するのではなく，医療機関相互間，医療・介護事業所相互間，介護保険・地域福祉関係機関相互間で，何のために，どのような連携が必要かを協議して，そのようなケースを積み重ねながら，その地域に合った包括的なケアシステムを構築することが求められる。

予防の観点からは，健康づくりが今後いっそう重要になるが，押しつけではなく，住民自身が自らの関心に応じて学習し，納得しながら健康活動を行うことが持続性につながる。同時に，医師，看護師，保健師，理学療法士などの専門職がアドバイザー的役割を発揮しつつ，地域ケア体制を充実させる必要がある。専門職の支援を得ながら住民参加型の健康づくりに重点を置くことが，医療資源への依存性を薄める。そして，必要が生じたときには適切な治療を行いつつ，治療から介護の段階へスムーズに移行するための受け皿となる在宅・地域福祉環境があることが，資源配分の効率化と住民の生活の質の向上をもたらす。住民の主体的な健康づくり学習・活動を軸に，保健・医療・介護のハード・ソフト面の連携（包括的ケア・システム）を進めている地域では，結果的に医療・介護コストの低下につながっているところが多い。(注38)そのような先進事例のノウハウ・経験を学びつつ，地域性に合わせた独自の活動やシステムづくりを進めることも今後の方向になる。

### 高齢者医療システムの方向性

高齢者医療制度改革が行われた背景としては，1990年代以降，各医療保険の財政赤字が表面化するなかで，医療費支出抑制を図る観点から，高齢者医療費に焦点が合わせられたことがあげられる。

後期高齢者医療制度の創設をはじめとする2006（平成18）年の健康保険法等改正により，2025（令和７）年段階で56兆円と見込まれる給付費を48兆円に抑制し，８兆円削減することが政策目標とされていた。そのうち，後期高齢者医療費分として，2025（令和７）年度推計30兆円を25兆円に抑制し，５兆円削減することが目標とされていた。その手段として，患者一部負担の引き上げ，診療等の制限，入院の牽制（療養病床入院の場合の生活療養標準負担化），療養病床の削減，等が講じられてきた。

後期高齢者医療制度の保険料については，年額18万円以上の年金受給者は，原則として年金天引きの特別徴収となるが，5000万件の年金記録不備により正しい年金給付が行われないことが大きな社会・政治問題になったなかで，負担の方だけを確実に実施しようとする政策姿勢は，政治不信をいっそう増幅させることになった。また，普通徴収の場合，特別の理由なく滞納が１年以上続けば「被保険者資格証明書」の発行（保険証の取り上げ）となる。老人保健制度のもとでは禁じられていた被保険者資格証明書の発行が認められた。結局，低所得者を被保険者資格証明書の対象外とする方針に変わったが，発行措置が可能な規定自体は存続している。先述の通り（注30），毎年，全国に20万人以上の滞納者がいるなかで２万人以上の後期高齢者が短期被保険者証に切り替えられているが，被保険者１人当たりの年間平均所得（基礎控除後の所得）は70万円前後であり，今後も高齢化が進むなかで保険料の負担率・額が上がり続けるとすれば，高齢者医療の公共性の面でも，制度の持続性の面でも，現在の形で高齢者医療に保険原理を貫こうとすることに限界が見え始めてきている。

生活保護世帯（後期高齢者医療制度の対象外）を除き，どれだけ収入の少ない人でも，一定額の保険料負担が求められる。老齢基礎年金満額受給者でさえ，地域によっては生活保護水準以下の収入であるにもかかわらず，そこから保険料徴収すること自体の妥当性が問われる。そのような人から保険料徴収することは，最低生活水準を割ってしか受診できないことを意味し，まさに「医療生存権」を侵害するものと言えよう。

後期高齢者医療制度の導入理由としては，都道府県単位の後期高齢者医療制度広域連合に「保険者」機能・意識をもたせること（そのことにより医療費の効率化を図る）ことと，高齢世代に対する現役世代の支援・負担割合を透明化することとされているが，相対的に保険としての独立化を図りつつも，すでに見た通り，老人保健制度と同様の財政調整機能は変わらず，65～74歳に対しては，かつての老人保健制度機能（全保険からの拠出）が保険給付費全体に拡張され，75歳以上についても，現役世代（75歳未満の被保険者）からの同様の機能（保険給付費の40％程度の支援金）が組み込まれている。老人保健制度の対象はもともと，70歳以上であったが（2002（平成14）年度まで），2002（平成14）～2007（平成19）年度に段階的に75歳以上へ引き上げられた。それは，財政調整対象年齢の縮小であったといえるが，2008（平成20）年度からの後期高齢者医療制度の導入・実施に伴って，前期・後期高齢者医療制度を通じて，65歳以上に財政調整対象年齢が拡大したと言える。(注39)

しかし，今後，保険料軽減の特例措置も廃止されるなかで，後期高齢者から保険料や一部負担金を徴収することの不安定性が残る。とくに，短期被保険者証や被保険者資格証明書の発行可能規定は，75歳以上に対象が拡大され，生命の危険を伴うケースが発生する懸念がある。さらに，70代前半の一部負担引き上げ措置（一般所得者の１割負担から２割負担への引き上げ）に加えて，先述の通り，今後，75歳以上の一般所得者の１割負担から２割負担への引き上げも予定されている。高齢者は保険料負担増や一部負担増，保険外負担増に応じようとすることで，生活が苦しくなるという「負担貧困」に直面している。貧困・生活問題を解決・緩和するための社会保障が，その改革を通じて，生活困難を増幅させるというパラドクスに陥っている。目的に応じた負担(保険料)，コストや利益に応じた負担の強化（一部負担の引き上げや保険外負担化）に耐えられる人だけが，生活を保障される。(注40)社会保障は，個々の私的利益に分解され，「社会保障の私的保障化」が進行している。

後期高齢者医療制度の財政面に着目した場合，財政調整対象年齢の拡大が図られたが，本質的には，従来の老人保健制度の延長線上にある制度であり，財政が安定化する保証がない。従来の老人保健制度と比較した場合，75歳以上の保険として独立化したこと，新たな保険料徴収や一部負担の引き上げ等によって本人負担が強められたこと，現役世代から後期高齢者への移転部分が明確化されたこと，財政調整期間としては前期・後期高齢者期間を通じて長期化したことがあげられる。しかし，これによっても各医療保険が安定化するという保証はなく[(注41)]，むしろ，従来の財政調整システムが形を変えたものと見ることができる。それでも財政が不安定化した場合，高齢者の負担増という犠牲が払われつつも，後期高齢者のための支援金，前期高齢者のための財政調整というように，現役世代の高齢化コストに対する負担意識が強まることにより，世代間摩擦を助長する可能性もある。

後期高齢者医療制度とは別に，より抜本的な代替案の代表的なものとして，長期積み立て方式，一本化方式，高齢者税方式がある（図表3—14）。

このうち，長期積立型医療保険構想[(注42)]は，医療保険が「長期保険化」していることへの対応を図るものとされ，各年齢階層（例えば5歳刻み）ごとに保険料積立金で生涯給付を賄い，高齢世代には公費を投入するという提案である。生年が近接する各年齢階層グループが，いわば自己責任的に，自分たちの生涯給付を自分たちの保険料積立金でカバーするという意味で，年金の積立方式のアナロジーとなっている。人口構造の高齢化の影響を受けないという意味で，高齢化に対して中立的な制度案である。当然，制度移行時点の高齢世代には適さない制度であるので，若年者の「二重の負担問題」を避けるためには公費を投入することが必要になる。この場合，保険者をどのように設定するのか，保険料の合理的な算出が可能なのか，事業主負担の扱いはどうするのか，完全な制度移行にどれだけの期間を要するのか，といった問題が生じる。また，当面，高齢世代について公費を投入することは，高齢者税方式に近づくことになる。

一本化方式は，国民健康保険団体連合会などが提案しているものであり，高齢・若年世代間，被用者・自営業者間の制度的区別をなくし，医療保険を一元化するというものである。保険の大数の法則に従って，保険基盤を拡大することによって保険財政の安定化を図るものと言える。この場合も，保険者単位をどこに置くのか（例えば市町村か都道府県か全国単位か），事業主負担の扱いはどうするのか，といったことが検討課題になる。

高齢者税方式の提案[(注43)]は，今後も高齢化が進むなかで，疾病リスクの高い高齢

**図表３―14　医療制度改革の代替案**

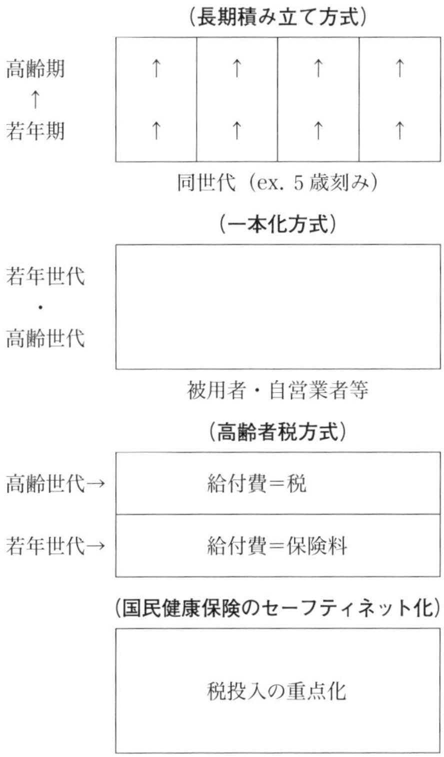

**（長期積み立て方式）**

| | | | | |
|---|---|---|---|---|
| 高齢期 | ↑ | ↑ | ↑ | ↑ |
| ↑ | | | | |
| 若年期 | ↑ | ↑ | ↑ | ↑ |

同世代（ex. 5歳刻み）

**（一本化方式）**

若年世代・高齢世代

被用者・自営業者等

**（高齢者税方式）**

| | |
|---|---|
| 高齢世代→ | 給付費＝税 |
| 若年世代→ | 給付費＝保険料 |

**（国民健康保険のセーフティネット化）**

税投入の重点化

者に保険原理を適用し続けることの限界を見据え，再分配制度として純化したうえで国民全体で負担しつつ，保険によるリスクの分散化を図りやすい若年世代には保険料主義を徹底する。税負担は増えるが，その分，高齢世代に対する保険料拠出の必要はなくなり，若年世代の保険財政も安定化を図れる。ただし，高齢世代のための税負担増について，国民的合意形成が必要になる。また，歳出の見直しを別にすれば，増税するとして，目的税の場合でも，どの税目で実施するかが検討課題となる。(注44) 税方式で実施する場合，保険財政における収支バランスや保険者努力の動機づけに見られる効率化の視点が欠落するが，それをどう補うのかも問われよう。一部負担を高めるというが，それをどの程度の水準に設定するのか，低年金者なども同列に扱うのか（それが可能か），といった疑問も生じる。

さらに，国民健康保険の性格変化に着目した制度的位置づけの見直しという方向も考えられる。国民健康保険には，被用者保険の適用対象外の農林水産業従事者や自営業者を対象とすることにより，国民皆保険体制が確立したという歴史的経緯がある。しかし，国民健康保険加入世帯の職業別世帯構成割合では，農林水産業や自営業の割合は減少し続け，無職の割合が半数近くを占めるに至っており，職域的な側面から皆保険を完備させる機能よりも，退職者や低所得者等の負担能力が低い人へのセーフティネット機能を強くもつものへと，構造的変化を遂げている。社会の高齢化とともに，国民健康保険被保険者に占める高齢者の割合は高まってきたが，所得階層別分布では低所得層への偏りがみられ，むしろ年々，その傾向が強まっている[注45]。

その国民健康保険の財政的不安定性を医療保険制度全体で支援する（各保険の加入者人数に応じて割り勘負担的に拠出する）形で成立したのが老人保健制度であり，後期高齢者医療制度も同様の構造をもっている[注46]。したがって，国民健康保険財政の高齢化負担分を医療保険全体でカバーするという，これらの方法とは別に，高齢者や低所得者が多くを占めてきた現状を直視し，国民健康保険を医療生存権保障の基盤としてとらえ直し，税投入の重点化を図る方向が考えられる（国民健康保険のセーフティネット化）。

以上，いくつかの制度改革案を検討してきたが，国民の理解と同意を得るためには，できる限り明瞭な制度にして安定化の見通しをもちやすくする必要がある。その場合，述べてきたように，４つの方向性が考えられる。第一は，医療保険の積立方式化により，高齢化の影響を受けない制度としての構築を図る方向である。第二は，高齢者の疾病リスクを保険原理から外し（税方式），負担の仕組み，財源調達の方法，効率化のあり方を探る方向である。第三は，高齢者の疾病リスクを国民全体の保険レールにのせ，医療保険組織を包括的に拡大して，リスク・シェアリング機能を強化しながら，保険者単位の置き方や，事業主負担のあり方を探る方向である。第四は，国民健康保険の性格変化に着目し，医療のミニマム制度として国民健康保険を再構築する方向である。

### 医療システムの選択化

良質で効率的な医療の提供を促していくためには，医療システムの選択化を可能にする制度改革も考えられる。現行の医療システムにおいては，国民がどの医療保険制度に加入するかは職域によって決定されるので，選択の余地はない。また，保険医の指定（および取り消し）権限は都道府県知事にあるので，保険者が，診療報酬の支払い相手としての医療機関を選択することもできない。自らの医療保険に加入する被保険者が，どのような医療機関にかかろうとも，指定保険医である限り，診療報酬を支払う必要がある。

もし，保険者が医療機関を選択できるようになれば，良質で効率的な医療の提供に向けた医療機関間の競争原理が働く。同時に，国民が医療保険者を選択できるようになれば，そのような医療機関を選択しつつ財政安定化を図る保険者が選好されることになるので，被保険者獲得に向けた保険者間の競争原理が働く。これは，管理競争と呼ばれ，国民→保険者→医療機関の間で選択を可能にすることによって，良質な医療を低コストで提供するインセンティブを組み込むことを意味する（例えば，通院・入院期間が長い割に治療効果が乏しい医療機関は避けられる）。アメリカやドイツでは，一定の制度化が行われており，その効果を疑問視する向きもあるが，今後の1つの方向として検討に値するだろう[注47]。

### サービスの質の向上：情報の非対称性への対応

患者と医師・医療機関の対等性を確立する課題もある。医療ミスが多発的に表面化し，患者の健康・医療に対する意識や知識が高まっている状況のなかで，医師・医療機関の無謬性や聖域性を正当化することは難しくなっており，患者の理解と納得を得る努力や工夫の欠如した医療は通用しなくなる。

経済学的に言えば，患者は消費者であり，医師はサービス業従事者である。しかし，両者の間には，情報の非対称性が存在する。患者の情報は，その治療にかかわることで医師・医療機関は知ったとしても（どういう病気で，どの程度進行し，どういう治療方法が考えられ，どの程度の治療効果が期待できるかなど），患者側は，医師・医療機関側の情報（どれほどの技術・実績をもち，どの程度の治療効果が期待できるか）を十分知らない。ある医療機関に通ったが，効果が期待できないので，別の医療機関に通い直したり，複数の医療機関を重複受診することにより，時間・費用両面で非効率が発生することにもなる。医療機関にとっても，患者が十分に情報をもたない限り，実質的な選択による刺激が生まれず，医療の質の向上に向けたインセンティブが働きにくい。

噂による情報収集という方法もあるが，客観的評価に基づかないため，確かな選択になるとは限らない。とりわけ，治療難度が低く，治療効果も理解しやすい疾病に比べ，治療難度が高く，治療効果の医師間格差が大きいにもかかわらず情報流通が不十分な場合には，患者の選択結果が生命を左右することにもなる。[注48]その意味では，医療の質の第三者的な専門評価に基づく情報開示が重要になる。それに関しては，1997（平成９）年から病院機能評価事業が行われているが，一定水準をクリアしていれば認定されるものの，患者側からすれば，認定された病院ということしかわからず，評価内容がわからないうえ，評価を受けるかどうかは各病院の申請に任されている。医療費に大きな格差がないにもかかわらず医療の質に大きな格差がある状況においては，医療保険者は「医療費」通知運動よりも「医療」通知運動にこそエネルギーを注ぐべきだ，という意見もある。[注49]第２節の２で述べた第五次医療法改正に伴い，「医療機能情報提供制度」が2009（平成21）年度から本格運用され，治療実績などの詳細な情報が公表されることになったが，情報の客観的信頼性や理解しやすさ，利便性などが検証される必要がある。

医療の質に関する客観的な情報に加え，医師・病院がもつ患者に関する情報をその患者自身に提供するということも課題になる。患者の理解と納得，協力に基づき，医療行為が医師と患者の共同作業になるようなインフォームド・コンセント（1997（平成９）年の第三次医療法改正により努力義務化された）が求められる。[注50]その他，事後的な協議・委員会だけでなく未発の事故の事前防止にも資するリスクマネジメント，第三者的な苦情相談員の恒常的設置，サービス水準や医療機関の環境の快適さなどに関する患者アンケートの積極的実施，患者の理解と便宜性を考慮に入れたカルテやレセプトの開示などを通じて患者と医師・医療機関の壁を取り除き，情報の共有化に基づくサービスの質の向上を促す環境づくりが求められる。患者のニーズを的確に把握してサービス向上に努める医療機関と，そういったことに消極的な医療機関との間には，今後，経営的にみても格差が生まれていくであろう。

### 職員配置

病床当たりの医療スタッフの配置を充実させることによって，入院期間の短縮化を図り，患者のQOL（生活の質）と医療費の効率化を両立化させることも，今後の課題になる。100床当たりの医師・看護職員数は国際比較上も少ない。2006（平成18）年度の診療報酬改定により，急性期入院医療の看護職配置が充実され，７対１の配置に相当する評価が新設されたが，大病院への偏在を強めている側面もある。しかも，2014（平成26）年の診療報酬改定により，７対１の急性期病床（約36万床）は高度急性期病床（約18万床）に機能分化し，半減する形で絞り込まれるうえ，重症患者を15％以上入院させることや在宅復帰率75％以上が７対１病院の要件となり，看護師の業務負担増が懸念される。質の高い人材養成を前提として，医療機関間，地域間のバランスのとれた無理のない看護師配置が求められる。さらに，医療機関団体からは，看護職員の数だけではなく，看護技術，重症患者の入院状況，平均在院日数など，看護必要度や患者重症度を反映した施設基準の必要性も提起されている。

密度の濃いケアを集中的に行うことが，医療・看護の質と患者の満足度を高めるだけでなく，入院期間の短縮化を通じて，社会的効率性を生み出す。また，医療・看護スタッフ配置の充実は，相互チェックが働きやすくなると同時に，１人当たりの労働負荷を軽減し，医療・看護ミスの防止に寄与することにもなる。[注51]

（注）

1　低所得者の医療アクセスを保障する機能こそが公的医療保険の存在意義であることが論証されている（遠藤，2005）。また，保険対象者と保険者に疾病リスクに関する情報の非対称性が生じていないため，実際の私的医療保険市場においては逆選択は発生しないことが実証されている（塚原，2005）。

2　石田（2010），堀（2014），山岸（2014）を参照。また，民間ベースでの医療保障という枠組みによる問題解決の困難性を示唆するものとして，長谷川（2010）を参照。

3　厚生労働省保険局調査課「医療保険に関する基礎資料」令和３年１月

4　例えば，Ａ市の国民健康保険（国保）加入世帯から１年間に徴収すべき保険料総額が

１億円であり，所得割：資産割：均等割：平等割＝50：０：30：20の割合で徴収すると決定されたとしよう。Ａ市の国保加入世帯総数が１万世帯，加入人口が２万人，加入世帯の総所得が10億円だと仮定すれば，所得割総額（5000万円）＝総所得（ａ１＋・・・＋ａ10000＝10億円）×所得割率となり，所得割率は５％となる。均等割総額は１億円×30％＝3000万円であるから，１人当たりでは，3000万円÷２万人＝1500円となる。平等割総額は１億円×20％＝2000万円であるから，１世帯当たりでは，2000万円÷１万世帯＝2000円となる。仮にａ１さん世帯が年間所得500万円，４人家族であるとすれば，所得割（500万円×５％）＋均等割（1500円×４人＝6000円）＋平等割（2000円）＝25万8000円が年間保険料となる。

5　社会保障制度改革国民会議「社会保障制度改革国民会議報告書」平成25年８月６日

6　全世代型社会保障検討会議「全世代型社会保障改革の方針」（令和２年12月15日）を参照。なお，その後，同じ年収基準（対象約370万人）で２割負担への引き上げを柱とする医療制度改革関連法案が閣議決定され，国会に提出された（2022（令和４）年度後半から施行予定）。

7　厚生労働省「平成30年度　国民医療費の概況」令和２年11月30日

8　同上

9　ｎ年度の国民所得をＡ円，国民医療費をａ円とし，（ｎ＋１）年度の国民所得をＢ円，国民医療費をｂ円とすれば，倍率で見た国民医療費の伸びが国民所得の伸びを上回るとき，すなわち，Ｂ／Ａ＜ｂ／ａのとき，両辺にａ／Ｂをかければ，ａ／Ａ＜ｂ／Ｂとなり，国民所得に占める国民医療費の負担率は高まる。

10　国民医療費を対国内総生産比で見た場合，日本は2018（平成30）年度で7.91％であるが（前掲「平成30年度　国民医療費の概況」），2019年の総保健医療支出（total expenditure on health；国民医療費より広い概念）の対国内総生産比は，アメリカ17.0％，フランス11.2％，ドイツ11.7％，日本11.1％，カナダ10.8％，イギリス10.3％，イタリア8.7％等となっており，国際比較のうえでは，日本は欧米諸国と比べてとくに高い水準にあるとは言えない（OECD Health Statistics 2020-Frequently Requested Data, http://www.oecd.org/health/health-systems/Table-of-Content-Metadata-OECD-Health-Statistics-2020, pdf）。

11　厚生労働省保険局調査課「医療保険に関する基礎資料」令和３年１月

12　OECDの定義に基づく総保健医療支出に占める薬剤費比率（pharmaceutical expenditure, % current expenditure on health）では，2017～2018年の場合，日本18.3％，イタリア17.9％，カナダ16.4％，ドイツ14.2％，フランス13.0％，イギリス12.3％，アメリカ11.6％，等となっている（OECD Health Statistics 2020, ibid.）。

13　厚生労働省「社会医療診療行為別統計（旧：社会医療診療行為別調査）：結果の概要」各年

14　OECDの病院の定義に基づく人口1000人当たり病床数（total hospital beds, per 1000 population）である（OECD Health Statistics 2020, ibid.）。

15　医師数の国際比較による（physicians, density per 1000 population）が，看護師数の国際比較（nurses, density per 1000 population）では（2017～2018年），ドイツ13.2，アメリカ11.9，日本11.8，フランス10.8，スウェーデン10.9，イギリス7.8，イタリア5.7，等となっている（OECD Health Statistics 2020, ibid.）。

16　2010～2011年の病床100床当たり医師数・看護師数は国際的に低い水準にある（健康保険組合連合会『図表で見る医療保障（平成26年度版）』ぎょうせい，2014年）。

17　例えば，2018（平成30）年度の人口10万人対病院病床数（全病床）の多い都道府県は，高知県（１位），鹿児島県（２位），熊本県（３位），徳島県（４位），長崎県（５位）であるが（厚生労働省「平成30年　医療施設（動態）調査・病院報告の概況」，市町村国民健康保険（１人当たり実績医療費，入院）においても，高知県（７位），鹿児島県（１位），熊本県（10位），徳島県（11位），長崎県（４位）というように，比較的上位を占めている（厚生労働省保険局調査課「平成30年度　医療費の地域差分析」)。なお，高齢化水準が比較的平準化していく下でも，都道府県間の医療費格差は拡大するとの推計分析もある（中田，2013)。

18　厚生労働省（2000）は，１病床当たりの職員配置が手厚いほど，平均在院日数が短縮する国際比較を示している。濃沼（2000）は，病床数と平均在院日数が相関関係にあり，それらの積に対する１患者当たり職員数（医療密度）が日本の場合，際だって低いことを明らかにしている。

19　国民健康保険の場合，一般会計からの繰入金を除く精査後の単年度収支差引額で見ると，△2383億円（2008（平成20）年度），△3250億円（2009（平成21）年度），△3901億円（2010（平成22）年度），△3022億円（2011（平成23）年度），△3053億円（2012（平成24）年度），△3139億円（2013（平成25）年度），△3087億円（2014（平成26）年度），△2822億円（2015（平成27）年度），△1461億円（2016（平成28）年度），△450億円（2017（平成29）年度）の赤字となる（前掲『図表で見る医療保障』平成26年度・平成30年度・令和元年度版)。

20　二木（1994)，二木（2000）を参照。ただし，寝たきり高齢者の比率など，日本のQOLの低さを割り引いて考えるべき，という留保条件がつけられている。

21　広井（1994)，広井（1997)

22　自己負担率と受診行動の関係を実証分析したものとして，大日（2003，第４章）を参照。

23　厚生労働省「平成19年度国民医療費の概況」

24　詳細は，田中（2006，第３章）を参照。

25　厚生労働省「後期高齢者医療制度の保険料率について」各年度

26　滞納被保険者数は，2009（平成21）年28万391人，2010（平成22）年31万3113人，2011（平成23）年28万3562人，2012（平成24）年25万2355人，2013（平成25）年24万4911人，2014（平成26）年23万8022人，2015（平成27）年23万5731人，2016（平成28）年23万1502人，2017（平成29）年23万1006人，2018（平成30）年22万2238人，2019（令和元）年21万9497人と推移しており，短期被保険者証交付者数は，2009（平成21）年７人，2010（平成22）年１万5625人，2011（平成23）年２万1550人，2012（平成24）年２万991人，2013（平成25）年２万3140人，2014（平成26）年２万3379人，2015（平成27）年２万5572人，2016（平成28）年２万3685人，2017（平成29）年２万4203人，2018（平成30）年２万3089人，2019（令和元）年２万2077人と推移している。なお，被保険者１人当たりの年間平均所得（基礎控除後の所得）は，2008（平成20）年度75.8万円，2009（平成21）年度71.3万円，2010（平成22）年度66.6万円，2011（平成23）年度66.6万円，2012（平成24）年度66.4万円，2013（平成25）年度66.4万円，2014（平成26）年度69.4万円，2015（平成27）年度66.8万円，2016（平成28）年度69.0万円，2017（平成29）年度69.9万円，2018（平成30）年度71.4万円という状況にある（厚生労働省「後期高齢者医療制度（後期高齢者医療広域連合）の財政状況等について」各年度)。

27　高知県後期高齢者医療広域連合公表の2020（令和元)・2021（令和２）年度の所得割率

と均等割額に基づき，軽減措置後の場合を筆者が試算した。

28　特定健診は，生活習慣病の発症予防や重症化予防を目的として，40～74歳の保険加入者を対象として，メタボリックシンドローム（内臓脂肪型の肥満に，脂質や血圧，血糖値の異常が重なり，心筋梗塞や脳卒中を起こすリスクが高くなっている状態）に着目し，その該当者や予備軍を減少させるための生活習慣改善に向けた特定保健指導を必要とする人を的確に把握するために行われる。

29　「医療費適正化に関する施策についての基本的な方針」（平成24年９月28日厚生労働省告示第524号）。なお，平均在院日数は，介護療養病床を除く全病床についての数値である。

30　同上。なお，介護型療養病床の廃止については，2018（平成30）年度から創設された「介護医療院」（主として長期にわたる療養を必要とする介護保険施設）などへの移行措置として，2023（令和５）年度末まで再延期された。

31　「医療費適正化に関する施策についての基本的な方針」（一部改正：平成29年12月19日厚生労働省告示第356号）

32　2006（平成18）年度の診療報酬改定に伴い，看護職員配置は，雇用されている看護職員数から，実際にその時間に働いている看護職員数（実質配置）に表記が改められ，それによれば，従来の「２：１」は「10：１」に，「1.4：１」は「７：１」に改められた。そして，「７：１」で，看護職員に占める看護師の割合が７割以上であり，平均在院日数が19日以内の場合，最も高い診療報酬として評価されることになった。

33　詳細は，医療法制研究会監『第五次改正医療法』中央法規出版，2006年を参照。

34　医療法に基づき，医療提供体制の確保に関する基本方針が2012（平成24）年３月22日に改正，同年４月１日に施行され，新たな医療計画（2013（平成25）年度より実施）の策定に向け，４疾病に精神疾患が追加され，５事業に在宅医療を加えた「５疾病・５事業及び在宅医療」にかかる医療施設相互間の機能の分担および業務の連携を確保するための体制に関する事項を医療計画に定めることとされた。

35　厚生労働省医政局「医療法等改正法案の検討状況について」平成25年９月５日

36　前掲「社会保障制度改革国民会議報告書」

37　高齢者介護等が重要になってくるなかで，保健，医療，福祉の主導権争いではなく，それら相互の協力関係を構築することの重要性を早くから指摘したものとして，池上・キャンベル（1996）を参照。また，病院のキャパシティーを考えると，今後，ターミナルケアを病院だけに依存し続けることには限界があるとして，本人の満足度が高い在宅や介護施設でのターミナルケアの充実の必要性も提起されている。岡本（1996），岡本・田中（2000）を参照。反面，医療においても，心理面を含めたケア的側面の重要性が大きくなっているとの指摘もある（広井，2006）。

38　水谷・田中・玉里・時長（2001）。

39　後期高齢者医療制度を主として財政面から分析したものとしては，田中（2009），および平岡・森（2008）第４章（田中）を参照。

40　公的医療保険の縮小による患者へのコストシフトは医療アクセスの不公平を助長することが論証されている（遠藤，2005）。

41　後期高齢者医療制度の単年度収支差引額（経常収支差）は，2008（平成20）年度3008億円，2009（平成21）年度719億円，2010（平成22）年度△1563億円，2011（平成23）年度△407億円，2012（平成24）年度1988億円，2013（平成25）年度1466億円，2014（平成

26）年度1626億円，2015（平成27）年度△725億円，2016（平成28）年度737億円，2017（平成29）年度△357億円，2018（平成30）年度153億円と推移しており，必ずしも安定しているわけではない（厚生労働省「後期高齢者医療制度（後期高齢者医療広域連合）の財政状況等について」各年度）。

42　日本医師会政策会議「平成4年度　日本医師会政策会議報告―長期積立型医療保険制度の提唱―」および西村（1997）を参照。

43　広井（1997），広井（1999）

44　同様に，当面の改革案として，目的税による税方式を提案しながら，それを所得税（比例税）中心で実施すべきという提案もある（神野・金子，1999，第2章（横山））。なお，保険制度の枠組みのもとではあるが，公費負担部分については，世代間の公平性を確保するために，資産課税の強化や消費税の拡大を進めるべき（保険料部分については逆進的料率構造の是正を図るべき）という意見もある（社会保障研究所，1996，第1章（地主））。

45　前掲，平岡・森（2008）第4章（田中）。2017（平成29）年度においては，所得なし世帯は24.2％であり，このうち41.5％が無職世帯である一方，保険料（税）調定額の所得に対する負担率は年々高まり，10.5％になっている（前掲『図表で見る医療保障（令和元年度版）』。なお，国民健康保険をめぐる諸問題については，芝田・尾崎・岩下（2010），伊藤（2021）を参照。

46　老人保健法から後期高齢者医療制度の成立に至る経緯を分析したものとして，相澤（2009），伊藤（2009）を参照。

47　管理競争のもとで，逆に保険者が加入希望者を拒絶しないことを保障すべきという意見もある（国立社会保障・人口問題研究所，2003，第9章（田近・菊池））。また，アメリカのHMO（Health Maintenance Organization）に即して，管理競争を考察したものとして，広井（1994）を参照。なお，「複数の保険者が存在し，ドイツのように被保険者に移動の自由があれば，競争が喚起されサービスの質的向上が期待できる」との指摘（大内，2005）や，「医療の質を損なうことなく，医療費の増加を抑制する」管理競争型制度改革の提言（佐藤，2005）も行われている。日本とドイツの医療システム，保険者機能，医療アクセス，情報開示等の比較分析や療養病床再編問題を考察したものとしては，土田・田中・府川（2008）第1部（府川・松田・土田）を参照。

48　発生頻度の高い疾病に関しては医師に関する情報も流布されやすいので情報収集コストも小さく，「口コミ」でも重要な役割を果たすことがあるが，相対的に発生頻度が低い疾病になるほど，患者の情報収集コストが大きくなるため，医療供給に対する消費者主権的側面は弱くなり，医師の意思決定への依存度が強まるという「医師誘発需要理論」的な傾向が生まれる，ということになる。漆（1998）を参照。また，丸尾（2013）は，日本の医療保障の諸課題をあげるなかで，情報弱者支援のためのスポンサー機能を政府と保険者が果たすべきことを指摘している。

49　西村（1991）を参照。また，情報公開の意義を高めるために，アメリカの状況から学ぶべき点を指摘したものとして，国立社会保障・人口問題研究所（2003，第13章（池田））を参照。

50　日本では，日本医師会生命倫理懇談会の「説明と同意についての報告書」（1990年1月）により，インフォームド・コンセントが注目されるようになったと言われるが，同時期に，その重要性を唱え，反論にも答えながら，アメリカ型とは異なる日本型の方法の必要性を説いたものとして，水野（1990）を参照。また，具体的対応方法については，福崎・増崎（2015）を参照。

51　日本やアメリカなどの医療ミスの実態や国際比較，法的課題については，油井（2000），ワイラーほか（2001），于（2017），田中（2020）を参照。

〔参考文献〕

・相澤與一「日本社会保障史における『後期高齢者医療制度』」『賃金と社会保障』第1490号，2009年
・遠藤久夫「医療保険制度改革の課題と展望」国立社会保障・人口問題研究所『社会保障制度改革』東京大学出版会，2005年
・福崎博孝・増崎英明『裁判例から学ぶインフォームド・コンセント』民事法研究会，2015年
・長谷川千春「アメリカの医療保障システム」『海外社会保障研究』第171号，2010年
・日野秀逸『医療構造改革と地域医療』自治体研究社，2008年
・日野秀逸『民主党の医療政策は私たちのいのちを守れるか』自治体研究社，2010年
・平岡和久・森裕之編著『財政健全化法は自治体を再建するか』自治体研究社，2008年
・広井良典『医療の経済学』日本経済新聞社，1994年
・広井良典『医療保険改革の構想』日本経済新聞社，1997年
・広井良典『日本の社会保障』岩波書店，1999年
・広井良典『持続可能な福祉社会』ちくま書房，2006年
・本田宏編著『医療崩壊はこうすれば防げる』洋泉社，2008年
・堀真奈美「アメリカ―オバマ政権における医療改革と公私役割のあり方―」西村周三・京極髙宣・金子能宏編著『社会保障の国際比較研究』ミネルヴァ書房，2014年
・府川哲夫・磯部文雄『保健医療福祉論』ミネルヴァ書房，2017年
・池上直巳・キャンベル，J.C.『日本の医療』中央公論社，1996年
・石田道彦「アメリカ医療制度改革の法的論点」『週刊社会保障』第2577号，2010年4月26日号
・伊藤周平「医療制度改革と高齢者医療確保法」『賃金と社会保障』第1504号，2009年12月下旬号
・伊藤周平「第5章　医療保障」『社会保障法』自治体研究社，2021年
・神野直彦・金子勝編『「福祉政府」への提言』岩波書店，1999年
・健康保険組合連合会『社会保障年鑑』東洋経済新報社，各年版
・健康保険組合連合会『図表で見る医療保障』ぎょうせい，各年版
・川渕孝一『医療改革』東洋経済新報社，2002年
・川渕孝一『医療再生は可能か』ちくま書房，2008年
・城戸喜子「医療費の推移と国民健康保険の財源および改革の方向」城戸喜子・駒村康平編著『社会保障の新たな制度設計』慶應義塾大学出版会，2005年
・濃沼信夫『医療のグローバルスタンダード』エルゼビア・サイエンス社，2000年
・国立社会保障・人口問題研究所編『選択の時代の社会保障』東京大学出版会，2003年
・高齢者医療制度研究会監『新たな高齢者医療制度―高齢者の医療の確保に関する法律―』

中央法規出版，2006年
・厚生労働省・高齢者医療制度等改革推進本部事務局編『医療制度改革の課題と視点』ぎょうせい，2000年
・厚生労働省編『厚生労働白書』各年版
・丸尾直美「持続可能な医療制度改革」『週刊社会保障』第2756号，2013年
・水野肇『インフォームド・コンセント』中央公論社，1990年
・水谷利亮・田中きよむ・玉里恵美子・時長美希『介護保険から保健福祉のまちづくりへ』自治体研究社，2001年
・森島大吾監『最新医療保険・年金・介護保険のしくみ』三修社，2020年
・内閣府『高齢社会白書』各年版
・中島尚登・矢野耕也「在院日数の短縮に影響を及ぼす主要診断群分類と医療行為について」『厚生の指標』第67巻第11号，2020年
・中田大悟「都道府県別医療費の長期推計」『季刊社会保障研究』第48巻第４号，2013年
・日本医療政策機構『医療白書』各年版
・日本ソーシャルワーク教育学校連盟編『最新社会福祉士養成講座⑤保健医療と福祉』中央法規出版，2021年
・二木立『「世界一」の医療費抑制政策を見直す時期』勁草書房，1994年
・二木立『介護保険と医療保険改革』勁草書房，2000年
・二木立『21世紀初頭の医療と介護』勁草書房，2001年
・二木立『医療改革』勁草書房，2007年
・日経ヘルスケア企画・編集『ウィズコロナ時代の医療・介護経営』日経BP，日経BPマーケティング，2020年
・西村周三「老人医療費をめぐる政策課題」隅谷三喜男編『社会保障の新しい理論を求めて』東京大学出版会，1991年
・西村周三『医療と福祉の経済システム』ちくま書房，1997年
・西沢和彦『医療保険制度の再構築』慶應義塾大学出版会，2020年
・岡本祐三『高齢者医療と福祉』岩波書店，1996年
・岡本祐三・田中滋『福祉が変われば経済が変わる』東洋経済新報社，2000年
・大道久「医療提供体制の課題と将来」『週刊社会保障』第2592号，2010年
・大日康史・高橋宏編著『健康経済学』東洋経済新報社，2003年
・大内講一「自治方式による医療保険の再構築」石本忠義編『少子高齢化と医療・介護・福祉問題』勁草書房，2005年
・佐藤主光「保険者機能と管理競争」田近栄治・佐藤主光編『医療と介護の世代間格差』東洋経済新報社，2005年
・社会保障研究所編『医療保障と医療費』東京大学出版会，1996年
・芝田英昭・尾崎詩・岩下明夫『国保はどこへ向かうのか』新日本出版，2010年
・島崎謙治『日本の医療―制度と政策―』東京大学出版会，2011年
・篠崎次男『後期高齢者医療制度と医療費「適正化」戦略』自治体研究社，2008年

・週刊社会保障編集部『社会保障便利事典』法研，各年版
・鈴木厚『安全保障としての医療と介護』朝日新聞出版，2010年
・田近栄治・尾形裕也編著『次世代型医療制度改革』ミネルヴァ書房，2009年
・田中謙一「ドイツの2011年医療改革」『健保連海外医療保障』第94号，2012年
・田中きよむ『改訂　少子高齢社会の福祉経済論』中央法規出版，2006年
・田中きよむ「社会保障の公共性と地域医療・介護・福祉の再生」『月刊保団連』2009年７月号
・田中教雄「不法行為責任と医療水準の相対性について」『法政研究』第86巻第４号，2020年
・土田武史・田中耕太郎・府川哲夫編著『社会保障改革』ミネルヴァ書房，2008年
・辻哲夫『日本の医療制度改革がめざすもの』時事通信社，2008年
・塚原康博『高齢社会と医療・福祉政策』東京大学出版会，2005年
・鶴田禎人「全世代型社会保障改革と医療，予防・介護」『住民と自治』2021年４月号
・于佳佳『医療過誤の処罰とその制限』成文堂，2017年
・漆博雄『医療経済学』東京大学出版会，1998年
・和田努『日本の医療を変える』同友館，2008年
・ワイラー，P.C.ほか（大木俊夫・多木誠一郎訳）『医療過誤対策』青木書店，2001年
・山岸敬和『アメリカ医療制度の政治史』名古屋大学出版会，2014年
・山崎怜・多田憲一郎編『新しい公共性と地域の再生』昭和堂，2006年
・山崎泰彦・尾形裕也『医療制度改革と保険者機能』東洋経済新報社，2003年
・吉原健二・和田勝『日本医療保険制度史』東洋経済新報社，1999年
・油井香代子『医療事故』双葉社，2000年

第4章

# 介護システムの制度分析

1997（平成9）年12月9日の介護保険法の成立に基づき，2000（平成12）年4月1日から介護保険制度が実施された。これは，高齢者介護分野において，従来の措置制度から契約利用制度への転換が行われたことを意味する[(注1)]。本章では，第1節において，そのシステム転換の意味も含め，介護保険制度の特徴を明らかにする。第2節では，2005（平成17）年以降に行われた介護保険法改正による制度改革の特徴分析を行い，今後の介護システムの課題と方向を明らかにする。

## 第1節｜介護保険制度の構造

### 1――― 介護保険制度の導入理念

介護保険制度が，なぜ導入されたのかについては，その政策的導入理念・方向をいくつかに大別することができる。

第一に，「介護の社会化」に向けた社会的支援の充実という点がある。第1章で述べた通り，家族介護の限界性が明らかになりつつあるなかで，介護保険料という新たな財源を導入することにより，社会的支援体制の強化を図ろうとするものである。なお，2005（平成17）年の介護保険法改正により（以下，「2005年法改正」と略す），要介護者の能力に応じて自立した日常生活を営めることと並んで，その人の尊厳を保持することが目的として明記された。

第二に，「負担と給付の関係の明確化」という点がある。社会的支援体制を強化するうえで，財源の安定的確保が必要になるが，負担目的を明確にすることによって，サービス給付との関係で負担に対する合意を得やすくしようとするものである。措置制度は，サービスの給付費用を税方式で調達するものであ

**図表4－1　利用者の契約・選択に基づくサービス提供**

| | サービスの種類 | サービスの提供機関 |
|---|---|---|
| 措置制度 | 行政 | 行政 |
| 介護保険 | 選択 | 契約 |
| | A（訪問介護）<br>B（訪問看護）<br>C（グループホーム）<br>⋮<br>選択 | 民間企業 $a_1$，社会福祉法人 $a_2$，NPO法人 $a_3$<br>医療法人 $b_1$，$b_2$，$b_3$<br>民間企業 $c_1$，医療法人 $c_2$，NPO法人 $c_3$<br>⋮<br>契約 |

るが，所得税や消費税などの一般税は負担時点では，その使途が不明確であり，その後の予算配分によって歳出目的が決定されてゆく。それに対して，保険料の場合，負担時点で使途が明確になっているため，給付との関係を認識しやすく，負担に応じた経済的権利意識をもちやすい。また，給付資格の認定や保険料等に関する不服がある場合の審査請求や，サービス内容に関する苦情申立てが介護保険制度に内部化されたことでも，利用者の権利性が担保されている。

第三に，「利用者の選択に基づく利用者本位のサービス提供」という点がある。措置制度は，要介護者への行政責任を遂行するため，サービスの種類や提供機関の決定権限を行政に置くものであった。これに対して，介護保険制度では，ケアマネジメントの制度化による支援を確保しつつ，サービスの種類や提供機関の決定権限を利用者サイドに移した（図表4－1）。それにより，利用者の主体性を尊重し，事業者との対等性を確保しながら，社会的効用（満足度）を高めようとするものである。

第四に，「負担の公平化」という点がある。措置制度のもとでは，サービスを受ける際の利用料は応能負担であり，所得の多寡に応じて負担の軽重がつけられていた。しかし，高齢化のもとで介護ニーズが広がるなかで，中高所得者の不公平感が高まっているという認識のもとに，応益負担原則への変更が行われた（図表4－2）。すなわち，受けるサービス量が同じであれば，所得に関係なく，コストに応じて同じ割合の負担を求めることが公平原則とされた。

第五に，「サービス事業者の多様化」という点がある。措置制度のもとで

**図表4—2　負担の公平化**

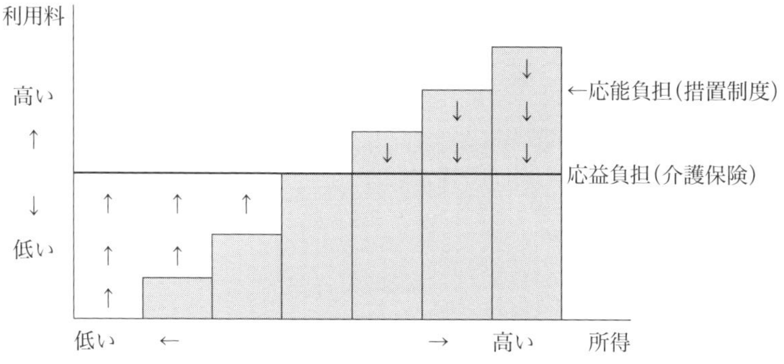


**図表4—3　サービス事業者の多様化**

| 措置制度（rationing） | 介護保険制度（selection） |
|---|---|
| 措置(行政直営)<br>or<br>措置委託(社会福祉法人) | 競合によるサービスの質の向上<br>↑　↑　↑　↑　↑　↑<br>行政　社会福祉法人　医療法人　民間法人　民間企業　NPO法人　→量的拡充 |

は，行政責任の観点から，事業の運営主体は行政直営か，社会福祉法人への委託（措置委託）という形式をとり，限定されていた。介護保険制度では，保険料を呼び水にして，原則として居宅介護分野に限って，民間企業や医療法人，NPO法人の参入をも可能にした(注2)。直営または委託という縦の関係から，参入障壁を下げることにより，行政，社会福祉法人，民間企業，医療法人，NPO法人が，指定事業者として横並びの関係に立つことになった（図表4—3）。それによって，互いに競争原理を働かせることで，サービスの質の向上が目指される。利用者にとっても選択肢が広がるので，選び，選ばれるという市場契約的な関係をつくり，事業者との対等性を確保することが目指されている。

第六に，「介護サービスの総合的提供・利用化」による資源配分の合理化という点がある。資源配分にゆがみをもたらしてきた端的な社会現象として，入院治療の必要がなくなっても，受け皿が不足しているために，入院し続けるという社会的入院問題があげられる。本来，治療のために使われるべき医療保険資源が介護的部分にも投入されることにより，医療費の上昇および医療保険財

図表4―4　介護サービスの総合的提供・利用化

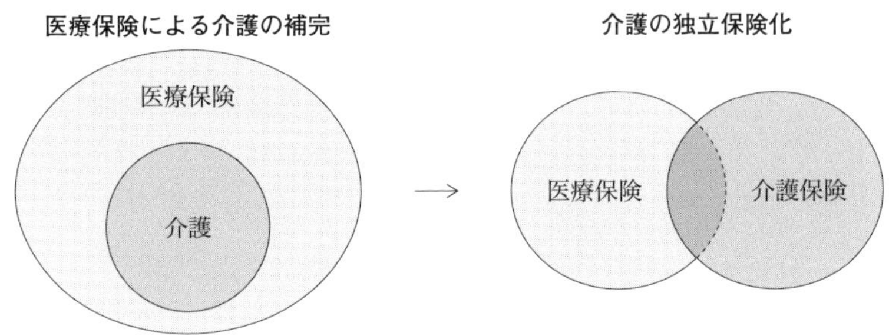


政の不安定化に影響を与えてきたとみなされた。そこで，介護保険が導入されることにより，医療保険との区別が図られ，後者は治療目的の資源として位置づけ直される（図表4―4）。同時に，医療機関が提供してきたサービスのうち介護的性格が強いものも含め，介護保険は介護目的の資源として位置づけられ，介護サービスの総合的提供を担うことになった。

第七に，「居宅介護の重視，充実」という点がある。特別養護老人ホームなどの施設サービスに比べて相対的に立ち遅れてきた居宅サービスを充実させるため，保険料を呼び水として多様な事業者の参入を図りながら，基盤整備を促進しようとするものである。そして，市町村は，施設サービスを含め，地域のニーズに応じたサービス基盤整備計画を立て，制度の運営に責任をもつ保険者として位置づけられた。

以上が，介護保険の導入理念であるが，導入後の実態と理念が必ずしも一致しているわけではない。「介護の社会化」に関しては，家族の介護負担が必ずしも軽減していない場合がある。「負担と給付の関係の明確化」に関しては，給付の必要がないまま，何の受益もなく保険料のみが上昇し続ける人々にとっての不満感が存在する（負担は給付の必要条件であるが十分条件ではない）。特に，保険料の地域差が大きいなかで，保険料が高い地域の住民にとって，そのような感情が生まれやすい。また，受給権との関係で，認定制度の公平性の問題がある。

「利用者の選択」に関しては，選択肢が制約されている地域の問題や，選択情報が不足している問題，サービス利用支援の課題などがある。「負担の公平化」に関しては，負担増になる低所得者から見た応能的公平性の問題が浮かび上がっている。「サービス事業者の多様化」に関しては，参入が進まない地域の問題がある。「介護サービスの総合的提供」による資源配分の合理化に関しては，医療保険から介護保険へ移行しても社会的入院が解消したわけではないという問題や，医療保険財政の改善が見られないという問題もある。「居宅介護の重視，充実」に関しては，依然として介護老人福祉施設（特別養護老人ホーム）の入所待機者が増え続けているという現実がある。

## 2——— 対象

介護保険の被保険者は，40歳以上を対象とし，第１号被保険者（市町村内に住所を有する65歳以上の高齢者）と第２号被保険者（市町村内に住所を有する40歳以上65歳未満の医療保険加入者）に分けられる(注３)。制度が始まった2000（平成12）年度の第１号被保険者数は約2165万人，第２号被保険者数は約4308万人であり，2017（平成29）年度の第１号被保険者数は約3488万人，第２号被保険者数は約4195万人であり(注４)，人口の半数以上が被保険者となっている（この第１号・第２号被保険者の人口比率は後述の通り，保険料の分担比率に影響する）。なお，保険者は市町村である。

第１号被保険者は，要介護（要支援）状態になった場合，その原因にかかわらず，保険給付の対象となるが，第２号被保険者は，加齢に伴う16種類の特定疾病(注５)により要介護状態になっていることが保険給付の条件とされている。第１号被保険者の場合，１～２割の人が保険給付資格をもつとして認定されている（2018（平成30）年度末で約645万人，18.3％）が，第２号被保険者の場合，より若いうえに要介護原因が限定されているため，１％にも満たないと推定される（2018（平成30）年度末で約13万人）状況である(注６)。

年金保険，医療保険と介護保険を比較した場合，前二者においては，負担者または負担時点と受給（受益）者または受給時点が異なる傾向が強いのに対し，介護保険においては，それが一致する傾向が強い。年金保険の場合，負担時点（現役時）と受給時点（退職後）が異なる。また，賦課方式の性格が強いという点では，世代間再分配の側面では，負担者と受給者が異なる。医療保険の場合，若年者や高齢者などの被扶養家族は負担なく給付を受ける点で，負担者と受給者が異なる側面がある（ただし，前章で述べた通り，後期高齢者は負担者としても位置づけられた）。これに対し，介護保険の場合，一定年齢以上になると，高齢者も含め，給付を受けるためには負担し続けることが必要条件であり，受給者（受給時点）は，おおよそ負担者（負担時点）と重なる。ただし，年金・医療・介護とも，サラリーマンや公務員などの被用者に扶養される配偶者が原則として負担を実質的に免除される点は共通する。

## 3──── 手続き

介護保険サービスの利用意向をもつ被保険者は，保険者である市町村に対して申請を行う[(注７)]。その申請を受けて，市町村は，要介護度を判定するための訪問調査（認定調査）を行う。この訪問調査は，新規の要介護認定申請の場合は市町村職員が直接行うが，更新認定の場合は指定居宅介護支援事業所等に委託することができる[(注８)]。

訪問調査においては，基本調査として，日常生活動作の自立能力について74調査項目（カテゴリー）にわたるチェックが行われ[(注９)]，それぞれの項目について，できる・一部できる・できないという評価が行われる。例えば，「起き上がり」や「歩行」であれば「つかまらないでできる・何かにつかまればできる・できない」，「口腔清潔」や「洗顔」であれば「介助されていない・一部介助・全介助」，「排便」や「上衣の着脱」であれば「介助されていない・見守り等・一部介助・全介助」というように，項目（カテゴリー）ごとに３～４段階の自立度の評価が行われる（図表４－５）。また，認知症にかかわる問題行動として，例えば，「徘徊」「大声を出す」「ひどい物忘れ」といったことが，「ない・ときどきある・ある」のいずれに該当するかがチェックされる。これらの74調査項目（カテゴリー）は❶「身体機能・起居動作」，❷「生活機能」，❸「認知機能」，❹「精神・行動障害」，❺「社会生活への適応」，❻「特別な医療」，❼「日常生活自立度」の７つの大項目に分類されるが，各カテゴリーごとの評価が得点化されたうえで「要介護認定等基準時間」に換算され，その合計時間から要支援・要介護度が示される（コンピューターによる一次判定）。

この一次判定段階では，まだ本人に結果が通知されず，さらに，市町村に設けられた「介護認定審査会」（保健，医療，福祉に関する学識経験者５名を標

図表4－5　基本調査項目の例示

| 調査項目例 | 可能・自立 | 見守り・一部介助（支えあれば可能） | 不可能・全介助 |
|---|---|---|---|
| 5　座位保持 | ● | | |
| 6　立位保持 | | ● | |
| 7　歩行 | | | ● |
| 10　洗身 | | ● | |
| 23　上衣着脱 | ● | | |
| 55　調理 | | | ● |

準として構成される）を通じて二次判定（最終判定）が行われる。介護認定審査会においては，一次判定結果と，❶訪問調査員による記述式の特記事項（7つの大調査項目別），❷主治医の意見書（傷病，心身の状態，介護に関する意見等），❸状態像（要介護度ごとのモデル像）をもとに総合的な判定が行われる。その結果，一次判定結果が，より重度または軽度のランクに変更されることもある。この結果は，市町村により本人に通知されるが，介護保険法上，申請に対する処分は原則として申請日から30日以内に行わなければならないことになっている（30日を超える場合には，理由を付して本人に事前通知しなければならない）。

判定結果が，「非該当」（自立）である場合は，介護保険給付を受けることができない。図表4－6の通り，「要支援1」から「要介護5」の7段階のいずれかに該当する場合には，保険給付の対象となる[注10]。できる，できないといった自立度は認定上の「要介護認定等基準時間」に換算され，できない項目が多くなるほど，「要介護認定等基準時間」も長くなり，重度と判定される。

認定の有効期間は，新規の場合，原則6か月，更新の場合，原則12か月となっている（ただし，介護認定審査会の意見により新規の場合は3～12か月，更新の場合は3～36か月に変更することができる）。後述の通り，要介護と要支援は2005年法改正によってサービス体系が明確に区別され，要介護1～5の場合は介護給付，要支援1・2の場合は予防給付の対象となる。

介護・予防給付ともに，市町村が第1号被保険者の保険料を財源として，法

**図表4―6　要介護度と要介護認定等基準時間**

| 要介護度 | 状態の例 | 要介護認定等基準時間 |
| --- | --- | --- |
| 要支援1 | 日常生活上の基本動作は，ほぼ自分で行うことが可能であるが，手段的日常生活動作において何らかの支援を要する状態 | 25分以上32分未満 |
| 要支援2 | 要支援1の状態から，手段的日常生活動作を行う能力がわずかに低下し，何らかの支援が必要となる状態 | 要支援状態のうち32分以上50分未満 |
| 要介護1 | 要支援2の状態から，手段的日常生活動作を行う能力が一部低下し，部分的な介護が必要となる状態 | 要介護状態のうち32分以上50分未満 |
| 要介護2 | 要介護1の状態に加え，日常生活動作についても部分的な介護が必要となる状態 | 50分以上70分未満 |
| 要介護3 | 要介護2の状態と比較して，日常生活動作および手段的日常生活動作の両方の観点からも著しく低下し，ほぼ全面的な介護が必要となる状態 | 70分以上90分未満 |
| 要介護4 | 要介護3の状態に加え，さらに動作能力が低下し，介護なしには日常生活を営むことが困難となる状態 | 90分以上110分未満 |
| 要介護5 | 要介護4の状態よりさらに動作能力が低下し，介護なしには日常生活を営むことがほぼ不可能な状態 | 110分以上 |

定外のサービスを介護保険給付として位置づけて独自に実施する場合には，それを「市町村特別給付」という[注11]。非該当（自立）になった場合でも，後述の通り，2005年法改正によって制度化された「地域支援事業」の対象となる。

認定結果に不服がある場合には，都道府県に設けられた「介護保険審査会」に審査請求をすることができる（または市町村に再申請する）。

認定結果を承認する場合，「居宅サービス計画（ケアプラン）」（要介護で居宅サービス利用の場合）か，「介護予防サービス計画（予防プラン）」（要支援で介護予防サービス利用の場合）のいずれかを作成する。これは，要支援・要介護度に応じて，受けられるサービス量には限度があるので（居宅介護サービス費等区分・介護予防サービス費等区分の「支給限度額」），その範囲内で，どのようなサービス・メニューを組むかを決めるものである。自分で作成してもよいが，専門的知識・判断を要するので，要介護の場合は，「居宅介護支援事業所（者）」の介護支援専門員（ケアマネジャー）に作成を依頼することができる。要支援の場合は，後述の「地域包括支援センター」（「介護予防支援事業

**図表4―7　ケアマネジメントの流れ**

①アセスメント(assessment)；課題分析→②ケアプラン（案）の作成→③サービス担当者会議の開催→④契約に基づくサービス利用支援；権利擁護(advocacy)→⑤事後評価（evaluation, monitoring）→再アセスメントに基づくプラン見直し（rolling）

**図表4―8　申請時への保険の遡及適用**

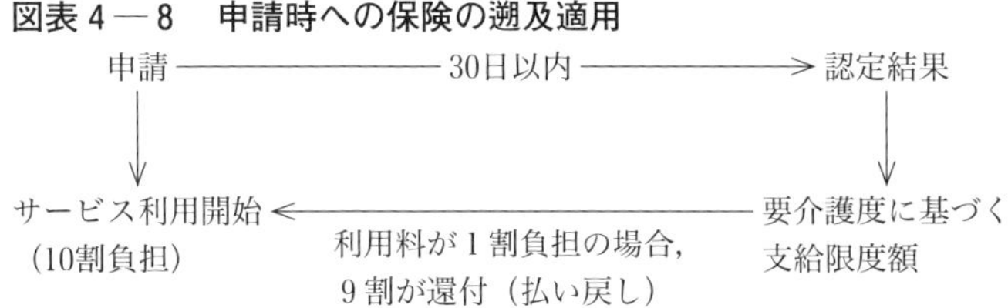


所（者)」を兼ねる）に依頼することができる。作成費用は全額，介護保険給付の対象となるので利用者負担はない。施設を入所利用する場合は，支給限度額ではなく，要介護度や施設の種類などに応じて介護費用が異なるが，施設の介護支援専門員が「施設サービス計画」を立てる。

ケアマネジメントの流れは，図表4―7の通り，事前の課題分析（アセスメント）により生活課題を把握し，その課題解決に向けたケアプラン（案）の作成を行う。その案通りのサービス提供でよいか，可能かの調整を行うために各種サービス事業所に集まってもらいサービス担当者会議を開く。そのうえで，各事業所（法人）との利用契約を結びサービス提供を受けることになるが，本人・家族の意向を代弁したり，本人の権利擁護の立場から，代わりに尋ねたり，契約通りのサービス提供が行われているかをチェックする役割もケアプラン作成担当者には求められる。そのうえで，ケアプランが本人の生活実態に合っていたのか，課題解決につながったのかの事後評価を行い，そうでない場合，再アセスメントに基づくプランの練り直しが必要になる。

なお，居宅の場合，居宅サービス計画を事前に作成していなくても利用を開始することができる。また，認定結果が出る前にサービスを利用することも可能であり，その場合，申請時点に遡及して保険適用を受けることができる。ただし，いったんは全額負担して，後から要介護度に応じた保険給付分の償還を受ける償還払いとなる（図表4―8）。

## 4――給付

保険給付の内容は，大別すれば，介護給付と予防給付になる。前者は，要介護認定（要介護1～5）を受けた人が給付対象となり，後者は，要支援認定（要支援1・2）を受けた人が給付対象となる。介護サービス費の1割（一定以上の所得を有する第1号被保険者は2割または3割）が利用料として本人負担となり，9割（または8割もしくは7割）が保険給付となることが原則である。法律上は償還払い方式（本人がいったん10割負担）の表記となっているが，実際は受領委任払い方式（本人は1～3割負担のみ）による現物給付である。

### 介護給付

#### 居宅サービス

要介護認定を受けた場合の介護給付のうち，「居宅サービス」は❶～⓫，⓭の12種類あり，その他の在宅サービスとして⓬，⓮がある。このうち，❶～❾については，図表4―9の通り，1か月当たり介護サービス費の合計金額が要介護1～5に応じた居宅介護サービス費等区分の支給限度基準額の範囲内に収まらなければならない（ただし，保険者である市町村が，条例により限度額を変更することもできる）。限度額を超える場合には，介護保険給付の対象（原則の1割負担）とならず，超過分については全額自己負担（10割負担）しなければならないので，前述の居宅サービス計画（ケアプラン）作成の際に注意する必要がある。❿～⓭については，居宅サービス区分とは別枠で，サービスの種類ごとに支給限度（❿～⓬）や，要介護度に応じた介護費用（⓭）が定められている。⓮は，居宅サービス計画の作成費用であり，10割給付である。これらの居宅サービスの事業者の指定・監督は，⓬と⓮を除き，都道府県知事が行う（⓬の住宅改修に限っては指定制度が設けられておらず，⓮は2018（平成

**図表4―9　居宅サービス等区分の支給限度額（月額）**

（2019（平成31）年4月～）

| 要支援1 | 要支援2 | 要介護1 | 要介護2 | 要介護3 | 要介護4 | 要介護5 |
|---|---|---|---|---|---|---|
| 50,320円 | 105,310円 | 167,650円 | 197,050円 | 270,480円 | 309,380円 | 362,170円 |

30）年度から市町村長指定に変更された）。

| ❶訪問介護（ホームヘルプ），❷通所介護（デイサービス），❸通所リハビリテーション（デイケア），❹訪問入浴介護，❺訪問看護，❻訪問リハビリテーション，❼福祉用具貸与，❽短期入所生活介護，❾短期入所療養介護，❿居宅療養管理指導，⓫特定福祉用具販売，⓬居宅介護住宅改修費の支給，⓭特定施設入居者生活介護，⓮居宅介護支援（ケアマネジメント） |
|---|

このうち，❶は，さらにサービス形態によって区別され，入浴介助，排泄介助，食事介助などの主に身体に接する「身体介護」と，掃除，洗濯，買物，調理などの「生活援助」がある。❷は，介護老人福祉施設等の通所介護部門やデイサービスセンターに通い，入浴，食事等の日常生活上の世話や機能訓練を受ける福祉系通所サービスである。❸は，介護老人保健施設や病院等に通い，理学療法士や作業療法士によるリハビリテーションを受ける医療系通所サービスである。❹は，入浴車で居宅を訪問して行う入浴介護サービスである。❺は，主治医の指示のもとで，看護師等が訪問して，療養上の世話または必要な診療の補助を行うサービス（健康状態の管理，医師の指示に基づく処置，医療機器の管理，床ずれ予防と処置，ターミナルケア，等）である。❻は，理学療法士や作業療法士等が居宅を訪問して必要なリハビリテーションを行うサービスである。❼は，車いす，特殊ベッド，歩行器，移動用リフト，徘徊感知器，自動排泄処理装置などの厚生労働大臣が定める福祉用具を貸与するサービスである。❽と❾の短期入所サービス（ショートステイ）は，在宅を基本としつつも，家族の介護負担の軽減などを図るため，施設に短期間，入所するサービスであるが，❽は，介護老人福祉施設等に短期入所する福祉系サービスであり，❾は，介護老人保健施設や介護療養型医療施設等に短期入所する医療系サービスである（施設種別の説明は後述する）。

❿は，医師，歯科医，歯科衛生士，薬剤師，管理栄養士等が家庭訪問し，療養上の指導・助言等を行うものであり，医師，薬剤師等の資格ごとに1か月の利用上限回数が定められている。1回当たり定額の介護報酬単価の1割を負担する。⓫は，腰掛け便座や入浴用椅子，簡易浴槽などの貸与に適さないものが対象であり，要介護度にかかわりなく年度ごとに10万円が限度額となり，その1割を負担する。⓬は，手すりの取り付けや段差の解消などの改修に関し，原

則1回，要介護度にかかわりなく20万円を限度として，その1割を負担する（要介護度が3段階以上高くなった場合や転居した場合は，再度20万円まで利用できる）。⓭は，有料老人ホーム，軽費老人ホーム（ケアハウス）に加え，養護老人ホーム，サービス付き高齢者向け住宅も対象となり，それらの特定施設において入浴，排泄，食事等の介護や機能訓練，療養上の世話を受けるサービスである。

**地域密着型サービス**

2005（平成17）年法改正により，地域で暮らし続けられるためのサービスや，認知症高齢者や独居高齢者に重点を置いたサービスが「地域密着型サービス」として位置づけられるようになった。要介護認定を受けた場合の地域密着型サービスは以下の通り，8種類ある。このうち❼と❽は，2011（平成23）年法改正により，新たに創設されて地域密着型サービスとして位置づけられた。❹〜❻は，支給限度額ではなく，要介護度に応じた介護費用が定められている。これらの地域密着型サービスの事業者の指定・監督は，市町村長が行う。

❶小規模多機能型居宅介護，❷夜間対応型訪問介護，❸認知症対応型通所介護，❹認知症対応型共同生活介護，❺地域密着型特定施設入居者生活介護，❻地域密着型介護老人福祉施設入所者生活介護，❼定期巡回・随時対応型訪問介護看護，❽看護小規模多機能型居宅介護（複合型サービス）

❶は，居宅において，または通所，もしくは短期入所により，入浴，排泄，食事等の介護その他の日常生活上の世話および機能訓練を受けるサービスである。通所介護，短期入所，訪問介護の機能を同一事業所がもつことにより，切れめのないサービスを提供して地域生活の継続を図るものである（図表4—10）。❷は，独居高齢者の増加を念頭に置いて在宅生活を支えるためのサービスであり，夜間の定期巡回のほか，通報を受けて行われる訪問介護である。❸は，認知症の在宅要介護者が，デイサービスセンター等に通い，入浴，排泄，食事等の介護その他の日常生活上の世話および機能訓練を受けるサービスである。

❹は，認知症の要介護者が，共同生活を営むべき住居において，入浴，排泄，食事等の介護その他の日常生活上の世話および機能訓練を受けるサービス

**図表4―10　小規模多機能型居宅介護**

| 従来 | | 同一事業所で一元化 | |
|---|---|---|---|
| 通い（デイサービスセンター） | | | |
| 派遣（ヘルパーステーション） | → | 通い | 派遣 |
| 泊まり（老人ホームショートステイ） | | 泊まり | |

**図表4―11　認知症対応型共同生活介護**

| 個室 | 個室 | 個室 | 個室 | 個室 |
|---|---|---|---|---|
| 個室 | | | | |
| 個室 | 食堂，リンビングなどの共有スペース | | | |
| 個室 | | | | |
| 個室 | | | | |

である（グループホーム）。介護保険法施行当初からの居宅サービスであるが，2005（平成17）年法改正に伴い，地域密着型サービスに位置づけ直され，事業所の指定権限も都道府県知事から市町村長に変更された（図表4―11）。❺は，有料老人ホーム等であって，入居者が要介護者やその配偶者等に限られる介護専用型特定施設のうち，定員が29人以下であるものに入居している要介護者が，入浴，排泄，食事等の介護その他の日常生活上の世話，機能訓練および療養上の世話を受けるサービスである。❻は，定員が29人以下の介護老人福祉施設において，入浴，排泄，食事等の介護その他の日常生活上の世話，機能訓練，健康管理および療養上の世話を受けるサービスである。

❼は，居宅要介護者に対して，定期的な巡回訪問により，または随時通報（24時間）を受け，居宅において介護福祉士等により入浴，排泄，食事等の介護その他の日常生活上の世話を行うとともに，看護師等により療養上の世話または診療の補助を行う（図表4―12）。❽は，小規模多機能型居宅介護と訪問看護を組み合わせたサービスとして，医療ニーズの高い要介護者に対して，必要に応じて両方のサービスを行う。

**図表4―12　定期巡回・随時対応型訪問介護看護**

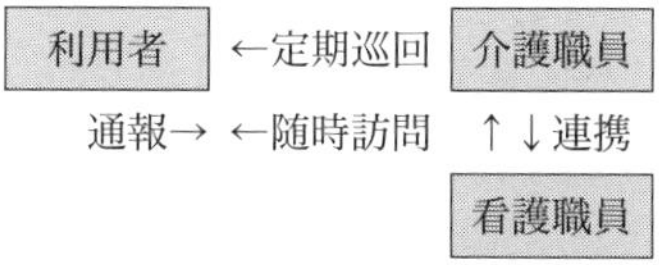

| 利用者 | ←定期巡回 | 介護職員 |
|---|---|---|
| 通報→ | ←随時訪問 | ↑↓連携 |
| | | 看護職員 |

**施設サービス**

「施設サービス」とは，介護福祉施設サービス，介護保健施設サービス，介護療養施設サービスをいい，それらを受ける介護保険施設は，❶介護老人福祉施設，❷介護老人保健施設，❸介護療養型医療施設の３種類（2018（平成30）年度に介護医療院が創設され（後述），介護療養型医療施設は廃止されることとなった（下記参照））である。指定・監督は，都道府県知事が行う。

❶は，1999（平成11）年以前の措置時代の特別養護老人ホーム（入所定員が30人以上であるもの）に対して，介護保険適用上の制度名称が与えられたものであり，常時介護を必要とし，自宅生活が困難な要介護者に対して，入浴，排泄，食事等の介護その他の日常生活上の世話，機能訓練，健康管理および療養上の世話を行うことを目的とする施設である。原則として要介護１以上を対象とするものであったが，2015（平成27）年度から新規入所は要介護３以上に限定されることになった。

❷は，1982（昭和57）年制定の老人保健法に基づき1986（昭和61）年に制度化された老人保健施設に対して，介護保険適用上の制度名称が与えられたものであり，症状が安定した要介護者に対して，看護，医学的管理のもとにおける介護および機能訓練その他必要な医療ならびに日常生活上の世話を行うことを目的とする施設である。元来，病院での入院治療の必要がなくなった人が自宅に復帰したり特別養護老人ホーム等の生活施設に移行するための中間施設として位置づけられたものである。

❸は，1992（平成４）年の第二次医療法改正に基づき制度化された病院類型である療養型病床群（療養病床）に対して，介護保険適用上の制度名称が与えられたものであり，長期療養が必要な要介護者に対して，療養上の管理，看護，医学的管理のもとにおける介護その他の世話および機能訓練その他必要な医療を行うことを目的とする施設である。療養病床は，病棟または病室単位で都道府県から指定を受けるものであり，一般病院に比べて１人当たり床面積が広く，医師・看護師よりも介護職員の配置比重が高く，長期療養患者を対象とする。療養病床のうち，手術，麻酔，透析など複雑な医療行為を行い，医療保険の対象となる病床は医療型と言われる。それに対して，単純なリハビリテーションやＸ線撮影，服薬指導など日常的な医療行為を行い，介護保険適用の対

象となる病床は介護型と言われ，この介護療養型医療施設に相当する。なお，❸は，2023（令和5）年度末までに廃止されることになった。

介護保険施設に入所した場合や短期入所生活介護・短期入所療養介護を利用した場合，介護サービス費用の1割の利用者負担に加えて，居住費，食費，日常生活費が保険外負担になる。介護サービス費用は，施設種類，要介護度，職員配置によって異なる。居住費は，「多床室」（2人以上が入る相部屋）の場合は光熱水費,「従来型個室」（全室個室型ではない介護保険三施設にある個室),「ユニット型個室」（食堂・リビングの共同生活ルームを囲むように配置した個室で，全室個室型の介護老人福祉施設に導入されたもの),「ユニット型準個室」（全室個室型ではない介護老人福祉施設を改造したもので，隣室との仕切り壁と天井の間にすき間ができる構造）の場合は，室料＋光熱水費に相当する。

居住費と食費の実際に負担する金額は，利用者と施設の契約によることが原則であるが，それらの平均額が「基準費用額」として国によって決められており，低所得者の場合は負担限度額を設け，基準費用額と負担限度額の差額を保険給付で補うことになっている。その補足給付を「特定入所者介護サービス費」という（図表4—13)。したがって，低所得者の場合,「特定入所者介護サービス費」の支給により，負担限度額で利用することが可能になる（図表4—14)。この補足給付は申請によるものであり，認定された場合，介護保険負担限度額認定証が交付される。日常生活費は，施設独自に行われる行事その他

**図表4—13　特定入所者介護サービス費のイメージ図**

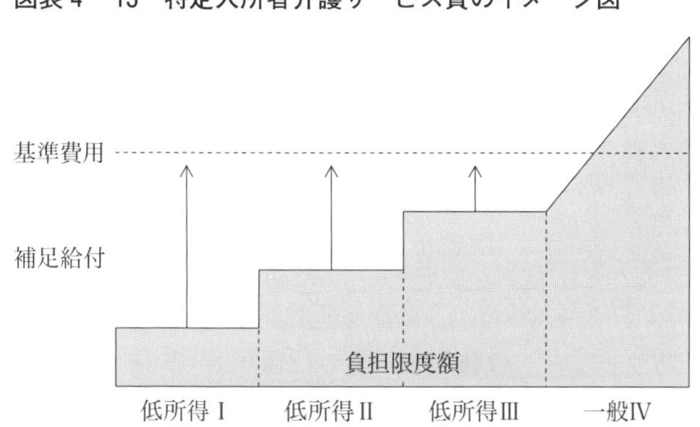

図表4―14　介護保険施設の居住費・食費の負担限度額（日額）

| | 居住費の負担限度額 | | | | 食費の負担限度額 |
|---|---|---|---|---|---|
| 居室の種別 | ユニット型個室 | ユニット型準個室 | 従来型個室 | 多床室 | 居室の種別に無関係 |
| 第1段階 | 820円 | 490円 | ①　320円<br>②　490円 | 0円 | 300円 |
| 第2段階 | 820円 | 490円 | ①　420円<br>②　490円 | 370円 | 390円 |
| 第3段階 | 1,310円 | 1,310円 | ①　820円<br>②1,310円 | 370円 | 650円 |
| 第4段階 | 2,006円 | 1,668円 | ①1,171円<br>②1,668円 | 377円 | 1,392円 |

注　第1段階：市町村税非課税世帯の老齢福祉年金の受給者，または生活保護受給者
　　第2段階：市町村税非課税世帯であり，合計所得金額＋課税年金収入が80万円以下
　　第3段階：市町村税非課税世帯であり，利用者負担第2段階に非該当
　　第4段階：第1～3段階以外の基準（平均）費用であり,実際の負担額は契約による。
　　①：介護老人福祉施設，短期入所生活介護を利用した場合
　　②：介護老人保健施設，介護療養型医療施設，短期入所療養介護を利用した場合

の諸経費であり，施設ごとに徴収される。

介護保険施設の職員配置は，常勤換算で，介護・看護職員が入所者3人に対して1人以上の配置が必要である。相談援助に従事する職員は，❶の場合，生活相談員，❷の場合，支援相談員という。施設運営基準により，❶と❷は，居宅生活への復帰を図ることが規定されている。なお，住所を施設所在地に変更した場合，保険財政負担が施設所在地市町村に集中することを防ぐため，変更前の市町村が保険者となる（住所地特例制度）。

## 予防給付

### 介護予防サービス

要支援認定を受けた人に対して介護予防を目的として行われる予防給付のうち，「介護予防サービス」は❶～❾，⓫の12種類あり，その他の在宅サービスとして❿，⓬がある。このうち，❶～❼については，図表4―9の通り，1か

月当たりサービス費の合計金額が要支援1・2に応じた介護予防サービス費等区分の支給限度基準額の範囲内に収まらなければならない（ただし，保険者である市町村が，条例により限度額を変更することもできる）。限度額を超える場合には，保険給付の対象（1割負担）とならず，超過分について全額自己負担（10割負担）しなければならないので，介護予防サービス計画（予防プラン）作成の際に注意する必要がある。❽～⓫については，介護予防サービス費等区分とは別枠で，サービスの種類ごとに支給限度（❽～❿）や，要支援度に応じた介護費用（⓫）が定められている。⓬は，介護予防サービス計画の作成費用であり，10割給付である。これらのうち，❿を除く❶～⓫の事業者の指定・監督は都道府県知事が行い，⓬のみ市町村長が行う（❿の住宅改修に限っては指定制度が設けられていない）。

| ❶介護予防通所リハビリテーション，❷介護予防訪問入浴介護，❸介護予防訪問看護，❹介護予防訪問リハビリテーション，❺介護予防福祉用具貸与，❻介護予防短期入所生活介護，❼介護予防短期入所療養介護，❽介護予防居宅療養管理指導，❾特定介護予防福祉用具販売，❿介護予防住宅改修費の支給，⓫介護予防特定施設入居者生活介護，⓬介護予防支援（介護予防マネジメント） |
|---|

### 地域密着型介護予防サービス

2005年法改正により制度化された地域密着型サービスに関連して，要支援の認定を受けた人が対象となる「地域密着型介護予防サービス」は以下の通り，3種類ある。このうち，❸は，支給限度額ではなく，要支援度に応じた介護費用が定められている。これらの地域密着型介護予防サービスの事業者の指定・監督は，市町村長が行う。

| ❶介護予防認知症対応型通所介護，❷介護予防小規模多機能型居宅介護，❸介護予防認知症対応型共同生活介護 |
|---|

### サービス基盤整備

高齢化の進展に伴って介護の社会化に向けたサービス基盤整備を進める必要から，介護保険導入以前から，サービス基盤整備計画が策定，実施されてきた。国レベルの全国的なサービス基盤整備計画としては，1990（平成２）～1999（平成11）年度を計画期間とする「高齢者保健福祉推進十か年戦略」（ゴールドプラン），その目標値を上方修正し，1995（平成７）～1999（平成11）年度を計画期間とする「新・高齢者保健福祉推進十か年戦略」（新ゴールドプラン），さらに介護保険への移行に向けた見直しとして，2000（平成12）～2004（平成16）年度を計画期間とする「今後５か年間の高齢者保健福祉施策の方向」（ゴールドプラン21）というように，変遷してきた。(注12) しかし，2005（平成17）年度以降の国レベルのプランは策定されておらず，地方レベルの計画のみが策定されている。

地方レベル（市町村および都道府県）のサービス基盤整備計画としては，「老人保健福祉計画」および「介護保険事業計画」（都道府県の場合，「介護保険事業支援計画」）の策定が義務づけられてきた。老人保健福祉計画は，老人福祉法に基づく老人福祉計画と老人保健法に基づく老人保健計画を統合したものであり，最初の計画としては，1993（平成５）～1999（平成11）年度を計画期間としていた。市町村老人保健福祉計画を集約しつつ，都道府県独自の役割をも明らかにしたものが都道府県老人保健福祉計画であり，さらに全国計画となるものがゴールドプランおよび新ゴールドプランであった。

2000（平成12）年度からは，地方レベルにおいて，老人保健福祉計画と，介護保険法に基づく介護保険事業（支援）計画が一体的に策定されるようになった。前者は介護保険適用外のサービスを視野に入れるものであり，後者は介護保険部分に限定したサービス基盤整備計画である。ただし，2008（平成20）年度から老人保健法が廃止され，「高齢者の医療の確保に関する法律」へ改称されるとともに，「老人保健福祉計画」は，老人福祉法に基づく「老人福祉計画」に限定されることになった（図表４―15）。介護保険事業（支援）計画は，老人保健福祉計画（現在は老人福祉計画）と一体のものとして作成し，また，社会福祉法に規定する地域福祉（支援）計画などと調和が保たれたものとすることが介護保険法上，義務づけられている。

介護保険事業（支援）計画と老人保健福祉計画（現在は老人福祉計画）の計画期間は，2005年法改正前は５年計画で，３年ごとに中間見直しが行われていたが，同改正に伴い，2006（平成18）年度からは，最初から３年計画に変更さ

**図表4—15　介護保険事業（支援）計画と老人福祉計画の関係**

| 保険外サービス（老人福祉計画）<br>例）緊急通報装置，配食サービス，ミニデイ，理美容サービス，布団乾燥サービス，等<br><br>介護保険事業（支援）計画（介護保険法定サービス） | 老人保健福祉計画（1993～1999年度）単独<br>Ⅰ期：介護保険事業（支援）計画（2000～2005年度）5年計画<br>Ⅱ期：介護保険事業（支援）計画（2003～2007年度）5年計画<br>Ⅲ期：介護保険事業（支援）計画（2006～2008年度）3年計画<br>↑老人保健福祉計画と一体的策定<br><br>Ⅳ期：介護保険事業（支援）計画（2009～2011年度）3年計画<br>Ⅴ期：介護保険事業（支援）計画（2012～2014年度）3年計画<br>Ⅵ期：介護保険事業（支援）計画（2015～2017年度）3年計画<br>Ⅶ期：介護保険事業（支援）計画（2018～2020年度）3年計画<br>↑老人福祉計画と一体的策定 |
|---|---|

れた。2005年法改正前も，中間見直し期に合わせて3年ごとに計画がつくり直されてきたことから，介護保険実施時期を起点とすれば，両計画は，第Ⅰ期計画から第Ⅶ期計画まで進められてきている（老人福祉計画の計画期間は法定されていないが，一体的に策定する義務づけがされているため，同じペースで進められてきている）。次に述べる介護保険料の第1号被保険者分の見直しも，この3年ごとの計画見直し・策定時期に合わせて行われる。

なお，2005年法改正に伴い，市町村介護保険事業計画は，日常生活圏域ごとの介護給付等対象サービスの種類ごとの見込み，および各年度における地域支援事業の量の見込み，等を定めることとなった。また，都道府県知事は，居宅サービス事業者の指定にあたり，市町村長の意見を求めることが義務づけられた。

## 5——費用負担

措置制度においては，措置費のうち，介護を受ける人が負担する利用者負担以外の給付費は，国50%，都道府県25%，市町村25%の割合で公費負担されていた。介護保険制度においては，介護サービス費のうち(注13)，利用者負担以外の保険給付費に関して，保険料50%以外に，国25%，都道府県12.5%，市町村12.5%で，計50%の公費負担が行われている。ただし，2005年法改正に伴い，施設サービスに限っては，公費負担のうち，国20%，都道府県17.5%，市町村12.5%へと財源構成が変更された。

ドイツでは，1995年から介護保険制度が施行され，日本での導入に際しても参考にされたが，ドイツでは，ほぼ100％保険料で給付費が賄われている。(注14) 日本の場合，年金，医療，介護のいずれの社会保険においても，保険料と税がミックスされて給付費が構成されている。

### 利用者負担

利用者負担は，措置制度においては，所得に応じた応能負担であるが，介護保険制度においては，発足後長らくは所得に関係なく介護サービス費の1割を負担することを原則とする応益負担となった。しかし，2015（平成27）年度から2割負担（本人の合計所得金額が160万円以上，かつ同一世帯の65歳以上の年金収入等合計額が単身で280万円以上・2人以上で346万円以上）が設けられ，さらに2018（平成30）年度から3割負担（本人の合計所得金額が220万円以上，かつ同一世帯の65歳以上の年金収入等合計額が単身340万円以上・2人以上463万円以上）も設けられるようになった。

ただし，その定率負担額が一定額を超えた場合，その超過分が申請により払い戻される制度がある。これを「高額介護（予防）サービス費」といい，世帯の負担上限月額は，医療保険の現役並み所得者相当の人がいる世帯・住民税課税世帯で4万4400円，住民税世帯非課税で2万4600円，住民税世帯非課税で年金収入等合計額80万円以下・生活保護被保護者で1万5000円となる（2017（平成29）年8月～）。なお，福祉用具購入費または住宅改修費の定率負担分，施設サービスにおける居住費，食費や日常生活費などの保険外負担，支給限度額を超える利用者負担（保険外負担）は，高額介護サービス費の対象とならない。

例えば，3割負担世帯において居宅サービスを単独で受ける場合，支給限度額は要介護5でも月36万2170円となっているから，利用者負担は最高10万8651円となり，高額介護（予防）サービス費との関係で負担上限月額が4万4400円だとすれば，その差額6万4251円が償還されることになる。逆に，同一人物が要支援1・2の場合，支給限度額まで利用したとしても，単独では利用料が負担上限額に到達しないが，その場合，実際に高額介護サービス費の対象となるのは，世帯合算（同一世帯の夫婦かきょうだいが介護保険サービスを利用している場合，利用者負担の合計額が対象となる）の場合などに限られる。

なお，生活保護世帯については，介護保険制度創設に伴い，それまでの各種扶助（生活，生業，医療，出産，教育，住宅，葬祭）に加えて，「介護扶助」が追加され，利用者負担については現物（サービス）給付されることになった。この場合，利用料相当は介護扶助（現物給付）となるが，そのうち高額介護（予防）サービス費相当分（負担上限額超過分）も現物給付となり，被保護者への現金による償還はされない。

### 保険料

保険料は，全体としては，保険給付費用の50%を負担するものであるが，50%のうちの第1号被保険者と第2号被保険者の分担比率は，両者の人口比率に応じて，3年単位で変更されてきている（図表4―16）。

第1号被保険者の場合，市町村によって基準保険料（各市町村の65歳以上人口によって割り出される平均的な保険料）の水準が異なる。すなわち，「各市町村の保険給付費の23%（第Ⅶ期の場合）÷各市町村の65歳以上人口」によって基準保険料が決まる。各市町村によって40歳以上人口に占める65歳以上人口の割合は異なるが，保険給付費の23%（第Ⅶ期の場合）を全国一律に適用することによって，地域間の財政調整が行われる。第1号被保険者の場合，各市町村の基準保険料は3年間は原則として変更されず（市町村合併などの特別な場合を除く），3年ごとに見直される。実際には，各市町村の高齢者が一律に基

**図表4―16　給付費に占める保険料50%の第1号被保険者と第2号被保険者の分担比率と人口比率**

| | 第1号：第2号 | 第1号：第2号 |
|---|---|---|
| Ⅰ　2000～2002年度 | 17%：33% | 2200万人：4300万人 |
| Ⅱ　2003～2005年度 | 18%：32% | 2400万人：4200万人 |
| Ⅲ　2006～2008年度 | 19%：31% | 2600万人：4300万人 |
| Ⅳ　2009～2011年度 | 20%：30% | 2800万人：4200万人 |
| Ⅴ　2012～2014年度 | 21%：29% | 3000万人：4300万人 |
| Ⅵ　2015～2017年度 | 22%：28% | 3200万人：4200万人 |
| Ⅶ　2018～2020年度 | 23%：27% | 3500万人：4200万人 |

**図表4—17　実際の介護保険料の徴収基準（国標準）**

| | | |
|---|---|---|
| 第1段階 | 生活保護または老齢福祉年金受給者<br>住民税非課税世帯で本人の年金収入等年額80万円以下 | 基準額×0.3倍<br>基準額×0.3倍 |
| 第2段階 | 住民税非課税世帯で本人年金収入等年額80万円超120万円以下 | 基準額×0.5倍 |
| 第3段階 | 住民税非課税世帯で本人年金収入等年額120万円超 | 基準額×0.7倍 |
| 第4段階 | 本人が住民税非課税で年金収入等が80万円以下 | 基準額×0.9倍 |
| 第5段階 | 本人が住民税非課税で年金収入等が80万円超 | 基準額通り |
| 第6段階 | 本人が住民税課税で合計所得金額が120万円未満 | 基準額×1.2倍 |
| 第7段階 | 本人が住民税課税で合計所得金額が120万円以上190万円未満 | 基準額×1.3倍 |
| 第8段階 | 本人が住民税課税で合計所得金額が190万円以上290万円未満 | 基準額×1.5倍 |
| 第9段階 | 本人が住民税課税で合計所得金額が290万円以上 | 基準額×1.7倍 |

準保険料を負担するのではなく，図表4—17の通り，所得に応じて9段階の区別が行われる(注15)。ただし，市町村が条例により，段階数や倍率を変更することが可能である。

保険料の徴収方法は，年金が年額18万円（月額1万5000円）以上の人は「特別徴収」の対象となり，年金給付に際して天引きされる。年額18万円（月額1万5000円）未満の人は「普通徴収」の対象となり，納付書か口座振替（預貯金からの引き落とし）で納付することになっている（普通徴収の対象者は第1号被保険者の1割程度）。賦課徴収対象の年金は，2005（平成17）年法改正前は老齢年金に限定されていたが，2005（平成17）年法改正に伴い，遺族年金と障害年金も対象とされるようになった。

第1号被保険者の基準保険料月額の全国平均は，第Ⅰ期2000（平成12）～2002（平成14）年度2911円，第Ⅱ期2003（平成15）～2005（平成17）年度3293円，第Ⅲ期2006（平成18）～2008（平成20）年度4090円，第Ⅳ期2009（平成21）～2011（平成23）年度4160円，第Ⅴ期2012（平成24）～2014（平成26）年度4972円，第Ⅵ期2015（平成27）～2017（平成29）年度5514円，第Ⅶ期2018（平成30）～2020（令和2）年度5869円となっている。基準保険料は，「各市町村の保険給付費の23％（第Ⅶ期の場合）÷65歳以上人口」によって決まるので，65歳以上人口が同程度とすれば，保険給付費の相違が保険料の地域間格差をもたらす要因となる（ただし，各3年間において初年度が始まる前に保険料が決められるので，保険給付費は推計費である)。高齢者人口が同程度だとしても保険給付費の水準差が生じる要因の主なものとしては，①要介護高齢者比率，②サービス整備状況，③居宅サービス等の利用者に対する施設サービス利用者の比率が考えられる。

①について言えば，高齢者に占める（特に重度の）要介護者の割合が高いほど保険料は高くなる。例えば，要介護高齢者に占める要介護度別人口分布状況は同様で，保険給付費は要介護高齢者の人数に比例するものと仮定すれば，高齢者人口がＮ万人，要介護高齢者がｎ万人，保険給付費がｒ円のＡ市に対し，高齢者人口が同じくＮ万人，要介護高齢者が（ｎ/２）万人のＢ市では，保険給付費が（ｒ/２）円となる。その結果，基準保険料は，Ａ市＝ｒ×（23/100）×（１/Ｎ），Ｂ市＝（ｒ/２）×（23/100）×（１/Ｎ）となり（第Ⅶ期の場合），要介護高齢者が２倍多いＡ市の方が基準保険料は２倍高くなる。

②について言えば，法定サービスの種類・量がより多く整備されている市町村は，あまり整備されていない市町村に比べて社会的介護コスト，つまり保険給付費が高まり，保険料が高くなる可能性がある。また，法定外サービスを市町村独自に，保険給付対象に含めた場合（横出しの市町村特別給付），保険料上昇につながる。さらに，要介護度別の支給限度額を市町村独自に高める場合（例えば，要介護５の支給限度月額36万2170円を37万円にするなど），保険料上昇につながる（上乗せの市町村特別給付）。ただし，実際には，そのように横出しサービス（種類）や上乗せサービス（水準）を市町村特別給付として保険サービス化する市町村は少ない。

③について言えば，居宅サービスや介護予防サービスの場合，支給限度額は前述の通り，月５万320円～36万2170円であるのに対し，施設サービス費用は，定率負担の基準となる介護報酬に限定した場合（保険外負担を含まない）でも，施設の種別，要介護度や居室の種類により異なるが，最も費用の少ない多床室でも，社会的コストとしては，施設サービスのほうが相対的に高くなる場合がある。しかも，居宅サービス等の場合，支給限度額をすべて消化する必要はなく，部分利用も可能であるのに対し[(注16)]，施設入所の場合，サービス・パッケージになっているから部分利用はできないという違いもある。

例えば，高齢者人口および要介護高齢者（サービス利用者）が同数のＣ町と

Ｄ町があるとして，サービス利用者に占める居宅サービス等利用者数：施設サービス利用者数の割合が，Ｃ町の場合，８：２であるのに対し，Ｄ町が７：３である場合，施設サービス利用者の比重が高いＤ町のほうが保険給付費が高くなり，保険料が高くなる可能性がある(注17)。

保険料は，３年間の推計保険給付費に基づいて決められるので，介護保険財政との関係では，推計保険給付費＜実績保険給付費であれば財政赤字となり，推計保険給付費＝実績保険給付費であれば財政均衡となり，推計保険給付費＞実績保険給付費であれば財政黒字となる。

財政赤字の場合，当該市町村（保険者）は，都道府県に設置される「財政安定化基金」から借り入れることができる。その基金の財源は，国，都道府県，市町村が各々３分の１ずつ拠出することになっているが，市町村拠出分は，さらに第１号被保険者の保険料を財源としている。借入金は，原則として３年間で分割償還することになっているが（延長可能），その場合も，償還財源は，第１号被保険者の保険料となる。したがって，ある時期（３年間）に財政赤字になり借り入れをした市町村では，償還のため，次期の第１号被保険者保険料がそれだけ上昇することになる。

なお，保険給付費に占める国庫負担25%（居宅サービス等の場合であり，施設サービスの場合は20%）のうち，５%は「調整交付金」の基準比率であり，実際は，「国から市町村への交付分＝28－（23×$\alpha$×$\beta$）」（給付費のうち，第Ⅶ期（2018（平成30）～2020（令和２）年度）の第１号被保険者の保険料負担分23%，$\alpha$＝所得段階別加入割合補正係数，$\beta$＝後期高齢者加入割合補正係数）となる。両係数は，以下の通りとなる。

低所得者比率＞全国平均→ $0<\alpha<1$
　　　　　　＝　　　　→ $\alpha=1$
　　　　　　＜　　　　→ $\alpha>1$
後期高齢者比率＞全国平均→ $0<\beta<1$
　　　　　　　＝　　　　→ $\beta=1$
　　　　　　　＜　　　　→ $\beta>1$

すなわち，各市町村の第１号被保険者に占める低所得者（保険料負担の第１～４段階）の比率が全国平均より多かったり，高齢者に占める75歳以上の比率が全国平均より多い市町村は，負担能力が低かったり，保険給付費が高まる傾向があるため，(23×$\alpha$×$\beta$＜23となる可能性があり，国からの交付分は５％より多くなり，第１号被保険者保険料負担分は23％より抑制される可能性がある（第Ⅶ期の場合)。逆に，低所得者比率が全国平均より少なかったり，後期高齢者比率が全国平均より少ない市町村は，国からの交付分は５％より少なくなり，第１号被保険者保険料負担分は23％より増える可能性がある。つまり，平均的に見れば，国は市町村に対しては，保険給付費の25％を交付し，各市町村の第１号被保険者は23％分を保険料として負担していることを意味する。

第２号被保険者の場合は，職種別に加入する各医療保険において，医療保険料とセットで介護保険料が徴収される。全国ベースで給付費用の27％分（第Ⅶ期（2018（平成30）～2020（令和２）年度の場合）を第２号被保険者である医療保険加入者数（被扶養配偶者を含む）で割り出すことにより，１人当たり平均負担額が決まる。第２号被保険者保険料の場合，毎年改定される。「１人当たり平均負担額（概算で2018（平成30）年度月5659円，2019（令和元）年度月5990円，2020（令和２）年度6310円）×加入者数」が各医療保険の介護納付金（社会保険診療報酬支払基金に納付）であり，「介護給付費・地域支援事業支援納付金」という。そして，各医療保険における「介護納付金÷第２号被保険者の標準報酬総額」が保険料率となる。

つまり，被用者（サラリーマン，公務員）の場合，医療保険ごとに納めるべき保険料総額を負担ベースとなる標準化された給与総額で割り出すことにより得られた保険料率に基づき（2018（平成30）年度1.57％，2019（令和元）年度1.73％，2020（令和２）年度1.79％)，毎月の給料（標準報酬月額）に賦課されて天引きされる。ただし，労使折半であり，被用者の実質負担率はその半分となる（例えば保険料率が１％の場合，実質負担率は0.5％となる)。自営業者などの国民健康保険加入者の場合は，医療分と同じように，市町村ごとに，所得割，資産割，被保険者均等割，世帯別平等割を総合して保険料が決められる。そして，国民健康保険加入者の保険料は国が半分，負担する。第２号被保険者の１人当たり負担見込月額（概算納付金）は，2000（平成12）年度2410円

→2005（平成17）年度3755円→2010（平成22）年度4342円→2015（平成27）年度5177円→2020（令和２）年度6310円と上昇しているが，労使折半負担であるので，被保険者本人の実質負担分で見れば第１号被保険者の基準保険料の半額程度である。

保険料を１年以上滞納した場合，介護サービス費全額をいったん自分で払い，後に９割給付部分が払い戻される償還払いになる。１年６か月以上滞納した場合には，９割給付部分が一時差し止められる。さらに，２年以上滞納した場合には，給付比率が９割給付から７割給付へ変更され，１割から３割へ負担率が引き上げられる。

## 第２節｜介護保険制度改革の特徴と課題

厚生労働省は，2004（平成16）年12月22日に「介護保険制度改革の全体像」を公表し，抜本改革案の骨組みを示した。そして，それを基本的な枠組みとする介護保険法改正法（介護保険法等の一部を改正する法律）が2005（平成17）年６月22日に成立した（2005（平成17）年10月１日から段階的に施行)。その後も，2020（令和２）年改正に至るまで，逐次の改正が行われてきている。本節では，2005（平成17）年以降の法改正を中心に，その制度改革の特徴と課題を述べる。

### １――― 2005（平成17）年度改革の視点

2005（平成17）年法改正は，改正前の介護保険法との関係では，被保険者の範囲，給付の内容・水準，保険料負担のあり方等，法施行後５年を目途に制度全般を見直すという規定（附則第２条）に基づいている。

見直しの基本的視点は，制度の「持続可能性」(給付の効率化・重点化)，「明るく活力ある超高齢社会」の構築（予防重視型システムへの転換)，「社会保障の総合化」(効率的・効果的な制度体系へ）であり，制度改革の基本的方向は，①「サービス改革の推進」，②「在宅ケアの推進」，③「地方分権の推進」である。

①は，サービスの量から質の向上への転換を図るもので，情報開示・規制

ルールの確立，ケアマネジメントの見直し，施設サービスの向上，人材資質の向上を意味する。②は，在宅支援の強化，施設の費用負担の見直し，施設入所対象者の見直しを意味している。施設入所対象者の見直しについては，施設整備の参酌標準（要介護２～５の認定者数に対する施設・居住サービス利用者の割合）を従来の基準（41％）から新基準（2014（平成26）年度37％）まで引き下げることとされた（ただし，その後，方針が変わり，この参酌標準自体は2012（平成24）年度で廃止することになった）。③は，サービスへの市町村の関与の強化，地域の独自性や創意工夫を活かしたサービスの導入を意味している。

さらに，「新たな課題への対応」として，①「介護予防の推進」（「介護」モデルから「介護＋予防」モデルへの移行），②「認知症ケアの推進」（「身体ケア」モデルから「身体ケア＋認知症ケア」モデルへの移行），③「地域ケア体制の整備」（「家族同居モデル」から「家族同居＋独居」モデルへの移行），という３点が志向された。

サービスの質の向上や在宅ケアの充実という従来の政策方向を強化しつつ，介護予防に重点を置き，施設については費用負担の見直しを進めるという方向が示された。併せて，認知症ケアや独居高齢者の増加への対応が重視された。なお，「痴呆」という表現は，この2005（平成17）年法改正により，正式に「認知症」に改められた。

以上の方向に沿って，①「給付の効率化・重点化」，②「新たなサービス体系の確立」，③「サービスの質の確保・向上」，④「負担のあり方の見直し」，⑤「サービス基盤整備」，⑥「被保険者・受給者の範囲」の６点が制度改革課題としてあげられた。なお，⑥「被保険者・受給者の範囲」の見直しについては，被保険者の年齢引き下げによる対象拡大は見送られた。以下，この順に沿って，改革内容を検討する。

## 2 ――― 2005（平成17）年度改革の内容

### 給付の効率化・重点化

給付の効率化・重点化を推進するために，「市町村を責任主体とする総合的介護予防システムの確立」が方向づけられた。すなわち，市町村が責任主体となって（直接には，「地域包括支援センター」が担う），介護予防に関して，統一的な「介護予防支援」，すなわち予防給付のマネジメントを行うことになった（アセスメント→介護予防サービス計画作成→サービス利用→モニタリング→再アセスメントに至る一連のマネジメント）。

要支援者は介護予防支援を受け，予防給付の対象となるのに対し，要介護者は居宅介護支援を受け，介護給付の対象となり，両者のサービス内容は区別される。その場合，「要支援状態」は「継続して常時介護を要する状態の軽減若しくは悪化の防止に特に資する支援を要する」等の状態と定義づけられ，「要介護状態」は「日常生活における基本的な動作の全部又は一部について」「継続して，常時介護を要すると見込まれる状態」と定義づけられた（介護保険法第７条)。要支援者は，「介護予防サービス」の対象となり，介護予防通所介護や介護予防通所リハビリテーションの一環として（選択的サービス)，運動器の機能向上（筋力トレーニング)，栄養改善，口腔機能の向上，という新しいサービス要素が導入された。介護予防支援（介護予防ケアマネジメント）は基本的には市町村が責任主体となるが，直接には，地域包括支援センター（市町村直営または委託）が「指定介護予防支援事業者」を兼ねる形で担う。

在宅の介護予防サービスとして，「介護予防訪問介護」や「介護予防通所介護」「介護予防通所リハビリテーション」が新設されたが，前者は原則として，生活援助において家事代行サービスが制限されることになり，後二者においては筋力向上トレーニング等が制度化されることになった。

さらに，従来の老人保健事業や介護予防・地域支え合い事業が再編され，「地域支援事業」として一本化された。同事業は，「介護予防事業」(運動器や口腔機能の向上，栄養改善，認知症・うつ・閉じこもりの予防等）と「包括的支援事業」(介護予防ケアマネジメント，総合相談支援や虐待防止を含む権利擁護，包括的・継続的ケアマネジメント支援）に大別された。

前者の介護予防事業（後述の通り，その後の法改正に伴い改称される）は，居宅サービスと同様，第１号被保険者・第２号被保険者の保険料と公費を財源として（2018（平成30）〜2020（令和２）年度の場合，第１号被保険者の保険料23％，第２号被保険者の保険料27％，国（国庫負担金）25％，都道府県（都道府県負担金）12.5％，市町村12.5％)，要支援・要介護になるおそれのある

「特定高齢者」を対象に予防メニューを実施したり（「介護予防特定高齢者施策」），その他の一般高齢者施策（「介護予防一般高齢者施策」）を実施するものであった。ただし，2010（平成22）年８月からは，「介護予防特定高齢者施策」は，要支援状態等となるおそれの高い高齢者を早期に発見し対応する「二次予防事業」に改称され，「特定高齢者」は「二次予防事業の対象者」に改称された。また，「介護予防一般高齢者施策」は，主として活動的な状態にある高齢者を対象に生活機能の維持・向上に向けた取り組みを行う「一次予防事業」（対象はすべての第１号被保険者およびその支援活動にかかわる者）に改称された（後述の通り，その後も法改正に伴い改称される）。そのような介護予防事業の利用者に対する介護予防ケアマネジメントも地域包括支援センターが担うが，介護予防事業の実施自体は地域の各種団体に委託することができる。後者の包括的支援事業は，その財源の保険料負担分については第１号被保険者のみの負担となる（2018（平成30）～2020（令和２）年度の場合，財源構成は，第１号被保険者保険料23%，残りを国と地方が折半し，さらに地方負担分を都道府県と市町村が折半するので，国（国庫負担金）38.5%，都道府県（都道府県負担金）19.25%，市町村19.25%）。地域支援事業の利用者負担は，市町村が利用者に対して「利用料を請求することができる」ことになっており（介護保険法第115条の45第５項），費用徴収の有無と水準は自治体の判断事項となっている。

給付の効率化に関しては，施設給付の見直しも行われることになり，介護保険三施設（介護老人福祉施設，介護老人保健施設，介護療養型医療施設）について，前節の４で述べた通り，原則として，居住費用（光熱水費および室料）と食費（全額）が保険外徴収の対象となる（短期入所も対象となり，食費は通所介護・通所リハビリテーションも対象になる）。2005（平成17）年法改正前も，全室個室型の介護老人福祉施設については，居住費の徴収が行えるようになっていたが，これを全介護保険施設に一般化したものである。

### 新たなサービス体系の確立

地域ケアを推進し，認知症高齢者や独居高齢者にも対応するために，第１節の４で述べた通り，地域密着型サービス等（「地域密着型サービス」および

「地域密着型介護予防サービス」）が創設された。そのサービスとして，小規模多機能型居宅介護，夜間対応型訪問介護，認知症対応型共同生活介護，認知症対応型通所介護，等があるが，とくに，小規模多機能型居宅介護は，通う（デイサービス），泊まる（ショートステイ），訪問を受ける（ホームヘルプ），住む（グループホーム）等のサービスを同一拠点から切れ目なく受けられるサービスとして，将来に向けて提起されていたものを先取りしたものと言える(注18)。

これらの地域密着型サービス等は，「指定地域密着型サービス事業者」および「指定地域密着型介護予防サービス事業者」が担い，市町村長が指定することができるもので，介護報酬設定についても市町村の裁量が拡大された。ただし，市町村に指定権限が付与されると同時に，拒否権も付与される（定員数が必要数を上回る場合）。

さらに，居住系サービスの見直しとして，特定施設入居者生活介護の給付対象として，従来の対象であるケアハウスや有料老人ホーム以外に，一定の居住水準等を満たす適合高齢者専用賃貸住宅（現・サービス付き高齢者向け住宅）や養護老人ホームにも適用拡大された。その他，医療・介護を通じたマネジメント（病院から在宅までの包括的・継続的マネジメント）を報酬上，評価したり，医療型多機能サービス等を推進することとされた。

地域生活を継続してゆくために，地域の実情に応じたサービスを創出していく視点は重要であるが，介護報酬や事業所の参入，介護保険財政や市町村の姿勢によっては，市町村間の地域差が広がる可能性もある。

### サービスの質の確保・向上

サービスの質の確保・向上を図るために，第一に，ケアマネジメントの体系的見直しが行われた。具体的には，民間居宅介護支援事業所・施設による申請代行・認定調査の制限，介護支援専門員の資格更新制（5年），介護支援専門員の担当件数の見直し（1人当たり標準担当件数の50件から35件への引き下げ），主任介護支援専門員の新設，居宅介護支援事業所の独立性の重視，等が図られた。なお，申請代行・認定調査の制限とは，申請の手続き代行ができる事業所・施設は省令で定めるものに限定し，新規申請者についての認定調査は原則として市町村が実施するということであり，その政策意図には，必要以上の需要の掘り起こしを抑制する側面と，認定のバラツキを是正する側面がある。

第二に，「地域包括支援センター」が創設された。同センターは，各市町村に最低１か所設置され，地域支援事業のうち，介護予防事業とならんで，包括的支援事業として，①介護予防ケアマネジメント業務を担うほか，②総合相談支援業務や③権利擁護業務（高齢者の実態把握や虐待の早期発見・防止を含む），④包括的・継続的ケアマネジメント支援業務（民間介護支援専門員への助言・指導等）を担う。同センターは市町村が設置するほか，包括的支援事業の実施を市町村から委託された社会福祉法人や医療法人等による設置も可能である（委託の場合は，①～④の４業務を一括委託しなければならない）。同センターには，保健師（または地域ケア経験のある看護師），社会福祉士，主任介護支援専門員が必置とされている（同センターが担当する区域における第１号被保険者3000人以上6000人未満ごとに三職種の常勤配置であるが，3000人未満の市町村の場合，三職種のうち１～２名でも可能）。

第三に，情報開示の徹底と事後規制ルールの確立として，サービス事業者の情報報告義務と都道府県の公表義務，サービス事業者指定等の更新制（６年）の導入，欠格要件の見直し（指定取消し履歴に基づき指定拒否が可能になる），不正事業者による申請の５年停止，等が法定化された。情報開示の義務化については，職員体制，施設整備，利用料金，サービス提供時間など，事業者からの報告に基づき，そのまま公表される基本情報と，介護サービスに関するマニュアルの有無やサービス提供内容の記録管理の有無など，都道府県または指定調査機関が事実確認を行ったうえで公表する調査情報（現在は運営情報）があり，それらを都道府県または都道府県が指定する情報公表センターが公表しなければならない。

なお，この点に関連して，「介護保険法及び老人福祉法の一部を改正する法律」が2008（平成20）年５月に成立し，2009（平成21）年５月から施行された（2009（平成21）年度改革）。改正の要点は，①法令遵守等の業務管理体制整備の義務づけ，②事業者本部への国や自治体の立入検査権の創設，③処分逃れ対策（事業所廃止の事後届出制から事前届出制への変更），④一律連座制の見直し（不正行為への組織的関与の確認），⑤事業廃止時のサービス確保に係る

事業者義務の明確化である。(注19)

第四に，専門性を重視した人材育成と資質の確保として，資格要件や研修を見直し，介護職・医療職の研修を強化することのほか，介護職員については，当面，２級ヘルパーの資質向上を図りつつ，将来的に介護福祉士を基本とすることが方向づけられた。

### 負担のあり方の見直し

負担のあり方の見直しとして，介護保険料の負担軽減措置が行われた。すなわち，第１号被保険者保険料について，基準保険料を中心に，第１段階（基準保険料の0.5倍），第２段階（同0.75倍），第３段階（同１倍），第４段階（同1.25倍），第５段階（同1.5倍）という５段階に分かれていた従来の段階区分を６段階に変更して，従来の第２段階が分割され，新第２段階（年金年額80万円以下層を基準保険料の最大0.5倍まで減額）と新第３段階（基準保険料の最大0.75倍）に区別されることになった（第１節で述べた通り，さらに，その後変更される）。

これは，従来の第２段階のうちの低所得者に配慮した措置とされているが，同時に，保険料徴収対象が老齢年金に限定されていた従来の賦課ベースを拡大し（特別徴収対象者），遺族年金および障害年金にも賦課ベースが拡大された(注20)（①老齢年金，②障害年金，③遺族年金の優先順位で特別徴収の対象となる）。

### サービス基盤整備

サービス基盤整備に関しては，市町村は，市町村介護保険事業計画において，日常生活圏域ごとの介護給付等のサービスの種類ごとの量や地域支援事業の量の見込み，およびそれらの確保のための方策を定めることになった。都道府県は，都道府県介護保険事業支援計画において，当該都道府県が定める区域ごとの介護給付等のサービス量の見込み，介護保険施設における生活環境の改善を図る事業，介護サービス情報の公表，地域支援事業を含めた介護給付等サービス従事者の確保や資質の向上に資する事業に関する事項を定めることになった。

従来の介護保険事業計画は，各市町村全体についての介護保険サービスに限定したサービス基盤整備計画であったが，地域支援事業をも計画対象に入れることになり，同時に，市町村内の小地域ごとのニーズに見合ったサービス基盤整備計画を立てることが求められるようになった。

### 被保険者・受給者の範囲

被保険者・受給者の範囲については，年齢引き下げ，特定疾病の見直し，障害者施策とのかかわりで議論されてきたが，前述の通り，2009（平成21）年度の被保険者年齢の引き下げや障害者施策との統合は見送られた。(注21)

しかし，第６章で見る通り，障害者福祉の側から，応益負担化や認定システムの導入，ケアマネジメントの制度化等，介護保険制度に接近する改革が進められてきたという経緯がある。障害者自立支援法違憲訴訟原告団・弁護団と国（厚生労働省）との基本合意文書（2010（平成22）年１月７日）には，障害者自立支援法の廃止と，新制度構築にあたっては介護保険との統合を前提としないことが盛り込まれた。ただし，将来的に，障害者福祉の介護保険制度への統合の可能性(注22)が本当にないかを含め，介護システムのゆくえが注目されている。

## 3——— 2012（平成24）年度改革の内容

介護サービスの基盤強化のための介護保険法等の一部を改正する法律が2011（平成23）年６月15日に成立した（一部を除き，2012（平成24）年４月１日施行）。

### 医療と介護の連携の強化等

改正内容としては，①医療，介護，予防，住まい，生活支援サービスが連携した要介護者等への包括的な支援（「地域包括ケア」）の推進，②日常生活圏域ごとに地域ニーズや課題の把握をふまえた介護保険事業計画の策定，③単身・重度の要介護者等に対応できるよう，24時間対応の「定期巡回・随時対応型訪問介護看護」や，訪問看護と小規模多機能型居宅介護などを同一の事業所で運営できる「複合型サービス」（後に，「看護小規模多機能型居宅介護」と改称）を新たな地域密着型サービスとして創設，④要支援者等に対して，予防給付と生活支援サービスの総合的な実施を可能とする「介護予防・日常生活支援総合事業」の創設（介護保険サービスの対象か新たなサービスの対象かを保険者が判断し，後者の場合，「配食の推進」や，「NPO・ボランティア，民生委員などの活用」を想定），⑤介護療養病床の廃止期限（2012（平成24）年3月末）を猶予（廃止期限を2017（平成29）年度末まで6年間延長，新たな指定は行わない），という方向が示されている（⑤は後に，2023（令和5）年度末まで再延長される）。

「定期巡回・随時対応型訪問介護看護」（定期巡回・随時対応サービス）は，重度者をはじめとした在宅要介護高齢者の在宅生活を支えるため，日中・夜間を通じて，訪問介護と訪問看護が一体的，または密接に連携しながら，短時間の定期巡回型訪問を行うとともに，利用者からの通報により，電話による応対・訪問などの随時対応（ICT機器を活用）を行うサービスである。「複合型サービス」は，訪問看護と小規模多機能型居宅介護など，複数の居宅サービスや地域密着型サービスを組み合わせて提供する複合型事業所を創設し，サービスの一元管理により，医療ニーズの高い高齢者などの利用者のニーズに応じた柔軟なサービス提供を図るものである。

「定期巡回・随時対応型訪問介護看護」は，2013（平成25）年度176請求事業所数・受給者数約2100人から，2019（平成31）年4月946請求事業所数・受給者数約2.5万人へ増加しているが，第Ⅶ期介護保険事業計画においては，2020（令和2）年度3.5万人分のサービス量が見込まれている[注23]。

「介護予防・日常生活支援総合事業」は，要支援者・介護予防事業対象者向けの介護予防・日常生活支援のためのサービスを総合的に提供するものであり，市町村の判断によって導入するものである。実施にあたっては，地域包括支援センターにおいてケアマネジメントを行い，利用者の状態像や意向をふまえて，予防給付か，介護予防・日常生活支援総合事業（地域支援事業として位置づけられ，訪問・通所の介護予防，配食，見守りなどを行う）のいずれが適切かを判断する。

介護療養病床（介護療養型医療施設）については，2010（平成22）年6月時点で約8.6万床であり，転換が進んでいない現状であることから，2012（平成24）年度以降の新設は認めず，6年間転換期限を延長するものである。

### 介護人材の確保とサービスの質の向上

①介護福祉士や一定の教育を受けた介護職員等によるたんの吸引等の実施を可能とする，②介護福祉士の資格取得方法の見直し（2012（平成24）年４月実施予定）の延期，③介護事業所における労働法規遵守の徹底，事業所指定の欠格要件および取消要件に労働基準法等違反者を追加，④公表前の調査実施の義務づけ廃止など介護サービス情報公表制度の見直し，という方向が示されている。

たんの吸引や経管栄養は医行為に該当し，本来は医師や看護職員のみが実施可能であるが，介護福祉士や一定の教育を受けた介護職員は，一定の条件の下で行うことが可能とされた。③に関しては，介護事業を含む社会福祉関係の事業は，全産業と比較して労働基準法等の違反の割合が高いことから，事業者による雇用管理の改善を推進するため，新たに労働基準法等に違反して罰金刑を受けている者等について，指定拒否等を行うことになった。

### 高齢者の住まいの整備等

有料老人ホーム等における前払金の返還に関する利用者保護規定の追加のほか，厚生労働省と国土交通省の連携による「サービス付き高齢者向け住宅」の供給促進（高齢者の居住の安定確保に関する法律（高齢者住まい法）の改正），という方向が示されている。

日常生活や介護に不安を抱く高齢単身・夫婦のみ世帯が住み慣れた地域で安心して暮らすことができるように，「サービス付き高齢者向け住宅」と「定期巡回・随時対応型訪問介護看護」などの介護サービスを組み合わせた仕組みの普及を図ることが目指されている。

### 認知症対策の推進

①「市民後見人」の育成および活用など，市町村における高齢者の権利擁護を推進，②市町村の介護保険事業計画において地域の実情に応じた認知症支援策を盛り込む，という方向が示されている。

成年後見制度の申立件数は，2008（平成20）年１年間で２万6459件から，2020（令和２）年１年間で３万7235件（後見２万6367件，保佐7530件，補助

2600件，任意後見738件）へと増加傾向にあるが，被後見人等本人との関係で見た成年後見人等は，2020（令和２）年の場合，親族が19.7％，親族以外の第三者が80.3％であり，2012（平成24）年以来，親族を第三者が上回っている。第三者のうち，司法書士37.9％，弁護士26.2％，社会福祉士18.4％であるのに対して，市民後見人は1.1％（311件）という状況にある。[注24]

**保険者による主体的な取り組みの推進**

①介護保険事業計画と医療サービス，住まいに関する計画との調和を確保，②地域密着型サービスについて，公募・選考による指定を可能とする，という方向が示されている。

**保険料の上昇の緩和**

各都道府県の財政安定化基金を取り崩し，介護保険料の軽減等に活用する，という方向が示されている。

## 4――― 2015（平成27）年度改革の内容

社会保障・税一体改革関連８法案が2012（平成24）年８月10日に可決成立したが，そのうちの社会保障制度改革推進法においては，介護保険とのかかわりでは，「介護保険の保険給付の対象となる保健医療サービス及び福祉サービスの範囲の適正化等による介護サービスの効率化及び重点化を図る」と規定されている（第７条）。この場合，「効率化」とは利用者負担の引き上げによる社会的費用の抑制を意味し，「重点化」とは保険の適用範囲を限定することを意味する。

現に，社会保障審議会においては，賛否両論を含みつつ，重点化や効率化とのかかわりで制度改革が検討されてきた。主要な論点としては，要支援者に対する給付（利用者負担割合の１割から２割への引き上げ），介護施設の重点化（要介護1,2の給付額の問題提起），ケアマネジメント（要介護は月1000円，要支援は月500円の利用者負担の導入），一定以上所得のある者への給付（年間所得200万円以上の高齢者の利用者負担割合の１割から２割への引き上げ），多床室の給付範囲（月5000円の室料負担），施設入所者の居住費を軽減する補足給

付の見直しなどが検討されてきた。(注25)

社会保障制度改革国民会議報告書においては，介護保険の範囲の適正化等による介護サービスの効率化・重点化（要支援者の市町村事業への移行，一定以上の所得者の利用者負担の引き上げ，特別養護老人ホーム入所者の中重度者への重点化，資産を勘案した補足給付の見直し），地域包括ケアシステムの構築，第1号被保険者の保険料軽減措置の拡充，第2号被保険者の保険料の総報酬割化などが方向づけられた。(注26) その後の社会保障審議会では，2015（平成27）年度の制度改革に向けた最終報告書において，地域包括ケアシステム構築に向けた地域支援事業の見直しに合わせた予防給付の見直しとして，訪問介護・通所介護については地域支援事業の形式（新しい総合事業の「介護予防・生活支援サービス事業」）に見直す，特別養護老人ホームの入所対象を原則として要介護3以上に限定する，低所得者の1号保険料の軽減強化として基準額に乗ずる割合を引き下げる（公費投入），一定以上所得者（年金収入280万円以上など）の利用料負担を1割から2割にする，配偶者が住民税課税者である場合や預貯金合計額が一定以上を上回る（単身1000万円以上，夫婦2000万円以上）場合は補足給付の対象外とすることなどが制度見直しに関する意見として示された。(注27)

それらの報告書を受けて，「地域における医療及び介護の総合的な確保を推進するための関係法律の整備等に関する法律」（地域医療・介護総合確保推進法）が2014（平成26）年6月18日に成立した。社会保障制度改革の道筋を示した「持続可能な社会保障制度の確立を図るための改革の推進に関する法律」（プログラム法）の成立（2013（平成25）年12月5日）をふまえ，介護保険法関係は2015（平成27）年4月から施行された。

「地域医療・介護総合確保推進法」の介護保険法関係部分については，報告書に沿った形で，①地域支援事業の充実（在宅医療・介護連携，認知症施策，地域ケア会議，生活支援サービスの推進・強化）と併せて，図表4－18の通り，全国一律の予防給付（訪問介護・通所事業）の地域支援事業への移行（2017（平成29）年度末までに段階的に移行してすべての市町村で実施，既存の事業所に加え，NPO，民間企業，ボランティア，協同組合等によるサービス提供も可能），②特別養護老人ホームに関して中重度要介護者を支える機能

図表4―18　二重の予防措置と地域支援事業への移行

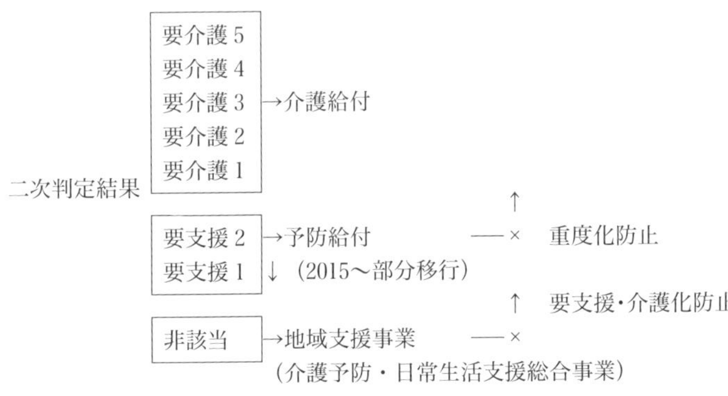


注　予防給付のうち，訪問・通所系サービスは，市町村事業である地域支援事業の介護予防・日常生活支援総合事業（介護予防・生活支援サービス）に移行・一体化（2015（平成27）～2017（平成29）年度）。

への重点化（新規入所者を原則として要介護3以上に限定），③低所得者の保険料軽減の拡充（住民税非課税世帯について基準保険料の0.5倍→0.3倍，0.75倍→0.5～0.7倍），④一定以上の所得のある利用者（単身の場合で合計所得金額160万円以上＝年金収入280万円以上）の自己負担の2割への引き上げ，⑤補足給付の要件への資産等の追加（預貯金等が単身1000万円，夫婦2000万円程度を超える場合は対象外，世帯分離した場合でも配偶者が課税されている場合は対象外，非課税の遺族年金・障害年金も収入として勘案）等という法案内容になっている。

なお，①に関しては，従来の介護予防事業（一次・二次予防事業）を新たな「介護予防・日常生活支援総合事業」（第1号・2号被保険者保険料と税を財源とする）として，予防給付の一部からの移行を必須的に位置づけ直し，そのなかで「一般介護予防事業」とならんで，訪問・通所介護を含む「介護予防・生活支援サービス事業」に再編された。

そのうち，「一般介護予防事業」は，第1号被保険者と支援者を対象とするものであり，①介護予防把握事業（閉じこもり等の何らかの支援を要する人の把握），②介護予防普及啓発事業，③地域介護予防活動支援事業（住民主体の介護予防活動の育成・支援），④一般介護予防事業評価事業，⑤地域リハビリテーション活動支援事業（通所，訪問，地域ケア会議，住民主体の通いの場等への専門職等による助言等）に分かれる。

また，「介護予防・生活支援サービス事業」は，要支援者および基本チェックリスト（ADL，IADL，運動器機能，栄養状態，口腔機能，閉じこもり，認知症，うつ）該当者を対象とする。①介護予防ケアマネジメント（第１号介護予防支援事業）は，地域包括支援センターにおいて実施するが，介護予防・生活支援サービス事業の通所型サービス（②第１号通所事業）では，保健医療専門職による短期間のサービスが実施可能であり，訪問型サービス（③第１号訪問事業）では，訪問介護員による身体介護が実施可能である。④第１号生活支援事業（配食，独居高齢者の見守り等）もある。なお，介護予防・生活支援サービス事業における利用者負担は，市町村決定）とされている。

一方，「包括的支援事業」（第１号被保険者保険料と税を財源とする）は，以下の通り，７つの業務内容に拡充された。

❶　総合相談支援業務
　高齢者の心身・生活の状況の実態把握，総合的な情報提供，他機関との連絡調整等
❷　権利擁護業務
　成年後見制度の活用促進，高齢者虐待への対応，困難事例への対応等
❸　包括的・継続的ケアマネジメント支援業務
　介護支援専門員）に対する個別指導や相談，支援困難事例への指導等
以下の❹～❼は2015（平成27）年度追加
❹　地域ケア会議推進事業
　市町村が地域ケア会議を行う努力義務規定を設け，高齢者の個別支援の充実と社会基盤の整備を進めていく地域包括ケアシステムの実現に向け，多職種協働による個別事例の検討等を行い，地域のネットワーク構築，ケアマネジメント支援，地域課題の把握等を推進する。
❺　在宅医療・介護連携推進事業
　地域の医療・介護の資源の把握，在宅医療・介護連携の課題の抽出と対応策の検討，切れ目のない在宅医療と在宅介護の提供体制の構築推進，医療・介護関係者の情報共有の支援，在宅医療・介護連携に関する相談支援，医療・介護関係者の研修，地域住民への普及啓発，在宅医療・介護連携に関する関係市区町村の連携
❻　認知症総合支援事業
　「認知症初期集中支援チーム」により，複数の専門職が認知症が疑われる人，認知症の人とその家族を訪問（アウトリーチ）し，認知症の専門医による鑑別診断等をふまえて，観察・評価を行い，本人や家族支援などの初期の支援を包括的・集中的に行い，自立生活のサポートを行う。また，「認知症地域支援推進員」が地域の実情に応じて医療機関，介護サービス事業所や地域の支援機関をつなぐ連携支援や，当事者・家族を支援

する相談業務等を行う。
❼　生活支援体制整備事業
　生活支援コーディネーターの配置，生活支援サービス提供主体との情報共有・連携強化の場としての協議体（三層構造）の設置

その他，2025（令和７）年を見据えた介護保険事業計画の策定，サービス付き高齢者向け住宅への住所地特例の適用，居宅介護支援事業所の指定権限の市町村への移譲，小規模通所介護の地域密着型サービスへの移行，等が進められることになった。

## 5――― 2018（平成30）年度改革の内容

地域包括ケアシステムの強化のための介護保険法等の一部を改正する法律が2017（平成29）年５月26日に成立し，一部（以下の⑷と⑸）を除き，2018（平成30）年４月１日から施行された。

地域包括ケアシステムの進化・推進を図るための内容として，以下の⑴～⑶が含まれた。

⑴　自立支援・重度化防止に向けた保険者機能の強化等の取り組みの推進として，全市町村が保険者機能を発揮し，自立支援・重度化防止に向けて取り組む仕組みが制度化された。それは，①国から提供されたデータを分析のうえ，介護保険事業（支援）計画を策定し，計画に介護予防・重度化防止等の取組内容と目標を記載する。②都道府県による市町村に対する支援事業の創設・財政的インセンティブの付与の規定を整備する。③地域包括支援センターの機能強化（市町村による評価の義務づけ等），④居宅サービス事業者の指定等に対する保険者の関与強化（小規模多機能等を普及させる観点からの指定拒否の仕組み等の導入），⑤認知症施策の推進（新オレンジプランの基本的な考え方（普及・啓発等の関連施策の総合的な推進）を制度上明確化）を内容とする。

⑵　医療・介護の連携の推進等として，①「日常的な医学管理」や「看取り・ターミナル」等の機能と，「生活施設」としての機能とを兼ね備えた，新たな介護保険施設「介護医療院」の創設とともに，介護療養型医療施設の廃止に向けた経過措置期間については，６年間（2023（令和５）年度末まで）延

長，②医療・介護の連携等に関し，都道府県による市町村に対する必要な情報の提供その他の支援の規定の整備を図ることとされた。

⑶　地域共生社会の実現に向けた取り組みの推進等として，①高齢者と障害児・者が同一事業所でサービス（訪問介護，通所介護，短期入所生活介護）を受けやすくするため，介護保険と障害福祉制度に新たに「共生型サービス」を位置づける。

介護保険制度の持続可能性の確保を図るための内容として，以下の⑷と⑸が含まれた。

⑷　２割負担者のうち特に所得の高い層（単身で年収340万円以上，夫婦で463万円以上）の負担割合を３割とする（2018（平成30）年８月１日施行)。

⑸　介護納付金への総報酬割の導入；各医療保険者が納付する介護納付金（40～64歳の保険料）について，被用者保険間では「総報酬割」（報酬額に比例した負担）とする（2017（平成29）年８月１日施行)。

この改革では，とくに「介護医療院」や「共生型サービス」の創設，利用料の３割負担の創設が注目された。

## 6―――2021（令和３）年度改革の内容

地域共生社会の実現のための社会福祉法等の一部を改正する法律（介護保険法の一部改正を含む）が2020（令和２）年６月５日に成立し，一部を除き，2021年（令和３）年４月１日から施行となる。

とくに介護保険制度との関係が強い改革内容としては，⑴地域の特性に応じた認知症施策や介護サービス提供体制の整備等の推進として，①国・地方公共団体の努力義務として，地域における認知症の人への支援体制の整備や予防の調査研究の推進等の認知症施策の総合的な推進および認知症の人と地域住民の地域社会における共生を追加，介護保険事業計画の記載事項として，他分野との連携など，認知症施策の総合的な推進に関する事項を追加，②市町村の努力義務として，地域支援事業を実施するにあたっては，PDCAサイクルに沿って効果的・効率的に取り組みが進むよう，介護関連データを活用し，適切かつ有効に行うものとすること，③介護保険事業（支援）計画の作成にあたり，当該市町村の人口構造の変化の見通しの勘案，高齢者向け住まい（有料老人ホーム・サービス付き高齢者向け住宅）の設置状況の記載事項への追加，有料老人ホームの設置状況にかかる都道府県・市町村間の情報連携の強化を行うこととされた。

また，⑵医療・介護のデータ基盤の整備の推進として，①介護保険レセプト等情報・要介護認定情報に加え，厚生労働大臣は，高齢者の状態や提供される介護サービスの内容の情報，地域支援事業の情報の提供を求めることができること，②医療保険レセプト情報等のデータベース（NDB）や介護保険レセプト情報等のデータベース（介護DB）等の医療・介護情報の連結精度向上のため，社会保険診療報酬支払基金等が被保険者番号の履歴を活用し，正確な連結に必要な情報を，安全性を担保しつつ提供することができることなどが規定された。

⑶介護人材確保および業務効率化の取組の強化として，①介護保険事業（支援）計画の記載事項として介護人材の確保・資質の向上のみならず，その業務の効率化・質の向上に関する事項を追加する，②有料老人ホームの設置等にかかる届出事項の簡素化を図るための見直しを行う，③介護福祉士養成施設卒業者への国家試験義務づけにかかる現行5年間の経過措置をさらに5年間（2026（令和8）年度卒業者まで）延長する，こととされた。

## 7 ――― 介護保険制度の課題と今後の方向

2005（平成17）年以降の法改正や制度改革の動向は，介護予防にも力を入れつつ，認知症高齢者や独居高齢者にも対応できるサービス体系の構築を図ろうとするもので，その方向性自体は評価できるものの，給付の重点化や制度の効率化の進め方が新たな問題を生み出す可能性も懸念される。それは，大別すれば，費用負担の問題，認定制度の問題，地域支援事業の問題などに分けられるが，基本的には，高齢者の生活権保障より財政的効率化と資源配分の抑制に政策優位が置かれることにより懸念される問題である。しかも，経済面に限っても，介護給付の財政負担面が一面的に問題視され，その経済・雇用効果の側面が視野に入れられていない。

**費用負担の問題**

給付の効率化・重点化の一環として，居住費用（光熱水費および室料）と食費全額（食材費および調理費）が保険外負担化されたが，施設利用上の費用負担の増加は，施設利用抑制や退去を経済的に誘導することになり，「選択」にゆがみをもたらす問題がある。この費用負担施策は，在宅との費用負担バランスが論拠にされるが，在宅コストをも負担している施設利用者にとっては二重の負担問題が生じる。食事部分についても，とくに要介護の在宅利用者の場合，調理代行が訪問介護における生活援助の対象となっており，一人ひとりの状態に合わせた食事づくりは介護の重要な一部であり，施設利用者に限って保険外負担にすることの合理性が問われる。

居住費用は「ホテルコスト」と表現されることにより，介護サービスとの無関係性が示唆される。しかし，介護サービスに適した施設として最低基準が律せられ，一部が公費負担されている。そのような公共財的性格が，「ホテルコスト」というレトリックのもとに曖昧にされつつ，私的費用に転換されているという問題がある。

一方，税制改革により，老年者控除の廃止，公的年金控除の縮小，高齢者非課税措置の廃止が段階的に進められてきたが，その影響により，住民税非課税層（2005（平成17）年法改正後の新第4段階以下）から課税層に移り，保険料負担増になる人が増えた。同時に，それらの人は，利用者負担軽減措置（補足的給付）の対象（2005（平成17）年法改正後の新第3段階以下）からも外れることになった。

現行第1段階の年金収入等80万円以下という基準にしても，市町村（級地区分）によっては生活保護基準以下の収入であり，0.3倍になるとは言え，保険料負担を求めること自体の合理性が問われる。それは，日本国憲法上の生存権侵害問題にもなり得る（伊藤，2004）。後述の通り，定率負担等の抜本的措置が検討される必要がある。

さらに，2012（平成24）～2018（平成30）年度改革においては，給付の限定化（予防給付から地域支援事業への移行，介護老人福祉施設への入所対象の限定化）や利用者負担の段階的引き上げという形で，給付の重点化と制度の効率化が進められた。

そのような費用負担拡大・給付限定措置により，いわば「制度的貧困」が増加することが懸念される。それは，「新たな貧困」と言い換えることもできよう。貧困概念の現代的なとらえ直しは環境問題の文脈で行われたが（宮本，1989），社会保障の文脈では，制度的に生み出される貧困ということができる。それは，生活不安を解消してゆくためにあるはずの社会保障が，その制度改革を通じて，かえって生活不安や生活困難を増幅させるというパラドキシカルな意味での新たな貧困である。

### 認定制度の問題

要支援・要介護認定が6段階から7段階に細分化されることにより，一人ひとりの総合的生活支援がいっそう，機械的にスライスされるという問題もある。従来の認定制度においても，個々の状態に合わせた的確な認定が困難であり，介護認定審査会によってバラツキが見られたうえに，段階区分を増やすことは認定の困難度を高めることになる。しかも，要支援（1・2）か要介護か，によって予防給付か介護給付か，という択一的割り切りが行われるようになった。しかし，要支援者においても介護給付が必要な人や，要介護者においても重度化を防ぐ予防給付が必要な人がいるという実態が考慮されていない。そこには，要支援の認定区分を増やしつつ，それらの人々へのサービスを制限することによって給付を抑制するという社会的資源管理の政策意図しか見えてこない。

要支援者は，原則として，生活援助における家事代行サービスが制限されるが（例外的に認められる場合も，必要性について厳格に見直したうえで，期間や提供方法等が限定される），そのことにより，一人ひとりの生活実態と選択権が尊重されにくくなるという問題が生まれている。そのような制限措置の論拠として，家事代行サービスによって状態が悪化すること（廃用症候群）があげられるが，むしろ多くの人にとって状態の維持改善に役立っているという全国調査結果と矛盾しており[注28]，家事代行サービスについての科学性に欠ける一面的評価が行われていた問題がある。そのようなモラルハザード論を一般化して制度化したことには検証と説明責任が求められる。訪問介護員と一緒に家事を行うのであれば認められる可能性があるが，日々の体調に変化があり得るし，要支援でも家事困難な人がいる問題や[注29]，介護報酬のあり方によって家事実行に時間・手間がかかる人が訪問介護事業者から敬遠される懸念がある[注30]。そして，サービス制限によって，利用者の生活意欲が低下したり，生活が不自由化すれば，機能低下が進むという逆効果の懸念もある[注31]。

家事代行サービスが制限される一方で，筋力向上トレーニング等が予防給付として制度化されたが，筋力向上トレーニングの効果は，要介護度，身体機能，生活機能・QOL（生活の質）で改善・悪化の両面の可能性があり，リスク管理や参加率，スタッフ体制等の懸念も含め，制度的一般化することに問題がある[注32]。介護予防は，本人の意欲や運動の継続性が伴わなければ逆効果になる問題も指摘されており[注33]，レクリエーションのように楽しみを伴わず，利用者が望まない場合，利用者の閉じこもりを助長し，状態悪化による逆効果も懸念される[注34]。介護保険制度の財政的側面からの持続可能性が一面的に追求されるが，介護予防の費用抑制効果は証明されていない[注35]。さらに言えば，予防が重視されるあまり，状態悪化することが罪悪視される風潮を生み出す危険もある。しかも，2012（平成24）年度改革による総合事業化を経て，地域医療・介護総合確保推進法の成立・施行（2015（平成27）年度改革）に伴い，要支援者の介護予防訪問介護・介護予防通所介護は原則として市町村の地域支援事業に移されることになった。

### 地域支援事業の問題

2015（平成27）年度改革により，予防給付の市町村事業への移行（第１号訪問・通所事業）と介護老人福祉施設への新規入所対象の限定化（要介護３以上）が図られたが，要支援１・２の認定者の訪問介護・通所介護部分を市町村事業で受け止める体制づくりや，要介護１・２の認定者を在宅・地域で受け入れる体制づくりが問われている[注36]。

包括的支援事業については，保健師は介護予防ケアマネジメントの責任を直接または最終的に担うことになっているが，要支援認定者が多くを占めることから過大な負担となってきた（鈴木，2009）。また，地域包括支援センターは，各市町村に最低１か所設置される方針でありながら，生活圏域（小学校区，中学校区等）ごとの対応が求められるため，その点でも，きめ細かい対応が現実には難しくなっている。包括的・継続的支援に関しても，地域包括支援センターや主任介護支援専門員に対する居宅介護支援事業所の介護支援専門員の評価は必ずしも高くない（菅村ら，2010）。社会福祉士の立場から見ても，「業務の不明瞭さ」「役割確立への志向」「力のなさと戸惑い」「予防給付の比重の高さ」「地域活動の難しさ」「チームケア体制の課題」等のジレンマに直面してきたことが質的分析によって明らかにされている（峯本ら，2013）。

そのうえ，2012（平成24）・2015（平成27）年度改革による地域包括支援センターの事業拡大をふまえ，地域包括支援センターの職員配置や業務負担の見直しを含めた体制の抜本的強化・見直しが検討される必要がある。

さらに，保険料財源で保険外リスクを賄うという乖離性が発生する。本来，予防的な事業自体は一般性が高く，リスクに直面したとき（保険事故）に備えて負担する（保険料）という保険原理になじみにくい。地域支援事業および介護予防給付は，保険事故に陥らない状態を維持するために保険システムを用いるという矛盾が見られる。これまでの認定非該当者への地域支援事業（介護予防事業，介護予防・日常生活支援総合事業），要支援者への予防給付，要介護者への介護給付は，居宅サービスに関しては同じ財源（保険料50%，公費50%）であり，地域支援事業の包括的支援事業については第2号被保険者保険料は充当されないものの，第1号被保険者保険料が充当されている（第Ⅶ期2018（平成30）～2020（令和2）年度の場合，第1号被保険者保険料23%，公費77%）。そのような不合理に陥らないためには，税方式で対応すべきであろう。[注37]さらに，このような予防重点型サービス体系の見直しや費用負担の見直しが，財政面に限っても改善効果があるか不透明であり，市町村にとっても不安要因となってきた。[注38]

最後に，以上の問題点をふまえ，今後の方向を提起しておこう。

### 介護予防の評価基準の確立

介護予防自体の意義を否定するものではないが，それを進める場合にも，現状では介護予防効果の評価基準が確立していないという問題もある。その基準としては，筋力の向上，要介護度の維持・改善，要介護高齢者比率の減少，在宅比率の増加，在宅継続期間の伸長，健康寿命の伸長，ADL･IADL（日常生活動作・手段的日常生活動作）自立度の改善，社会参加度の向上，QOLの向上，介護・医療コストの低減などが考えられるが，評価基準が確立しないまま，制度を施行したために，市町村にとっても不安と混乱をもたらしてきた。また，それが明確になったとしても，予防が重視されすぎると，言わば「予防絶対主義」の風潮が生まれ，重度化することが罪悪視される危険性もある。(注39) むしろ，要介護状態になったり障害をもっても，その人らしい生き方が追求できることがケアの本質的目標であり，生活満足度やQOLの評価こそ重視されなければならない。

### 応能負担原則の確立

利用料の定率負担や保険料の定額負担は，とくに同率どうし，同額どうしの場合，所得が低い人ほど所得に対する負担率は高まる逆進性をもたらし，利用を萎縮させてしまうので，費用負担については，応能負担原則を確立すべきである。2005（平成17）年度から訪問介護の利用料についての低所得者軽減措置も廃止されたが，そのような介護保険以前からの訪問介護継続利用者に限らず，利用開始時期，サービスの種類を問わず，低所得者への利用料軽減措置を一般化することが求められる。利用者負担が困難であるためにサービス利用を縮小・断念する人もいることから，市町村単独で軽減措置を行っている自治体も見られる。(注40)

保険料減免措置については，いわゆる保険料減免３原則（収入のみに着目せず「個別申請により判定」，全額免除は行わず「減額のみ」，一般財源の繰入は行わず「保険料財源」）が徹底化され，収入のみに着目した一律の減免は不適当とされているが，低所得者への応能的な配慮をするためには，収入事由による一般化を認めるべきであろう。(注41) より抜本的には，逆進性問題を解消するためにも，ドイツのように，保険料の年金収入に対する定率負担化（および年金保険者との折半負担化）を図ることが考えられる（田中，2004）。

### 包括的ケアマネジメント・システムの確立

認定区分の細分化による実態との乖離を避けるためには，当面，ドイツのように段階区分を３段階程度に縮小することが考えられる。より抜本的には，認定制度を廃止すると同時に，事業者の囲い込みによる利益誘導を排除し，ニーズ判定の包括化（認定機能を内部化したケアマネジメント）と地域資源の包括化（介護保険外の地域福祉サービスをも視野に入れる）を積極的に担えるケアマネジメント専門の独立機関を制度的，一般的に確立すべきである。そのような認定制度の包括的ケアマネジメント化により，一人ひとりの心身の状態やニーズに合わせたサービス提供が可能となる。そのためにも，ケアマネジメントの総合的資質を育成する教育プログラムが必要になる。

### サービスの質の向上

要介護（支援）高齢者一人ひとりについて，専門職間で情報を共有しつつ，統一的なケア理念のもとにサービスを提供してゆくことが，その人らしい生活を包括的，継続的に支援していくことになるし，そのことがケアの質を高めることになる。その意味では，介護・看護・リハビリテーション等の異なる専門職間における情報共有化に向けたシステムづくり（アセスメント，記録，ケアプランの一元化）や，施設間，事業所間，施設・地域・家族間の連携強化を図るため，個別テーマに即した合同研修会や実践・研究交流を活性化する必要がある。[(注42)]

個別施設・事業所のリーダー育成とは別に，都道府県内ないし広域市町村内の施設・事業所の研修を活性化させるため，施設・事業所職員の資質向上のニーズに応えられるスーパーバイザーを都道府県単位ないし広域市町村単位で配置し，必要に応じて派遣指導を受けられる体制を整えるべきである。

施設・事業所職員の「気づき」を大事にしながらサービスの質を向上させてゆくためには，第三者評価の受審促進や，苦情解決システム，第三者委員等の活性化を図る必要がある。介護保険法改正によって規定された情報報告・公表義務による情報提供内容は形式的な情報が中心であるため，第三者評価のような質の評価が利用者の選択に資するうえでも，職員の資質向上につなぐうえでも重要になる。[(注43)]

また，高齢者の虐待や人権侵害を防止するとともに，社会福祉法人等の公正な事業展開を見守るためにも，行政とは独自の立場で立入調査権限をもつ福祉オンブズマン制度の確立・普及が求められる。[(注44)]

### 介護労働者の社会的評価の確立

介護労働者の社会的評価を確立するという課題もある。介護労働者の専門性が評価され，虐待やバーンアウト（燃え尽き症候群）を防止するためには，介護の志に応えられる職場づくりが欠かせない。その条件整備の一環として，間接的労働時間（移動，書類作成，待機，研修等の時間）の評価が可能な報酬の確立が求められる(注45)。また，介護労働の専門性等を適切に評価するため，介護保険事業所の評価に結びつく加算（資格取得者や勤続年数一定年数以上の介護職員比率）に偏するのではなく，基本給付の底上げと介護職員配置基準の改善，資格制度の充実が求められる。さらに，給与面だけではなく，介護労働者としての実績，功績や経験，実践・研究成果等を評価する表彰制度の創設などが検討されるべきである。

介護労働者は一般産業労働者と比べて相当低位の給与水準格差が見られるため，介護労働自体の公益性や，その労働から得られる働きがいや仕事の喜びは高いものの，若年世代の介護福祉士養成校志願者数が近年，顕著に減少している(注46)。このような状況が続けば，ますます，若年世代の介護職離れは進み，介護サービスの安定的供給と質の確保に支障を来し，要介護高齢者・家族に対する介護支援の基盤自体を揺るがしかねないことが懸念される。

介護サービスに従事する従業員の不足感（「大いに不足」＋「不足」＋「やや不足」）をもつ事業所は61.3％（2015（平成27）年度），62.6％（2016（平成28）年度），66.6％（2017（平成29）年度），67.2％（2018（平成30）年度），65.3％（2019（令和元）年度）と，６～７割程度に達している(注47)。団塊世代がすべて75歳以上になる2025（令和７）年度には約245万人の介護人材が必要と推計されているが(注48)，約33.7万人の不足（充足率86.2％）が見込まれている。国の「全世代型社会保障改革」においては，「人づくり革命」として「介護離職ゼロ」が目標とされているが(注49)，介護離職者は10万1100人（2012（平成24）年度），９万9100人（2017（平成29）年度）となっている(注50)。他方で，老人福祉・介護事業倒産件数は，漸増傾向が見られる(注51)。まさに，介護職員確保や介護事業の持続可能性が問われている。

厚生労働省は，事業者に対する直接的な人件費補助として，2009（平成21）年度から２年６か月間限定で公費3975億円を「介護職員処遇改善交付金」として投入し，2010（平成22）年度には，交付要件として，介護職員の職位・職責・職務内容に応じた任用要件・賃金体系を定めたり，介護職員の資質向上のための目標および具体的な取り組みを定めたりすることを要件とする「キャリアパス要件」を設けた。さらに，2012（平成24）年度からは，「介護職員処遇改善交付金」が「介護職員処遇改善加算」に改められ，報酬加算化された。それらの2009（平成21）年度，2012（平成24）年度の介護職員処遇改善に加え，2015（平成27）年度，2017（平成29）年度の処遇改善により，月額平均5.7万円相当の改善を行ったとされている。しかし，定期昇給や手当などの改善の域を出ず，基本給引き上げなどの抜本改善にはつながらず，一般産業労働者との賃金格差はなお大きい。(注52)

その意味では，より安定的な労働条件改善措置が求められる。例えば，一般産業労働者の賃金上昇率よりも介護労働者の賃金上昇率が上回るような格差是正補助金制度を創設し，年々，徐々に給与格差を縮小させてゆく政策措置をとることを提案したい。その際，介護保険料引き上げに直結する形での介護報酬引き上げを行うと，高齢者の負担問題を惹起することから，この補助金制度の財源は国と自治体の税財源を原資とすることが考えられる。

また，相談やカウンセリング，アドバイス，スーパービジョン等を含め，介護労働者自身に対するサポート・システムを構築・充実することも今後の課題になる。(注53)

### 施設と地域生活の基盤整備

地域や在宅で暮らし続けられる条件を構築してゆくこと自体はノーマライゼーションの観点からも重要であるが，現状では，とくに重度化した場合，施設の必要性が小さくない。施設の選択権を保障したうえでの地域生活基盤整備の確立を急ぐべきであろう。(注54)地域支援条件が熟していない現状のもとで，施設からの経済的誘導による退去は，言わば「介護難民」を生み出すおそれがある。地域医療・介護総合確保推進法の成立・施行により，特別養護老人ホームへの新規入所は原則として要介護3以上に限定されることになったが，そのような懸念が生じる。同様に，2023（令和5）年度末の介護療養型医療施設の廃止に伴い，療養病床から在宅や他施設への移行が可能な量的，質的条件が不十分な状況では，医療難民，介護難民が生まれることも懸念される。

在宅生活を継続する場合でも，中山間地等の条件不利地域の地域特性から移動の非効率の問題に加え，介護報酬や人材確保の問題もあり，経営困難に直面している訪問介護事業所等が多い。[注55] 中山間地等の条件不利地域の実態に応じた介護保険事業所補助制度の創設が求められる。

市町村合併により，住民にとって行政や民間のサービスがきめ細かく行き届かなくなっている面が見られる。また，介護保険制度の導入により，事業所と個人の個別契約関係は強くなった反面，地域の住民同士のつながりや，インフォーマルな関係がかえって弱まっている側面もある。

いずれにせよ，介護保険のみで地域生活を包括的に継続支援することには限界がある。そこで，利用者の地域生活の継続支援，在宅復帰支援と，事業所の持続可能性に向けた介護保険と地域福祉のミックス・モデルを実践的，政策的に明らかにするための研究体制の構築が望まれる。さらには，保健・医療・看護・介護，介護保険サービスと地域福祉，施設福祉と在宅・地域福祉，等の連携構築（地域包括ケア・システム）に向けた専門職，事業所・施設，行政，住民の合同協議をふまえた実践的な地域モデルの形成が望まれる。[注56]

「選択権」の真の確立を目指すことも今後の本質的な課題となる。介護保険法や障害者総合支援法）のもとで，選択や自己決定の尊重ということが「サービスの選択」に矮小化されてきた傾向があるが，より本質的には，「自分らしい生の選択」が目指されなければならない。[注57] それを前提として，保健・医療・介護等の地域包括ケア・システムの構築，さらにサブ・システムとして，権利擁護・成年後見・虐待防止等の地域連携センターの確立や，[注58] 高齢者オンブズマン，高齢者協議会の発足，充実を図ってゆくべきであろう。

### 介護保険財政システムの見直し

介護保険制度の税・保険料負担比率も再検討の余地がある。今後，いっそうの要介護高齢者の増加が見込まれるなかで，保険料の引き上げで財政安定化を図ることには限界も見え始めている。[注59] 市町村間の保険料格差が大きいなかでの不公平感も根強い（とくにサービス利用者でない高齢者にとって）ことを考えると，保険給付費の国庫負担分25％のうちの財政調整財源５％を高めることが考えられるほか，25%比率の上方修正も考えられる（2005（平成17）年法改正に伴い，施設給付に限って国庫負担率は20%，都道府県負担率は17.5%に変更され，国庫負担率はむしろ引き下げられている)。

より抜本的には，保険原理を明確にするには，財源に関しては介護給付は保険方式とし，要支援者に対する予防給付や認定非該当者を含めた介護予防事業を税方式化することが考えられる。利用料については所得段階に応じた応能負担化（保育料のように多段階定額利用料)，ないしドイツの居宅介護のように10割給付化を図り，保険料については年金収入に応じた定率負担化等によって逆進性を防ぐ（定率保険料はさらに年金保険者と折半負担）ことが考えられる。そして，認定制度についても，包括的なケアマネジメントのなかへ発展的解消を図るべきだろう。なお，本人と家族の家族介護の意向が強く，無理がないと判断されるなら，サービスの代わりに現金給付（家族介護手当）のオプションを設けることも，自己決定のあり方として検討されてよいだろう。(注60)

### 介護保険制度の改革像

| 介護サービス＝保険方式 |
|---|
| 予防サービス＝税方式 |

・予防給付と介護予防事業の税方式化
・利用料の応能負担化
・保険料の定率負担化＋年金保険者の折半負担
・認定の包括的ケアマネジメント化

### 内発的福祉型地域づくり

予防重視型改革方針に沿って，予防給付の制度化等が進められてきたが，予防や健康づくりに向けた一人ひとりの内発的意欲が伴わなければ，効果が期待できない。スクリーニングにより特定化されて事業対象化されるよりも，要介護高齢者も元気高齢者も交流できる自然なスタイルの地域のサロンや健康体操教室のほうが集まりがよいことがその現れであろう。

その意味では，国が制度的な予防強化を図るよりも，これまで各地でさまざまな取り組みが行われてきているように，住民の主体的な健康づくりと，それも含めて，住民が「住んでよかった」と思える内発的な地域づくりを支援するほうが効果的であろう。例えば，住民主体の地域福祉計画・地域福祉活動計画

の策定・実行を通じて，そのような内発的予防・健康づくりが展開される可能性がある。(注61)

（注）

1　介護保険法成立前の措置制度との論争的考察，法成立後の法制度分析，制度実施後の状況分析については，拙稿「介護保険と措置制度をめぐる論争に関する一考察」（高知大学経済学会『高知論叢』第59号，1997年），「介護保険制度の諸課題」（同第64号，1999年），「介護保険制度の現段階―高知県及びドイツ・デンマークの状況調査をふまえて―」（同第68号，2000年），「介護サービス利用者の行動と意識―高知市在宅利用者実態調査から―」（同第70号，2001年）を参照。

2　施設介護については，公設民営方式またはPFI方式により，介護老人福祉施設（特別養護老人ホーム）運営への株式会社の参入が特定地域（構造改革特区）に限って認められている。

3　なお，生活保護との関係では，被保護者は第１号被保険者にはなれるが，医療保険の適用を受けていない被保護者（例えば，国民健康保険の加入者が生活保護の適用を受ける場合，国民健康保険法上，保険から脱退しなければならない）は第２号被保険者にはなれない。ただし，その場合も介護扶助の対象にはなれる。

4　厚生労働省「公的介護保険制度の現状と今後の役割」（平成25年），厚生労働協会『国民の福祉と介護の動向』2020年度版・2021年度版

5　①末期がん，②筋萎縮性側索硬化症，③後縦靭帯骨化症，④骨折を伴う骨粗しょう症，⑤多系統萎縮症，⑥初老期における認知症，⑦脊髄小脳変性症，⑧脊柱管狭窄症，⑨早老症，⑩糖尿病性神経障害，糖尿病性腎症および糖尿病性網膜症，⑪脳血管疾患（外傷性を除く），⑫進行性核上性麻痺，大脳皮質基底核変性症およびパーキンソン病，⑬閉塞性動脈硬化症，⑭関節リウマチ，⑮慢性閉塞性肺疾患，⑯両側の膝関節または股関節に著しい変形を伴う変形性関節症の16疾病を指す。

6　厚生労働省「平成30年度 介護保健事業状況報告（年報）」2020年７月３日

7　申請の代行は，2005（平成17）年法改正に伴い，指定居宅介護支援事業所等であって厚生労働大臣令で定めるもの，または地域包括支援センターに限定された。

8　2005（平成17）年法改正に伴い，更新認定の場合を除けば，要介護認定のための調査は市町村に限定されるようになった。

9　認定調査項目数は，当初は85項目であったが，2003（平成15）年度から加除されて79項目となり，さらに2005（平成17）年法改正に伴って82項目に増やされたが，2009（平成21）年度からは74項目となっている。

10　2005（平成17）年法改正に伴い，要支援，要介護１～５という従来の６段階の認定ランクから，要支援１・２，要介護１～５，という７段階の認定ランクに変更された。

11　市町村特別給付には，介護保険法定外の種類のサービス（例えば，緊急通報措置や配食サービス等）を条例によって保険サービスに含める場合（横出しサービス）と，サービス水準（支給限度額）を条例によって独自に高める場合（上乗せサービス）がある。

12　田中きよむ『改訂　少子高齢社会の福祉経済論』中央法規出版，92～93頁，2006年を参照。

13　介護サービス費（総費用）は，2000（平成12）年度3.6兆円→2002（平成14）年度5.2兆

円→2004（平成16）年度6.2兆円→2006（平成18）年度6.4兆円→2008（平成20）年度6.9兆円→2010（平成22）年度7.8兆円→2012（平成24）年度8.8兆円→2014（平成26）年度予算10.0兆円→2016（平成28）年度予算10.4兆円→2018（平成30）年度予算11.1兆円と推移しており，制度発足当初と比べて，この約20年で3倍程度の予算規模に到達している（厚生労働省「公的介護保険制度の現状と今後の役割」各年度）。

14　ドイツ介護保険については，本沢（1996），足立（1998），岡崎（2000），鬼崎・増田・伊奈川（2002），舟場・齋藤（2003），和田（2007），萩原・松村・宇佐見・後藤（2009），佐藤（2009），土田（2012），齋藤（2013），宮本（2021）を参照。

15　2005（平成17）年法改正前は5段階であったが，改正前の第2段階のうち，年金収入等が80万円以下の層を新第2段階，それを超える層を新第3段階として分割されて6段階になった。さらに，2014（平成26）年の法改正（地域医療・介護総合確保推進法の成立）に伴い，低所得者の保険料軽減の拡充措置として，2015（平成27）年度から9段階に変更された。

16　2018（平成30）年4月審査分の介護給付費実態調査によれば，平均利用率（居宅サービス受給者平均給付単位数の支給限度基準額（単位）に対する割合）は，26.7%（要支援1），21.1%（要支援2），44.4%（要介護1），53.0%（要介護2），58.0%（要介護3），61.8%（要介護4），65.6%（要介護5）となっており（厚生労働省「平成29年度 介護給付費等実態調査の概況（平成29年5月審査分～平成30年4月審査分）」），2～6割の利用率で要介護度が高いほど利用率が上がる傾向が見られる。

17　2019（令和元）年度の介護給付費実態調査によれば，年間（年度）実受給者数のうち，居宅サービスおよび地域密着型サービスの利用者：施設サービス利用者＝80.1%：19.9%であるが，費用額累計（年度）においては，同比率＝64.4%：35.6%となっており（厚生労働省「令和元年度 介護給付費等実態統計の概況」に基づき，著者試算），施設の利用者比率よりコスト比率のほうが高くなっている。

18　小規模・多機能型サービスを提唱したものとして，高齢者介護研究会（2003）を参照。ただし，グループホーム（認知症対応型共同生活介護）は，制度的には独立したサービスとして位置づけられた。

19　厚生労働省編『厚生労働白書　平成21年版』183～184頁，2009年

20　ただし，年金法上，公租公課禁止の例外とされている老齢年金のみならず，禁止規定の対象（非課税）である障害・遺族年金にまで保険料を賦課することを問題視する見方もある（伊藤，2009下）。

21　介護保険制度の被保険者・受給者範囲に関する有識者会議（2007年）は，「将来の拡大を視野に入れ，その見直しを検討していくべきである」として，被保険者・受給者範囲を拡大する場合の考え方としては，「高齢者の介護保険」という枠組みを維持する考え方と，「介護保険制度の普遍化」を図るという考え方があるが，後者を目指すべきとの意見が多数であった，としている。しかし，「現時点においては被保険者・受給者範囲の拡大には慎重であるべきとの意見も依然として強い」こと等から，「範囲拡大に関する国民的合意形成に向けた取組に努める必要がある」と述べている。

22　この点については，伊藤（2009）を参照。

23　第179回社会保障審議会介護給付費分科会（2020（令和2）年7月8日）資料。なお，未参入事業者と参入事業者の間で，サービスイメージ（対象者イメージやサービス内容）や，体制整備に関して参入障壁と考える程度について，ギャップが存在していたことが明らかにされている（三菱UFJリサーチ＆コンサルティング「アンケート結果からみる定期

巡回・随時対応サービス（暫定集計値）」2013年１月17日）。

24　最高裁判所事務総局家庭局「成年後見関係事件の概況―令和２年１月～12月―」を参照。なお，2020（令和２）年の場合，申立人は「市区町村長」(23.9%)，「本人の子」(21.3%）の順に多く，申立動機としては，「預貯金等の管理・解約」が３万2601件(37.1%）と最も多く，身上保護２万828件（23.7%)，「介護保険契約」１万562件(12.0%）が続いている。

25　社会保障審議会介護保険部会「介護保険制度の見直しに関する意見（素案)」平成22年11月19日，社会保障審議会介護保険部会「社会保障・税一体改革における介護分野の制度見直しに関するこれまでの議論の整理」平成23年11月30日

26　社会保障制度改革国民会議「社会保障制度改革国民会議報告書」平成25年８月６日

27　社会保障審議会介護保険部会「介護保険制度の見直しに関する意見」平成25年12月20日

28　厚生労働省大臣官房統計情報部「介護給付費実態調査結果の概況（平成15年５月審査分～平成16年４月審査分)」によれば，2003（平成15）年度の１年間，居宅サービスのみ利用した人（138万6200人）のうち，要支援では，状態が「維持」されている人68.8%，「悪化」した人31.2%，要介護１では，要介護状態が「維持」76.5%，「悪化」15.5%，「改善」7.9%という分布になっており，居宅サービスが状態維持に役立っていることがわかる（他にも，状態が維持改善している割合が高いという事業所・団体等の調査結果が明らかにされている)。服部（2006）も，軽度者の状態悪化という厚生労働省の論拠となるデータが不適切であることのほか，軽度者の支給限度額に対する利用率は制度施行後５年間で４～５割と変わらず，むしろ重度者の利用が伸びており，軽度者のサービス抑制の根拠とならないことを指摘している。

29　高知市内の事業所から居宅サービスを受けている人の例をあげれば（2005（平成17）年度改革前)，①要支援の80代女性は心臓疾患をもち，少しの動きや緊張で息切れが起こり，掃除機をかけたり浴槽の掃除が困難で，掃除，買い物，布団干しの援助を受けていた（週３回２時間)，②要支援の80代女性はリウマチ疾患のため関節が変形していて重いものが持てず，屈み作業ができず室内歩行も伝い歩きで，買い物，掃除，布団干しの援助を受けていた（週３回1.5時間)，③要介護１の90代男性は脳梗塞後遺症のため左半身麻痺で腰痛もあり，ほとんど寝ている状態で，台所に立つことが難しくインスタントの食材に頼ることが多いが，訪問介護員の訪問時は野菜中心の料理が心がけられており，入浴介助，買い物，調理，掃除の援助を受けていた（週３回２時間)。これらの事例により，家事代行が切実であり，その廃止は生活困難をもたらし，在宅生活の支柱を失うことになるだろうということがわかる。「少しの動きや緊張で息切れが起こる」「屈み作業ができず室内歩行も伝い歩き」「台所に立つことが難しい」という状態は，訪問介護員とともに家事を行うということすら困難であることをうかがわせる。

30　介護予防訪問介護は，利用ケースの厳格化（家事代行サービスの制限）に加えて，身体介護・生活援助の区分を一本化するとともに，報酬が定額化（月単位，複数段階）された。従来の出来高払い制から定額払い制への転換に伴い，標準的な時間を超えて介護に手間がかかる利用者が避けられたり，サービスが途中で打ち切られる可能性がある。なお，要支援者への訪問介護サービスの削減が家族や保険外サービスへの依存度を高める可能性や，とくに低所得者の生活不安感を強めることが明らかにされている（杉原ほか，2009)。

31　例えば，高知県では2015（平成27）年段階で，高齢単身世帯数が５万2459世帯（高齢者のいる世帯に占める割合は34.3%）であるのに対して，高齢夫婦世帯数は４万1847世帯（高齢者のいる世帯に占める割合は27.4%）であり，1995（平成７）年度以降，単身世帯のほうが多い状況にある（高知県「高知県高齢者保健福祉計画・第７期介護保健事業支援

計画（平成30年度～令和２年度）」)。全国的には，2018（平成30）年段階で，高齢単独世帯数が約683万世帯，高齢夫婦世帯数は約805万世帯であるが，高齢単独世帯の数および全世帯に占める割合は増加傾向にあり，そのように高齢・独居化が進む地域ほど，家事代行サービスの顕在的・潜在的ニーズは高いと考えられる。

32　厚生労働省の介護予防市町村モデル事業中間報告によれば（厚生労働省老健局，2005年)，筋力向上（実施して個人別データの回答があった44市町村分）に関しては，要介護認定項目のうち，一次判定について「改善した者」43.9%，「維持した者」39.8%，「悪化した者」16.3%となっている。身体機能に関する項目では，その細目によって異なるが，「改善」77.6～36.2%，「維持」36.2～2.1%，「悪化」39.4～15.9%となっている。生活機能・QOLに関する項目では，日常役割機能（身体）は「改善」42.7%，「維持」26.9%，「悪化」30.4%，日常役割機能（精神）は「改善」35.0%，「維持」37.1%，「悪化」28.0%，社会生活機能は「改善」33.9%，「維持」42.3%，「悪化」23.8%，心の健康は「改善」55.9%，「維持」12.2%，「悪化」31.8%，全体的幸福感は「改善」61.9%，「維持」7.3%，「悪化」30.8%，等となっている。身体機能や生活機能・QOLに関しては，３割前後の人が悪化する可能性もあることがうかがえる。また，筋力向上に関し，モデル事業を実施した各市町村からの報告によれば，対象者について「理解を得られなかった」「対象者の確保が困難」などの状況報告や，市町村にとっても「測定が難しい」「疑問が残った」「必要とは思えない」項目があることなどが示されている。

33　介護保険改正法案の衆議院厚生委員会の地方公聴会（高知市，2005（平成17）年４月18日）においては，筆者も意見陳述したが，当時の高知市保健福祉部長も高知市における実践をふまえ，筋力向上トレーニングや介護予防事業は，意欲をもって取り組み，継続しなければ再び身体機能が低下すること，全国一斉の事業展開よりも地域の実情に合った効果的手法を導入するほうが効果的であること等を指摘している（公聴会の概要については，『月刊介護保険』2005年６月号の特集を参照)。

34　全国老人福祉施設協議会が，要支援と要介護の高齢者640人を対象に行った調査によれば（2004（平成16）年10月)，筋力トレーニングなどの介護予防について，「積極的に参加したい」24%，「やむをえないので参加する」30%，「参加したくない」43%，という意向調査結果が明らかにされている。

35　二木（2006）は，介護保険制度開始後４年間の介護給付費増加に対する軽度者の寄与率は24.9%にすぎないことを指摘したうえで，厚生労働省が介護予防効果に関して拠り所とした論文を含めた検証を行った結果，介護予防の短期的健康改善効果は確認されているが長期的効果は証明されていない，介護予防の社会的費用（介護・医療）抑制効果を厳密に実証した国際研究はない，新予防給付による費用抑制効果を支持する研究者はいない，筋力増強訓練は筋力増強や歩行速度の改善には効果があるが，ADLやQOLの改善効果の証拠はない，といった結論を得ている。

36　伊藤（2013）を参照。なお，椋野（2013）は，給付の事業移行は市町村によるサービス総量管理や抑制を意味することを指摘する一方で，介護保険の枠を超えた地域づくりの可能性を示唆している。2017（平成29）年度の介護サービス利用者は対前年度９万6000人減少しており，予防給付は対前年度27万2000人減少しており（厚生労働省「介護給付費等実態調査」平成29年度)，そのような抑制効果が生活の質にゆがみをもたらしていないかの検証も求められる。

37　池上（2005）は，高齢者に広く及ぶ予防給付や市町村事業を保険の枠内に入れることによる保険からの乖離性や，国税や第２号被保険者保険料が財源の多くを占めるもとで創設された地域密着型サービスが地域の独自性を発揮する財源とされていることの問題を指摘している。また，予防給付について，給付量の予測や範囲限定が困難であり，給付抑制より給付費増大のおそれがあるとの指摘もある（石田，2005）。

38　四国４県の市町村に対するアンケート調査結果（平岡和久・青木宏治・中沢純治・田中きよむによる「平成16年度高知大学人文学部研究プロジェクト」調査結果であり，2005（平成17）年３月実施，151市町村のうち54市町村が回答）によれば，「介護保険制度の見直し（施設費用徴収の見直しや新予防給付の創設等）によって，貴市町村の介護保険財政は改善・向上すると思いますか」という質問に対しては，「改善・向上する」７市町村（13.0％），「悪化する」９市町村（16.7％），「変わらない」10市町村（18.5％），「わからない」28市町村（51.9％）という回答分布になっており，財政面に限っても，2005年法改正の効果に対して不透明な受け止め方をしている市町村が多かった。

39　岡崎（2004）は，自立ということを「要介護状態の維持・改善」からのみ評価する視点を問題視している。2018（平成30）年度の介護報酬の改定では，全体で0.54％プラス改定（通所介護基本報酬は最大△7.3％）であったが，例えば要介護２で訪問介護の生活援助（調理や洗濯）を40分以上受けた場合，2025円から2007円（月９回）へ引き下げられ，通所介護も8525円から8371円（月11回）へ引き下げられたが，「一人で着替えられたら10点」「手助けが必要なら５点」など６か月後の点数が上回っている利用者が下回る人より多ければ，利用者全員について一人当たり月60円の「成功報酬」が事業所に支払われる。なお，2021（令和３）年度の介護報酬は，全体で0.7％のプラス改定となり，コロナ禍の影響をふまえ，感染症や災害の発生に備え，業務を継続するための計画策定や訓練が事業所に義務づけられるとともに，事業収入の大幅減少を緩和するための特例が制度化された。

40　2019（平成31）年４月１日現在で，利用者負担の軽減施策として，1571保険者のうち，社会福祉法人による軽減措置（1506保険者95.9％），障害者ヘルパー利用者の軽減措置（448保険者28.5％），離島等地域における軽減措置（111保険者7.1％），中山間地域における軽減措置（56保険者3.6％）とは別に，市町村単独の軽減措置を262保険者（16.7％）が実施している（厚生労働省老健局介護保険計画課「令和元年度介護保険事務調査の集計結果について」（令和２年９月25日事務連絡））。なお，久保寺（2013）は，実証分析に基づき，介護サービス需要はサービス種類にかかわらず総じて価格非弾力的であるため，利用者負担割合の引き上げは介護費用の抑制にはほとんどつながらないことを示唆している。

41　保険料単独減免保険者数は，2001（平成13）年４月１日では134保険者（4.7％）であったが，2019（平成31）年４月１日では485保険者（30.9％）になっており，そのうち３原則を遵守している保険者の割合は同時期で32.1％から87.4％に高まってきている（前掲「介護保険事務調査の集計結果について」平成25年度，令和元年度）。

42　例えば，高知県梼原町では，介護保険制度の改正を通じた地域包括ケアシステムが制度化される以前から，地域包括ケアが推進されてきたが，保健・医療・福祉関係の多職種合同の「ケアプラン会議」が開催されてきている（田中，2017）。

43　ただし，従来の評価はストラクチャー／プロセスからの視点が中心であり，アウトカムからの視点も加えたバランスのとれた評価の必要性が指摘されている（伊藤・近藤，2012）。また，福岡市を事例として評価システムの課題を探ったものとして，鬼崎（2014）第７章を参照。

44　養介護施設従事者等による虐待判断件数は，2006（平成18）年度54件から2019（令和元）年度644件へと増え続けている。2019（令和元）年度の場合，相談・通報者は「当該施設職員」が23.8％と最も多い。虐待の種別・類型では，「身体的虐待」60.1％，「心理的虐待」29.2%，「介護等放棄」20.0%，「性的虐待」5.4%，「経済的虐待」3.9%となっている（複数回答)。虐待の要因としては，「教育･知識･介護技術等に関する問題」（56.8%）に次いで，「職員のストレスや感情コントロールの問題」（26.4%)，「虐待を助長する組織風土や職員間の関係の悪さ，管理体制等」（20.5%)，「人員不足や人員配置の問題及び関連する多忙さ」（12.6%）があげられている（複数回答)。被虐待高齢者は性別では女性が69.9%，年齢別では85～89歳が23.5%，要介護度別では要介護3以上が75.8%と最も多くなっている。一方，虐待者は，年齢別では40歳未満が29.9%，職種は「介護職員」が79.5%と最も多くなっており，性別では男性（52.3%）が女性（43.2%）より多い（厚生労働省「令和元年度『高齢者虐待の防止，高齢者の養護者に対する支援等に関する法律』に基づく対応状況等に関する調査結果」)。

45　有効回答9126事業所に関して行われた調査によれば，「介護サービス事業を運営する上での問題点」（複数回答）として，「良質な人材の確保が難しい」（56.7%）に次いで，「今の介護報酬では，人材の確保・定着のために十分な賃金を払えない」（47.5%）が多くなっている（介護労働安定センター，2019)。しかも，訪問介護員や介護支援専門員は，報酬に反映されない「ただ働き」的な付随業務（介護保険外の支援の調整・相談，見守り等）を多く抱えている現実がある。原野ら（2009）は，介護福祉職が仕事を継続している理由と離職を踏みとどまった理由に共通するものとして，「労働条件」「職場のよい人間関係」「やりがい」「介護への自信」「仕事に対する価値」などがあることを質的に分析し，「労働条件」は，さらに「勤務体制」と「経済的理由」のサブカテゴリーから構成されることを明らかにしている。なお，増子（2013）は，訪問介護に関して，移動時間を評価する「往療料」の加算化，拘束時間を実労働時間とする「中抜け勤務」，直行直帰から事務所方式への移行などを提案している。

46　介護労働者の平均賃金月額（月給の者の所定内賃金の全国平均）は，2019（令和元）年度の場合，23万1135円（男性24万0484円，女性22万7750円）であるが，同年度の全産業平均では，30万7700円（男性33万8000円，女性25万1000円）となっており，一般労働者と比べて相当の給与水準格差が見られる（前掲・介護労働安定センター，2019)。一方，全国の介護福祉士養成施設の入学定員に対する充足率は，近年50%前後の状況にあり，2015（平成27）年度50.0%，2016（平成28）年度46.4%，2017（平成29）年度45.7%，2018（平成30）年度44.2%，2019（令和元）年度48.5%，2020（令和2）年度51.7%となっている（日本介護福祉士養成施設協会「介護福祉士養成施設の入学定員充足度状況等に関する調査の結果について」各年度)。

47　前掲・介護労働安定センター，2019

48　厚生労働省社会・援護局福祉基盤課「第7期介護保険事業計画に基づく介護人材の必要数について」平成30年5月21日

49　「経済財政運営と改革の基本方針2018」平成30年6月15日閣議決定

50　総務省統計局「平成24年就業構造基本調査の結果」2013年10月4日，同「平成29年就業構造基本調査の結果」2018年7月13日

51　老人福祉・介護事業倒産件数は（各年12月2日まで)，27件（2010（平成22）年)，19件（2011（平成23）年)，33件（2012（平成24）年)，54件（2013（平成25）年)，54件（2014（平成26）年)，76件（2015（平成27）年)，108件（2016（平成28）年)，111件（2017（平成29）年)，106件（2018（平成30）年)，111件（2019（令和元）年)，118件（2020（令和2）年）と推移している（東京商工リサーチ「2020年『老人福祉・介護事業』の倒産状況」2020年12月8日)。

52　なお，2021（令和3）年度の介護報酬改定では，介護福祉士や勤続年数の長い職員の割

合が高い事業所の報酬を手厚くするとともに，職員の負担軽減を図るために，見守り機器を導入する場合の夜間の人員配置基準が緩和される予定となっている。一方，訪問介護の基本報酬は1回当たり/単位の引き上げ，介護支援専門員の基本報酬は約1.8%の引き上げ予定にとどまっている。

53　この点との関連では，2020（令和2）年度予算において，地域医療介護総合確保基金を活用した取り組みとして，介護職員に対する悩み相談窓口設置事業や若手介護職員交流推進事業が始められた。また，介護する楽しさややりがいから成り立つ虐待<回避行動を支えるエネルギー>が，<感情のリセット>や<支援要請で免れる>などから成り立つ虐待回避行動を可能にすることが質的研究で明らかにされており（藤江・小嶋2020），虐待予防のうえでも魅力的な職場づくりは重要である。

54　太田（2005）は，OECD諸国の実態をふまえ，地域拠点としての施設整備を図り地域ケアへと転換するとしても高齢者比で5～6%程度の施設整備が必要との共通認識が広がっているとして，日本のように施設整備を3%程度に抑えた「低施設整備での地域ケアへの転換」では家族介護者等の負担増をもたらしかねない，と指摘している。なお，法律的には，介護保険法や障害者自立支援法（現・障害者の日常生活及び社会生活を総合的に支援するための法律）のもとで，サービス不足に対する市町村の法的責任を問うたりサービスの直接提供を要求することは困難であるとの指摘がある（中野，2009）。

55　過疎地域における脆弱な介護サービス体制を質的に明らかにしたものとして，佐野間（2020）を参照。

56　とりわけ，医療・介護資源が不足する中山間地域においては，フォーマル・サービスとインフォーマル・サービスの集約的な連携が求められることを指摘したものとして，渡邊（2014）を参照。

57　横山（2003）は，サービス選択に矮小化されがちな「選択の自由」論を批判し，利用者が希望する生活を選択できることこそ，本来の「選択の自由」であると問題提起している。

58　福祉サービス利用援助事業（日常生活自立支援事業）を主に担う社会福祉協議会と成年後見制度を担う機関との間で，また，成年後見制度を担う各機関（司法書士会，弁護士会，社会福祉士会，等）同士の間で，日常実践的に連携が行われているとは言えず，クライエントや家族，支援者等が自分に適した相談をどこへもっていけばよいかがわからない（どこに相談機関があるかも含めて）という現状も見受けられる。それらの各機関合同の総合相談センターを明示的に設置して，クライエント側が内容の如何にかかわらず相談を持ち込める窓口をつくり，各機関の機能，役割や人員配置状況等に照らして，ワンストップで適切な支援を行える体制づくりが課題となっている（両制度に対する住民意識や制度上，運用上の課題を考察したものとして，田中（2002）を参照）。また，権利擁護や虐待防止の拠点としても位置づけられた地域包括支援センターと関係各機関との有機的な連携体制の構築も課題となっている。なお，権利擁護や成年後見制度の課題については，河野（2009），大貫（2009），村田・星野・池田（2013）第4章をも参照。

59　介護保険給付費（利用者負担を除いた額）が3兆2427億円（2000（平成12）年度）から9兆6266億円（2018（平成30）年度）へ3倍程度増加（前掲「平成30年度　介護保険事業状況報告（年報）」する一方で（2025（令和7）年度には20兆円前後の見通し），第1号被保険者の基準保険料（月額）は2911円（2000（平成12）～2002（平成14）年度）から5869円（2018（平成30）～2020（令和2）年度）へと上昇しており，2025（令和7）年度には8165円になると見込まれるなかで，介護保険料滞納による差押え処分決定人数は7900人（2014（平成26）年4月1日）から19221人（2019（平成31）年4月1日）に増加している（前掲「介護保険事務調査の集計結果について」平成26年度，令和元年度）。

60　森山（2021）は，家族側の立場から，家族介護を労働と位置づけて正当な報酬を保証するうえで現金給付の必要性を提起している。

61　住民主体の地域福祉計画・地域福祉活動計画の策定・実行手法について考察したものとして，田中（2005），田中・水谷・玉里・霜田（2013a・b），田中（2014），田中・霜田（2018）を参照。なお，山田（2005）は，2005（平成17）年法改正に対置して，「生活の質」関連サービスを保険の枠外で提供するシステムづくりを提起している。

（参考文献）


・阿部充宏『文例・事例でわかる　居宅ケアプランの書き方』中央法規出版，2020年

・足立正樹『各国の介護保障』法律文化社，1998年

・新井康友・荻原康一・小澤薫・菅野道夫編著『検証「社会保障改革」』自治体研究社，2014年

・アン・マグドナルド（杉本敏夫監訳）『高齢者福祉とソーシャルワーク』晃洋書房，2012年

・藤江慎二・小嶋章吾「介護職員が虐待行為を回避しているプロセス―修正版グラウンデッド・セオリー・アプローチを用いて―」『介護福祉学』第27巻第1号，2020年

・舟場正富・齋藤香里『介護財政の国際的展開』ミネルヴァ書房，2003年

・府川哲夫「2060年の高齢者像―INAHSIMによる推計―」『季刊社会保障研究』第48巻第4号，2013年

・原野かおり・桐野匡史・藤井保人・谷口敏代「介護福祉職が仕事を継続する肯定要因」『介護福祉学』第16巻第2号，2009年

・ぎょうせい編『介護保険の手引』各年版

・萩原康生・松村祥・宇佐見耕・後藤玲子編『世界の社会福祉年鑑第9集』旬報社，2009年

・服部万里子「06年介護保険制度の改正と介護職」『おはよう21』2006年6月号

・平松誠・近藤克則・平井寛「介護予防施策の対象者が健診を受診しない背景要因―社会経済的因子に着目して―」『厚生の指標』第56巻第3号，2009年

・本沢巳代子『公的介護保険』日本評論社，1996年

・井口克郎「介護保険サービス抑制の問題点」『経済』第237号，2015年

・池上岳彦「介護サービスの財源問題」『都市問題』2005年1月号

・稲森公嘉「介護保険制度見直しの方向」『ジュリスト』第1282号，2005年

・石田重森「介護保険見直し論にみる社会保険からの乖離」『週間社会保障』第2327号，2005年4月号

・石附敬・和気純子「重度要介護者の在宅サービスの利用実態と利用要因―長期在宅者と施設入所者の比較―」『社会福祉学』第51巻第2号，2010年

・伊藤亜紀監『いちばんわかりやすい最新介護保険』成美堂出版，2020年

・伊藤美智予・近藤克則「ケアの質評価の到達点と課題」『季刊社会保障研究』第48巻第2号，2012年

・伊藤周平『検証介護保険』青木書店，2000年

・伊藤周平『改革提言介護保険』青木書店，2004年
・伊藤周平『「改正」介護保険と社会保障改革』山吹書店，2005年
・伊藤周平「障害者自立支援法と介護保険法（上・下）」『賃金と社会保障』第1495号・第1498号，2009年
・伊藤周平「社会保障制度改革国民会議報告書を読む」『賃金と社会保障』第1594号，2013年
・伊藤周平・日下部雅樹『新版　改定介護保険法と自治体の役割』自治体研究社，2016年
・鏡諭『総括・介護保険の10年』公人の友社，2010年
・介護保険実務研究会編『自治体の介護保険制度改革』ぎょうせい，2005年
・介護サービス事業リスクマネジメント研究会編著『介護保険実施20周年をふりかえって』第一法規，2021年
・介護労働安定センター『介護労働の現状Ⅰ―介護事業所における労働の現状―』平成16（2004）年版，平成25（2013）年版
・介護労働安定センター「令和元（2019）年度介護労働実態調査　事業所における介護労働実態調査結果報告書」2020年８月７日
・加藤久和「社会保障の財政展望」『季刊社会保障研究』第48巻第４号，2013年
・ケアマネジャー編集部編，中村匡宏編集協力『プロとして知っておきたい！　介護保険のしくみと使い方―ケアマネ・相談援助職必携―』中央法規出版，2019年
・鬼崎信好『高齢者介護サービス論―過去・現在・未来に向けて―』中央法規出版，2014年
・鬼崎信好・増田雅暢・伊奈川秀和編著『世界の介護事情』中央法規出版，2002年
・小濱道博・小林香織『コロナ時代の介護事業戦略』翔泳社，2020年
・河野正輝「社会福祉の権利と権利擁護」『月刊福祉』2009年２月号
・高齢者介護研究会「2015年の高齢者介護」2003年
・久保寺重行「介護サービス需要行動に関する実証分析」『社会福祉学』第54巻第２号，2013年８月号
・日下部雅喜『どうなる介護保険総合事業』日本機関紙出版センター，2016年
・増田雅暢『介護保険見直しの争点』法律文化社，2003年
・増田雅暢「予防給付の見直しは疑問　地域包括支援センターの総合化を」『介護保険情報』2013年11月号
・増子忠道『やりなおし介護保険』筑摩書房，2013年
・峯本佳世子・杉原百合子・山田裕子・斉藤千鶴・田中八州夫「地域包括支援センターにおける社会福祉士の課題」『介護福祉学』第20巻第２号，2013年
・森山治「家族介護は労働。正当な報酬を支払い，家族の『生活と人生の両立』を保証せよ」『月刊 ケアマネジメント』第32巻第１号，2020年
・村田彰・星野茂・池田惠理子編『わかりやすい成年後見・権利擁護　第２版』民事法研究会，2013年
・宮本憲一『環境経済学』岩波書店，1989年
・宮本恭子『越境する介護政策：日本とドイツの介護保障システムの検証』日本評論社，2021年

・水谷利亮・田中きよむ・玉里恵美子・時長美希『介護保険から保健福祉のまちづくりへ』自治体研究社，2001年
・椋野美智子「予防給付の『事業化』を考える」『週刊社会保障』第2754号，2013年12月号
・中野妙子「介護保険法および障害者自立支援法と契約」『季刊社会保障研究』第45巻第１号，2009年
・日本ソーシャルワーク教育学校連盟編『最新社会福祉士養成講座②　高齢者福祉』中央法規出版，2021年
・二木立「新予防給付のゆくえ―長期的な健康増進効果と費用抑制効果は未証明―」『社会福祉研究』第95号，2006年
・二木立『介護保険制度の総合的研究』勁草書房，2007年
・小竹雅子『総会後社会』岩波書店，2018年
・大貫正男「成年後見制度の現状と課題」『月刊福祉』2009年２月号
・太田貞司「介護保険制度のゆくえ―2005年の改正と高齢者ケアの今後―」『社会福祉研究』第94号，2005年
・岡伸一「社会保障と家族介護」『週刊社会保障』第3095号，2020年
・岡崎仁史『ドイツ介護保険と地域福祉の実際』中央法規出版，2000年
・岡崎祐司「介護保険制度『見直し意見』の分析と批判（上）」『賃金と社会保障』2004年10月号
・岡崎祐司・福祉国家構想研究会編『老後不安社会からの転換』大月書店，2017年
・齋藤香里「ドイツの介護者支援」『海外社会保障研究』第184号，2013年
・佐野間寛幸「過疎地域のソーシャルワーク実践と生活課題に関する研究―見えにくい貧困と脆弱な介護サービス体制―」『医療と福祉』第54巻，2020年
・佐藤影美「ドイツの公的介護保険にみる給付の傾向と特徴」『厚生の指標』第56巻第４号，2009年
・佐藤卓利「介護保険制度の見直しと自治体福祉政策の課題」『賃金と社会保障』2004年11月号
・芝田英昭編著『検証：介護保険施行20年　介護保障は達成できたのか』自治体研究社，2020年
・下野恵子・大日康史・大津廣子『介護サービスの経済分析』東洋経済新報社，2003年
・社会福祉士養成講座編集委員会編『新・社会福祉士養成講座⑬高齢者に対する支援と介護保険制度　第６版』中央法規出版，2019年
・社会福祉士養成講座編集委員会編『新・社会福祉士養成講座⑲権利擁護と成年後見制度　第４版』中央法規出版，2014年
・坂本忠次・住居広士編著『介護保険の経済と財政』勁草書房，2006年
・白澤政和『「介護保険制度」のあるべき姿』筒井書房，2011年
・菅村佳美ほか「居宅介護支援事業所の介護支援専門員からみた地域包括支援センターの現状と問題点の分析」『厚生の指標』第57巻第４号，2010年
・杉原陽子ほか「要支援認定者における介護保険制度改定の影響評価―サービス削減への対処とその心理的影響―」『社会福祉学』第50巻第２号，2009年

・曽我千春「介護保険制度の改編と介護保障」『経済』第265号，2017年
・鈴木厚『安全保障としての医療と介護』朝日新聞出版，2010年
・鈴木博之「地域包括支援センターの現状と課題」『ゆたかなくらし』2009年５月号
・田中元『介護事業者・関係者必携　改正介護保険早わかり』自由国民社，2020年
・田中きよむ「介護保険・地域福祉における民主的効率性―高知県内外の地域調査から―」高知大学経済学会『高知論叢』第71号，2001年
・田中きよむ「成年後見・地域福祉権利擁護制度をめぐる動向と意識―高知県の場合―」高知大学経済学会『高知論叢』第73号，2002年
・田中きよむ『少子高齢社会の福祉経済論』中央法規出版，2004年
・田中きよむ「地域福祉計画・地域福祉活動計画をめぐる高知県の動向と課題」高知大学経済学会『高知論叢』第82号，2005年
・田中きよむ「社会保障制度改革と地方自治体」『住民と自治』2009年２月号
・田中きよむ・水谷利亮・玉里恵美子・霜田博史『限界集落の生活と地域づくり』晃洋書房，2013年a
・田中きよむ・水谷利亮・玉里恵美子・霜田博史「限界集落における孤立化防止と共生の居場所づくり・地域づくり」高知大学経済学会『高知論叢』第108号，2013年b
・田中きよむ「地域福祉（活動）計画と住民主体のまち・むらづくり（上）」『ふまにすむす』第25号，2014年
・田中きよむ「自治型総合的地域づくりの要因と課題 ―愛媛県内子町と高知県梼原町の事例から―」『ふまにすむす』第28号，2017年
・田中きよむ・霜田博史「地域福祉（活動）計画とその持続性に関する一考察」『高知論叢』第115号，2018年
・谷下雅義「要介護認定の影響要因」『厚生の指標』第67巻第６号，2020年
・土田武史「ドイツの介護保険改革」『健保連海外医療保障』第94号，2012年
・筒井孝子『地域包括ケアシステムの深化―integrated care理論を用いたチェンジマネジメント―』中央法規出版，2019年
・東京都社会福祉協議会『成年後見制度とは・・改訂第２版』2014年
・豊田謙二・高橋信行編『地域福祉と介護保険』ナカニシヤ出版，2002年
・和田勝編著『介護保険制度の政策過程』東洋経済新報社，2007年
・渡邊房枝「中山間地域の地域包括ケア」『月刊福祉』2014年１月号
・山田誠編著『介護保険と21世紀型地域福祉』ミネルヴァ書房，2005年
・山本惠子『行財政からみた高齢者福祉』法律文化社，2002年
・横山寿一『社会保障の市場化・営利化』新日本出版，2003年
・楊暁俊・岡田進一「一人暮らし高齢者に対する介護支援専門員の支援困難感の構成要素の構造」『社会福祉学』第61巻第１号，2020年
・全国老人保健施設協会編『介護白書　2005年版』ぎょうせい，2005年

第5章

# 児童福祉システムの制度分析

第1章では，少子化の状況をふまえ，子育て支援の基本的視座を示したが，本章では，児童福祉施策の具体的内実に立ち入り，その現状と課題を明らかにする。少子化対策の視点だけで児童福祉のありようを論じることは一面的であり，子ども自身の発達と自己実現を支援するという人間発達の視点が重要になる。

以下では，児童福祉にかかわる分野として，保育所制度，児童虐待防止制度，児童手当制度，育児休業制度を順に取り上げる。

## 第1節 保育所制度をめぐる現状と課題

### 1――― 保育所制度の概要

保育所制度は，戦後間もなく，1947（昭和22）年の児童福祉法の制定によって制度化された。そのような初期の頃は，まだ保育所の数が少なく，需要も少なかった。しかし，1950年代後半からの高度経済成長期を経て，産業構造の中軸が，農林水産業中心の第一次産業から，製造・建設業などの第二次産業へ移行し，さらに1970年代の低成長時代を経て，商業・金融・サービス業などの第三次産業へ移行するとともに，農山漁村から都市への人口移動も進むなかで，女性の工場や会社への勤務が増えると，保育需要が拡大していった。保育所の量的拡大が，とくに求められた時代であったと言えよう。

しかし，1980年代から，1989（平成元）年の1.57ショックを経て，1990年代に入り，少子化が社会問題視され，子育ての家庭責任から社会化へと政策認識が転換し，具体策も打ち出されていくなかで，ニーズに応えられる保育所の必要性が説かれるようになった。そのようななかで，保育所の単なる量的拡大だけでなく，機能的拡充の方に政策的力点が移っていった。

1997（平成9）年には，50年ぶりに児童福祉法の大幅改正が行われ，保育所の選択利用ということが制度化された(注1)。保育所入所の決定権限が行政にあることを意味する「措置」という表現が削除され，保護者の申請を前提として，市町村が保育に欠ける児童に対して「保育しなければならない」という表現に改められた。同時に，保護者の選択に資するため，保育所に関する情報提供が市町村に義務づけられた。ただし，保護者の申請を前提として市町村に情報提供を義務づけたことで，保護者の選択環境を一定程度整えたものの，保護者と保育所の直接的な契約を一般的に認めたものではなく，保育実施責任（入所決定権限）が市町村にあることには変わりない（図表5－1）。

公的に認可される保育所の運営主体は，従来，市町村や社会福祉法人などの公益性の強い団体に限定されてきたが，供給主体を特に制限しない第二種社会福祉事業でもあったことから，2000（平成12）年から民間企業の参入が認められた。認可された場合，建設費のうち，国50%，都道府県25%，設置者25%の負担割合で，市町村が設置主体である場合（公立）を除き，4分の3が公費負担され，運営費（国が定める保育単価×児童数）については，保育料（保護者の所得に応じた応能負担）を除く給付費に関して，国50%，都道府県25%，市町村25%の負担割合で，基本的に公費負担が行われる仕組み（ただし，建設費の実勢価額が負担基準額よりも高い場合や，運営費に関し，最低基準以上の人員配置が必要な場合などもあるため，その場合には，設置・運営主体の持ち出しとして，超過負担が発生する）になっていた。

しかし，2004（平成16）年度から公立保育所の運営費に関しては，一般財源

**図表5－1　保育所の利用手続き**

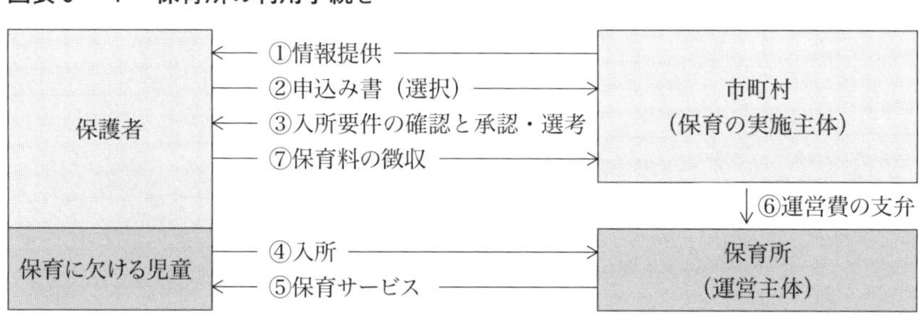

化（国・都道府県の負担金の廃止）されたことに伴い，市町村が自主財源で運営費負担を行うことを基本とし，それでも不足する場合には，国からの地方交付税交付金（一般財源的な補助金）によって補填される仕組みに変わった。また，2005（平成17）年度から，建設費に関する定率国庫負担金も定額補助金化（ハード交付金）され（定率時より減額），都道府県の負担義務も廃止された。

保育料の徴収基準に関しては，国の徴収基準としては，現在のところ，所得（前年分の所得税納税額）に応じた８階層区分を基本にしている。しかし，実際の徴収は，市町村の徴収基準に基づき，国基準とは別に，階層区分を増やすことによって軽減措置を行っている地域が多いが，その場合の軽減分は市町村の持ち出しとなる（図表５－２）。

保育所の認可要件としては，2011（平成23）年４月に成立した児童福祉法改

**図表５－２　保育所運営費（民間の場合）と保育料**

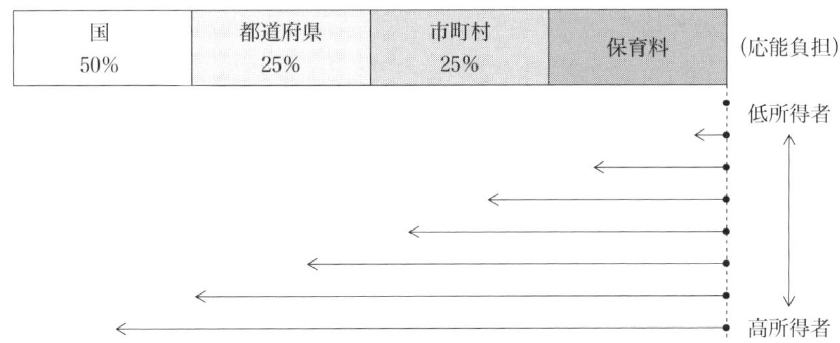


注　公立の場合は，運営費全額を市町村が負担

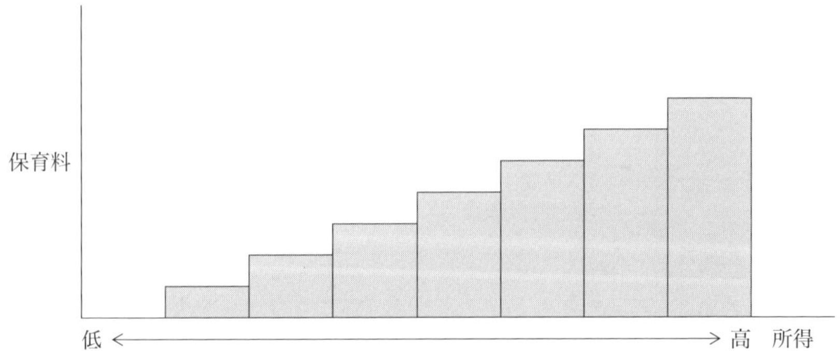

正により，児童福祉施設の最低基準は地方条例化され，「児童福祉施設の設備及び運営に関する基準」（省令）をふまえて都道府県などが条例で設備・運営基準を定める。国が定める基準のうち，人員配置基準，居室面積基準（一部の指定地域を除く），人権に直結する運営基準は「従うべき基準」とされ，それ以外は「参酌すべき基準」とされた。人員配置の基準は，児童：保育士が，乳児（０歳児）の場合は３：１，１～２歳児の場合は６：１，３歳児の場合は20：１，４～５歳児の場合は30：１になっている。

入所要件は，「保育に欠ける」ことであるが，保護者が昼間の労働，妊娠・出産，傷病・障害，介護，災害復旧などのため，保育ができない状態にあるという国の基準（児童福祉法施行令）に従い，市町村が条例で「保育に欠ける」事由を定める（後述の子ども・子育て支援新制度においては，「保育の必要性」の事由として，保護者の昼間労働以外の就労，求職活動，就学のほか，虐待やDVのおそれがあること等が追加されている）。そのうえで，保育所の入所希望者が定員を超過するなどして適切な保育が困難になる場合には，市町村が公正な方法で選考することができることになっている。例えば，保護者が被用者か自営業か，フルタイマーかパートタイマーか，兄・姉が入所しているか，祖父母が同居しているか，といったことが優先順位の判断基準になることが考えられるが，具体的には，市町村が選考基準を設けることになる（本来，公開されるべきものであるが，市町村によって公開度に差がある）。

なお，３歳以上児を対象とする幼稚園は学校教育機関であり文部科学省の所管であるのに対して，保育所は児童福祉施設であり厚生労働省の所管である。その意味で，制度的に区別されるが，後述の通り，認定こども園等の制度化により，総合化，一元化に向けた規制緩和が進められつつある。

## 2――― 保育所をめぐる動向

少子化のもとでも，むしろ，保育需要は増加している。背景として考えられることは，女性の就労意欲や就業継続意識が高まっていることのほか，不況の影響で妻の家計補助的な役割が必要になる面からも，共働き世帯が増えていることが考えられる。[注２]

図表５－３の通り，保育所の利用児童数は全体として増えているが，とくに

**図表５―３　保育所等利用児童数の推移**

| | 2008年 | 2010年 | 2012年 | 2014年 | 2016年 | 2018年 | 2020年 |
|---|---|---|---|---|---|---|---|
| 入所児童 | 約202万人 | 約208万人 | 約218万人 | 約227万人 | 約246万人 | 約261万人 | 約274万人 |
| １～２歳児 | 約59万人 | 約64万人 | 約69万人 | 約74万人 | 約84万人 | 約92万人 | 約96万人 |
| ０歳児 | 約8.8万人 | 約9.9万人 | 約10.9万人 | 約11.9万人 | 約13.7万人 | 約15.0万人 | 約15.1万人 |

出典　厚生労働省子ども家庭局（雇用均等・児童家庭局）保育課「保育所関連状況とりまとめ」各年

**図表５―４　保育所等の定員・利用児童数と定員充足率**

| | 2008年 | 2010年 | 2012年 | 2014年 | 2016年 | 2018年 | 2020年 |
|---|---|---|---|---|---|---|---|
| 定員（人） | 2,120,889 | 2,157,890 | 2,240,178 | 2,335,724 | 2,634,510 | 2,800,579 | 2,967,328 |
| 利用児童数（人） | 2,022,173 | 2,080,114 | 2,176,802 | 2,266,813 | 2,458,607 | 2,614,405 | 2,737,359 |
| 定員充足率（％） | 95.3 | 96.4 | 97.2 | 97 | 93.3 | 93.4 | 92.2 |

出典　図表５―３と同じ

**図表５―５　保育所待機児童数の推移**

| 2008年 | 2010年 | 2012年 | 2014年 | 2016年 | 2018年 | 2020年 |
|---|---|---|---|---|---|---|
| 19,550人 | 26,275人 | 24,825人 | 21,371人 | 23,553人 | 19,895人 | 12,439人 |

出典　図表５―３と同じ

乳児や１～２歳児の増加が著しく，早い時期からの保育需要が高まっている（各年４月１日現在)。その結果，図表５―４にあるように，近年は定員充足率も90％以上で推移している。

保育所に入れずに待機している児童も，図表５―５の通り，１万～２万人規模で推移している。都道府県別では，東京都（2343人)，兵庫県（1528人)，沖縄県（1365人)，福岡県（1189人)，埼玉県（1083人）の順に多くなっている（2020（令和２）年４月１日現在，政令指定都市・中核市分を含む)。首都圏・近畿圏の７都府県（埼玉，千葉，東京，神奈川，京都，大阪，兵庫）とそれ以外の政令指定都市・中核市の合計（7896人）で全国の待機児童数の63.5％を占めており，都市部に集中する傾向が認められる[注３]。なお，2001（平成13）年度から待機児童の定義が変更され，他に入所可能な保育所があるにもかかわらず特定の保育所を希望している場合と認可保育所への入所を希望していても自治体の単独施策で対応している場合はカウントされないことになった。変更理由は不明であるが，新定義では，保護者のニーズに応えられず待機している児童が把握できなくなり，それへの対応を考える基礎データにはなり得ない。

認可保育所の利用児童数は増加傾向にあるものの，施設数は，戦後，1984（昭和59）年まで増加が続いたが，1985（昭和60）年以降，2000（平成12）年まで連続して減少した。その後，増加傾向が続き，近年では，２万2699か所（2006（平成18）年）から２万4425か所（2014（平成26）年）へ連続して漸増した後，２万3759か所（2020（令和２年））へ低水準化する傾向が見られる。（注４）これは，公立保育所を中心に統廃合・民営化が進められたことが影響しているものと考えられる。実際，2000（平成12）～2019（令和元）年にかけて，公立保育所は１万2707か所から8332か所へ減少する一方，私立保育所は9492か所から１万5219か所へ増加している。（注５）

他方，認可外保育施設は，1980年代後半以降も，施設数・入所児童数ともに増加傾向にあるが，近年では，施設数は7334か所（2008（平成20）年３月31日現在）から１万2027か所（2019（平成31）年３月31日現在）へ増加傾向が見られ，入所児童数は，同期間で（年により増減はあるが），23万2765人から23万2122人へ22万人以上で推移している。（注６）認可保育所に比べ，入所児童数の規模は１割以下であるが，認可保育所では応えにくいニーズを満たしている面もある。認可外保育施設のうち，夜間保育，宿泊保育，または時間単位の一時預かり保育のいずれかを行うものをベビーホテルというが，その保育時間は，「24時間」21.4％，「宿泊（２～７時）」7.9％，「深夜（22～２時）」6.0％，「夜間（20～22時）」24.4％，「昼間のみ（７～20時）」40.2％となっている（2019（平成31）年３月31日現在）。また，同時期のベビーホテル入所児童のうち３歳未満児の割合は55.2％を占めており，需要が高まっている低年齢児を多く受け入れていることがわかる。

認可保育所の場合，保育時間の最低基準は８時間であるが，実際には，９時間以下は少数で（２万2822か所中124か所），11時間を超えるところが７割以上（同１万7428か所）になっている（2018（平成30）年10月１日現在）。（注７）これは，民間保育所の延長保育で国庫補助対象の基準が11時間超であることも関係しており，「７～18時」あたりの開所時間が一般的になりつつあると言える。

その反面，夕方以降の保育ニーズを認可外保育施設が補っている面があり，認可・認可外保育施設を両方利用せざるを得ない，いわゆる二重保育の場合も見られる。

このように，認可外保育施設には制度のすき間を埋めている面があるものの，保育従事者の数や資格，構造・設備，健康管理・安全確保などの面で行政指導上の基準を満たしていない施設が多いという問題もある。ベビーホテルの場合，立入調査が実施された6433か所中，指導監督基準不適合施設は2695か所（41.9%）に及んでいる（2018（平成30）年度）[注8]。

一方，保育所に子どもを預けず，家庭で育児をしている保護者にとっては，育児に関する不安や悩みが多くなっており，各種アンケート調査によれば，勤労女性との比較では，子どもと接する時間が長い専業主婦の方が不安や負担感が大きい。核家族化が進むなかで祖父母との間で相談やノウハウの継承が難しくなっているうえ，とくに都市部では，近所づき合いが希薄になっていることもあり，孤独な状態で育児不安を抱えている親が多い[注9]。このような問題に対して，保育所レベルでは，子育て支援事業が機能を果たすものとして位置づけられている。

### 「エンゼルプラン」と「子ども・子育て応援プラン」「子ども・子育てビジョン」

上のようなニーズ・課題に応えるために，国レベルの計画として，1994（平成6）年に「今後の子育て支援のための施策の基本的方向について」（エンゼルプラン）が策定され（計画期間1995（平成7）～2004（平成16）年度），その前半期の目標数値を含む計画として，緊急保育対策5か年事業（計画期間1995（平成7）～1999（平成11）年度）が打ち出された。後半期においては，1999（平成11）年に「重点的に推進すべき少子化対策の具体的実施計画について」（新エンゼルプラン）が策定された（計画期間2000（平成12）～2004（平成16）年度）。さらに2004（平成16）年には，「少子化社会対策大綱に基づく重点施策の具体的実施計画について」（子ども・子育て応援プラン）が策定された（計画期間2005（平成17）～2009（平成21）年度）。各プランの主な目標値は，図表5－6の通りである。

低年齢児保育は，特に0～2歳児の保育需要が高まっていることに対応する

**図表５―６　エンゼルプラン，新エンゼルプラン，子ども・子育て応援プランの主な目標値**

| | エンゼルプラン（1999年度目標） | 新エンゼルプラン(2004年度目標) | 2008年度実績 | 子ども・子育て応援プラン（2009年度目標） |
|---|---|---|---|---|
| 低年齢児保育（万人） | 60 | 68 | － | － |
| 延長保育（か所） | 7,000 | 10,000 | 15,076 | 16,200 |
| 一時保育・特定保育（か所） | 3,000 | 3,000 | 8,708 | 9,500 |
| 地域における子育て拠点（か所） | 3,000 | 3,000 | 4,889 | 6,000 |
| 休日保育（か所） | － | 300 | 927 | 2,200 |
| 病児・病後児保育 | － | 500市町村 | 845か所 | 1,500か所 |

注　2008年度実績は，交付決定ベース
出典　『厚生労働白書』各年版

ものである。延長保育は，母親の就労が進むなかで保育時間の延長要求の増大に対応するものである（ただし，夜間以降の対応は難しい）。一時保育（保護者が育児をすることが難しいときに，１日や時間単位で一時的に子どもを預けられるサービス），休日保育（日曜・祝日等に保護者の勤務などにより，保育する人がいない場合に利用できる保育サービス），病後児保育（病気の回復途中にあり，通常の集団保育を受けることが難しい子どもを預かる保育サービス）も，ニーズの高いものである。地域における子育て拠点は，「地域子育て支援センター」などで，保育所を利用していない子と親を対象に，保育所の１室などを活用し，週１回程度，地域の親子同士が交流できる機会を提供するものである。保護者にとっては，日頃の育児のストレスを発散したり，不安や悩みを当事者同士で話し合ったり，担当保育士に相談できる。児童にとっても，友達をつくる機会になる。女性の就労形態の多様化に伴って，休日保育のニーズも高い。

子ども・子育て応援プランは，2003（平成15）年制定の「少子化社会対策基本法」に基づいて2004（平成16）年に閣議決定された「少子化社会対策大綱」の重点課題に沿って，2009（平成21）年度までに講ずる具体的な施策内容と目標を掲げたものであり，併せて，概ね10年後を展望した「目指すべき社会の姿」を掲げた。「若者の自立とたくましい子どもの育ち」「仕事と家庭の両立支援と働き方の見直し」「生命の大切さ，家庭の役割等についての理解」「子育ての新たな支え合いと連帯」を４つの重点課題として掲げ，それまでの保育中心のエンゼルプランよりも視野を広げた。保育にかかわる部分については，目標値を大幅に引き上げている項目も見られるが，低年齢児保育については目標値から外された。

エンゼルプランや新エンゼルプランの場合，各市町村のニーズ実態調査に基づく計画の積み上げに立ったものではなかった。地方版エンゼルプラン（児童育成計画）は，策定自体が義務づけられていなかったため，各自治体の策定自体が立ち遅れたうえ，策定された場合でも数値目標をもたないものがあった。そのため，全自治体の集計値を出して，国レベルのプランの妥当性を検証，修正することができなかった。

これに対して，子ども・子育て応援プランとの関係では，2003（平成15）年制定の「次世代育成支援対策推進法」に基づき，地方公共団体は，目標値を含む次世代育成支援行動計画の策定が義務づけられた（2005（平成17）年４月施行）。そのため，子ども・子育て応援プランの場合は，自治体の策定状況をふまえたプランとなっている。この地方行動計画は，５年ごとに策定されるものであるが，各地方計画が地域のニーズを十分反映したものであるか，また，それが着実に実行されているか，という検証をしていくことが重要になる。

さらに，2010（平成22）年１月には，「少子化社会対策基本法」に基づく2010（平成22）～2014（平成26）年度の５年計画として，「子ども・子育てビジョン」が閣議決定された。このビジョンでは，2014（平成26）年度の目標として，認可保育所の定員が新たに掲げられたほか，従来の各プランと同様の項目の目標値も掲げられている（図表５－７）。また，認定こども園の2012（平成24）年度目標値（2000か所以上）も新たに掲げられた。

それらの各種プラン・ビジョンをふまえて，待機児童ゼロを政策目標として，「待機児童解消加速化プラン（2013（平成25）～2017（平成29）年度」により40万人→50万人分に上積み修正して保育等の受け皿整備が目指され，「子育て安心プラン（2018（平成30）～2022（令和４）年度」により約32万人分の保育等の受け皿整備が目指されてきた[注10]。さらに，「新子育て安心プラン（2021

（令和３）～2024（令和６）年度」により約14万人分の保育の受け皿整備が目指されている。この「新子育て安心プラン」では，できるだけ早く待機児童の解消を目指すとともに，女性（25～44歳）の就業率の上昇（2019（平成31）年77.7%から2025（令和７）年82%の政府目標への引き上げ）に対応することが目指されている。そのために，保育コンシェルジュによる相談支援の拡充，巡回バス等による送迎，保育補助者の活躍促進（勤務時間30時間以下との補助要

**図表５―７　子ども・子育てビジョンの主な目標値**

| | 2008～2009年度（現状） | 2014年度目標 |
|---|---|---|
| 認可保育所（３歳未満児） | 215万人（75万人） | 241万人（102万人） |
| 延長保育等 | 79万人 | 96万人 |
| 一時預かり事業 | 延べ348万人 | 延べ3952万人 |
| 地域子育て支援拠点 | 7100か所 | １万か所 |
| 休日保育 | ７万人 | 12万人 |
| 病児・病後児保育 | 延べ31万人 | 延べ200万人 |
| 認定こども園 | 358か所 | 2000か所以上(2012年度) |

出典　内閣府「子ども・子育てビジョン～子どもの笑顔があふれる社会のために～」(平成22年１月29日閣議決定)

**図表５―８　国・地方における子育て支援プラン・計画**

| 国ベース | 地方ベース | 地方ベース |
|---|---|---|
| エンゼルプラン(1995～1999年度) | 児童育成計画(策定は任意) | |
| 新エンゼルプラン(2000～2004年度) | 次世代育成支援行動計画 | |
| 子ども・子育て応援プラン(2005～2009年度) | Ⅰ期(2005～2009年度)策定義務 | |
| 子ども・子育てビジョン(2010～2014年度) | Ⅱ期(2010～2014年度)策定義務 | 子ども・子育て支援事業(支援)計画 |
| 待機児童解消加速化プラン(2013～2017年度) | Ⅲ期(2015～2019年度)策定任意 | Ⅰ期(2015～2019年度)策定義務 |
| 子育て安心プラン(2018～2022年度) | Ⅳ期(2020～2024年度)策定任意 | Ⅱ期(2020～2024年度)策定義務 |
| 新子育て安心プラン(2021～2024年度) | ↑次世代育成支援対策推進法(2003年)に基づく | ↑子ども・子育て支援法(2012年)に基づく |

少子化社会対策基本法(2003年)に基づく↓

↓
待機児童解消加速化プラン，子育て安心プラン，新子育て安心プランにより待機児童ゼロを目指す政策方針

件撤廃）や短時間保育勤務保育士の活躍促進（待機児童が存在する市町村において各クラス常勤保育士１名必須との規制撤廃）などによって目標を達成するものとされている。地方ベースでは，後述の「市町村（都道府県）子ども・子育て支援事業（支援）計画」の策定義務化（５年計画）に伴い，次世代育成支援行動計画の策定は任意という位置づけに変えられている（図表５－８）。

### 最近の保育政策の動向

ここでは，法制度を中心に，近年の保育政策の動向を取り上げる。

❶　次世代育成支援対策推進法（2003（平成15）年７月９日成立）

これは，2015（平成27）年３月末までの時限立法であるが，次世代育成支援対策に向けた国の行動計画策定指針の策定，市町村および都道府県における行動計画の策定を義務づけた点に特徴がある。

国の行動計画策定指針（2003（平成15）年度策定）を受け，市町村および都道府県は行動計画を策定し（2004（平成16）年度中），2005（平成17）年度から実施することになった。計画は，５年を１期として策定，実施する。具体的には，国の指針に即して，地域の子育て支援，親子の健康の確保，教育環境の整備，仕事と家庭の両立などについて，目標，目標達成のための措置内容，措置の実施時期を記載する。これは，前述の国レベルの「子ども・子育て応援プラン」や「子ども・子育てビジョン」などに対する地域行動計画という位置づけになる（第Ⅰ期2005（平成17）～2009（平成21）年度，第Ⅱ期2010（平成22）～2014（平成26）年度，第Ⅲ期以降は任意策定）。

事業主に対しても，一般事業主行動計画（常時雇用労働者300人（2011（平成23）年４月から100人）超の企業など），および特定事業主行動計画（国・地方公共団体）の作成を義務づけている。ただし，常時雇用労働者300人（2011（平成23）年４月から100人）以下の小規模の一般事業主は作成努力義務にとどまる。

市町村行動計画および都道府県行動計画の策定・変更に際しては，「住民の意見を反映させるために必要な措置を講ずるものとする」ことが明記されている。

❷　少子化社会対策基本法（2003（平成15）年７月23日成立）

この法律は，少子化対策の基本を定め，国，地方公共団体，事業主，国民の責務などを定めたものである。

前文では，「結婚や出産は個人の決定に基づくものではあるが」としつつ（当初の法案に追加修正された部分），「少子化の進展に歯止めをかけることが，今，我らに，強く求められている」と述べられている。施策の基本理念としては，家庭や子育てに夢をもち，子どもを安心して生み育てられる環境の整備ということがうたわれている。

そして，国の責務（少子化に対処する施策の総合的策定・実施），地方公共団体の責務（地域の状況に応じた施策の策定・実施），事業主の責務（国や地方公共団体の施策に協力し，必要な雇用環境の整備に努める），国民の責務（安心して子どもを生み育てることができる社会の実現に資する）が法文化されている。

その他，雇用環境の整備（育児休業制度の充実，労働時間の短縮，再就職の促進など），保育サービスの充実（病児・低年齢児・休日・夜間・延長・一時保育の充実），地域社会の子育て支援（地域で子育て支援をする拠点の整備を図る），母子保健医療体制の充実（不妊治療希望者への情報提供，相談，不妊治療研究助成）といったことが盛り込まれている。これは，前述の「子ども・子育て応援プラン」や「子ども・子育てビジョン」以降の国ベースの各プランの法的根拠にもなっている。

### ❸ 就学前の子どもに関する教育，保育等の総合的な提供の推進に関する法律（2006（平成18）年6月9日成立）

保育所に関して，保護者の就労の有無によって利用が限定されること，子ども集団の小規模化や運営の非効率化が見られること，幼稚園の活用による待機児童の解消を図る必要があること，家庭育児者への支援が不足していること等が課題視されて，この法律により，「認定こども園」が制度化された。国は，保育所と幼稚園の機能を一体化した総合施設のモデル事業を2005（平成17）年度，全国35園で実施したが，それをふまえて制度化されたこの「認定こども園」は，保育に欠ける子どもも欠けない子どもも受け入れて教育・保育を行う機能，および子育て不安に対応した相談や親子のつどいの場を提供する地域の子育て支援を行う機能をもつものとして位置づけられた。

「認定こども園」は，①「幼保連携型」（認可幼稚園と認可保育所の同一または隣接敷地内における一体的設置・運営），②「幼稚園型」（認可幼稚園が保育に欠ける子どもの保育時間（原則８時間）を確保，または，認可外保育施設との一体的設置・運営），③「保育所型」（認可保育所が保育に欠けない３歳以上児も受け入れ，幼稚園機能を付加して幼稚園の教育目標を達成する），④「地方裁量型」（幼稚園・保育所どちらの認可も受けずに両機能をもつ）の４類型に分類される。認定基準は，文部科学大臣と厚生労働大臣が協議して定める指針を参酌して，都道府県の条例で定める。

認定申請にあたっては，設置者名・住所，施設名称・所在地，３歳未満・以上児別の保育に欠ける・欠けない子どもの数，認定こども園長名，職員配置・資格・施設設備，教育保育内容，子育て支援，管理運営等の認定基準項目，等の記載書類を都道府県知事に提出する。認定の有効期間は，都道府県知事が５年を超えない範囲以内の有効期間を定める。「認定こども園」の利用希望者は，園に直接申し込み，直接契約することになり，保育料も園が設

**図表５—９　保育所制度と認定こども園制度**

| | 1997年，児童福祉法改正前の保育所 | 1997年，児童福祉法改正後の保育所 | 2006年，就学前教育保育推進法による認定こども園 |
|---|---|---|---|
| 制度 | 措置制度 | 選択申請方式 | 直接契約制度 |
| 入所要件 | 市町村<br>（保育に欠ける） | 市町村<br>（保育に欠ける） | 市町村は保育に欠ける児童の確認（欠ける＋欠けない） |
| 保育所の決定 | 行政決定 | 申請＋行政決定<br>（受入枠超の場合，市町村が選考） | 直接契約<br>（受入枠超の場合，園が選考） |
| 保育料の決定 | 市町村 | 市町村 | 園（市町村に報告） |
| 保育料負担原則 | 応能負担原則 | 応能負担原則 | 応益負担原則 |
| 保育料の支払い先 | 市町村 | 市町村 | 園 |
| 経営主体 | 限定 | 多元化 | 多元化 |

定（市町村に設定料金を届け出）する。それは，図表5－9の通り，これまでの保育所制度の枠組みを超えるシステムであり，保育に欠けない子どもも必ず受け入れ，保育料の決定だけでなく，受け入れ枠を超えて希望がある場合の選考も園が独自に行う。

国の指針は，これまでの保育所の最低基準と比べて，職員配置や施設・設備を，例えば3歳以上児の職員配置を幼稚園基準に合わせたり，調理室を必置とせず外部搬入を認めるなど，規制緩和している。都道府県では，認定基準を国とほぼ同一の基準にしているところが多いが，より強化している（保育所の設備・運営基準を維持するなど）ところもある。

認定こども園数は2020（令和2）年4月1日現在，全国で8016園（公立1272園，私立6744園）認定されており，幼保連携型5688園，幼稚園型1200園，保育所型1053園，地方裁量型75園，という状況になっており，2011（平成23）年度の認定こども園数762園と比較すると，この10年間で10倍以上に増えていることになる。(注11)

### ❹　子ども・子育て関連3法（2012（平成24）年8月10日成立）

社会保障・税の一体改革において，「高齢者三経費」（年金・医療・介護）に加えて，「社会保障四経費」（三経費プラス少子化対策）における少子化対策として位置づけられ，とくに待機児童対策を進める目的で制度改革が行われた。すなわち，社会保障・税一体改革関連法（2012（平成24）年8月10日成立）の一部として，「子ども・子育て支援法」「就学前の子どもに関する教育，保育等の総合的な提供の推進に関する法律（認定子ども園法）の一部改正法」「子ども・子育て支援法および認定子ども園法の一部改正法の施行に伴う関係法律の整備法」の関連3法が成立し，それに基づく子ども・子育て新制度が消費税の増税に合わせて2015（平成27）年度から施行された。

新制度の給付体系は，大別すると，「子ども・子育て支援給付」と「地域子ども・子育て支援事業」から構成されるが，介護保険制度の「介護給付・予防給付」と「地域支援事業」，障害者自立支援法（2013（平成25）年度からの日常生活及び社会生活を総合的に支援するための法律（障害者総合支援法）に改正・施行）制度の「自立支援給付」と「地域生活支援事業」と同様の二本立て構造であり，各「給付」は認定制度を前提とし，行政実施責任か

**図表5—10　社会福祉制度改革における保育所制度改革の位置**

| 介護保険 | 障害福祉 | 保育 |
|---|---|---|
| ①認定制度<br>②ケアマネジメント制度<br>③直接契約制<br>④応益負担原則<br>⑤保険方式 | ・支援費制度③(2003年度〜)<br>↓<br>・障害者自立支援法①②③④（2006年度〜）<br>・障害者総合支援法①②③④（2013年度〜） | ・認定こども園制度，就学前教育保育推進法（2006年度〜）③④<br>↓<br>・子ども・子育て支援新制度①(②)③④ |

注　障害者自立支援法（障害者総合支援法）の②は自立支援給付のサービス利用計画作成や地域生活支援事業の相談支援事業によって制度化され，子ども・子育て新制度の②は地域子ども・子育て支援事業の利用者支援事業によって一定の制度化が図られている。

**図表5—11　高齢者福祉・障害福祉・児童福祉制度改革の共通構造**

| 介護保険制度 | 障害者自立(総合)支援制度 | 子ども・子育て支援新制度 |
|---|---|---|
| ①介護・予防給付（要介護度の認定に基づく）<br>②地域支援事業（市町村事業） | ①自立支援給付（障害程度（支援）区分の認定に基づく）<br>②地域生活支援事業（市町村事業） | ①子ども・子育て支援給付（教育・保育給付認定に基づく）<br>②地域子ども・子育て支援事業（市町村事業） |

ら直接契約制への転換を進め，各「支援事業」の実施主体は市町村であるという点でも共通した構造をもつ（図表5—10，図表5—11)。

「子ども・子育て支援給付」は，国にとっては義務的経費である国庫負担金の対象であるが，認定制度（「教育・保育給付認定」）を前提とし，行政責任から直接契約制への転換を図る方向が強められる。「教育・保育給付認定」は，満3歳以上の保育を必要としない小学校就学前の子ども（子ども・子育て支援法第19条第1項第1号にかかる1号認定)，満3歳以上の保育を必要とする小学校就学前の子ども（同2号認定)，満3歳未満の保育を必要とする小学校就学前の子ども（同3号認定）に区別される。さらに，2号認定と3号認定については，その保育の必要量について，短時間（1日8時間まで）か標準時間（1日11時間まで）かによって認定が区別される（1号認定は教育標準時間として4時間程度の利用)。要するに，保育の必要性と必要度（量）の認定を受けることがサービス利用の要件となる。

「子ども・子育て支援給付」は，さらに，①「施設型給付」と②「地域型保育給付」の現物給付から成り立ち，施設型給付は，「特定教育・保育施設」である認定こども園，幼稚園，保育所を通じた共通の給付となる。地域型保育給付は，「特定地域型保育事業者」による利用定員20名未満を中心とする小規模保育（児童６人以上19人以下），家庭的保育（児童５人以下），事業所内保育，居宅訪問型保育に関する給付である。なお，2019（令和元）年10月１日現在で，地域型保育事業所は，小規模保育事業所Ａ型（職員資格はすべて保育士）4033か所，同Ｂ型（職員資格は半数以上が保育士）805か所，同Ｃ型（職員資格は，市町村が行う研修を終了した者などの家庭的保育者）99か所，家庭的保育事業所899か所，事業所内保育事業所（職員資格は定員19名以下は半数以上が保育士，定員20名以上は保育士，利用対象は従業員の子どもだけでなく定員の４分の１は地域枠として地域住民に拡大することが要件）595か所，居宅訪問型保育事業所（保育を必要とする乳幼児の居宅において家庭的保育者による保育を行う事業）10か所であり，計6441か所となっており，2016（平成28）年４月１日現在（3719か所）と比べて，この３年余りで約2700か所程度増えてきている。(注12)

「子ども・子育て支援給付」の財源は，「施設型給付」の場合，民間施設においては，国が給付費の50％（国庫負担金），都道府県が25％（都道府県負担金），市町村が25％（政令指定都市・中核市は国50％，市50％），公立施設においては市町村が100％となる。

「地域子ども・子育て支援事業」は，国にとっては裁量的経費である国庫補助金の対象である。この事業は，①「利用者支援事業」（教育・保育施設や地域の子育て支援事業等の情報提供および必要に応じ相談・助言，連絡調整），②「地域子育て支援拠点事業」（乳幼児・保護者の交流場所の設置，子育て相談・情報提供・助言等），③「妊婦健康診査」（健康状態の把握，検査計測，保健指導等），④「乳児家庭全戸訪問事業」（生後４か月までの乳児のいる全家庭を訪問し，子育て支援に関する情報提供や養育環境等の把握を行う），⑤「養育支援訪問事業・子どもを守る地域ネットワーク機能強化事業」（養育支援が特に必要な家庭を訪問し養育に関する指導・助言等を行ったり，要保護児童対策協議会や子どもを守る地域ネットワークの機能強化を図るために調整機関職員やネットワーク構成員の専門性強化や連携強化を図る)，⑥「子育て短期支援事業」(保護者の疾病等の理由により家庭において養育を受けることが一時的に困難となった児童について，児童養護施設等に入所させて必要な保護を行う)，⑦「ファミリー・サポート・センター事業」(乳幼児や小学生等の児童の預かり等の援助を受けることを希望する者と援助を行うことを希望する者との相互援助活動に関する連絡，調整を行う)，⑧「一時預かり事業」(家庭において保育を受けることが一時的に困難となった乳幼児について，一時的に預かり必要な保護を行う)，⑨「延長保育事業」(保育認定を受けた子どもについて，通常の利用日・時間以外の日・時間において保育を実施する)，⑩「病児保育事業」(病児について，病院・保育所等に付設された専用スペース等において看護師等が一時的に保育等を行う)，⑪「放課後児童クラブ」(保護者が昼間家庭にいない児童に対し，放課後に遊びや生活の場を与えて健全な育成を図る)，⑫「実費徴収にかかる補足給付を行う事業」(保護者の世帯所得状況等を勘案して，教育・保育に必要な物品の購入に要する費用や行事参加に要する費用等を助成)，⑬「多様な主体が新制度に参入することを促進するための事業」(特定教育・保育施設等への民間事業者の参入促進に関する調査研究等）の13事業から構成される。

「地域子ども・子育て支援事業」の財源は，国と都道府県は市町村に対して予算の範囲内で交付金を交付することができる包括補助金（国庫補助金，都道府県補助金）になっているが，原則として事業費用は国と都道府県と市町村が３分の１ずつ分担することとなっている。

❺　子ども・子育て支援法の一部を改正する法律（2016（平成28）年３月31日成立）

これは，一億総活躍社会「夢を紡ぐ子育て支援（第二の矢)」(アベノミクスの新「三本の矢」第三次安倍改造内閣2015（平成27）年10月５日〜）の実現に向けて，待機児童解消加速化プランに基づく2017（平成29）年度末までの保育等の受け皿目標を40万人分から50万人分に上積みし，「仕事・子育て両立支援事業」を創設するとともに，一般事業主から徴収する拠出金（事業主拠出金）の対象事業として児童手当や地域子ども・子育て支援事業の一部に加えて「仕事・子育て両立支援事業」を追加し，事業主拠出金の率の上限を標準報酬の1000分の1.5から1000分の2.5に引き上げるものである（2016（平成28）年4月1日施行）。その「仕事・子育て両立支援事業」費補助金の対象として，「企業主導型保育事業」を位置づけ，50万人分の受け皿のうち最大5万人分の受け皿確保を図ろうとするものである。同時に，「企業主導型ベビーシッター利用者支援事業」も「仕事・子育て両立支援事業」費補助金の対象として位置づけ，多様な働き方をしている労働者等のベビーシッター派遣サービス利用を促進することとされた。

この企業主導型保育事業は，市町村の関与・認可を必要とせず（認可外保育施設であるので都道府県への届出義務があり，都道府県の指導・監査を受ける），対象年齢の制限もないうえ（本事業の利用児童は待機児童に含まれない），認可保育所並みに設備費・運営費の95％が国庫から助成される。職員資格は，4分の3（定員20名以上）～2分の1以上を保育士とし，定員の2分の1以内で地域枠の設定が可能（義務ではない）である。事業所内保育事業の場合は，市町村の認可が必要であり，助成割合も異なり（大企業は全体の3分の1まで，中小企業は3分の2まで），対象年齢が制度上は0～2歳（3歳以上児は連携園に入園）に限定されている点も異なる。事業の財源は，子ども・子育て支援法に定められた事業主拠出金（標準報酬の0.45％を上限）である。2019（令和元）年3月末の企業主導型保育事業助成決定は施設数3817件，定員8万6354人となっており，企業主導型保育事業による受け皿のその後の整備目標（2018（平成30）年度9万人分，2019（令和元）年度2万人分，2020（令和2）年度2万人分）に迫るペースとなっている。(注13)

なお，同法改正に伴い，病児保育普及促進事業が創設され，病児保育施設整備（病児保育事業を実施するために必要となる施設・設備整備等に係る費用の補助）および病児保育センター整備（病児保育の拠点となる施設に看護師等を配置し，保育所等において保育中に体調が悪くなった体調不良児を送迎し，病児を保育するために必要となる看護師雇上費等を補助）を子ども・子育て支援交付金によって図ることとされた。

❻　子ども・子育て支援法の一部を改正する法律（2019（令和元）年5月10日

成立）

この法改正は，幼児教育・保育の無償化を図るものであり，2019（令和元）年10月１日から施行された。３～５歳児について，幼稚園，保育所，認定こども園，地域型保育，企業主導型保育（標準的な利用料）を無償化するとともに，０～２歳について，それらの施設を利用する住民税非課税世帯を対象として無償化するものである。ただし，食材料費，通園送迎費，行事費などは無償化の対象とはならず，原則として保護者の負担となる。認可外保育施設等についても，５年間の経過措置として，３～５歳児については，保育の必要性の認定を受けた場合，認可保育所における保育料の全国平均額（月額3.7万円）まで無償化し，０～２歳については，保育の必要性の認定を受けた場合，住民税非課税世帯を対象として月額4.2万円までの利用料を無償化するものである。

財源は，初年度の2019（平成元）年度のみ全額国費負担とし（ただし，２年目の事務費，および認可外保育施設等の５年間の経過措置期間にかかる費用相当額も全額国費），その後は，国50％，都道府県25％，市町村25％の割合で分担する。

### 保育所制度をめぐる今後の課題と方向

女性の就労意欲が高まるとともに就労形態が多様化するなかで，今後，保育所の多機能化がいっそう，求められるだろう。待機児童の問題を考えれば，とくに都市部においては，量的な整備も依然として重要な課題であるが，単に量的に整備するだけでなく，できる限り多様なニーズに応じられる保育所機能が求められる。認可外保育施設の場合は，夜間保育や低年齢児保育においては，認可保育所で応じられないニーズを受け止めているが，設備面や人員配置の面では質の問題が大きい。その意味では，行政指導の強化が求められるが，認可保育所のような財政的基盤がないことが低い水準の保育環境を生み出している面もある。したがって，ニーズの多様化に応じられる認可保育所の普及，多機能化を図るとともに，財政的安定化を図る必要がある。

保育所の入所要件の再検討も求められる。保育所は，単に子どもの安全を保護するだけでなく，年齢に応じた発達保障を担っている。家庭に保護者がいる場合，安全は守れても，集団生活を送ることはできず，他の子どもに対する思いやりや社会的なたくましさを身につける条件が乏しい。「保育に欠ける」意味を保護者の都合だけで判断するのではなく，子ども自身の発達の観点からとらえ直す必要があるだろう。都市部では待機児童の問題が無視できないが，地方では，少子化の影響もあり，定員割れの保育所も多い。そこで，各地域の実情に合わせて柔軟な対応ができるよう，保育所の入所要件の弾力的運用を認めるべきである。そのことは，地域の福祉資源の有効活用にもつながる。

1997（平成９）年の児童福祉法改正によって，保育所の選択申請が保育実施の条件として法定化されると同時に，市町村の情報提供が義務づけられた。市町村内の各保育所の名称，所在地，開所時間，定員，１日の保育内容や行事などが一覧表にされ，市町村役場での閲覧が可能になった。

しかし，どの保育所がどういう点で優れ，どういう点で課題があるのかという質に関する情報が不足している。選択に資するための本質的な情報の基盤整備が課題となる。保護者間のうわさによる情報も一定の役割を果たすが，主観に基づく一面的な評価であり，確かな情報とは言えない。保育の質の客観的で専門的な評価に基づく，わかりやすい形での開示が求められる。第三者評価はすでに2002（平成14）年度から一部で導入・実施されているが，それを受けている保育所は限られている。第三者評価は，決して，勲章・宣伝的な意味でも，レッテル的な意味でもなく，保育士と保護者が情報を共有することにより，よりよい質のサービスをつくり出していくための手段と言える。公費負担によって運営されていることからも，表面的な情報だけではなく，保育の中身の評価をきちんと受けて開示する責務があると言えよう。保育士にとっても，保護者に保育の専門性を正しく理解してもらう好機になる。とりわけ，子どもが思いやりをもち，たくましく育ちながら人間的成長を遂げていくための保育が適切に行われているかという点が重要になるだろう。

地域に対する育児相談や育児学習，交流機会の提供など，保育所の地域貢献も今後，いっそう求められる。保育所を利用している子どもだけでなく，地域の福祉資源として視野を広げて活動することが，地域の子どもが安心して豊かに育つまちづくりにつながる。そして，子どもだけでなく，地域の高齢者や障害者とも積極的に交流する機会をつくることが，子どもの豊かな発達につながる。核家族化，少子化が進み，保護者が多忙になるなかで，人間的なつながりが希薄な子どもが増えている。近隣意識が薄れ，大家族が減少していくなかでも，目的意識をもったネットワークの形成により，コミュニティは再生する。そのことは，高齢者の経験や障害者の潜在能力を発揮する機会を創出するうえでも意義がある。

同時に，保育所だけでなく，保護者同士の自主的な子育てサークルや，子育てが一段落した住民による子育て相談，ボランティア・NPOによる保育所への送り迎えや一時預かりなど，地域の多様な人材が福祉力を発揮することが，フォーマルなサービスを補い，安心して子どもを生み育てられる地域を形成していくであろう。

次に，最近の政策動向にも触れておこう。少子化に対しては政府も敏感になり，次々に対策を打ち出している。しかし，それは，労働力の保持・育成に向けた政策ドライブという色彩が強く，子ども自身の豊かな発達のための社会的支援という本質的視点が弱くなっている(注14)。個々人の価値観を尊重しながら，少子化に対して打ち出せる政策は限られた範囲であり，大幅な状況転換は難しい。人口成長に基づく経済成長という政策ベクトルを強く打ち出すことが難しくなっている状況のもとでは，むしろ，低成長のもとでも，限られた資源と人材を大切にしながら豊かな暮らしを築くという発想の転換も必要だろう。

待機児童対策や民間企業参入など，都市的発想が強く，地方の実情が十分に考慮されていないという問題もある。定員割れの保育所が多くなり，民間参入が難しい地域こそ，むしろ政策的テコ入れが必要とも言える。財政的観点から，保育士配置の常勤換算化が認められるようになったが，臨時・パート等の非正規職員比率が高まり，保育士の経験に基づく専門性が評価されなくなるという問題もある。それは，保育の質の低下につながる。

親自身の育児能力の向上，子ども自身の自立能力の育成という視点が弱いという問題もある。保育所に多くのことが期待される反面，親自身の育児能力，家庭力が低下してきている。必要以上に大事にされることで（過保護），社会性や社会常識に乏しい子どもが増えている一方，育児放棄や直接的な児童虐待が増えている。適切な育児能力の涵養に向けた親自身の学習・相談の機会を増やす必要がある。また，子どもの人間的なふれあいが希薄になってきていることにも配慮する必要があるだろう。地域の高齢者などとの交流の機会をつくりながら，学校の教科学習だけでなく，社会体験や他世代から学ぶ機会をもつことで，人間的たくましさや思いやりを身につけられるだろう[注15]。保育所内においても，異年齢交流の機会をもつ工夫をすることによって，一人っ子の場合でも，年少の子どもに対する思いやりや責任感がもてるようになる。

子育て支援に関し，住民参加のもとで地域のニーズに合った地域福祉ビジョンが立てられてこなかったという問題もある。次世代育成支援行動計画や子ども・子育て支援事業計画の策定などにおいて，住民の積極的な参画を得ながら，各市町村のニーズに合ったビジョンの策定・実施が望まれる。子ども・子育て支援事業計画の策定が義務づけられたが，そのプロセスにおいて，地方版子ども・子育て会議（設置は努力義務）の活性化を含め，各市町村の子育て支援ニーズや保護者，保育関係者等の意見を民主的に反映させる必要がある。

子ども・子育て支援給付は，「施設型給付」と「地域型保育給付」から成り立ち，施設型給付は，認定こども園，幼稚園，保育所を通じた共通の給付となるが，改正された児童福祉法第24条第１項では，「市町村は，この法律及び子ども・子育て支援法の定めるところにより，（中略）保育を必要とする場合において，次項に定めるところによるほか，（中略）保育所において保育しなければならない」とされ，あくまで，子ども・子育て支援法に基づく認定制度（保育の必要性と必要量の認定）を前提とする保育実施責任として行政責任が限定されている。しかも，「次項に定めるところによるほか」として，同条第２項の契約制度を補足する形で保育実施責任が位置づけられている。いずれにせよ，市町村の保育実施責任は，要保育度認定の枠内に限定されており，認定限度を超えた利用については保育実施責任を問えなくなる。

また，新制度の下では，認定された利用時間によって保育料負担が変わるうえ，実費徴収（特別な教材費や制服代等）や上乗せ徴収（教育活動等）も可能であるため（応益負担化），負担能力が低い家庭ほど利用控えや利用困難が生じる可能性もある。

地域型保育給付は，小規模保育（児童６人以上19人以下），家庭的保育（児童５人以下），事業所内保育，居宅訪問型保育に関する給付であるが，これらは認定こども園と同じく改正児童福祉法第24条第２項に位置づけられ，市町村の直接的な保育実施責任から外れる契約制度になる。法人格をもたなくても対象となるうえ，保育士有資格者の配置も緩和され，保育室の床面積も「参酌すべき基準」となっており，保育の質が低下しかねない。設備・運営基準については，2011（平成23）年の児童福祉法改正で地方条例化されたが，自治体レベルで保護者の不安を招かないような設備・運営基準や認定基準（認定こども園），認可基準（地域型保育給付）を担保することが求められる。とりわけ，国の基準では，職員資格が保育士である小規模保育のＡ型（分園型）を除けば，Ｂ型（中間型）では有資格者が２分の１以上，Ｃ型（グループ型）や家庭的保育，居宅訪問型保育は保育士資格が条件づけられず，研修を修了すればよいことになっている。また，居宅訪問型保育では，夜間・深夜の１対１保育も認められる。

児童福祉法第24条第２項では，「市町村は，前項に規定する児童に対し，（中略）認定こども園又は家庭的保育事業等（家庭的保育事業，小規模保育事業，居宅訪問型保育事業又は事業所内保育事業をいう。）により必要な保育を確保するための措置を講じなければならない」と規定されているが，契約に向けた間接的支援（調整や要請）にすぎず，むしろ，契約制度の対象施設・事業名が列挙される形で拡張されている。既存の保育所が20名以上の定員確保が難しく，小規模保育等に移行せざるを得ない場合，保育実施責任を問えなくなる。その結果，利用定員によって行政の保育実施責任の有無が生じることになる。主に都市部の待機児童対策として，満たされないニーズを新制度における小規模保育事業等によって吸収することが期待されているが，地方においては定員割れの保育所も多く，その結果，既存の保育所が小規模保育事業等に移行せざるを得なくなるという逆の事態も生じ得る[注16]。一方，とくに保育所が不足する都市部を中心に，保育実施責任が問われない児童福祉法第24条第２項に位置づけられた契約施設に誘導する形で「調整」（同条第３項）が行われる可能性がある。

認定制度に関連して，「地域子ども・子育て支援事業」には延長保育事業が含まれているが，この支援事業は国庫補助金（裁量的経費）事業であり，「子ども・子育て支援給付」より国の財政責任が弱くなる。要保育度の認定限度を超えた時間利用について，国の補助が不十分で市町村が負担困難な場合には，延長保育の費用負担が保護者負担に直結する可能性もある。

「保育標準時間認定」の保育必要量（利用区分）としては1日11時間（1か月当たり平均275時間）までの利用，「保育短時間認定」の保育必要量（利用区分）としては1日8時間（1か月当たり平均200時間）までの利用とし，新制度における保育認定（保育短時間認定）にあたっての就労時間の下限は，1か月当たり48～64時間の範囲内で市町村が定める時間以上労働することを常態とすることが要件とされている（注17）。児童に即していえば，1号認定（満3～5歳で保育の必要がない児童），2号認定（満3～5歳で家庭において必要な保育を受けることが困難な児童），3号認定（満3歳未満で家庭において必要な保育を受けることが困難な児童）に分かれ，1号認定は教育標準時間（4時間程度）が認定され，2号・3号認定の場合は，主にフルタイムを想定した保育標準時間（1日最大11時間）か，主にパートタイムを想定した保育短時間（1日最大8時間）の認定が行われる。その場合，利用時間が1日8時間ないし11時間を超える場合の費用負担，短時間利用の認定の合理性などが問われる。また，市町村の実情で保育所の入所要件を弾力的に判断してきた市町村などにおいては，就労時間の下限設定によって，入所困難になる児童の家庭も出てくる可能性がある。保護者の多数派は従来通りの保育所利用を望んでいる実態が調査によって浮かび上がっており（注18），認定制度や延長保育事業などのあり方，運用次第では混乱が生じるおそれもある。

介護保険制度や障害福祉制度改革と同様，個人に着目した利用者補助方式により，利用時間や利用人数で事業所経営が左右され不安定化する懸念もある。また，新制度の導入財源としては，消費税の増税分が充当されることになっているが，消費税は低所得者ほど収入に占める負担率が高くなる逆進性を伴うため，親の就労による保育の必要性の高い低所得の子ども家庭の貧困をかえって助長することも懸念される。

それは，幼保無償化についても同様であり，無償化の財源のうち国の歳出分は消費税増税分が充当されることとされているので，とくに従来から無料であった低所得等の世帯にとっては，逆進的な負担増となる（注19）。しかも，食材料費等は無償化の対象外であるが，市町村によっては減免措置をとっているため，市町村格差が生まれている。さらに言えば，認可外保育施設等についても，5

年間の経過措置ではあるが，保育の必要性の認定を受けた場合，無償化の対象となるが，先述の通り指導監督基準不適合施設も少なくないなかで，質の確保が担保されない受け皿への流入を追認することになる側面もある。(注20)

認定制度は，保護者の就労・通勤実態を反映するとともに，子どもの集団保育や発達保障の観点からの運用が市町村に求められる。地域型保育給付の場合でも，実質的に保育の実施責任や保育所設備・運営基準をできる限り担保する認可基準の設定が市町村に求められる。(注21)また，認定限度を超えた時間利用の場合の延長保育料（地域子ども・子育て支援事業）や保育料等自体の軽減措置に対しても市町村の配慮が求められる。それらの点も含め，地方版子ども・子育て会議や子ども・子育て支援事業計画，ニーズ調査や認定制度の運用において，保護者や保育関係者のニーズ，意見を考慮，反映させながら，子どもが健やかに成長・発達できる地域の環境づくりが求められる。

以上のように，戦後の保育所制度は，大きな転換期を迎えている。その制度改革の方向は，図表５―10，図表５―11（前掲）の通り，介護保険制度や障害福祉制度改革と同様のシステム化を推進するものと言えよう。

しかし，認定制度や契約制度を導入・拡張することが，子どもの発達保障に向けた国と自治体の保育責任を弱めたり，保育の質の低下や，必要な保育の受給困難化をもたらさないかの検証が求められる。

高齢者介護分野と同様に，人材不足の問題も大きい。保育士の有効求人倍率（2020（令和２）年５月）は2.18倍であるのに対して，全職種の有効求人倍率は1.10倍となっている。2017（平成29）年度末に必要となる保育士数約46.3万人に対して保育所勤務保育士数の推計をふまえると，新たに6.9万人の保育士が必要である（不足する）とされた。(注22)この背景には労働条件の問題もある。2019（令和元）年度の保育士の平均給与月額（きまって支給する現金給与額）は24万4500円であるのに対して，全産業の平均給与月額は33万8000円であり，(注23)なお10万円弱の格差が見られる。給与面だけではなく，労働負担面や非正規比率の高さなどの不安定面も含めた労働条件の改善を図らない限り，保育士不足の問題は継続する。その保育士不足によって，とくに地方の場合，保育所不足によるだけではなく，待機児童問題にもつながっている。

2020（令和２）年度に「待機児童ゼロ」に必要な保育等の受け皿は約32万人

分とされていたが（子育て安心プラン），約60万〜88万人分必要という民間試算もあり，その違いが生じる原因として，2022（令和４）年度の女性の就業率（政府目標）80％から保育所等申込率54％を差し引いた26％の潜在的ニーズが政府推計では考慮されていないことがある。2020（令和２）年４月１日現在の待機児童数１万2439人に対して，政府公表による「潜在的（隠れ）待機児童」数でも同時期７万4840人となっており，そのうち62％が「特定の保育所等のみ希望している者」であるとして，「近くて通いやすい保育所の整備が十分にできていない」と指摘されている。[注24]

「新子育て安心プラン」における保育等の受け皿は14万人分であり，女性の目標就業率82％に対応するものであるが，やはり，認可保育所を希望しても入れず，自治体が独自に助成している認可外施設や企業主導型保育事業を利用している子どもが待機児童として位置づけられていない。しかも，その受け皿整備の財源のうち約440億円が児童手当の特例給付の見直しで充当されることになっているうえ，先述の通り，保育補助者や短時間保育勤務保育士の活躍促進という名の規制緩和によって目標を達成しようとするものである。

保護者の真のニーズに合った保育所整備と並んで，保育士の労働条件の多面的な改善による安定的な人材確保が課題になる。新型コロナウイルス感染症の影響下での余裕のある人員配置に向けた見直しを恒常的に図ることも，学校教育と同様，労働負荷を軽減しながら保育士不足を打開していく方向につながるであろう。

## 第２節｜児童虐待をめぐる現状と課題

### １——— 児童虐待の状況と対応の現状

近年，児童虐待件数が増加し，その対応策が重要になってきている。戦後まもなく制定された「児童憲章」（1951（昭和26）年）のなかでは，「すべての児童は，心身ともに健やかにうまれ，育てられ，その生活を保障される」「すべての児童は，虐待・酷使・放任，その他不当な取扱からまもられる」とうたわれ虐待からも保護されるべきことが示された。また，「児童の権利に関する条約」(1989（平成元）年国連採択，1994（平成６）年日本批准）においては，児童に関するあらゆる措置にあたっての「児童の最善の利益の考慮」(第３条),「児童の生存及び発達の最大限の確保」(第６条）が締約国に求められるとともに，締約国は,「あらゆる形態の身体的若しくは精神的な暴力，傷害若しくは虐待，放置若しくは怠慢な取扱い，不当な取扱い又は搾取（性的虐待を含む。）からその児童を保護するためすべての適当な立法上，行政上，社会上及び教育上の措置をとる」(第19条）とされている。[(注25)]

そのように，国際的にも虐待防止に向けた方向性が示されたが，一方で，国内では児童虐待件数は増加傾向が続いている。児童虐待件数が政府の公式統計として記録されるようになったのは1990（平成２）年からであり，虐待に対応する主要な行政機関である児童相談所を通じて把握されている。児童相談所で実際に対応が行われた件数を児童虐待相談の対応件数というが，1990（平成２）年度の1101件から2018（平成30）年度には約145倍の15万9850件に増加している（図表５―12)。後述の児童虐待の防止等に関する法律の成立・施行（2000（平成12）年）により，国民的意識が高まり，表面化しやすくなった面もあるが，それ自体としては深刻な数字である。

相談種別にみた対応件数は，図表５―13の通りであり，心理的虐待が半分以上を占めて最も多く，次いで，身体的虐待が４分の１程度を占めている。主た

**図表５―12　児童虐待対応件数**

| 1990年度 | 2005年度 | 2007年度 | 2009年度 | 2011年度 | 2013年度 | 2015年度 | 2017年度 | 2019年度 |
|---|---|---|---|---|---|---|---|---|
| 1,101件 | 34,472件 | 40,639件 | 44,211件 | 59,919件 | 73,802件 | 103,286件 | 133,778件 | 193,780件 |

出典　厚生労働省「社会福祉行政業務報告（福祉行政報告例）結果の概況」各年度版

**図表５―13　児童虐待の相談種別対応件数と構成割合（2019年度）**

| | 身体的虐待 | ネグレクト | 心理的虐待 | 性的虐待 |
|---|---|---|---|---|
| 相談件数 | 49,240 | 33,345 | 109,118 | 2,077 |
| 構成割合 | 25.41％ | 17.20％ | 56.31％ | 1.07％ |

出典　厚生労働省「社会福祉行政業務報告（福祉行政報告例）結果の概況」令和元年度版

る虐待者の大部分は，実の父母であり，児童虐待相談の主な虐待者別構成比で見ると，「実母」47.7%，「実父」41.2%，「実父以外の父親」5.4%，「実母以外の母親」0.7%，「その他」5.3%，となっている。(注26)同報告によれば，被虐待者の年齢別対応件数では，3歳未満が3万7826件（19.5%），3歳以上6歳以下が4万9660件（25.6%）であり，6歳以下が合わせて45.1%を占めている。

虐待の要因・背景としては，さまざまな側面が考えられ，複合化している場合もある。親のトラウマ，育児の未熟・不安・孤立化，生活苦・ストレス，夫婦不和，消極出産，障害児出産などが関係しているが，義理の父・母と子の関係悪化が虐待につながる場合もある。虐待者自身が，幼少の頃に虐待を受けた経験があり，その心の傷が癒えないまま，今度は，かつての親が現在の自分と重なるように自分の子を虐待してしまう場合も多いことから（幼少時の経験の否認→怒りや悲しみの自分の子への投影→役割転換），トラウマによる虐待の連鎖関係も注目されている。また，貧困との関係を明らかにする研究も進んでいる。(注27)

虐待に対応する施策としては，歴史的には，1933（昭和8）年に成立し1947（昭和22）年まで施行された児童虐待防止法があるが，今日の虐待内容とは様相が異なり，障害児を見せものにする，児童に乞食をさせる，サーカスなどの危険な業務に従事させる，道路で物品販売や芸をさせる，といった概念でとらえられていた。(注28)

戦後，1947（昭和22）年に成立した児童福祉法においては，要保護児童発見者の福祉事務所（市町村・都道府県設置）もしくは児童相談所への通告義務（発見者が直接または児童委員を介して），児童相談所長もしくは都道府県の採るべき指導，施設入所，一時保護等の措置，といったことが規定された。要保護児童は，保護者のない児童または保護者に監護させることが不適当な児童と定義づけられているが，後者はかなり抽象的な規定であり，虐待を明確に具体化して規定したものではない。

そこで新たに，児童虐待の防止等に関する法律（児童虐待防止法）が立法化された（2000（平成12）年5月17日成立，同年11月20日施行）。この法律では，虐待の定義づけが行われ，身体的暴行（身体的虐待），わいせつ行為（性的虐待），著しい減食や長時間放置（ネグレクト），心理的外傷（心理的虐待）

の4種類が明確にされた（第2条）。また，教職員，児童福祉施設職員，医師，保健師，弁護士などの早期発見努力義務が規定された（第5条）。そして，児童相談所長は「速やかに」安全の確認を行うよう努め，必要に応じ一時保護を行うものとされ，都道府県知事は職員を通じて，虐待が行われているおそれのあるときの児童住居への強制立ち入り調査権限をもち，児童相談所長による警察署長への援助要請も認められた（第8条～第10条）。さらに，保護者の意に反する施設入所児童への保護者の面会や通信を制限することも可能になった（第12条）。

しかし，このような立法措置にもかかわらず，虐待が後を絶たない状況を背景として，児童虐待防止法の改正（2004（平成16）年4月成立，同年10月1日施行）および児童福祉法の改正（2004（平成16）年11月成立，同年12月3日から順次施行）が行われた。

児童虐待防止法改正では，法律目的の修正（第1条に関し，虐待が児童の心身の成長および人格の形成に重大な影響を与えることに加え，人権を著しく侵害すること，将来世代の育成にも懸念を及ぼすことの追加），虐待の定義の修正（第2条に関し，保護者以外の同居人による児童虐待と同様の行為を保護者が放置することをネグレクトに含めること，配偶者間暴力による児童への影響を心理的外傷に含めること），国・自治体の責務の修正（第4条に関し，早期発見，迅速かつ適切な保護に加え，予防，自立支援，親子の再統合に向けた指導・支援の追加），早期発見義務の修正（第5条に関し，児童福祉業務に関係する個人だけでなく，学校，施設，病院等の所属団体の追加），発見者の通告義務の修正（第6条に関し，発見対象を「虐待を受けた児童」から「虐待を受けたと思われる児童」に変更し，通告先に市町村を追加），通告を受けた場合の安全確認の修正（第8条に関し，必要に応じて近隣住民，教職員，児童福祉施設職員等の協力を得つつ，面会等の手段によることの追加），警察との連携の修正（第10条に関し，必要に応じて援助を求めることの義務化），保護者への指導の修正（第11条に関し，指導は親子の再統合に配慮すべきことの追加），面会・通信制限の修正（第12条に関し，保護者の同意のもとに採られた入所措置の場合を含み得ること）が行われた。

一方，児童福祉法改正では，児童相談体制の見直し（第10条等に関し，市町村は相談の第一線機関として位置づけられ，必要な実情の把握，調査，指導等を行うこと，児童相談所は，より高度な専門性を必要とする事例への対応や市町村への後方支援を行うこと)，児童相談所設置の見直し（第59条の4に関し，指定都市，中核市および政令で定める市にも設置可能とすること，都道府県知事が設置市長に勧告・助言等ができること)，児童相談所における専門性の確保（第12条の3，第13条に関し，児童相談所長は国の定める基準に適合する研修の受講義務があること，児童福祉司任用資格のうち，心理学，教育学もしくは社会学を専修する学科卒業者は新たに国が定める施設で1年以上相談業務に従事すること)，要保護児童対策地域協議会の法定化（第25条の2に関し，地方公共団体は関係機関・団体，児童福祉関係者等により構成され，情報交換や支援内容を協議する協議会を設置できること)，家庭裁判所の権限強化（第28条に関し，2年を超える施設入所措置の延期を承認できること，都道府県に対して指導措置に関する報告・意見等を求めることができること，施設入所措置の承認に際して児童相談所に対して保護者への指導措置を勧告できること）などが行われた。

その後も，児童虐待防止法および児童福祉法の改正が行われ（2007（平成19）年5月成立，2008（平成20）年4月1日施行)，児童の安全確認等のための立ち入り調査等の強化（都道府県知事は，児童の保護者が出頭の求めに応じない場合において，児童虐待が行われている疑いがあるときは，裁判所の許可状により，当該児童の住所もしくは居所に臨検させ，または当該児童を捜索させることができる)，保護者に対する面会・通信等の制限の強化，保護者に対する指導に従わない場合の措置の明確化が図られた。さらに，その翌年にも児童福祉法等の一部改正が行われ（2008（平成20）年11月成立，2009（平成21）年4月1日施行)，乳児家庭全戸訪問事業や地域子育て支援拠点事業等の法定化，要保護児童対策地域協議会の機能強化，要保護児童に対する家庭的環境における養育の充実（養育里親(注29)の研修要件化や，小規模住居型児童養育事業の創設)，施設内虐待防止のための規定の創設，等が行われた（相澤，2009，高橋，2009)。なお，2007（平成19）年1月には児童相談所運営指針等の改正が行われ，児童相談所の虐待対応に関する安全確認は48時間以内が望ましいとする基本ルールの設定，虐待に関する情報はすべて通告として受理するなどの基本の徹底化が図られた。

2011（平成23）年には，民法等の一部を改正する法律として，児童福祉法の改正が行われた（同年５月27日に成立，2012（平成24）年４月１日施行）。

その改正内容としては，⑴「一時保護」に関して，①都道府県児童福祉審議会の意見の聴取（引き続き一時保護を行うことが児童の親権を行う[注30]者または未成年後見人の意に反する場合においては，都道府県知事は，都道府県児童福祉審議会の意見を聴かなければならない。ただし，当該児童にかかる施設入所等の措置の承認の申立てまたは親権者にかかる親権喪失・親権停止の審判の請求がされている場合を除く），②児童相談所長の権限等（児童相談所長は，一時保護を加えた児童で親権を行う者または未成年後見人のないものに対し，その間，親権を行う。また，児童相談所長は，一時保護を加えた児童で親権を行う者または未成年後見人のあるものについても，監護，教育および懲戒に関し，その児童の福祉のため必要な措置をとることができる），⑵「児童相談所長による親権喪失の審判等の請求」（児童または満20歳に満たない者の親権者にかかる親権喪失，親権停止若しくは管理権喪失の審判の請求またはこれらの審判の取消しの請求は，児童相談所長も行うことができる），⑶「児童相談所長による未成年後見人の選任の請求」（児童相談所長は，親権を行う者のない児童等について，その福祉のため必要があるときは，未成年後見人の選任の請求をしなければならない），⑷「養育里親の欠格条項」（養育里親の欠格条項から，本人の同居人が成年被後見人または被保佐人であることを除く），⑸「児童福祉施設の長等の権限等」（①児童相談所長は，小規模住居型児童養育事業を行う者または里親に委託中の児童等で親権を行う者または未成年後見人のないものに対し，その間，親権を行う，②児童福祉施設の長，小規模住居型児童養育事業においてその住居において養育を行う者または里親は，入所中または受託中の児童等で親権を行う者または未成年後見人のあるものについても，監護，教育および懲戒に関し，その児童等の福祉のため必要な措置をとることができる）を主な内容としている。なお，それと同時に民法の改正が行われ，２年以内の期間に限って親権を行うことができないようにする親権の停止制度の新設（改正前は，親権喪失，管理権喪失の各制度はあったが，停止制度がなかった），法人または複数の未成年後見人の許容（改正前は，未成年後見人は個人かつ一人でなければならなかった）などが図られた。

2016（平成28）年の児童福祉法等改正（2016（平成28）～2017（平成29）年施行）では，児童が健やかな成長・発達や自立を保障される権利の明確化（児童福祉法改正），妊娠期から子育て期までの切れ目ない支援を行う「母子健康包括支援センター」の市町村設置努力義務（母子保健法改正），児童に対する必要な支援を行う拠点の市町村整備努力義務（児童福祉法改正），医療機関や学校は，児童相談所から求められた場合，被虐待児童等に関する資料等を提供することができること（児童虐待防止法改正），児童相談所は，臨検・捜索について，再出頭要求を経ずとも裁判所の許可状により実施できること（児童虐待防止法改正），親子関係再構築支援について，関係機関が連携して実施すること（児童福祉法改正）などが規定された。

さらに，2019（令和元）年の児童虐待防止法等の改正（2020（令和2）年施行），①親権者や里親らは，児童のしつけに際し，体罰を加えてはならないこと（民法の懲戒権のあり方は施行後2年をめどに検討）（児童虐待防止法改正），②児童相談所で一時保護など「介入」対応をする職員と，保護者「支援」をする職員を分けて，介入機能を強化すること（児童虐待防止法改正）[注31]，③学校，教育委員会，児童福祉施設の職員に守秘義務を課すこと（児童虐待防止法改正），④ドメスティックバイオレンス（DV）対応機関との連携強化を図ること（DV防止法（配偶者からの暴力の防止及び被害者の保護等に関する法律）改正），⑤虐待した保護者に対し医学的・心理学的指導を行う都道府県等の努力義務（児童虐待防止法改正），⑥児童相談所の児童福祉司に過剰な負担がかからないよう人口や対応件数を考慮した体制強化（児童福祉法改正），⑦転居しても切れ目ない支援をするため，転居先の児相や関係機関と速やかに情報共有すること（児童虐待防止法改正）などが規定された。

## 2——— 今後の課題

以上の児童虐待防止法，児童福祉法等の改正をふまえたうえで，今後の課題を述べる。

虐待発見者の通告に関しては，誤って通告した場合の免責規定を明記する必要がある。法解釈上は，虐待の発見に錯誤があった場合でも，民事上，刑事上

の責が問われることがないとされるが，それを明文化することにより，発見の迅速化を図る必要がある。[注32]

児童相談所の虐待対応の迅速化を図るうえでは，48時間ルールの徹底とならんで，児童相談所・職員の量的・質的充実を図る必要がある。児童相談所の運営指針としては，人口50万人に最低1か所の設置が目安にされていた（全国で253か所必要）が，実際の児童相談所の設置数は2020（令和2年）年7月1日現在で，220か所となっている。[注33]児童福祉法改正により，中核市等（人口30万人以上）にも設置できるようになったうえ，各市町村が第一次相談機能を担うようになった（2005（平成17）年4月1日施行）。児童相談所の増設とともに，経験・ノウハウの蓄積が十分ではない市町村の機能が充実するためには，今後いっそうの研修や都道府県による後方支援が求められる。

職員の充実も課題である。児童福祉司（資格要件は，社会福祉士，または社会福祉主事として2年以上児童福祉事業に従事した者等）は，各児童相談所管轄地域の人口10万～13万人に1人の配置標準であったが，改正児童福祉法施行令により，2005（平成17）年4月から，人口5万～8万人に1人に引き上げられ，さらに2012（平成24）年4月からは人口4万～7万人に1人に引き上げられ，さらに2019（令和元）年4月からは人口3万人に1人（1人当たり40～50ケース）に引き上げられた。その結果，全国で1813人（2004（平成16）年度）から3252人（2018（平成30）年度）に増員された。しかし，虐待相談対応件数の増加速度（2018（平成30）年度15万9850件は2004（平成16）年度3万3408件の約4.78倍）に比べると，児童福祉司の増加速度（同期間で1.79倍）は緩やかであるうえ，都道府県格差も見られるなかで，[注34]児童相談所は多忙な状況にあり，格差是正を含めた職員配置のいっそうの充実が検討されてよい。[注35]また，職員の異動に合わせて2～3年の在任期間であることが多いが，十分な経験を積める条件を整える必要がある。[注36]きめ細かい対応能力や行動力を伴わない職員が配置されている場合もあり，採用段階のみならず採用後の研修も含め，質的充実を図る必要がある。親子に対するカウンセリングや心のケアを行ううえで重要な役割を担う精神科医を常勤配置している児童相談所も少ないうえ，子どもの心のケアができる精神科医自体が少ない状況にあることから，そのような専門的支援も求められる。[注37]

児童虐待防止法に関しては，民法との矛盾も指摘されてきた。民法では，「親権を行う者は，必要な範囲で自らその子を懲戒」することができるとする懲戒権が認められてきた。2011（平成23）年の民法等の一部改正においては，「親権を行う者は，子の利益のために子の監護及び教育をする権利を有し，義務を負う」（民法第820条）と子の利益が親権の目的であることを明確にしたうえで，「親権を行う者は，第820条の規定による監護及び教育に必要な範囲内でその子を懲戒することができる」（第822条）というように懲戒の必要な範囲が限定された。しかし，現実には，「しつけ」を口実にした虐待が行われることが多い。法律上の整合性を図るうえでも，民法上の懲戒権の廃止，ないし表現をさらに改める（「子の利益のため」であろうとも虐待に相当するしつけは許されない等）改正が必要だろう[(注38)]。その意味では，先述の通り，2019（令和元）年の児童虐待防止法等の改正（2020（令和２）年施行）をふまえ，民法の懲戒権のあり方は施行後２年をめどに検討するとされたことは，注目される。

さらに，先述の通り，2019（令和元）年の児童虐待防止法等の改正において，最近の虐待事件を反映する形で，学校などの関係機関の守秘義務，ドメスティックバイオレンス対応機関との連携強化，転居先の児童相談所や関係機関との速やかな情報共有化などが示されており，社会状況に合わせた虐待防止体制の見直しが適時に求められる。

一方，虐待は保護者がその監護する児童について行う行為と定義づけられており（児童虐待防止法第２条），2004（平成16）年児童虐待防止法改正によっても，保護者による同居人の行為の放置，というように同居人の行為自体を虐待としてとらえていない。現実には，親の交際相手，親戚，知人，友達の親，兄弟姉妹など，同居人に限らず保護者以外の者が直接の虐待者になる場合があり，児童虐待を保護者が行う行為に限定して定義する合理性はない。

法律や行政レベルでの対応だけでなく，市町村内の小地域での自主的な取り組みも欠かせない。例えば，2004（平成16）年児童福祉法改正により法定化された要保護児童対策地域協議会の活用を図りつつも，市町村内のさらに地区や小地域ごとに，教育・福祉・保健・医療・法律などの関係者による子育て支援ネットワークを形成し，プライバシーに配慮しつつ，地域に密着した形で早期発見・早期対応を図り，深刻化する前の初期段階で解決してゆくことが重要になる。[注39]また，地方でも隣近所の関係が薄まりつつあり，相互にコミュニケーションを図れる関係づくりや子育て中の親同士のサークルづくりなど，地域のなかで人間関係を再生する意識的な取り組みが最も基本的な予防につながるだろう。さらには，虐待した当事者同士が自分の心の中にためこんだ思いを出し合いながら，安心できる関係性を築いてゆくセルフヘルプグループの取り組みもある。

児童虐待への対応として，相談・通報の受理→安全・事実の確認→対応協議→必要に応じて立ち入り調査→入所・保護措置→養護者への支援と親子の再統合，という基本プロセスをふまえながらも，都道府県レベル，市町村レベル，地域レベル，当事者レベルの各次元で可能な取り組みを実践するなかで，対応モデルを構築してゆくことが望まれる。

なお，高齢者に関しては，高齢者虐待の防止，高齢者の養護者に対する支援等に関する法律（高齢者虐待防止法）が2005（平成17）年11月1日に成立し，2006（平成18）年4月1日から施行されているが，通報等を受けた場合の安全・事実の確認，一時保護措置や立入調査は市町村や地域包括支援センター等が対応することになっている。障害者に対する虐待の防止，障害者の養護者に対する支援等に関する法律（障害者虐待防止法）は2011（平成23）年6月17日に成立，2012（平成24）年10月1日から施行されているが，「市町村障害者虐待防止センター」が障害者虐待に関する通報・届出の受理，障害者および養護者に対する相談，指導および助言，障害者虐待の防止および養護者支援に関する広報等啓発活動を行い，「都道府県障害者権利擁護センター」が使用者虐待に関する通報・届出の受理，市町村が行う措置の実施に関する市町村相互間の連絡調整や市町村に対する情報提供・助言，障害者虐待を受けた障害者に関する問題および養護者に対する支援に関する相談または相談機関の紹介，障害者虐待を受けた障害者および養護者に対する支援のための情報提供，助言，関係機関との連絡調整などを行う。児童，高齢者，障害者の虐待防止に関して，法律構造は共通性が見られるものの，虐待防止策としては，別々の機関の対応になっており，児童，高齢者，障害者に対する一元的，包括的な権利擁護システムを構築してゆくことも今後の課題といえよう。その意味では，社会福祉法改正（2017（平成29）年5月26日成立，2018（平成30）年4月1日施行）に伴う地域福祉計画のガイドラインにおいて，複雑化した地域課題に対する包括的な支援体制の一環として，高齢者・障害者・児童への統一的な虐待対応が方向づけられており，その具体化が注目される。

# 第３節｜児童諸手当の現状と課題

## １――― 児童手当制度

児童手当は，一般家庭を対象に，児童養育家庭の生活の安定および児童の健全な育成，資質の向上を図るため，子育て費用を援助するものであり，1971（昭和46）年制定の児童手当法により1972（昭和47）年から施行された。

財源は公費負担と事業主負担によっている。３歳未満の児童に関しては，養育者が被用者（サラリーマン）の場合，事業主７/10，国２/10，都道府県0.5/10，市町村0.5/10という財源分担であったが，2006（平成18）年度から，国の負担減と自治体の負担増が図られ，事業主７/10，国１/10，都道府県１/10，市町村１/10という財源構成に変更された。さらに，2012（平成24）年度から，所得制限未満の本則給付に関しては，事業主７/15，国16/45，都道府県４/45，市町村４/45という財源構成に変更された（所得制限以上の特例給付に関しては，事業主負担がなく，国２/３，都道府県１/６，市町村１/６となる）。

同じく３歳未満の児童に関して，養育者が非被用者（自営業者等）の場合は，国２/３，都道府県１/６，市町村１/６という財源分担であったが，2006（平成18）年度から，国，都道府県，市町村の負担割合は各１/３になった。さらに，2012（平成24）年度から，所得制限未満の本則給付の場合も，所得制限以上の特例給付に関しても，国２/３，都道府県１/６，市町村１/６に変更された。

３歳以上の児童に関しては，養育者が被用者，非被用者いずれの場合でも，国２/３，都道府県１/６，市町村１/６という財源分担であったが，2006（平成18）年度から，国，都道府県，市町村の負担割合は各１/３に変更され，さらに，2012（平成24）年度から，本則給付，特例給付のいずれに関しても，国２/３，都道府県１/６，市町村１/６に変更された。

要するに，養育者が非被用者の場合は児童の年齢に関係なく，被用者の場合は児童が３歳以上に限って国２/３，都道府県１/６，市町村１/６で分担し，児童が３歳未満であれば，事業主の７/15負担以外の８/15を国，都道府県，市町村が同じ割合で（国２/３，都道府県１/６，市町村１/６）分担する仕組みとなっている。なお，公務員の場合は，所属庁である国または地方公共団体が10/10で全額負担する。

支給月額は，第１子5000円，第２子5000円，第３子以降１万円として1992（平成４）年度に２倍化されて以降，据え置かれてきたが，2007（平成19）年度から，３歳以上は変更されていないものの，３歳未満の間は，出生順序に関係なく一律１万円に変更された（ただし，所得制限あり)。しかし，「平成22年度における子ども手当の支給に関する法律」の成立に伴い（2010（平成22）年３月26日)，2010（平成22）年度は所得制限を伴わずに，中学校卒業まで（０歳から15歳になった後の最初の３月31日まで）の子ども１人当たり月１万3000円の子ども手当が支給されることになった[注40]。この措置は，2011（平成23）年４月～９月の間も継続されたが，「平成23年度における子ども手当の支給等に関する特別措置法」の成立（2011（平成23）年８月26日）に伴い，2011（平成23）年10月～2012（平成24）年３月の間は，３歳未満と，３歳以上12歳以下の第３子については月１万3000円から１万5000円に増額された反面，３歳以上12歳以下の第１・２子と中学生については月１万3000円から１万円に減額された。そして，「児童手当法の一部を改正する法律」の成立（2012（平成24）年３月30日）により，同法が特別措置法の手当額等に基づいて2012（平成24）年４月１日から施行され，同年６月からは，再び所得制限が導入されるようになった（夫婦と児童２人年収960万円以上世帯の場合，「当分の間の特例給付」として一律月5000円の支給額[注41])。

対象児童，支給期間は，図表５―14の通り，変遷を遂げてきた。1999（平成11）年度までは，対象児童が広げられる一方で，支給期間が短縮されてきたが，2000（平成12）年度以降は支給期間も再び拡大されるようになった。それだけ，少子化対策への政策意識が高まってきたとも言えよう。なお，消費税率の引き上げの影響を緩和する目的で，2014（平成26）年１月分の児童手当の受給者に対して，対象児童１人につき１万円が１回限りで全額国庫負担により支

**図表5—14　児童手当等の対象児童，支給期間**

| 開始年度 | 1972年度 | 1986年度 | 1992年度 | 2000年度 | 2004年度 | 2006年度 | 2010年度〜 |
|---|---|---|---|---|---|---|---|
| 対象児童 | 第3子以降 | 第2子以降 | 第1子以降 | 第1子以降 | 第1子以降 | 第1子以降 | 第1子以降 |
| 支給期間 | 義務教育修了前 | 義務教育就学前 | 3歳未満 | 6歳の年度末まで | 9歳の年度末まで | 12歳の年度末まで | 義務教育修了前 |

**図表5—15　児童手当支給月額の国際比較（2015年）**

| | ドイツ | スウェーデン | イギリス | フランス | 日本 |
|---|---|---|---|---|---|
| 第1子の月額 | 約2.2万円 | 約1.3万円 | 約1.1万円 | 約1.5万円 | 0.5〜1.5万円 |
| 対象年齢 | 18歳未満 | 16歳未満 | 16歳未満 | 20歳未満 | 15歳以下 |

注　フランスは第2子から支給のため第2子の額
出典　国立社会保障・人口問題研究所『社会保障統計年報（平成29年版）』

給された（「子育て世帯臨時特例給付金」）。また，臨時特別給付金（2020（令和2）年度「新型コロナウイルス感染症緊急経済対策」）が，児童手当支給対象（所得制限限度額以上の世帯を除く）児童1人につき1万円（1人につき1回のみ）支給された。

国際比較のうえでは，図表5—15のように，日本の場合，手当水準，対象年齢ともに諸外国の水準に近づきつつも，やや低い。しかも，対象年齢を過ぎても，学生や職業訓練を受けている場合は，ドイツで25歳，スウェーデンは18歳，イギリスは20歳になるまで支給が継続される。そのうえ，ドイツとスウェーデンでは，所得制限がない。

## 2——— 児童扶養手当制度

児童扶養手当は，1961（昭和36）年制定の児童扶養手当法に基づき，父と生計を同じくしていない児童が育成される家庭の生活の安定と自立の促進に寄与するため，母子家庭などに支給されるものであり，夫と死別・離別した妻など（夫が重度の障害者である場合を含む）が独力で子どもを育てている場合に，その子が18歳に達する年度末（障害児の場合，20歳未満）まで支給されるものであった。しかし，児童扶養手当法の一部を改正する法律の成立（2010（平成

22）年５月26日）により，父子家庭にも支給対象が拡大され，父母が離婚した場合，父母の一方が死亡した場合や重度障害者である場合などが受給資格となる（同年８月１日施行）。さらに，児童扶養手当法施行令の一部改正により，父または母が配偶者からの暴力（DV）で裁判所からの保護命令を受けた場合も支給要件に含まれるようになった（2012（平成24）年８月１日施行）。

支給月額（全額支給の場合）は，2020（令和２）年度で月４万3160円となっている（２人目は１万190円加算，３人目以降は１人につき6110円加算）となっている。ただし，2002（平成14）年の法律改正により，受給開始後一定期間が経過した人は，就業・求職活動している場合や障害・傷病などで就業困難な場合を除き，2008（平成20）年度以降の手当額が２分の１に減額されることになった。すなわち，受給開始後５年または受給要件に該当してから７年を経過した場合（手当の認定請求時に３歳未満児を養育している場合は３歳児になった月の翌月から５年経過後），手当の半額が支給停止になる。

2018（平成30）年度以降，所得制限の基準が改められ，全額支給の対象者は，子が１人（２人世帯）の場合，「年収160万円未満」となった（児童扶養手当法施行令改正）。２人世帯の場合，給与所得者の収入ベースで365万円以上あれば支給されず，160万円以上365万円未満の場合は一部支給停止となり，一部支給の場合は所得に応じて４万3150円～１万180円の範囲で10円刻みに支給額が変えられる。

2002（平成14）年には，母子及び寡婦福祉法（現・母子及び父子並びに寡婦福祉法）も改正され，母親を雇用する事業主への奨励金や，保育所優先入所などが制度化された。受給開始後５年，受給要件該当後７年経過した場合の半額支給停止措置と併せ，児童扶養手当の財政支出を抑制しつつ，就労を促す政策意図がうかがえる。この所得制限基準改正の背景には，離婚の増加がある。

しかし，母子世帯は，年間所得200万円程度の低所得世帯が多く[注42]，一部支給停止措置によって家計に与える影響は大きいと考えられる[注43]。長期不況のもとで，雇用状況も厳しい現実がある。母子家庭の家計・雇用実態などをふまえ，所得制限基準の妥当性を検証する必要がある。

なお，2019（令和元）年度の「未婚の児童扶養手当受給者に対する臨時・特別給付金」として，対象世帯に１万7500円が支給された。また，2020（令和

2）年度の「ひとり親世帯臨時特別給付金」として，児童扶養手当受給世帯や新型コロナウイルス感染症の影響で収入が減少した世帯などに基本給付（一世帯5万円，第2子以降1人につき3万円)，追加給付（一世帯5万円）が支給された。

## 第4節｜育児休業制度の現状と課題

育児休業制度は，男女従業員がその申し出により，原則として1歳未満の子を養育するために休業することができる制度であり，育児休業，介護休業等育児又は家族介護を行う労働者の福祉に関する法律（育児・介護休業法）に基づいている。1991（平成3）年成立，1992（平成4）年施行の育児休業等に関する法律（育児休業法）に，介護休業を加えた法律改正が1995（平成7）年に行われ，育児休業制度は1995（平成7）年度からすべての事業所を対象に施行されている。ただし，育児・介護休業中の所得保障としての育児・介護休業給付に関しては，雇用継続給付の一部として，雇用保険料を財源とするので，雇用保険法が根拠法となる。休業開始前2年間に賃金支払基礎日数が11日以上ある日が12か月以上あることを要件として，子1人につき1回，子の出生日から1歳の誕生日の前々日まで（6か月の延長，さらに6か月の再延長が可能）を原則として連続した期間，取得することができる。

出産者または配偶者が出産した者に占める育児休業取得者の割合（2019（令和元）年度）は女性83.0％，男性7.48％であり，とくに母親は2007（平成19）年度以降80％以上で高水準化しているものの，父親の取得率は漸増しつつも依然として低い現状にある[(注44)]。「子育て安心プラン」の目標値では，育児休業取得率が男性13％（2020（令和2）年度）となっているが，なお目標値からの隔たりが見られる。

父親が育児休業をとることに対する各種意識調査によれば，若い人を中心に肯定派が多数を占めている一方で，育児休業をとることの困難理由として，経済的な生活水準の低下や，職場の雰囲気，業務への支障といった点があげられており，取得したくても，経済的理由や職場の雰囲気から取得しづらい様子がうかがえる。妊娠・出産・育児休業等に関するハラスメント防止対策として

「就業規則・労働協約等の書面で方針を明確化し，周知している」企業の割合（2019（令和元）年度）は57.9％となっているが，国の制度とは言え，それを前向きにとらえる職場環境が整っていない場合，労働者にとっては申請しにくいということもあるだろう。(注45)

経済的理由に関しては，育児休業給付として，2001（平成13）年1月から，休業前賃金の25％補償から40％補償に引き上げられ（出産後56日間の産後休暇期間を除く休業期間中の基本給付金30％＋職場復帰後の復帰給付金10％），さらに，後述の通り，有期限で2007（平成19）年度から50％に引き上げられたうえ，2014（平成26）年度からは，期間によって67～50％に引き上げられた。

2001（平成13）年には，育児休業制度が改正された（同年11月成立，一部を除き翌年4月施行）。その主な改正点は，①取得した場合の解雇，減給，契約変更の不利益処分（正社員からパートへの転換など）の禁止，②就学前児童に対する看護休暇の新設（事業主の努力義務，5日が目安），③勤務時間短縮義務の対象の拡大（1歳未満から3歳未満へ），④所定外労働（残業）免除制度の新設（月24時間，年150時間超）などである。③と④は，3歳未満の子を養育する労働者のために，事業主が1つを選択して制度を設ける選択的義務制の選択肢の一部を構成している。

2004（平成16）年には，育児・介護休業法がさらに改正された（同年12月成立，翌年4月施行）。育児休業にかかわる改正点は，①原則正社員の適用対象をパート・派遣社員などの有期雇用労働者にも拡大すること（1年以上の勤務実績等の条件つき），②育児休業期間は，保育所に入れない等，休業が必要と認められる場合には，子が1歳6か月に達するまでの休業延長を可能とすること，③就学前児童に対する看護休暇は労働者が求めれば拒否できない権利として年間5日間認めること（事業主の義務化と期間の明確化）である。

なお，2007（平成19）年4月1日以降に職場復帰した人から2010（平成22）年3月31日までに育児休業を開始した人に期間を限定して，育児休業給付の給付率（「休業開始前賃金日額×休業日数」に対する割合）が休業前賃金の40％から50％（出産後56日間の産後休暇期間を除く休業期間中の育児休業基本給付金30％＋職場復帰後の育児休業者職場復帰給付金20％）に引き上げられた（2007（平成19）年雇用保険法改正）。休業中，休業開始前賃金の80％以上の賃金が支払われないことが受給条件となる。[注46] さらに，育児休業基本給付金と育児休業者職場復帰給付金は育児休業給付金として統合され，全額が休業期間中に支給されることになった（2009（平成21）年雇用保険法改正，2010（平成22）年4月1日施行）。それに伴い，2010（平成22）年度以降に育児休業を開始した人についても，40%から50%への給付率引き上げ措置が「当分の間」延長されることになった。さらに，「当分の間」，休業開始後6か月に限って給付割合を67%に引き上げ，6か月経過後は50%に戻すことになった（2014（平成26）年雇用保険法改正，同年4月1日施行）。

2009（平成21）年には，育児・介護休業法がさらに改正された（同年6月成立，一部を除き2010（平成22）年6月30日施行）。その主な改正内容は，①3歳未満の子を養育する労働者について短時間勤務制度（1日6時間）を設けることを事業主の義務とし，労働者からの請求があったときは所定外労働（残業）の免除を制度化する（従来の選択的義務制からの変更），②看護休暇制度について，就学前児童が1人であれば年5日，2人以上であれば年10日とする（従来は労働者1人当たり一律に年5日），③父母がともに育児休業を取得する場合，1歳2か月（従来は1歳）までの間に1年間育児休業を取得可能とする（パパ・ママ育休プラス），④父親が，出産後56日以内に育児休業を取得した場合，再度，育児休業を取得可能とする（従来は配偶者の死亡等の特別の事情がない限り再取得は不可能），⑤配偶者が専業主婦（夫）であれば育児休業の取得不可とすることができる（育児休業の申し出を拒否できる）制度を廃止する，⑥育児休業の取得等に伴う労使間の紛争について，苦情処理，紛争解決の援助および調停の仕組みを創設し，法律違反に対する勧告に従わない企業名の公表制度や虚偽の報告をした企業に対する過料を創設する，というものである。[注47]

勤務時間短縮制度は，2001（平成13）年改正により対象から拡大されたが，3歳未満に限られている。そして，2009（平成21）年改正により義務化されることになったが，実際に所定労働時間の短縮措置等の制度を導入している事業所の割合（2019（令和元）年度）は72.1%となっている。[注48] 看護休暇に対するニーズも強く，2004（平成16）年改正により義務化されたが，賃金補償はない。また，義務化されてはいるものの，育児目的のために利用することができ

る休暇制度の規定がある事業所の割合は2019（令和元）年度で59.3％となっている。(注49)

ちなみに，スウェーデンの場合，育児休業（親給付）期間は480日間（各親に240日分ずつ）で一定期間の割当制になっている（配偶者に譲ることができない「クォータ制（パパの月）」を90日間含む）。所得補償（所得比例給付）は80％（390日間，残り90日間は最低保障額）であり，看護休暇（臨時親給付）は12歳未満の子を対象に60日間まで手当支給が行われる。勤務時間短縮の対象年齢は８歳未満となっている。いずれの点でも，日本より充実しており，2018年の親給付支給総額の35％を父親が占めている。(注50)「子育て安心プラン」で目標とされた男性育児休業取得率13％レベルをクリアしていくうえでは，就労継続意欲が高まっている女性の取得率はめざましいものの，(注51)男性の場合，賃金補償水準を一定に高めつつ，一定期間の父親割当制を組み入れるなどの対策を講じない限り，達成は難しいだろう。(注52)

2016（平成28）年の雇用保険法等の改正では，①看護休暇（年５日）の取得単位の柔軟化（半日単位の取得可），②有期契約労働者の育児休業の取得要件の緩和，③対象となる子の範囲の拡大（法律上の親子関係である実子・養子だけでなく，特別養子縁組の監護期間中の子等を含む），④介護離職の防止措置（介護休業の分割取得可（３回まで計93日），所定外労働の免除制度の創設，介護休暇の半日単位取得可，介護休業給付率の40％から67％への引き上げ）⑤育児・介護休業等の取得等を理由とする上司・同僚等による就業環境を害する行為の防止措置の義務化などが図られた。

2017（平成29）年の雇用保険法等の改正では，原則１歳までである育児休業を６か月延長しても保育所に入れない場合等に限り，さらに６か月（２歳まで）の再延長を可能にすること，それに合わせ，育児休業給付の支給期間を延長することが規定された。

2020（令和２）年の雇用保険法等の改正では，育児休業給付について，失業等給付から独立させ，「子を養育するために休業した労働者の生活及び雇用の安定を図るための給付」として位置づけ，育児休業給付の保険料率（1000分の４）を設定するとともに，育児休業給付資金を創設する，こととされた。(注53)

（注）

1　この点については，拙稿「児童福祉制度改革をめぐる諸論点の検討─保育所制度の場合─」高知大学経済学会『高知論叢』第63号，1998年を参照。

2　夫婦ともに雇用者の共働き世帯が949万世帯，男性雇用者と無業の妻からなる世帯が921万世帯となった1997（平成９）年以降，前者が後者を上回り続ける形で差を広げ，2019（令和元）年段階では，前者が1245万世帯，後者が582万世帯となっている（内閣府『男女共同参画白書　令和２年版』）。

3　厚生労働省子ども家庭局保育課「保育関連状況取りまとめ（令和２年４月１日）」

4　同上

5　全国保育団体連絡会・保育研究所『保育白書』各年版

6　厚生労働省子ども家庭局（雇用均等・児童家庭局）総務課「認可外保育施設の現況取りまとめ」各年

7　前掲『2020年版　保育白書』

8　前掲「平成30年度　認可外保育施設の現況取りまとめ」令和２年７月31日

9　平均寿命が伸び，子を育て上げた後の親の生存期間が長くなるにつれて，子育てだけを生きがいとする価値観が弱まり，とくに学歴の高い専業主婦ほど，自己実現欲求と育児の間で葛藤・ストレスが生じやすく，仕事と育児の両立ができている人のほうが生活の満足度が高いという分析もある（柏木，2001，第４章）。

10　いわゆる骨太方針（「経済財政運営と改革の基本方針2018」）においては，「最優先の課題である待機児童問題を解消し，女性就業率80％に対応できる『子育て安心プラン』を前倒しし，2020年度末までに32万人分の受け皿整備を進める」として，前倒し実施が方向づけられた。

11　内閣府子ども・子育て本部「認定こども園に関する状況について（令和２年４月１日現在）」

12　厚生労働省「地域型保育事業の件数について（平成28年４月１日現在）」，厚生労働省「令和元年 社会福祉施設等調査の概況」

13　前掲『2020年版　保育白書』を参照。なお，子ども・子育て支援法の一部改正（2018（平成30）年３月30日成立，同４月１日施行）により，事業主拠出金の標準報酬に対する上限比率を1000分の2.5から1000分の4.5に引き上げるとともに，事業主拠出金の充当対象に子どものための教育・保育給付の費用（０～２歳児相当分に限定）を加えることとされた。

14　社会保障制度改革国民会議報告書（2013（平成25）年８月６日）においては，「子ども・子育て支援の充実は」「経済成長及び社会保障の持続可能性を担保」するものであるという経済・財政的な視点が基調となっている。なお，山縣（2002）は，「保育サービスのターゲット」として，子ども自身の成長・発達の支援，親育ちの支援，親子関係の支援，育む環境の育成・整備の４点があると指摘している（147～148頁）。

15　相澤・栗山（2002，第６章（栗山），60～61頁）は，世代間交流が育児問題の解決だけでなく，地域社会の再生にもつながるであろうことを指摘している。また，年齢の違いや障害の有無などを超えた共生の拠点づくりについては，三菱・UFJリサーチ＆コンサルティング（2013）を参照。

16　田中きよむ「過疎地における保育の現状と課題」中山・杉山編（2013）を参照。

17　府政共生（内閣府政策統括官共生社会政策担当）第859号「子ども・子育て支援法に基

づく支給認定等並びに特定教育・保育施設及び特定地域型保育事業者の確認に係る留意事項等について」平成26年９月10日

18　前掲・田中

19　基本的には，消費税の増税と応能負担の保育料の無償化により，高所得者ほど恩恵が大きくなるうえ，待機児童解消や保育士の処遇改善などの政策的プライオリティとの兼ね合いもある（中山，2019）。

20　給食の経費は，「保育に必要な経費」であり，実際，従来「保育に通常必要な費用」として組み込まれていたものであり，「保育内容の一環」であるとの指摘に加え，認可外施設も無償化にすることについては，保育の質の確保の観点からは，むしろ，その認可化を推進する必要性が指摘されている（村山，2019）。なお，幼児教育へのアクセスの確実な保障等の観点から，幼保無償化を意義づける立場として，高端（2021）を参照。

21　地域型保育給付や幼保連携型認定こども園において，国の基準を超える認可・認定基準を設定する自治体の動向については，中山・藤井・田川・高橋（2014）を参照。

22　厚生労働省「保育士確保プラン」（平成27年１月14日）による。なお，2017（平成29）年10月の保育士登録者は約147万人に対して，保育士資格をもちながら社会福祉施設等で働いていない「潜在保育士」は約90万人になっている（前掲『2020年版　保育白書』）。

23　厚生労働省「令和元年度賃金構造基本統計調査」

24　藤井伸生「コロナ禍と保育」『住民と自治』2021年１月号

25　子どもの権利条約に関する日本の現状と課題（最終所見）については，子どもの権利条約市民・NGOの会（2020）を参照。

26　厚生労働省「令和元年度　福祉行政報告例の概況」令和３年２月４日

27　貧困と虐待の関係を明らかにしたものとして，松本（2010, 2012）を参照。

28　高橋編（2008），第３章（友川礼）を参照。

29　里親とは，要保護児童を養育することを希望する者で，都道府県知事が適当と認める者であるが，「養育里親」とは，実の親が引き取る見込みのある子どもを実親の元へ家庭復帰できるまで，あるいは18歳まで家庭内で養育する里親。養子縁組を目的とせずに養育する里親である。それに対して，「専門里親」は，一定期間（原則２年），里親としての養育経験や児童福祉分野の経験がある者が専門的な研修を修了したうえで登録を受け，児童虐待等により心身に有害な影響を受けた児童，知的障害をもつ児童，非行傾向をもつ児童などを預かる。

30　一時保護とは，児童相談所長または都道府県知事が必要と認めた場合に，児童を一時保護施設などに短期間入所させること（期間は２か月以内）であり，親権とは，未成年の子を養育監護し，その財産を管理し，子を代理して法律行為をする権利・義務を意味する。

31　ただし，機能分化に対する現場の考えは必ずしも一致しておらず，「介入するだけの業務では職員のモチベーション確保が難しい」などの意見もあるという（二見清一, 2020）。

32　前掲・高橋編（2008），第９章（影山秀人）を参照。

33　厚生労働省「全国児童相談所一覧」を参照。なお，一時保護所は144か所（2020（令和２）年７月１日現在）となっている。

34　児童福祉司１人当たりの所轄人口が全国で2018（平成30）年度38万5037人であるが，最も多いエリア（北海道ブロック４万4152人）と最も少ないエリア（四国ブロック３万3576人）の間で１万人以上の開きが見られる（森田展彰，2018）。

35　なお，さらに2020人の増員計画（2022（令和４）年度）が立てられている（「児童虐待防止体制強化プラン」2019（令和元）～2022（令和４）年度）。

36　児童福祉司の経験年数は「１年以上３年未満」が35％と最も多く（平均2.9年），児童相談所ごとのスーパーバイザーの経験年数は「３年以上５年未満」が29％と最も多い（平均6.2年）という調査結果が明らかにされている（同上，森田，2018）。なお，久保（2020）は，先輩からの支援実践の学びと自己実践の振り返りの繰り返しによる職員の力量形成の重要性を示唆し，「専門性の促成栽培はできないこと」を指摘している。

37　「健やか親子21」（2001（平成13）～2010（平成22年）年の10年間の計画期間（2009（平成21）年に４年間延長し，2014（平成26）年度までとなっている））では，「子どもの心の専門的な診療ができる常勤の児童精神科医がいる児童相談所の割合」の目標を100％にしていたが（2001（平成13）年度3.3％），中間評価値では5.9％（2005（平成17）年度）という状況であったため，非常勤を含めて「子どもの心の専門的な診療ができる医師がいる児童相談所の割合」の目標を100％にするよう変更されたが，それで読み替えても29.7％（2005（平成17）年度）と３割程度の達成率になり（「健やか親子21」の指標に関する研究会「『健やか親子21』指標の見直し等について」平成19年３月），最終評価の2013（平成25）年度でも常勤医師13.6％，兼任・嘱託・非常勤等70.2％となっており，総合評価は「改善した」ではなく「変わらない」とされていた（「健やか親子21」最終報告書，平成25年11月）。なお，児童心理司は，1360人（2017（平成29）年度から1447人（2018（平成30）年度）に増員されてきたが，さらに2150人への増員を図るものとされている（「児童虐待防止体制強化プラン」2019（令和元）～2022（令和４）年度）。

38　有識者と関係省の担当官らで構成される「児童虐待防止のための親権制度研究会」が2010（平成22）年１月に法務大臣に提出した報告書では，懲戒権についても，民法からの削除を求める意見がある，として制度改革の検討が提起されていた。なお，子ども虐待対応における保護者との協働関係の構築については，鈴木（2019）を参照。

39　これについては，例えば，高知県佐川町が先進的な取り組みを進めており，筆者も共同研究者として参加させていただき，虐待だけでなく，非行，不登校，養育，障害などの子どもをめぐる問題に対して地域の取り組みで解決・支援していく可能性と課題を分析した。佐川町（2009）を参照。市町村レベルの虐待防止に向けた取り組み課題については，加藤（2010）も参照。

40　こども手当の一部として従来の児童手当を支給する二重構造となり，児童手当分については国と地方自治体と事業主の財源分担が存続し，残りの子ども手当としての上乗せ分は全額国費負担となった。

41　全世代型社会保障検討会議「最終報告」では，「高所得の主たる生計維持者（年収1200万円以上の者）」を特例給付の対象外とすること（2022（令和４）年10月支給分から適用）が示されたが（「全世代型社会保障の方向」2020（令和２）年12月15日），そのための児童手当関連法改正案が閣議決定された（2021（令和３）年２月２日）。待機児童解消に向けた保育施設確保の財源として充当することが目的とされるが，モデル世帯（子どもが２人いる会社員の夫と専業主婦）の夫の年収が基準となっている。しかし，夫婦どちらも年収基準未満で合算年収が基準以上でも受給できるなど，世帯でみた公平性の問題が生じる。

42　母子家庭の年間平均総所得（2016（平成28）年）は243万円であり，「生活が苦しい」という割合は82.7％に上っている（厚生労働省大臣「全国ひとり親世帯等調査」平成28年，同「国民生活基礎調査の概況」平成28年）。

43　浜田（2009）は，2002（平成14）年の児童扶養手当法改正により導入された児童扶養手当の逓減制の就業抑制効果は小さいものの，勤労収入の低い範囲で手当額が改正前を下回り，就業者内の所得格差が大きくなったことを明らかにしている。

44　厚生労働省「令和元年度雇用均等基本調査」令和２年７月31日

45　同上

46　同じく雇用保険の雇用継続給付として位置づけられている介護休業給付の場合，休業開始前２年間に賃金支払基礎日数が11日以上ある月が12か月以上あることを要件として，休業開始前賃金の40％（休業開始前賃金日額×休業日数×0.4）の給付率で，同一家族１人につき通算で最長３か月（93日間）を限度として支給されるが，同じく，休業中に休業開始前賃金の80％以上の賃金が支払われないこと（休業中賃金と休業給付の合計額が休業開始前賃金の80％を超過する時は開始前賃金の80％から休業中賃金を差し引いた額が支給される）が受給条件となる。

47　この他，従来の介護休業制度とは別に，短期の介護休暇制度（要介護状態の対象家族が，１人であれば年５日，２人以上であれば年10日取得可能）が創設された。なお，短時間勤務制度，所定外労働時間の制限，介護休暇が従業員数100人以下の事業主の適用時期は，2012（平成24）年７月１日である。

48　前掲「令和元年度雇用均等基本調査」

49　同上

50　内閣府編『平成17年版　少子化社会白書』2006年，両角（2020）を参照。

51　岩本（2001）は，育児休業制度と勤務時間短縮制度が，結婚の意思決定を行った前後の就業継続に対して促進させる効果をもつことを明らかにしている（第１章，滋野由紀子・大日康史）。

52　なお，厚生労働省労働政策審議会は，2021（令和３）年１月，育児休業制度の見直し案として，①父親が通常の育児休業とは別に生後８週間まで最大４週（２回まで分割可）取得可能な「出生時育児休業」（男性版産休）の創設（賃金補償水準67％），②母親も分割取得可能化（２回まで），③働いて１年未満の非正規雇用労働者の取得可能化，④育児休業対象者に個別に制度説明や意向確認をすることの企業への義務づけ，④従業員1000人超の大企業への男性育児休業取得率の公表を義務づけ等を提示した（2022（令和４）年10月施行予定）。

53　なお，育児休業給付の財源について，より広い観点から抜本的な見直しを提起したものとして，高畠（2020）を参照。

（参考文献）

・相澤仁「子ども虐待防止対策における法制度上の対応と現在の課題」『子どもの虐待とネグレクト』第11巻第３号，2009年

・相澤譲治・栗山直子編著『家族福祉論』勁草書房，2002年

・浅井春夫『次世代育成支援で変わる，変える子どもの未来』山吹書店，2004年

・中央法規出版編集部編『キーワードでわかる児童虐待防止法ガイドブック　令和２年４月改正版』中央法規出版，2020年

・遠藤久夫・野田正人・藤間公太監『児童相談所の役割と課題』東京大学出版会，2020年

・福田慎一編『検証　アベノミクス「新三本の矢」』東京大学出版会，2018年

・二見清一「児童相談所・一時保護所の現状―児童虐待の現場から―」『経済』第298号，

2020年
・浜田浩児「児童扶養手当の逓減制の就業抑制効果と所得再分配効果」『季刊社会保障研究』第45巻第１号，2009年
・保育研究所編『これでわかる！　子ども・子育て新制度』ひとなる書房，2014年
・星敦士「育児期女性のサポート・ネットワークがwell-beingに与える影響」『季刊社会保障研究』第48巻第２号，2012年
・磯谷文明・町野朔・水野紀子編集代表『実務コンメンタール児童福祉法・児童虐待防止法』有斐閣，2020年
・伊藤周平「保育制度改革と子ども・子育て関連三法」『賃金と社会保障』第1597号，2013年
・伊藤周平『子ども・子育て支援法と保育のゆくえ』かもがわ出版，2013年
・伊藤周平「子ども・子育て新制度における市町村の保育実施義務と子どもの保育を受ける権利」『賃金と社会保障』第1607号，2014年
・岩渕勝好『次世代育成支援の現状と展望―少子社会への挑戦―』中央法規出版，2004年
・岩本康志編著『社会福祉と家族の経済学』東洋経済新報社，2001年
・嵩さやか「児童手当改正案と社会保障における世帯の意義」『週刊社会保障』第3097号，2020年
・柏木惠子『子どもという価値』中央公論社，2001年
・柏女霊峰『子育て支援と保育者の役割』フレーベル館，2003年
・柏女霊峰『次世代育成支援と保育』全国社会福祉協議会，2005年
・加藤繁美『子どもへの責任』ひとなる書房，2004年
・加藤曜子「児童虐待防止に向けた地域の取り組みの現状と課題―自治体，NPO等との連携―」『季刊社会保障研究』第45巻第４号，2010年
・加藤曜子『児童虐待リスクアセスメント』中央法規出版，2001年
・子どもの権利条約市民・NGOの会『国連子どもの権利条約と日本の子ども期―第４・５回最終所見を読み解く―』本の泉社，2020年
・今一生『子ども虐待はなくせる』日本評論社，2020年
・近藤幹生・幸田雅治・小林美希編著『保育の質を考える』明石書店，2021年
・久保樹里「児童相談所児童福祉司の専門性と人材育成の現状と課題―児童相談所職員の対話から―」『子どもの虐待とネグレクト』第22巻第３号，2020年
・松本伊智朗編著『子ども虐待と貧困』明石書房，2010年
・松本伊智朗「子どもの貧困と『重なり合う不利』」『季刊社会保障研究』第48巻第１号，2012年
・三菱・UFJリサーチ＆コンサルティング編集・発行『地域共生の拠点づくりの手引き』（厚生労働省平成24年度セーフティネット支援対策等事業費補助金［社会福祉推進事業分］研究報告書），2013年
・村山祐一「幼児教育・保育『無償化』の問題点と改善課題」『経済』第291号，2019年
・森田展彰「児童相談所の実態に関する調査結果報告書」（平成30年度子ども・子育て支援推進調査研究事業の国庫補助協議）

・両角道代「スウェーデンにおける親休暇・親給付の構造」『社会保障研究』第５巻第１号，2020年
・中谷奈津子・鶴宏史・関川芳孝編著『保育所等の子ども家庭支援の実態と展望─困難家庭を支えるための組織的アプローチの提案─』中央法規出版，2021年
・中山徹『だれのための保育制度改革』自治体研究社，2019年
・中山徹・杉山隆一編著『子ども・子育て支援新制度PART２』自治体研究社，2013年
・中山徹・藤井伸生・田川英信・高橋光幸『保育新制度　子どもを守る自治体の責任』自治体研究社，2014年
・日本ソーシャルワーク教育学校連盟編『社会福祉士養成講座・精神保健福祉士養成講座③児童・家庭福祉』中央法規出版，2021年
・二宮厚美『保育改革の焦点と争点』新日本出版社，2009年
・根岸弓「児童虐待対応制度の基本構造とその意味」『社会福祉学』第54巻第２号，2013年
・才村純『子ども虐待ソーシャルワーク論』有斐閣，2005年
・才村純「児童虐待対策の到達点と課題─児童虐待防止法制定20年を経て─」『社会福祉研究』第137号，2020年
・佐川町「連携による子ども支援，家庭支援─佐川町地域支援ネットワークの現状と課題─」（文部科学省初等中等教育局児童生徒課「問題を抱える子ども等の自立支援事業（平成19～20年度）」研究成果報告書）2009年
・櫻井慶一『保育所制度改革の諸問題』新読書社，2006年
・社会福祉士養成講座編集委員会編『新・社会福祉士養成講座⑮児童や家庭に対する支援と児童・家庭福祉制度　第７版』中央法規出版，2019年
・杉山隆一・田村和之編著『保育所運営と法・制度』新日本出版社，2009年
・杉山隆一『保育の「市場化」と公的責任』自治体研究社，2008年
・鈴木佐喜子『時代と向きあう保育（上・下）』ひとなる書房，2004年
・鈴木浩之『子ども虐待対応における保護者との協働関係の構築』明石書店，2019年
・高橋重宏編『子ども虐待（新版）』有斐閣，2008年
・高橋利一「児童福祉法改正と社会的養護関連部分の主なる内容」『月刊福祉』2009年５月号
・高端正幸「幼保無償化をどうみるか」『社会保障研究』第５巻第４号，2021年
・高畠純子「育児休業給付の位置づけと財源のあり方」『社会保障研究』，第５巻第１号，2020年
・滝川一廣・内海新祐編『こころの科学増刊　子ども虐待を考えるために知っておくべきこと』日本評論社，2020年
・徳永雅子『子ども虐待の予防とネットワーク─親子の支援と対応の手引き─』中央法規出版，2007年
・津崎哲郎・橋本和明『児童虐待はいま』ミネルヴァ書房，2008年
・山縣文治『現代保育論』ミネルヴァ書房，2002年

第6章

# 障害者福祉システムの制度分析

2003（平成15）年4月から，障害者福祉システムが，それまでの措置制度から支援費制度に改革実施された（障害者と障害児の両方にかかわるが，以下，とくに区別しない限り，「障害者」という表現で一括する）。この改革は，2000（平成12）年5月に成立した社会福祉事業法等の改正（「社会福祉の増進のための社会福祉事業法等の一部を改正する等の法律」）に基づくものであり，いわゆる社会福祉基礎構造改革が障害者福祉分野で具体化されたものである（注1）。この改革は，福祉サービスの利用制度化，利用者保護のための制度の創設（苦情解決の仕組みの導入，福祉サービス利用援助事業の制度化），サービスの質の向上（事業者によるサービスの質の自己評価，事業運営の透明性の確保），地域福祉の推進（市町村地域福祉計画，都道府県地域福祉支援計画の策定や社会福祉協議会の活性化）などを柱にしている。

このうち，福祉サービスの利用制度化として，その法律改正で直接の対象となったのは障害者福祉分野であり，「支援費制度」の導入を指す（注2）。それに関する具体的な法改正は，社会福祉事業法「等」の改正のうち，身体障害者福祉法，知的障害者福祉法および児童福祉法の改正による。

しかし，支援費制度実施後3年で，より抜本的に新たな障害者福祉システムへの再転換が行われる。それが，障害者自立支援法の成立・施行であり，支援費制度のように各福祉法の改正にとどまらず，独立した立法に基づいている。さらに，「地域社会における共生の実現に向けて新たな障害保健福祉施策を講ずるための関係法律の整備に関する法律」が2012（平成24）年6月20日に成立した（一部を除き，2013（平成25）年4月1日施行）。これにより，障害者自立支援法は「障害者の日常生活及び社会生活を総合的に支援するための法律」（障害者総合支援法）に名称を含めて改正された。ただし，法律の理念・目的の表記の変更や，給付内容の一部変更を除けば，基本的な制度内容は障害者自立支援法を継承するものとなっている（以下では，とくに区別する必要がない限り，「障害者自立（総合）支援法」と表記する）。

## 第1節 障害者自立（総合）支援法の特徴

2005（平成17）年10月31日，障害者福祉制度の大幅な転換を目指す障害者自立支援法が成立した。措置制度から支援費制度への転換が実施されてから，わずか2年足らずで，厚生労働省から「今後の障害保健福祉施策について（改革のグランドデザイン案）」が公表され（2004（平成16）年10月12日），障害者福祉制度の抜本改革案の骨組みが示された。そして，それを基本的な枠組みとする障害者自立支援法案が，2005（平成17）年2月10日，国会に提出されたが，いったん廃案となり，同年9月30日に一部修正のうえ，再提出され，同年10月31日に成立したものである（2006（平成18）年4月1日から段階的に施行）。

障害者自立支援法に基づく制度改革内容は，支援費制度と比べても，介護保険システムに接近しており，元々，介護保険との統合を視野に入れた下地づくり的な制度改革として位置づけられていた。

本稿では，障害者自立（総合）支援法に基づく制度改革の内容を検討し，その特徴を明らかにしたうえで，その課題と今後の方向を示してゆく。障害者自立支援法は，障害者福祉システムの抜本改革を目指すものであったが，障害者団体等の当事者側との十分な合意形成を経ないまま，グランドデザイン案が提起され[注3]，障害者自立支援法案が国会に提出された。理念的な方向性としては評価できる部分もあるものの，そのような手続き上の問題に加えて，とりわけ費用負担原則の変更等の制度内容面においても課題を抱えてきた。

### 1——— 制度改革の視点

障害者自立支援法による改革の基本的視点として，❶障害保健福祉の総合化，❷自立支援型システムへの転換，❸制度の持続可能性の確保，の3点が示されている。このうち，❶「障害保健福祉の総合化」とは，障害の種別および障害児・者の枠を越えた保健福祉サービスの総合化として，身体・知的・精神，および障害児・者共通のサービスの制度化を意味する。また，障害児施設の措置事務等を都道府県から市町村に移譲，一元化すること（サービス提供主体の市町村への一元化）をも意味している。❷「自立支援型システムへの転換」は，地域生活と就労を重視した制度改革を意味する。❸「制度の持続可能性の確保」は，給付の効率化・重点化に基づく制度改革を意味している。

支援費制度では対象外であった精神障害者福祉をも対象に入れながら，従来の障害種別の縦割り行政を改め，総合化していくことや，地域での自立した暮らしを支援する方向が目指された。

なお，障害者自立支援法では，その第1条において，「障害者及び障害児が自立した日常生活又は社会生活を営むことができるよう，必要な障害福祉サービスに係る給付その他の支援を行」うことを目的にしていたが，障害者総合支援法においては，その第1条において，「障害者及び障害児が基本的人権を享有する個人としての尊厳にふさわしい日常生活又は社会生活を営むことができるよう，必要な障害福祉サービスに係る給付，地域生活支援事業その他の支援を総合的に行」うことを目的にしており，障害者基本法の改正（2011（平成23）年7月29日成立，同年8月5日施行）をふまえた目的の表現の変更(注4)，および地域生活支援事業による支援の明記が行われた。そして，法に基づく日常生活・社会生活の支援が，共生社会を実現するため，社会参加の機会の確保および地域社会における共生，社会的障壁の除去に資するよう，総合的かつ計画的に行われることを法律の基本理念とすることが新たに掲げられた（障害者総合支援法第1条の2）。

また，「障がい者制度改革推進本部等における検討を踏まえて障害保健福祉施策を見直すまでの間において障害者等の地域生活を支援するための関係法律の整備に関する法律」（以下「障害者自立支援法等の改正」，2010（平成22）年12月3日成立）により，発達障害が障害者自立支援法の対象となることが明確化されたが（改正障害者自立支援法第4条，2010（平成22）年12月10日施行），さらに，障害者総合支援法においては，障害福祉サービス等の対象として，身体・知的・精神の三障害だけではなく，制度の谷間のない支援を提供する観点から，障害者の定義に新たに難病等（治療方法が確立していない疾病その他の特殊の疾病であって政令で定めるものによる障害の程度が厚生労働大臣が定める程度である者）を追加することになった（障害者総合支援法第4条，2013

（平成25）年4月1日施行）。

## 2——— 制度改革の内容

### 福祉サービス・事務の一元化

制度改革内容の特徴の1つとして，福祉サービス・事務の一元化ということがある。従来，障害の種別，および障害児・者別に分けられていた福祉サービス体系が，障害者自立支援法により，「障害福祉サービス」として一元化されることになった。同時に，支援費制度の対象外であり，都道府県の事務であった障害児施設の措置事務，精神障害者施設・福祉工場に関する事務が市町村に一元化された。

なお，障害児を対象とした施設・事業は，施設系は児童福祉法，事業系は障害者自立支援法（児童デイサービス，重症心身障害児通園事業は予算事業）に基づき実施されていたが，障害者自立支援法等の改正により，児童福祉法に根拠規定が一本化され，通所支援の実施主体も都道府県から市町村に移行した（2012（平成24）年4月1日施行）。これにより，障害者自立支援法の居宅サービスとの一体的な提供が可能になり，障害者自立支援法の児童デイサービス（市町村）と児童福祉法の障害児通園施設・事業（都道府県）は，児童福祉法上の障害児通所支援（市町村）として再編されたが，それは，「放課後等デイ」「児童発達支援」「医療型児童発達支援」「保育所等訪問支援」から構成される（図表6—1）。それと同時に，障害種別で分かれていた障害児施設は，通所による支援を「障害児通所支援（児童発達支援等）」，入所による支援を「障害児入所支援（障害児入所施設）」として，それぞれ一元化された。障害

**図表6—1　障害者自立支援法等改正（2010（平成22）年）に伴い再編された児童福祉サービス体系**

・放課後等デイ：児童の生活能力の向上，社会交流を図ることが目的
・児童発達支援：日常生活の基本動作指導，知識技能付与，集団適応訓練等
・医療型児童発達支援：肢体不自由児を通わせ，医療等のサービス提供
・保育所等訪問支援：施設を訪問し，集団生活への適応のための専門的支援
・福祉型・医療型障害児入所支援：保護，日常生活指導，自活に必要な知識技能の付与，および治療

児入所施設については2006（平成18）年10月から利用契約制度が導入され，障害種別に分かれていた障害児入所施設は2012（平成24）年度から一元化されることになった（医療の提供（医療法上の病院の指定）の有無により「福祉型」または「医療型」障害児入所施設のどちらかに移行）。

**給付体系の再編**

支援費制度のもとでは，福祉サービスは，居宅サービス（居宅生活支援）と入所・通所の施設サービス（施設訓練等支援）に大別されていたが，障害者自立（総合）支援法のもとでは，以下の通り，「自立支援給付」と「地域生活支援事業」に再編されることになった（図表６―２）。

「自立支援給付」は，全国統一の個別サービスであり，介護サービスにかかわる「介護給付」，就労支援にかかわる「訓練等給付」，公費負担医療制度にかかわる「自立支援医療」などが含まれる。「地域生活支援事業」は，市町村および都道府県の独自事業として位置づけられている。

「自立支援給付」のうち，「介護給付」の内容として，「居宅介護」（居宅において入浴，排泄，食事の介護等を行うホームヘルプ），「重度訪問介護」（重度の肢体不自由者で常時介護を要する障害者につき，居宅における入浴，排泄，食事の介護，外出時における移動中の介護などを総合的に供与），「行動援護」（知的障害または精神障害により行動上著しい困難を有する障害者等であって常時介護を要するものにつき，行動する際に生じ得る危険を回避するために必要な援護，外出時における移動中の介護などの便宜を供与），「療養介護」（医療を要する障害者で常時介護を要する者につき，主として昼間において，病院等において行われる機能訓練，療養上の管理，看護，医学的管理の下における介護および日常生活上の世話の供与で，医療にかかるものを除く），

**図表６―２　障害者自立（総合）支援法の給付体系**

| 自立支援給付 | 介護給付，訓練等給付，自立支援医療，補装具，サービス等利用計画作成，等 |
|---|---|
| 地域生活支援事業 | 相談支援事業，意思疎通支援事業，移動支援事業，地域活動支援センター事業機能強化事業，成年後見制度利用支援事業，等 |

「生活介護」(常時介護を要する障害者につき，主として昼間において，障害者支援施設等において行われる入浴，排泄，食事の介護，創作的活動または生産活動の機会の提供等の便宜を供与)，「短期入所」(居宅においてその介護を行う者の疾病等の理由により障害者支援施設等への短期間の入所を必要とする障害者等につき，当該施設に短期間の入所をさせ，入浴，排泄，食事の介護等の便宜を供与するショートステイ)，「共同生活介護」(要介護障害者を対象とするケアホームであり，主として夜間において，共同生活を営むべき住居において入浴，排泄，食事の介護等の便宜を供与)，「施設入所支援」(施設に入所する障害者につき，主として夜間において，入浴，排泄，食事の介護等の便宜を供与)，「重度障害者等包括支援」(常時介護を要する障害者等であって介護の必要の程度が著しく高い者が一定の自立支援費で，居宅介護，短期入所，通所介護，共同生活介護等の複数のサービスを組み合わせて一体的に利用する)が含まれる（障害者総合支援法第5条)。

なお，障害者自立支援法等の改正により，視覚障害のために移動に著しい困難を有する障害者に対して移動に必要な情報の提供や移動の援護等を行うサービスとして「同行援護」が創設され（改正障害者自立支援法・障害者総合支援法第5条)，個別給付化された（2011（平成23）年10月1日施行)。また，障害者自立支援法においては，重度訪問介護の対象は「重度の肢体不自由者で常時介護を要する障害者（区分4以上)」とされてきたが，障害者総合支援法においては，「重度の肢体不自由者その他の障害者であって常時介護を要するものとして厚生労働省令で定めるもの」として対象が拡大された（2014（平成26）年4月1日施行)。

「訓練等給付」には，「自立訓練」(有期限プログラムによる機能訓練と生活訓練であり，自立した日常生活または社会生活を営むことができるよう身体機能または生活能力の向上のために必要な訓練等の便宜を供与)，「就労移行支援」(一般企業への雇用または在宅就労が見込まれる障害者を対象とする有期限プログラムによる一般就労への移行支援であり，就労を希望する障害者につき，生産活動その他の活動の機会の提供を通じて就労に必要な知識および能力の向上のために必要な訓練等の便宜を供与)，「就労継続支援」(通常の事業所に雇用されることが困難な障害者につき，就労・生産活動等の機会の提供を通じて，その知識および能力の向上のために必要な訓練等の便宜を供与する事業であり，❶就労移行支援による企業等の雇用に結びつかなかったが，事業所において雇用契約に基づく就労が可能と見込まれる障害者を対象とする「雇用型（A型）」と，❷就労移行支援事業による企業等の雇用や就労継続支援の「雇用型」に結びつかなかった人，利用困難な人等を対象とする「非雇用型（B型）」がある），「共同生活援助」（介護を要しない人対象のグループホームであり，地域において共同生活を営むのに支障のない障害者につき，主として夜間において，共同生活を営むべき住居において相談その他の日常生活上の援助を行う）が含まれる（障害者総合支援法第5条）。

なお，障害者総合支援法においては，共同生活介護（ケアホーム）は共同生活援助（グループホーム）に統合，一元化されることになった（2014（平成26）年4月1日施行）。それに伴い，共同生活援助（グループホーム）においては，日常生活上の相談に加えて，入浴，排泄または食事の介護その他の日常生活上の援助を提供することになった。

「介護給付」と「訓練等給付」の内容を総称して「障害福祉サービス」と規定されている。都道府県知事は，障害福祉サービスの種類および障害福祉サービス事業を行う事業所または施設ごとに，「指定障害福祉サービス事業者」または「指定障害者支援施設」の指定または指定の取消し等を行う。

支援費制度では明確であった施設概念が希薄化しており，通所施設は「介護給付」または「訓練等給付」として位置づけられ，入所施設は「介護給付」のうちの「施設入所支援」として位置づけられている。ただし，後者においても，平日日中は療養介護や生活介護，自立訓練，就労移行支援を活用することになっている。

「自立支援医療」は，その心身の障害の状態の軽減を図り，自立した日常生活または社会生活を営むために必要な医療であり，公費負担医療制度の対象であった身体障害者の更生医療，身体障害児の育成医療，精神障害者の通院医療に関する患者負担について，無料ないし軽減負担を原則1割の応益負担に転換したものである（ただし，低所得者への軽減措置がある）。

「補装具」とは，障害者等の身体機能を補完・代替し，長期間にわたり継続して使用されるものその他の厚生労働省令で定める基準に該当するものとして，義肢，装具，車いすその他の厚生労働大臣が定めるものである。

「サービス等利用計画作成」は，障害福祉サービスを適切に利用することができるよう，支給決定を受けた障害者の心身の状況，環境，利用意向等を勘案して作成されるものであるが（後述の通り，より正確な支給決定を行うための支給決定前のサービス等利用計画案の作成も追加された），指定障害福祉サービス事業者等との連絡調整やモニタリングを含むケアマネジメントが独自の自立支援費の対象として制度化されたことを意味する。介護給付，訓練等給付，自立支援医療は原則として1割の利用者負担であるが，サービス等利用計画作成費は10割給付であり，利用者負担はない。

市町村が行う「地域生活支援事業」のうち，「相談支援事業」は，障害福祉サービスを利用しつつ地域で自立した生活が送れるよう，障害者や障害児の保護者の相談に応じ，必要な情報の提供，助言を行うほか，虐待の防止や早期発見，連絡調整等を含む権利擁護に必要な援助を行う事業である（必須事業）。相談支援のうち，ケアマネジメントに関してケアプラン作成等の費用に着目した給付が「サービス等利用計画作成」として自立支援給付の一部を構成するが，相談支援は，サービス等利用計画の作成だけに限られないので，それ以外の相談支援部分が地域生活支援事業として位置づけられている。市町村は，介護保険制度とは異なり，とくに計画的な自立支援を必要とする障害者をサービス利用計画作成費の支給対象者として決定する必要があり，障害者支援施設からの退所等により集中的に支援が必要である人，単身世帯または同居家族等が障害，疾病等のため，自ら事業者等との連絡調整が困難である人，重度障害者等包括支援の支給決定対象者，のいずれかに限定されていた（国庫負担基準としてはサービス利用者のうち1割が対象であった）。しかし，障害者自立支援法等の改正により，後述の計画相談支援・障害児相談支援について，原則としてサービスを利用するすべての障害児・者に対象が拡大された（2012（平成24）年度から段階的に拡大し，概ね3年間ですべての対象者について実施）。

相談支援事業は，市町村が直営で行うほか，都道府県指定による相談支援事業者が担うが，地域の障害者等（身体・知的・精神障害者，障害児）の福祉に関する各般の問題につき，障害者等，障害児の保護者または障害者等の介護を行う者からの相談に応じ，必要な情報の提供および助言等を行う。また，相談支援事業をはじめとするシステムづくりに関し，中核的役割を果たす協議の場として「自立支援協議会」の運営がある（障害者自立支援法等の改正により法定化され，複数市町村による共同実施も可。障害者総合支援法においては，地域の実情に応じて変更できるよう「協議会」に改称された）。同協議会は，行政，指定相談支援事業者，サービス事業所，当事者，保健医療等の関係機関で構成され，相談支援事業の中立・公平性の確保，困難事例に関する協議・調整，関係機関のネットワーク構築に向けた協議，市町村障害福祉計画の作成・具体化に向けた協議等，地域での自立した生活支援のためのネットワーク・システム構築を担っている。必要に応じて個別支援会議を積み重ねるなかで地域の課題やニーズを明らかにしつつ，地域生活の基盤整備を進めていくことになる。

なお，障害者自立支援法等の改正により，地域における相談支援体制の強化を図るため，地域における相談支援の中核的な役割を担う機関として総合的な相談支援センター（「基幹相談支援センター」）を市町村に設置し，「自立支援協議会」についても，設置の促進や運営の活性化のため，法律上の根拠が設けられた（改正障害者自立支援法第77条の２，第89条の２，2012（平成24）年４月１日施行）。基幹相談支援センターは，市町村または委託を受けた一般相談支援事業者または特定相談支援事業者が設置し（単独市町村または複数市町村設置），❶総合的，専門的な相談支援，❷地域の相談支援体制の強化，❸地域移行・定着の促進，❹権利擁護・虐待防止を担う。

また，判断能力が不十分な障害者への相談支援体制を強化するために，成年後見制度に関して低所得者の費用負担を補助する成年後見制度利用支援事業が市町村の地域生活支援事業における必須事業とされた（改正障害者自立支援法第77条，2012（平成24）年４月１日施行）。

それと同時に，地域移行や地域定着についての相談支援の充実を図るため，地域移行支援・地域定着支援が個別給付化された（改正障害者自立支援法第５条，2012（平成24）年４月１日施行）。すなわち，相談支援は，❶「基本相談支援」（障害者や障害児の保護者等からの相談に応じ必要な情報提供および助言，障害福祉サービス事業者等との連絡調整等を行う），❷「地域相談支援」，❸「計画相談支援」に整理され，そのうち❷「地域相談支援」は，❷―１「地

**図表6―3　相談支援の構造**

| 改正障害者自立支援法 |
|---|
| ❶「基本相談支援」<br>❷「地域相談支援」(❷―1「地域移行支援」，❷―2「地域定着支援」)<br>❸「計画相談支援」(❸―1「サービス利用支援」，❸―2「継続サービス利用支援」 |
| ❶+❷=「一般相談支援事業」<br>❶+❸=「特定相談支援事業」 |
| 改正児童福祉法 |
| 「障害児相談支援」(❶「障害児支援利用援助」，❷「継続障害児支援利用援助」) |

域移行支援」(障害者支援施設に入所している障害者または精神科病院に入院している精神障害者の住居確保その他の地域における生活に移行するための活動に関する相談等の便宜供与）と❷―2「地域定着支援」(居宅における単身障害者等と常時の連絡体制を確保し障害特性に起因する緊急事態等の場合の相談等の便宜供与）から構成される。❸「計画相談支援」は，❸―1「サービス利用支援」(障害者の心身の状況，環境，サービス利用意向等を勘案したサービス等利用計画案を作成し，支給決定・変更決定後，障害福祉サービス事業者等との連絡調整等の便宜供与を行うとともにサービス等利用計画を作成）と❸―2「継続サービス利用支援」(支給決定を受けた障害者が有効期間内に継続してサービス等を適切に利用することができるよう利用状況を検証し計画の見直しに基づく連絡調整や申請勧奨を行う）から構成される。サービス等利用計画については，計画作成が市町村の支給決定後となっている状況をふまえ，支給決定の前に計画案を作成して支給決定の参考とするよう見直すとともに，計画作成の対象者が大幅に拡大された。「基本相談支援」と「地域相談支援」のいずれも行う事業を「一般相談支援事業」といい，「基本相談支援」と「計画相談支援」のいずれも行う事業を「特定相談支援事業」という（図表6―3)。

「障害児相談支援」は，障害児通所支援の利用に関しての❶「障害児支援利用援助」(障害児の心身の状況，環境，障害児または保護者の通所支援の利用意向等を勘案して障害児支援利用計画案を作成し，給付決定・変更決定後に，障害児通所支援事業者等との連絡調整等の便宜供与を行うとともに障害児支援利用計画を作成）と❷「継続障害児支援利用援助」(通所給付決定にかかる障害児の保護者が有効期間内に継続して障害児通所支援を適切に利用することができるよう利用状況を検証し計画の見直しに基づく連絡調整や申請勧奨を行う）から構成される（改正児童福祉法第6条の2，2012（平成24）年4月1日施行）。

「意思疎通支援事業」は，聴覚，言語機能等の障害のある人に対して手話通訳者の派遣等を通じて他者との意思疎通の円滑化を図る事業である。

「移動支援事業」は，屋外での移動に著しい制約のある人に対する外出支援を行うことにより，地域生活の自立と社会参加を促進する事業であり，市町村地域生活支援事業の必須事業となっている。

「地域活動支援センター」の事業は，基礎的事業と機能強化事業に分けられ，前者は創作的活動，生産活動，社会交流促進を実施するものである。後者は三類型に分類され，相談事業や専門職員配置による医療・福祉との連携強化，地域ボランティアの育成，障害者理解の促進等を担うⅠ型（定員20人以上），機能訓練，社会適応訓練，入浴等のサービス提供を担うⅡ型（定員15人以上），一定の運営期間と利用人員を満たす小規模作業所への支援を実施するⅢ型（定員10人以上）がある。

なお，市町村の地域生活支援事業においては，以上の❶相談支援事業，❷意思疎通支援を行う者の派遣等の便宜を提供する事業，❸移動支援事業，❹地域活動支援センター事業，❺成年後見制度利用支援事業が必須事業とされてきたが，障害者総合支援法においては，❻障害者等の自立した日常生活・社会生活に関する理解を深めるための理解促進研修・啓発事業，❼障害者やその家族，地域住民等が自発的に行う活動に対する自発的活動支援事業，❽市民後見人等の人材の育成・活用を図るための研修事業，❾意思疎通支援を行う者を養成する事業を必須事業として追加することになった。それと同時に，都道府県が実施する地域生活支援事業の必須事業としても，従来の❶専門性の高い相談支援事業（発達障害者支援センター運営事業，高次脳機能障害およびその関連障害に対する支援普及事業，障害者就業・生活支援センター事業）に加えて，❷意思疎通支援を行う者のうちとくに専門性の高い者を養成または派遣する事業，❸意思疎通支援を行う者の派遣にかかる市町村相互間の連絡調整等広域的な対応が必要な事業が追加された（障害者総合支援法第77条，第78条，2013（平成

25）年４月１日施行）。

また，障害者総合支援法の下では，地域生活への移行のために支援を必要とする者として，従来の障害者支援施設等に入所している障害者または精神科病院に入院している精神障害者に加えて，その他の地域における生活に移行するために重点的な支援を必要とする者であって厚生労働省令で定める者（生活保護施設や矯正施設等を退所する障害者）が追加されることになった（2014（平成26）年４月１日施行）。

### 入所・通所施設等の機能別再編

給付体系の再編に伴って，入所・通所施設等も機能別に再編成され，どのような事業を行うかによって各施設が機能を明確にすることが必要とされた。同時に，異なる障害をもつ人の利用，空き教室・店舗の活用，通所サービスやグループホームへのNPO法人等の参入，施設入所者の日中活動などを認める規制緩和も行われた。

入所・通所施設等は，図表６―４の通り，「日中活動の場」と「住まいの場」に大別され，事業内容によって，介護給付，訓練等給付，地域生活支援事業に分類される。

療養介護事業と生活介護事業は，前述の通り，常時介護を要する重度障害（前者は身体障害，後者は身体・知的障害）対象の通所事業であり，前者は従

**図表６―４　施設等の機能別再編**

| 「日中活動の場」 | |
|---|---|
| ・療養介護事業，生活介護事業 | （介護給付） |
| ・自立訓練事業 | （訓練等給付）有期限プログラム |
| ・就労移行支援事業 | （訓練等給付）有期限プログラム |
| ・就労継続支援事業 | （訓練等給付） |
| ・地域活動支援センター | （地域生活支援事業） |
| 「住まいの場」 | |
| ・施設入所支援 | （介護給付） |
| ・共同生活援助：グループホーム | （訓練等給付） |
| ・住居提供：福祉ホーム | （地域生活支援事業） |
| ・居住サポート事業 | （地域生活支援事業） |

来の重症心身障害児施設，後者は従来の身体障害者療護施設や知的障害者更生施設等が移行施設として位置づけられている[注5]。小規模作業所は，地域生活支援事業の「地域活動支援センター」，あるいは生活介護や就労移行・継続支援への移行により一定の制度化が図られた。地域活動支援センターは市町村が実施するものであるが，委託することも可能である。ただし，予算上，裁量経費であるうえ，原則として10人以上の利用と法人格が必要になる。

従来の更生施設や授産施設は，自立訓練事業や就労移行支援事業（あるいは生活介護や就労継続支援）への移行が想定されていたが，その2つの事業については，有期限プログラム（自立訓練事業のうち機能訓練は1年6か月以内，生活訓練は2～3年以内，就労移行支援事業は2～5年以内）を実施することになっている。

入所施設は，施設入所支援を担うことになったが，入所者は，平日昼間は「日中活動の場」にいることが前提とされている。共同生活介護は，要介護者が対象であり，夜間・土日も対応するが，共同生活援助は，要介護者は対象外のグループホームであり，夜間は世話人がいない[注6]。しかし，前述の通り，共同生活介護は共同生活援助に統合，一元化されることになった（2014（平成26）年4月1日施行）。

施設概念を希薄化させて日中活動の場と住まいの場を区別しつつ，各施設等が単一または複数の事業機能を担う拠点として再編成されることになった。

### 障害程度（支援）区分の創設，ケアマネジメントと審査会の制度化

「自立支援給付」を受けるにあたって，身体・知的・精神の三障害共通の「障害程度区分」が創設され，それに基づき，給付内容が決定されてきた。この障害程度区分の基準は厚生労働省令事項になっている。認定調査項目は当初から106項目であったが，障害者総合支援法の下で「障害支援区分」に改称されることになり，2014（平成26）年4月から80項目に変更された。項目が追加された（健康・栄養管理，危険認識，読み書き，感覚過敏・鈍麻，集団への不適応，多・過飲水）ほか，修正，統合，削除された結果，移動や身の回りの世話等に関連する項目として，座位，立位，歩行，入浴，着脱，等の日常生活動作（ADL），多動，自傷，他害，突発的行動等の行動障害，および社会生活に

関連する項目として，調理，掃除，洗濯，買い物，交通手段利用等の手段的日常生活動作（IADL）が定められている。そして，各調査項目ごとに，支援が不要・部分的な支援が必要・全面的な支援が必要，ない・ある（軽度）・ある（中度）・ある（重度），といった程度評価が行われる。それをふまえて，障害支援区分1・2（軽度），区分3・4（中程度），区分5・6（重度）の6段階が設定されている。障害支援区分の認定および支給要否の決定を受けるためには，障害者または障害児の保護者が市町村に申請することが前提条件になる。

図表6－5の通り，障害支援区分は介護保険と同様，2段階の判定が行われ，訪問調査に基づく市町村での一次判定（コンピューター判定）に加え，介護給付を希望する場合は，「介護給付費等の支給に関する審査会（市町村審査会）」による二次判定（一次判定結果，調査員の特記事項，医師意見書に基づく総合判定）が行われる。

介護給付の場合，居宅介護や短期入所のように区分1以上を給付対象とするものもあれば，生活介護は区分3以上，療養介護は区分5以上，施設入所は区

**図表6－5　給付申請から支給決定に至る流れ**

市町村への申請：障害者または障害児の保護者

↓

心身の状況等の調査：市町村職員または「指定相談支援事業者」

↓

障害支援区分の一次判定（訓練等給付の場合，暫定支給決定），二次判定（介護給付の場合，さらに市町村審査会による審査へ）

↓

勘案事項の調査（介護者の状況，社会参加の状況，居住状況等）およびサービス利用意向の聴取（障害者または障害児の保護者）

↓

サービス等利用計画案の作成

↓

支給決定案の作成（必要に応じて身体障害者・知的障害者更生相談所または市町村審査会に意見照会）

↓

支給決定：障害福祉サービスの種類ごとに月単位の支給サービス量を決定（障害福祉サービス受給者証の交付）

↓

サービス等利用計画の作成

分4以上，行動援護は区分3以上，同行援護は区分2以上，重度訪問介護は区分4以上，重度障害者等包括支援は区分6，共同生活介護は区分2以上を原則としている（サービスによっては，年齢が50歳以上である場合はこれより軽度でも対象になり，施設入所している場合はこれより重度で給付対象となる）。介護保険とは異なり，障害支援区分によってサービスの種類ごとに給付対象となるか否かが基本的には仕分けられる。

市町村は，障害支援区分，介護者の状況，障害福祉サービスの利用意向等を勘案して支給要否の決定を行い，その決定にあたって必要があると認めるときは，市町村審査会または身体障害者更生相談所・知的障害者更生相談所等の意見を聴くことができる。一方，障害者または障害児の保護者は，市町村の介護給付費等にかかる処分（障害支援区分の認定や支給決定）に不服がある場合，都道府県知事に対して審査請求することが可能であり，実質的には都道府県に設置される「障害者介護給付費等不服審査会（不服審査会）」が取り扱う。ただし，この審査会の設置は任意であり，都道府県の条例事項となっている。

さらに，支援費制度のもとでは制度化されていなかったケアマネジメントが制度化されることになった。認定のための調査は，市町村が「指定一般相談支援事業者」（基本相談支援と地域相談支援を担う）等に委託することができるが，サービス等利用計画（案）については，「指定特定相談支援事業者」（基本相談支援と計画相談支援を担う）が作成する。両相談支援事業者（所）には，「相談支援専門員」（介護保険における「居宅介護支援事業者（所）」の「介護支援専門員」に相当するが，相談支援業務等の実務経験と相談支援従事者研修の受講を要件とする）を配置しなければならない（ただし，介護保険の場合は，認定調査については，事業者委託が制限されるようになった）。

以上のように，給付申請から支給決定に至る流れが，介護保険と類似したシステムになっているが，介護保険の場合，認定に基づき，サービス総量の支給限度額を決定し，その枠内でサービス計画（ケアプラン）の作成を行う（サービスメニュー決定への行政不関与）のに対して，障害者総合支援法の場合，事前の計画案の作成が位置づけられたものの，サービスの種類ごとに市町村が支給量決定を行うので，それだけ行政権限が細かく及ぶという違いがある。

なお，障害者総合支援法においては，「障害程度区分」が「障害支援区分」

に改称されたが，それは「障害者等の障害の多様な特性その他の心身の状態に応じて必要とされる標準的な支援の度合を総合的に示すものとして厚生労働省令で定める区分」と定義づけられた（同法第4条，2014（平成26）年4月1日施行)。その際，政府は，障害支援区分の認定が知的障害者および精神障害者の特性に応じて適切に行われるよう，区分の制定にあたっての適切な配慮その他の必要な措置を講ずるものとされた（附則第2条）一方，政府は，この法律の施行後3年を目途として，障害支援区分の認定を含めた支給決定のあり方等について検討を加え，その結果に基づいて，所要の措置を講ずるものとする（附則第3条第1項）という留保も付け加えられている。

### 障害者総合支援法改正に伴う新たなサービスの創設等

障害者総合支援法等の改正（「障害者の日常生活及び社会生活を総合的に支援するための法律及び児童福祉法の一部を改正する法律」）により（2016（平成28）年5月25日成立，一部を除き，2018（平成30）年4月1日施行)，以下の通り（図表6－6)，新たなサービスの創設や従来のサービスの対象拡大が図られたほか，介護保険との関係で負担軽減措置が講じられたり，「障害児福祉計画」が新たに法定義務化された（(2)❸のみ，2016（平成28）年6月3日施行)。

### 障害福祉サービスの2021（令和3）年度報酬改定に伴う措置

2021（令和3）年度からの報酬改定に伴い，❶医療的ケアを必要とする障害児の受け入れに特化した基準を設け，看護師配置に必要な額を手当てする，❷精神障害者の自立生活に向け，早期退院や深夜の緊急相談に前向きな施設への報酬を拡充する，❸新型コロナウイルス感染症の影響をふまえ，感染症や災害が発生した場合にも業務を継続するための事業継続計画（BCP）策定や研修・訓練の実施を事業所に義務づける，❹虐待防止委員会の事業所への設置を事業化する，などの措置が予定されている。

### 費用負担の変化

障害者自立支援法のもとでは福祉サービス等の利用料に関する費用負担原則

**図表6—6　新たなサービスの創設や従来のサービスの対象拡大等**

(1)　障害者の望む地域生活の支援

❶　「自立生活援助」の創設

施設入所支援や共同生活援助を利用していた者等を対象として，定期的な巡回訪問や随時の対応により，円滑な地域生活に向けた相談・助言等を行うサービス

❷　「就業定着支援」の創設

就業に伴う生活面の課題に対応できるよう，事業所・家族との連絡調整等の支援を行うサービス

❸　「重度訪問介護」の対象拡大

医療機関への入院時も一定の支援を可能とする。

❹　低所得の高齢障害者の負担軽減措置

65歳に至るまで相当の長期間にわたり障害福祉サービスを利用してきた低所得の高齢障害者が引き続き障害福祉サービスに相当する介護保険サービスを利用する場合に，障害者の所得の状況や障害の程度等の事情を勘案し，当該介護保険サービスの利用者負担を障害福祉制度により軽減（償還）できる仕組みを設ける。

(2)　障害児支援のニーズの多様化へのきめ細かな対応

❶　「居宅訪問型児童発達支援」の創設

重度の障害等により外出が著しく困難な障害児に対し，居宅を訪問して発達支援を提供するサービス

❷　「保育所等訪問支援」の対象拡大

乳児院・児童養護施設の障害児に対象を拡大

❸　医療的ケアを要する障害児が適切な支援を受けられるよう，自治体において保健・医療・福祉等の連携促進に努めるものとする。

❹　「障害児福祉計画」の策定義務化（市町村，都道府県）

(3)　サービスの質の確保・向上に向けた環境整備

❶　補装具費の対象拡大

成長に伴い短期間で取り替える必要のある障害児の場合等に貸与の活用も可能とする。

❷　都道府県がサービス事業所の事業内容等の情報を公表する制度を設けるとともに自治体の事務の効率化を図るため，所要の規定を整備する。

の変更も行われた。支援費制度のもとでは，収入（納税額）に応じた応能負担原則になっていたが，自立支援給付の障害福祉サービス（介護給付，訓練等給付）の給付費がサービス費（厚生労働大臣が定める基準により算定）の９割となることに対応して，サービスの利用量，すなわちコストの原則１割負担とする応益負担原則に転換することになった（2006（平成18）年４月施行）。したがって，サービスをより多く必要とする障害が重い人ほど負担も重くなる傾向が生まれることになった。

利用料を除く給付財源については，自立支援給付費の場合，国が50％，都道府県が25％，市町村が25％の負担をする。市町村が行う地域生活支援事業に要する給付費用については（利用料は市町村の判断による），市町村に対して，国が50％以内，都道府県が25％以内で補助することができることになっている。前者が義務的経費としての国庫（都道府県）負担金であるのに対して，後者は裁量的経費としての国庫（都道府県）補助金であり，国・都道府県の負担・補助の位置づけが異なる。地域生活支援事業は自治体が自主的に取り組む事業であるので，財政力や政策的判断による自治体間格差が生じる。

障害福祉サービス（介護給付および訓練等給付）は，1割負担原則であるが（食費等を除く），負担の上限が設けられている（図表6－7）。その基準額を利用料が超える場合には，超過額が償還払い給付（払い戻し）の形で「高額障害福祉サービス費」として支給される。同じ世帯のなかで障害福祉サービスを利用する人が複数いる場合（世帯合算），または同一人が介護保険サービスを利用している場合（介護保険利用料合算），合算額が負担限度を超過する額が高額障害福祉サービス費の対象となる。

**図表6－7　障害福祉サービスの利用者負担限度額**

| 区分 | 世帯の収入状況 | 負担上限月額 |
|---|---|---|
| 生活保護 | 生活保護受給世帯 | 0円 |
| 低所得 | 市町村民税非課税世帯<br>（3人世帯で障害基礎年金1級の場合，収入が概ね300万円以下の世帯） | 0円 |
| 一般1 | 市町村民税課税世帯〔所得割16万円未満〕<br>（収入が概ね600万円以下の世帯）<br>※ただし，入所施設利用者（20歳以上），グループホーム利用者で市町村民税課税世帯の場合，「一般2」となる。 | 9300円 |
| 一般2 | 上記以外 | 3万7200円 |

注1　所得を判断する際の世帯の範囲は，18歳以上の障害者（施設に入所する18・19歳を除く）の場合は「本人と配偶者」，障害児（施設に入所する18・19歳を含む）の場合は「保護者の属する住民基本台帳での世帯」となる。

2　サービスの1割負担以外に，サービスの種類によっては実費負担がある。

・生活介護，療養介護，就労移行支援，就労継続支援，自律訓練＝食費等

・施設入所支援，グループホーム等＝食費，光熱水費，日用品費，家賃等

低所得の基準は，税制・健康保険の扶養から外れない限り住民税非課税世帯のみを対象としていたが，「緊急措置」（2008（平成20）年7月〜）により，成人の場合，世帯分離しなくても，本人と配偶者のみの所得，資産で判断されることになり，さらに2009（平成21）年7月からは，資産要件も廃止された。

施設入所の場合は，上限の軽減措置がない代わりに個別減免というものがあるが，利用料と食費・光熱水費の実費負担をしても，障害基礎年金のうち少なくとも月2万5000円が手元に残るようにする，という考え方が貫かれている。

支援費制度における応能負担（訪問介護と通所施設の場合，いずれも利用者の95%が無料）に比べれば，軽減措置をふまえても，食費等を含めると大部分は費用負担増になった。(注7)

さらに，自立支援給付のうちの自立支援医療にかかわって，公費負担医療（精神通院医療，更生医療，育成医療）の自己負担分も原則1割負担に変更されたうえ，食費（入院時食事療養費）も自己負担（給付対象外）になった。

一般世帯の場合，医療費の1割負担を基本とし，住民税（所得割）23万5000円以上の世帯は3割負担に引き上げられた。医療保険の一部負担限度額（高額療養費）が適用されるが（一般所得世帯で月8万100円＋$\alpha$），育成医療の場合は経過措置として独自の上限が設けられている（住民税所得割3万3000円以上23万5000円未満の場合は負担上限月額1万円，住民税所得割3万3000円未満の場合は負担上限月額5000円）ほか，「重度かつ継続的に医療負担が生じる」高額治療継続者の場合も独自に負担限度額（住民税所得割が23万5000円以上の場合は負担上限月額2万円，住民税所得割3万3000円以上23万5000円未満の中間所得層2の場合は上限月額1万円，住民税所得割3万3000円未満の中間所得層1の場合は上限月額5000円）が設けられている。住民税非課税世帯の場合も，1割負担の独自限度額が設けられるが（本人の年間収入が80万円以下の低所得1は月2500円，80万円超の低所得2は月5000円），入院の場合，食費も自己負担になる。

従来の公費負担医療制度の枠内では，住民税非課税世帯における自己負担は，精神通院医療の場合は医療費の5%，更生医療の場合は無料，育成医療の場合は，外来月1100円，入院月2200円であったが，それらが，限度額内での1割負担＋入院食費に変更された。

## 障害福祉計画

国レベルのサービス基盤整備計画は，障害者基本法（1993（平成５）年公布，心身障害者対策基本法から改称）において，政府に策定義務がある「障害者基本計画」として制度化された。それは，「障害者対策に関する新長期計画」（計画期間1993（平成５）～2002（平成14）年度）として具体化され，その後期重点施策実施計画が「障害者プラン～ノーマライゼーション７か年戦略～」（計画期間1996（平成８）～2002（平成14）年度）として数値目標が掲げられた。さらに，新たな「障害者基本計画」（計画期間2003（平成15）～2012（平成24）年度）が立てられ，その前期計画として「重点施策実施５か年計画（新障害者プラン）」（計画期間2003（平成15）～2007（平成19）年度）に数値目標が掲げられた（注８）。その後期の「重点施策実施計画」（計画期間2008（平成20）～2012（平成24）年度）では，地域自立支援協議会の全市町村への設置，障害福祉サービスの計画的基盤整備（地域生活への移行，一般就労への移行），住宅・建築物のバリアフリー化の推進，雇用の場の拡大，等の目標が掲げられた。

「障害者基本計画（第３次）」（計画期間2013（平成25）～2017（平成29）年度）においては，施策の基本原則が見直される（❶地域社会における共生等，❷差別の禁止，❸国際的協調）とともに，施策の横断的視点として，障害者の自己決定の尊重が明記された。また，障害者基本法の改正，障害者差別解消法の制定等をふまえ，分野別施策において３つの分野（「安全・安心（防災等）」「差別の解消及び権利擁護の推進」「行政サービス等における配慮」）が新設された。そして，計画の実効性を確保するため，地域生活への移行者数，協議会の設置市町村数，相談支援事業の利用者数，精神障害者の平均退院率，一般就労への年間移行者数など計45項目の事項について成果目標が設定された。

「障害者基本計画（第４次）」（計画期間2018（平成30）～2022（令和４）年度）においては，基本理念（計画の目的）が「共生する社会の実現に向け，障害者が，自らの決定に基づき社会のあらゆる活動に参加し，その能力を最大限発揮して自己実現できるよう支援」とされた。そのための基本的方向としては，「１．社会のバリア（社会的障壁）除去をより強力に推進」するとして，社会のあらゆる場面で，アクセシビリティ（施設・設備，サービス，情報，制度等の利用しやすさ）向上の視点を取り入れていくことが目指されている。「2．障害者権利条約の理念を尊重し，整合性を確保」として，障害者施策の意思決定過程における障害者の参画，障害者本人の意思決定の支援が重視される。そして，「3．障害者差別の解消に向けた取組を着実に推進」するとして，障害者差別解消法の実効性確保のため，各分野でハード・ソフト両面から差別解消に向けた環境整備を着実に推進することが目指されている。そのうえで，「4．着実かつ効果的な実施のための成果目標を充実」させるとされている。

以上のように，障害者基本計画は2003（平成15）年度以降，5年単位で具体的な目標を掲げてきている（図表6－8）。障害者基本計画は，障害者基本法に基づいて政府が策定しなければならず，障害者政策委員会がその実施状況を監督する。

地方公共団体のサービス基盤整備計画は，支援費制度においては，市町村（都道府県）障害者計画が基盤整備計画として位置づけられていた。同計画は，障害者基本法においては当初，策定努力義務として規定されていたが，2004（平成16）年の同法改正によって義務化された（都道府県障害者計画は同年6月施行，市町村障害者計画は2007（平成19）年4月施行）。計画期間の定めはない。

障害者自立（総合）支援法では，「障害福祉計画」が，当初より市町村および都道府県に策定義務があるものとして制度化された。それは，障害者基本法に根拠づけられる障害者計画（福祉サービスだけではなく，教育や一般雇用，バリアフリー化やまちづくり等も含む総合計画的な性格をもつ）と比べて，障害福祉サービスの基盤整備に視野を限定しており，障害福祉計画を障害者計画が包含する関係になると言えよう（図表6－9）。

「市町村障害福祉計画」においては，障害福祉サービス，相談支援，地域生

**図表6－8　障害者基本計画の経緯**

1996～2002年度：障害者プラン
2003～2007年度：新・障害者プラン（新たな障害者基本計画：前期重点施策等実施計画）
2008～2012年度：新・障害者プラン（新たな障害者基本計画：後期重点施策等実施計画）
2013～2017年度：障害者基本計画（第3次計画）
2018～2022年度：障害者基本計画（第4次計画）

**図表６―９　地方公共団体の障害者計画と障害福祉計画・障害児福祉計画の関係**

障害者計画（障害者基本法）
・教育・雇用・保健・情報・環境等

| 障害福祉計画（障害者総合支援法） | 障害児福祉計画（障害者総合支援法・児童福祉法） |
|---|---|
| ・障害福祉サービス<br>・地域生活支援事業<br>・相談支援　　の提供体制 | ・障害児通所支援<br>・障害児相談支援　　の提供体制 |

活支援事業の提供体制を計画化し，各年度における指定障害福祉サービスの種類ごとの必要量の見込み，見込み量の確保方策を定めること，「都道府県障害福祉計画」においては，広域的見地から，障害福祉サービス，相談支援，地域生活支援事業の提供体制を計画化し，区域ごとの各年度における指定障害福祉サービスの種類ごとの必要量の見込み，見込み量の確保方策や，従事者の確保措置，指定障害者支援施設の必要入所定員総数等を定めることが障害者自立（総合）支援法において規定されている。この障害福祉計画は，各自治体において2006（平成18）年度を初年度として策定され，3年を１期とする３年計画である。第Ⅰ期（2006（平成18）～2008（平成20）年度），第Ⅱ期（2009（平成21）～2011（平成23）年度），第Ⅲ期（2012（平成24）～2014（平成26）年度），第Ⅳ期（2015（平成27）～2017（平成29）年度），第Ⅴ期（2018（平成30）～2020（令和２）年度）と策定・実施が進められてきており，2006（平成18）年度以降，介護保険事業（支援）計画・老人福祉計画と時期が重なっている。

障害福祉計画の計画期間は，法律上の定めはないが，第Ⅴ期（2018（平成30）～2020（令和２）年度）基本指針では３年とされている。障害福祉計画は，障害児福祉計画と一体的に策定し（第Ⅴ期以降），障害者計画や地域福祉（支援）計画との調和が保たれたものでなければならない。

市町村は，計画の策定・変更に際して住民の意見を反映させるために必要な措置を講ずるよう努めるものとされている。また，計画を策定・変更したときは，都道府県知事に提出しなければならない。協議会（計画推進のうえで必要な事項や，関係機関相互の連絡調整を要する事項を調査・審議）を設置する市町村は，その意見を聴く努力義務があり，合議制の機関（障害者施策の総合的推進について調査・審議し，その施策の実施状況を監視する組織）を設置する市町村は，その意見を聴く義務がある。計画の調査，分析，評価を行うのは，市町村である。

都道府県は障害福祉計画の策定・変更に際して，協議会の意見を聴く努力義務があり，合議制の機関（障害者施策推進協議会）の意見を聴く義務があり，策定・変更したときは，厚生労働大臣に提出しなければならない。都道府県障害福祉計画では，各年度の指定障害者支援施設の必要入所定員総数を定める。なお，都道府県障害者計画の策定に際しても，合議制の機関（障害者施策推進協議会）の意見を聴く義務がある。

なお，障害者自立支援法から障害者総合支援法への改正においては，❶サービスの提供体制の確保にかかる目標，地域生活支援事業の種類ごとの実施に関する事項を障害福祉計画において必ず定める事項に追加すること，❷障害者等の心身の状況，その置かれている環境等を正確に把握・勘案して計画を作成するよう努めること，❸障害福祉計画の基本指針の案を作成・変更する際には障害者・家族等の意見を反映させるために必要な措置を講ずるとともに，その必要な変更に際しては障害者等の生活実態や環境の変化等を勘案すること，❹障害福祉計画について定期的な調査・分析・評価を行い，必要があると認めるときは見直し等を行うこと，❺「自立支援協議会」の名称について地域の実情に応じて変更できるよう「協議会」に改めるとともに協議会の構成員に障害者・家族を含むこと，地方公共団体には協議会の設置努力義務があることが盛り込まれた（障害者総合支援法第88条～第89条の3，2013（平成25）年4月1日施行）。

第Ⅳ期（2015（平成27）～2017（平成29）年度）障害福祉計画作成の基本指針では，「自己決定の尊重と意思決定の支援」が基本的理念に位置づけられた。第Ⅴ期（2018（平成30）～2020（令和2）年度）障害福祉計画作成の基本指針では，アンケートやヒアリングにより実施することが適当とされ，障害児福祉計画と併せて策定すること，施設入所者の地域生活への移行に関する数値目標を設定すること，就労移行支援事業等を通じた一般就労への移行に関する数値目標を設定すること，児童発達支援センターを2020（令和2）年度末までに各市町村に少なくとも1か所以上設置することが示された。

前述の通り，障害者総合支援法および児童福祉法の改正（2016（平成28）年）に伴い，「障害児福祉計画」（3年計画）の策定が市町村および都道府県に義務づけられた（2018（平成30）年度施行）。市町村は，障害児通所支援および相談支援の提供体制の確保，それらの円滑な実施に関する計画を定める。市町村計画の策定・変更に際し，住民の意見を反映させるために必要な措置を講じる努力義務，都道府県の意見を聴く義務があり，協議会を設置する市町村は，その意見を聴く努力義務があり，合議制の機関を設置する市町村は，その意見を聴く義務がある。

都道府県障害児福祉計画においては，指定障害児入所施設等における入所児支援の質の向上のために講ずる措置に関する事項を定めるように努めなければならない。都道府県計画の策定・変更に際し，協議会を設置する場合は，その意見を聴く努力義務があり，合議制の機関の意見を聴く義務がある。

第VI期（2021（令和3）～2023（令和5）年度）障害福祉計画作成の基本指針では，❶地域における生活の維持および継続の推進，❷精神障害にも対応した地域包括ケアシステムの構築，❸福祉施設から一般就労への移行等，❹「地域共生社会」の実現に向けた取り組み，❺発達障害者等支援のいっそうの充実，❻障害児のサービス提供体制の計画的な構築，❼障害児による文化芸術活動の推進，❽障害福祉サービス等の質の向上，❾障害福祉人材の確保が見直しのポイント項目としてあげられ，成果目標としては，❶「施設入所者の地域生活への移行」，❷「精神障害にも対応した地域包括ケアシステムの構築」，❸「地域生活拠点等における機能の充実」，❹「福祉施設から一般就労への移行等」，❺「障害児通所支援等の地域支援体制の整備」，❻「障害福祉サービス等の質の向上を図るための取組に係る体制の構築」が示されている[注9]。

## 第2節｜障害者自立（総合）支援法の課題

**障害者自立支援法から障害者総合支援法成立，障害者権利条約批准に至る経緯**

障害者自立支援法が施行されてほぼ4年が経過した2009（平成21）年の政権交代に際して，当時政権与党になった民主党はマニフェストで同法の廃止を明記していた。そして，障害者自立支援法違憲訴訟原告・弁護団と国の基本合意（2010（平成22）年1月7日）文書においては，「遅くとも平成25年8月までに，障害者自立支援法を廃止し新たな総合的な福祉法制を実施する」と記されていた。それまでの間のつなぎ法として，前述の通り，障害者自立支援法等の改正が行われた（2010（平成22）年12月3日成立）。

さらに，「障害者虐待の防止，障害者の養護者に対する支援等に関する法律」（障害者虐待防止法）の成立（2011（平成23）年6月17日）により，障害者虐待は虐待者の違いによって，❶養護者による障害者虐待，❷障害者福祉施設従事者等による障害者虐待，❸使用者による障害者虐待に分けられ，内容によって，❶身体的虐待，❷ネグレクト，❸心理的虐待，❹性的虐待，❺経済的虐待の5つに類型化された。そして，何人も障害者を虐待してはならない旨の規定，虐待防止にかかる国等の責務規定，虐待の早期発見努力義務規定が置かれるとともに，養護者・障害者福祉施設従事者等・使用者による障害者虐待の防止に向けた具体的な枠組みが定められた[(注10)]。また，市町村・都道府県の部局または施設に，障害者虐待対応の窓口等となる「市町村障害者虐待防止センター」「都道府県障害者権利擁護センター」としての機能を果たさせることが規定された（2012（平成24）年10月1日施行）。

その後，前述の通り，障害者基本法の改正が行われた（2011（平成23）年7月29日成立）。障害者の定義として「身体障害，知的障害，精神障害（発達障害を含む。）その他の心身の機能の障害（中略）がある者であって，障害及び社会的障壁により継続的に日常生活又は社会生活に相当な制限を受ける状態にある」者と規定され（第2条），「社会的障壁の除去は，（中略）その実施に伴う負担が過重でないときは，（中略）その実施について必要かつ合理的な配慮がされなければならない」と規定されている（第4条）。そして，「可能な限り」「どこで誰と生活するかについての選択の機会が確保され」「言語（手話を含む。）その他の意思疎通のための手段」や情報取得・利用手段の選択機会が確保・拡大され，「可能な限り」医療・介護・リハビリテーションが身近な場所で受けられ，「可能な限り」「障害者でない児童及び生徒と共に教育を受けられるよう配慮」する（第3条，第14条，第16条），という方向が目指された。

そのように障害者虐待防止法の制定，基本法の改正が進められるなかで，自立支援法違憲訴訟原告・弁護団と国の基本合意をふまえ，障害者総合福祉法の骨格に関する障がい者制度改革推進会議総合福祉部会の提言がまとめられた（2011（平成23）年8月30日，部会長佐藤久夫，当事者・家族代表23人を含む55人の委員構成）。そこでは，憲法で保障された基本的人権規定を目的条項に必須的に盛り込む，法の対象は難病や慢性疾患のある人も含め支援を必要とするすべての障害者とする，障害者手帳の有無に関係なく支援の申請を可能とし障害程度区分の廃止を求める，支給決定は市町村が本人と協議・調整して決定し障害者本人の意向やその人が望む暮らし方に合わせて必要十分な支給量を求める，障害者が誇りをもって社会参加するためには障害のない人と同等の生活水準を保障すべきであり，利用者負担は「障害のない人との平等という観点から，障害に伴う必要な支援は原則無償とすべきことを求める」（高所得者は収入に応じて負担，障害児は世帯主の収入で判断），介護保険対象年齢となった場合も原則としてサービス利用継続を可能とする，障害者がどの地域に居住しても等しく安心して生活することができる権利を国が保障する，障害福祉関連予算はOECD加盟諸国の平均並み水準（現状の2倍，約2.2兆円）を確保すべきである，とする改革方向が示された。

しかし，厚生労働省は2012（平成24）年2月8日に厚生労働省案を民主党政策調査会厚生労働部門会議に提示し，実質的な廃止は見送り，法律名を変える法改正の方向が示された。その後，社会保障・税の一体改革においては（一体改革大綱閣議決定，2012（平成24）年2月17日），「総合的な障害者施策の充実については，制度の谷間のない支援，障害者の地域移行・地域生活の支援等について検討し，平成24年通常国会に法案を提出する」と位置づけられた。そして，前述の通り，「地域社会における共生の実現に向けて新たな障害保健福祉施策を講ずるための関係法律の整備に関する法律」が2012（平成24）年6月20日に成立し，障害者自立支援法は障害者総合支援法へ名称変更された。

その翌年には，「障害を理由とする差別の解消の推進に関する法律」（障害者差別解消法）が成立し（2013（平成25）年6月19日成立，2016（平成28）年4月1日施行），差別的取り扱いの禁止（国・自治体・民間事業者の法的義務），合理的配慮の不提供の禁止（国・自治体の法的義務，民間事業者の努力義務）が規定された[注11]。その具体的な対応を図るため，国が策定する基本方針に基づき，国と自治体は取り組みに関する要領を策定すること（自治体は努力義務），事業者は事業分野別の指針（ガイドライン）を策定することが規定された。あわせて，差別を解消するための支援措置（紛争解決・相談，地域における連携，啓発活動，情報収集等）が規定された。

そして，障害者基本法の改正や障害者差別解消法の制定をふまえて，障害者権利条約（2006年12月13日国連採択，2008年5月3日発効）が日本においても批准された（2014（平成26）年1月20日，世界で141番目の批准，同年2月19日発効）。本条約においては，「障害者には，長期的な身体的，精神的，知的又は感覚的な機能障害であって，様々な障壁との相互作用により他の者との平等を基礎として社会に完全かつ効果的に参加することを妨げ得るものを有する者を含む」（第1条）という広いとらえ方がされている。そして，固有の尊厳，個人の自律および自立の尊重，無差別，社会への完全かつ効果的な参加および包容等を一般原則とし（第3条），「合理的配慮」（「障害者が他の者との平等を基礎として全ての人権及び基本的自由を享有し，又は行使することを確保するための必要かつ適当な変更及び調整」）の実施を怠ることを含め，障害に基づくいかなる差別もなしに，すべての障害者のあらゆる人権および基本的自由を完全に実現することを確保し，および促進すること等を一般的義務としたうえで（第4条），施設・サービス・情報の利用，生命，法律，身体の自由・安全，移動，自立した生活および地域社会への包容，教育，健康，ハビリ・リハビリテーション，雇用，相当な生活水準および社会的な保障等の各項目で具体的措置を求めている。

障害者権利条約が批准されたものの，改正障害者基本法においては，障害者の定義は三障害中心に列挙され，日常生活・社会生活に「継続的に」「相当な制限」を受ける者に限定され，「合理的な配慮」の意味内容も示されておらず，自己決定やノーマライゼーションの方向も「可能な限り」という留保が付されている。また障害者差別解消法においても，禁止される差別内容の具体化，合理的配慮の民間事業者への義務づけ，新たな紛争解決機関の設置などが課題として残されていることが各方面から指摘されている。

### 政策意思決定の問題

基本的には，支援費制度施行後間もない段階で，グランドデザインおよび障害者自立支援法案が当事者不在のまま，唐突に提起されたという問題がある（法案の国会審議段階になって，参考人質疑の形で障害者団体代表から意見が求められた程度にすぎない)。支援費制度実施後，サービス需要の甘い見通しのもとで国の予算不足が表面化したということもあり[(注12)]，利用料の応益負担化や障害程度区分による給付コントロール化に見られるように，財政支出を抑制する財政的効率化が政策優位に置かれたと言える。意思決定プロセス上，重大な問題があり，とくに費用負担問題をめぐって，障害者団体間の立場を越えて反発，疑義が提起された。障害者自立支援法を廃止して障害者総合福祉法を制定するという民主党の公約も果たされず，事実上，障害者自立支援法を廃止しないままの改正である障害者総合支援法の成立に際しても，衆参両院で各3時間のみの審議で法案が通過させられている。

### 対象者の問題

支援費制度では対象外とされた精神障害をも障害者自立支援法では対象化して三障害が一元化された福祉システムを創設したことは，従来の障害種別の縦割り行政を是正しようとする点では積極面もある。さらに，障害者自立支援法等の改正や障害者総合支援法を通じて発達障害や難病にも対象拡大が図られてきた。しかし，なお，対象となる難病は一部に限られているうえ（5000以上の疾患名のある難病のうち130疾患)，高次脳機能障害や軽度発達障害など，診断や人数把握，障害者手帳の取得やサービス利用，年金受給等から取り残され，依然として制度の谷間に置かれている人々の問題も残されている。前述の障害者権利条約における障害者のとらえ方や国際生活機能分類（ICF）による障害概念を参照しつつ，機能障害と社会的環境との相互作用のために社会参加のうえで支援を要する人を支援対象として普遍的にとらえる障害概念の包括化と実質的な制度内部化を図ることが課題となる。その際，三障害に限られた手帳主義のあり方自体の見直しも必要であろう[(注13)]。

他方で，異なる障害の人々が一緒になってサービス提供を受けられるようにしていくためには，個々のさまざまな障害をもつ人に対して，これまで以上に個別の状態・ニーズに合ったサービス提供・職員体制が必要になるが，それをどのように確保してゆくのかも問われよう。

年齢との関係では，65歳以上の介護保険対象年齢になると，介護保険優先原則により介護保険制度の適用が優先されるため，負担増の問題が生じ（低所得者の場合，無料から1割負担となる），継続したサービス利用が困難になる問題が生じている。前述の通り，障害者総合支援法の2016（平成28）年改正によって一定の配慮に基づく軽減措置が2018（平成30）年度から実施されるようになったが，制度化されなかった障害者総合福祉法の骨格に関する提言をふまえ，介護保険制度における負担のあり方を含め，生活実態に合わせたサービス利用を保障する必要がある。

### 認定制度の問題

障害種別の福祉制度の一元化だけではなく，ニーズを測定する尺度まで一元化したことが大きな問題を生み出した。介護保険でも認定の精度やばらつきの問題が生じてきたように，その認定の仕組みが実態に合わなければ，サービス利用が制限され，生活に支障が生じる可能性もある。とくに障害者自立（総合）支援法の障害程度（支援）区分の場合，認定によって，介護給付のうち，どの種類のサービスの対象となるかが基本的には仕分けられる。それだけ各サービスの利用可否に与える影響が大きいわけであるから，少なくとも，市町村審査会には当事者側の意見表明権や委員参加が保障される必要がある（注14）。

前述の通り，認定調査項目は2014（平成26）年4月から80項目となり，そのうち追加された6項目は知的障害や精神障害，発達障害の特性をより反映するために設けられた。しかし，調査項目の多くは介護保険制度を準用したものであり，身体中心の日常生活動作がクリアできる知的障害者や精神障害者の場合，区分3以下の認定結果になる傾向が強い（注15）。少なくとも，障害種別に応じた認定調査項目が考えられる必要があるが，同一種別，同程度の障害でも，一人ひとりの状態や生活機能は多様であり，障害程度（支援）区分という単一スケールで必要サービス量の枠組みを決定することには無理がある。むしろ，介護保険（第4章）に関しても述べた通り，ケアマネジメントのなかに事実上，認定機能を組み込み，一人ひとりのニーズに応じた包括的ケアマネジメント体制を制度的に構築すべきであろう。

障害程度（支援）区分の導入は，「制度の持続可能性の確保」に向けた給付の効率化・重点化を図るものと言えるが，財政的効率化を政策優位におくことによって，給付が細分化され制限的に作用するとすれば，生活の不自由化やサービス満足度の低下につながり，制度信頼性から見た持続性を損なう可能性がある。なお，認定結果に対する不服審査制度も介護保険と同様のシステムであるが，前述の通り，都道府県への不服審査会の設置が任意とされている点が異なるうえ，申請者側の心理的負担感を伴うこともあり，介護保険同様，ほとんど活用されていない現実がある。

### ケアマネジメントの課題

前述の通り，地域相談支援（地域移行支援・地域定着支援）が自立支援給付として個別給付化されるようになった（2012（平成24）年度）。また，同年度から，計画相談支援の対象が，原則的にサービスを利用するすべての障害者に段階的に拡大されるようになった。しかし，サービスの種類ごとに支給決定されるため，ケアマネジメントの余地が少ない。その結果，母集団規模の違いはあるものの，ケアマネジメントが介護保険のようには認知されにくく，地域における存在感や信頼感が強いとは言えない[(注16)]。

指定相談支援事業所の相談支援専門員の資格制度化の課題もある。指定居宅介護支援事業所の介護支援専門員のように，資格試験の制度がなく，相談支援従事者研修にとどまっている。相談支援の質の向上に向けた環境整備が求められる。

### 直接契約制の問題

利用者本位のサービス提供を目指すという名目で措置制度からの転換が図られ，支援費制度以降，直接契約システムが導入された。しかし，サービス利用制度化の前提条件として，利用者が選択できるだけのサービス基盤が十分に整備されていない[(注17)]。市町村が行う地域生活支援事業においても，財政力格差や市町村の姿勢が自治体間格差に影響を与えている可能性もある[(注18)]。とくに，移動支援について，支援費制度においては個別サービス体系に位置づけられていたが，市町村事業に位置づけ直された（ただし，重度障害者の場合は，重度訪問介護，行動援護，重度障害者包括支援に含まれ得るし，視覚障害者においては同行援護でニーズが満たされる部分もある）。しかも，その場合，緊急のニーズがある場合や複数者支援の場合に利用要件が限定されているなど，位置づけや機能が弱められている問題がある。

知的障害や精神障害に関して判断能力が不十分な場合，契約システムへの適応が難しいという問題もあり，福祉サービス利用援助事業や成年後見制度の普及，専門員・生活支援員や後見人等の確保，それらの利用料負担，等も課題となっている[注19]。さらに，契約から排除される人の問題がある。事業所・施設には正当な理由なく拒否できない応諾義務があるが，実際には契約拒否されているケースがあり，行政指導ないし行政責任としての措置が求められる。

### 応益負担原則の問題

利益・コストに応じた負担の公平化という名目で応能負担原則から応益負担原則への転換が図られたが，この利用料負担原則の変更が当事者の生活に大きな影を落とし，軽減措置を必然化させ，さらには日本国憲法第25条に抵触するとの訴訟問題や障害者自立支援法の廃止方針を生み出した。しかし，障害者総合支援法の下でも，低所得者への軽減（無料化）措置は継承されたものの（軽減措置の恒久化によって，改正障害者自立支援法においては応能負担原則への転換が図られ，障害者総合支援法ではその継承によって問題解決済みというのが国の認識であるが），定率１割の利用料負担原則と上限負担額の設定は維持されている。障害者の配偶者の収入認定や，親・兄弟などの扶養義務も維持されている。給食費や入所ホテルコストの実費負担もある。

通常の生活条件に接近できるよう支援を受けることを「利益」ととらえ，それに応じた負担を求める（障害が重い人ほど負担も重くなる）ことは，その負担が困難な人を疎外するという問題を生み出す。「利益に応じた負担，負担に応じた給付」という政策方向から，「経済的能力に応じた負担，必要に応じた給付」という方向に転換すべきだろう。応益負担化によるサービス利用・地域生活の困難化は，ノーマライゼーションの推進に歯止めをかけ，生活条件の均等化や自立を妨げることにもなる。それは，各人の努力では解決困難な生活問題を社会的に解決支援する社会保障の本質にももとる。「納税できる障害者」像が厚生労働省から流布されたが，市場での勤労と経済的自立生活が普遍化できるのであれば，そもそも社会保障の必然性はない。経済的自立観だけにとらわれるのではなく，市場的自立が困難な人への制度的自立の視点が求められる。(注20)

また，就労収入を超える負担は，就労による自尊心や生きがいを損ない，生活困難と生活の自由度の縮小をもたらし，また負担問題からの家族依存や，地域から家庭への逆流現象を生み出してきた。(注21)応能負担原則への再転換が求められる。自立支援医療についても，医療費の負担増は受診抑制をもたらし，結果的に病状を悪化させる可能性があり，地域生活を継続するうえでも不安定要因になる。自立支援医療についても，低所得者については無料化を図るべきであろう（国会答弁では「検討中」が繰り返されてきた）。

地域生活支援事業については，利用者負担の水準は市町村の責任と判断に任されているために，自立支援給付との負担の不整合や地域間格差が生まれている。

**事業者・施設運営の問題および制度変更の事業者・利用者への影響**

障害者自立支援法の施行に伴い，事業所・施設の報酬体系が従来の月額定員制から日額実員制に転換したために，事業所・施設の減収問題を生み出してきた。障害の状態やその日の調子によっては，就労等に出てこられないことが多いが，事業所・施設がそのような人への見守りをしていても，自立支援費上はカウントされないために減収となる。(注22)利用者の実態に配慮した月額定員制への再転換が求められる。そのことは，非正規職員中心の事業所の雇用安定化を図るうえでも重要である。

また，自立訓練事業と就労移行支援は，有期限プログラムによる短期的成果を求めるものであるが，一般就労への移行に向けて顕著な効果を上げている例外的な施設がモデルとして想定されていた。(注23)その短期的成果が評価の対象となり自立支援費に反映されることになるので（達成目標や一般就労への達成度等で自立支援費を評価），成果を急ぐあまり，職員・利用者間の人間関係にひずみをもたらしてきた側面もある。しかも，訓練等給付の最低定員は原則として

20人以上とされており，それだけの人数に対して同等の成果を上げようとすれば，それに応じられる障害者が「選択」されざるを得ない（クリーム・スキミング）(注24)。そのような傾向は，事業所単位の工賃水準等により報酬差が設けられるようになったことでも，拍車がかけられている(注25)。

障害者自立支援法等の改正に基づく児童福祉法における障害児通所支援についても，放課後等デイサービスは，専門の正規指導員の配置が困難であるうえ，事業規模による報酬単価の格差を生み出している。保育所等訪問支援事業は，保護者と事業者の契約によるものであるが，保育料と訪問支援の利用料の双方の負担がかかる。障害者自立支援法等の改正に基づき自立支援給付と位置づけられた「同行援護」についても，視覚障害者に対応できるヘルパー養成との関係もあり，利用時間に地域間格差が生まれている。意思疎通支援事業については，障害者総合支援法において意思疎通支援を行う者の養成等が地域生活支援事業の必須事業として追加されたが（2013（平成25）年４月１日施行），手話通訳者などの派遣事業のコーディネーターの設置が義務づけられておらず，手話通訳者やコーディネーターの報酬が保障されていない。そして，障害者総合支援法に基づくグループホームへのケアホームの一元化（2014（平成26）年４月施行）は，報酬の引き下げや職員配置の切り下げによる不安を事業者・利用者双方に生み出している。

地域生活への移行と就労の重視という理念と，現実との間にギャップが大きいという問題もある。地域生活の基盤整備や障害者雇用の条件整備が十分とは言えない現実からすれば，理念が先行している感が否めない(注26)。不足しているサービス基盤の整備や，雇用を含む総合的な差別禁止施策の強化を急ぐべきであろう。ただし，ニーズや可能性のある人に対して就労支援すること自体の意義は大きいとしても，就職することをもって自立としてとらえる一面的な政策志向が強まっており(注27)，そこには，健常者的世界から見た市場的価値観への偏りが伏在している。一方で，小規模作業所や地域活動支援センターは運営実態と乖離した低い補助水準にとどまっている。

なお，障害者の利用人口が少なく，在宅サービスの移動非効率の問題を抱える高齢・過疎化が進んだ中山間地等の条件不利地域では事業経営が成り立ちにくいという課題もある。そのような条件不利地域への事業補助制度の創設が望まれる。

### 障害者総合支援法の今後

2009（平成21）年度をめどとされていた介護保険制度の対象年齢の引き下げが見送られたことにより，障害者自立支援法の介護保険法への制度的一元化も見送られたことになる。障害者総合支援法について今後どのような改革が行われるかは別としても，財源不足の事態が生じたり，介護保険制度の方でも財政問題が大きくなれば，被保険者年齢の引き下げに基づく介護保険との統合が改めて視野に入ってくる可能性もあると考えられる。[注28]

「障害者権利条約」は，他者との平等，自由，地域生活が享受できる権利を認めるとともに，合理的配慮をしないことを含むあらゆる差別を禁じている。同条約の批准をふまえ，障害者差別解消法の実効性や見直しの検討も含め，差別禁止措置（合理的配慮）を国内で実質制度化し，モニタリングしていくための具体的方策の検討が望まれる。[注29]

また，直接契約システムのもとで高齢者，障害者，児童の各福祉分野が縦割りに分断されてきた反省に立ち，地域のなかで高齢者も障害者も児童も共生する当たり前の家族や地域の関係性を再生する方向も重要となるだろう。[注30] 以上述べてきたことから，今後の方向として，以下の要素が考えられるだろう。

### 障害者福祉の今後の方向

・当事者・家族の積極的意見反映
・手帳主義からニーズ主義に転換する包括的な障害概念と支援システムの構築
・普遍的応能負担または10割給付原則の確立
・ニーズ主義による認定制度の抜本的見直し（包括的ケアマネジメント制度の構築）
・サービス基盤整備や契約からの排除防止に向けた具体的な行政責任の明確化
・事業所・施設報酬の月額定員制化や，条件不利地域への事業補助制度の

創設
・就労に偏重した自立支援理念の見直し（社会的自立や精神的自立の尊重）
・障害者と高齢者や児童との交流を視野に入れた地域の共生の場づくり

（注）

1　社会福祉基礎構造改革の構想内容を，社会福祉事業法等の改正が成立する前の時系列の経過に沿って特徴分析を行ったものとして，田中（1999）を参照。また，介護保険制度等と比較した支援費制度の特徴分析については，田中（2006）第６章第１節を参照。

2　措置制度から支援費制度への転換の意味について，「措置制度時代の措置という必要に応じた現物給付が，市町村による『費』の認定あるいは決定となっている」（峰島，2002）との表現がされている。

3　グランドデザイン案については，厚生労働省障害保健福祉部（2004），井上・塩見（2005）を参照。

4　改正障害者基本法では，その第１条において，「全ての国民が，障害の有無にかかわらず，等しく基本的人権を享有するかけがえのない個人として尊重されるものであるとの理念にのっとり，全ての国民が，障害の有無によって分け隔てられることなく，相互に人格と個性を尊重し合いながら共生する社会を実現する」ことが新たに目的として明文化された。

5　療養介護事業と生活介護事業の各々において，知的障害または精神障害が対象とならないとの指摘もある（鈴木，2005）。

6　この両ホームは知的障害と精神障害に対象を限定していたが，2009（平成21）年７月15日厚生労働省告示第363号により，身体障害者の利用も可能になった。例えば，スウェーデンのグループ住宅も，身体障害者を対象にしている（田中，2004b）。

7　厚生労働省障害保健福祉部（2009）の全国調査によれば，利用料，食費，光熱水費を含む利用者負担平均額は，障害者自立支援法施行前の月１万4915円（2006（平成18）年３月）から，施行後の２万1666円（2009（平成21）年７月）へ増加しており，負担増の利用者は87.2％を占めている。また，負担額が就労工賃を上回る人は，同期で31.4％から52.5％に増えている。

8　田中（2006）第６章第１節を参照。

9　厚生労働省社会・援護局障害保健福祉部企画課「障害福祉計画及び障害児福祉計画に係る基本指針の見直しについて」（第95回社会保障審議会障害者部会（令和元年10月25日）資料），同「障害福祉計画及び障害児福祉計画に係る成果目標及び活動指標について」（第96回社会保障審議会障害者部会（令和元年11月25日）資料）

10　2018（平成30）年度の場合，養護者等による虐待判断件数は1612件，施設従事者等による虐待判断件数は2605件となっている（厚生労働省社会・援護局障害保健福祉部障害福祉課2019）。養護者による虐待の場合，虐待の種類としては，「身体的虐待」63.6％，「心理的虐待」29.4％，「経済的虐待」21.2％（うち障害年金70.88％），「ネグレクト（放棄・放置）」14.6％，「性的虐待」4.0％となっており，被虐待者の障害種別では，知的障害53.0％，精神障害36.7％，身体障害19.7％，発達障害3.3％，難病等1.9％となっており，被虐待者の性別では，男性35.2％，女性64.8％となっており，虐待者の性別では，男性62.2％，女性37.8％となっている。

11　障害者権利条約との整合性の観点から，合理的配慮の提供について，民間事業者の努力義務とされている点は，障害者差別解消法の見直しにおいて義務化される可能性がある（石川，2020）。

12　支援費制度における居宅サービスの国庫補助不足額は約92億円（2003（平成15）年度），約263億円（2004（平成16）年度），約170億円（2005（平成17）年度）となっていた。一方，厚生労働省は，障害者自立支援法案提出の背景の1つとして，現行支援費制度のもとでは，増大していく費用をどう負担していくのかという問題があることを指摘しつつ，サービスの必要性についての「客観的な尺度」や「皆で負担し支え合う仕組みの強化」が必要であると述べている（厚生労働省障害保健福祉部企画課，2005）。しかし，統一的な尺度が「客観的な尺度」とは限らず，むしろ，個々の障害の多様性を捕捉できないという問題を生み出し，費用負担増（負担の普遍化）の面からは，必要なサービスが利用困難になるという問題（利用の排除）を生み出した。

13　デンマークでは，障害種別の法制度や手帳制度をもたない社会サービス法制の下で具体的なサービス展開が行われている（野口，2013）。

14　峰島ら（2005）は，市町村審査会が必要があると認めるときは障害者，家族等から意見を聴くことができるとするにとどまる法規定に対して，「障害者から聴取の要望があれば，機会を設ける」とすべきだと指摘している。しかし，この部分は障害者総合支援法（第21条第2項）においても変更されていない。

15　高知県において，筆者らによる三障害の当事者（ないし家族）を対象として行った調査によれば（調査時期2008（平成20）年11月，回答者数1708人），障害程度区分の認定を受けた人（553人）のうち，区分1・2で45.6%，区分3・4で32.7%，区分5・6で12.1%，という分布になっており，軽度に偏る傾向が見られた。また，認定結果に満足している人56.7%，満足していない人43.3%，という分布になっており，不満という人の理由としては，多い順に（複数回答可），「認定調査項目が障害や生活の実態に合わない」43.4%，「認定結果が軽すぎる」39.3%，「認定結果によって必要なサービスが受けられなくなる」24.0%，ということがあげられた（高知県自治研究センター・障害者自立支援法施行後の実態調査研究会，2009）。

16　一方で，相談支援事業が計画相談に偏っており，かつ本人中心の計画という点でも課題があることについては，福岡（2014）を参照。

17　例えば，高知県においては，2014（平成26）年1月現在で，障害者施設がない地域は8町村，1か所の地域は8町村であり，県内34市町村の47%が0～1か所という状況である（高知県障害保健福祉課資料）。全国的にも，同様の市町村は依然として多い。

18　高知県の場合，2009（平成21）年9月現在で，地域生活支援事業の実施種類数が24事業という市町村から1事業という市町村までの幅がある（高知県障害保健福祉課資料）。また，地域格差の実態については，高知県自治研究センター・障害者自立支援法施行後の実態調査研究会（2012）を参照。

19　自己決定からみた成年後見制度の課題も指摘されている（田山，2014）。

20　デンマークにおいては，自立を就労に一義的に結びつけるのではなく，善い人生を得るための一手段として相対的にとらえられている（片岡，2009）。

21　高知県の場合，工賃収入は全国のなかでは比較的高い水準にあるが，前述の調査結果によれば，月5000円未満が26.7%であり，1万円未満で49.1%，2万円未満で75.8%，3万円未満85.6%，3万円以上14.3%という分布になっており，利用料が工賃収入を上回る人が23.0%存在する。そして，利用料負担についての考えとして，多い順に，「今の負担のしくみや考え方を抜本的に改めるべき」54.9%,「働くのに負担があること自体が納得できない」36.3%という回答状況（複数回答可）になっている（高知県自治研究センター・障害者自立支援法施行後の実態調査研究会, 2009)。瀧澤・平野ら（2005）は, 福祉サービス利用の適正化を図るのであれば, 負担引き上げよりも, ケアマネジメントの積極活用や相談援助の充実を図るほうが効果的であろう, と指摘している。一方, 石渡（2005）は, 応益負担導入の前提として, 経済的な自立を支援する所得保障の検討が必要であると指摘している。藤岡（2009）は, 法的な見地から, 応益負担の導入が個人の尊厳（日本国憲法第13条), 平等権（同第14条), 生存権（同第25条）等を侵害しているとの立場に立っている。伊藤（2009）は, 応能負担原則への回帰は, 中高所得層の負担増を招く, とする京極（2009）に疑問を呈しつつ, 従来の応能負担制度の全額徴収原則・段階的減免制度を前提にした中高所得層負担増論は不毛であり, 障害福祉サービスのように公共性の強いサービスについては全額公費負担原則にすべき, と述べている。

22　前述の調査（高知県自治研究センター・障害者自立支援法施行後の実態調査研究会, 2009）のうち, 事業所・施設向け調査によれば（回答事業所・施設数97か所, 調査時期2008（平成20）年11月), 障害者自立支援法前後の収入変化について回答のあった事業所・施設のうち, 増収16か所, 減収38か所となっており, 増収理由としては,「無認可作業所からの移行ゆえの増収」が最も多く（40.9%), 減収理由としては,「報酬の月額制から日額制への転換」と「施設・事業所の報酬体系の引下げ」がともに47.8%と最も多い結果となった。また, 事業所・施設からみた障害者自立支援制度の問題点は,「安定的な事業運営が困難なほど報酬体系が低水準」という回答が68.5%と最も多かった（複数回答可)。

23　グランドデザイン案（厚生労働省障害保健福祉部, 2004）では, 通過施設等において「滞留」が常態化していることが問題視される一方で, 就労支援で成功している通所授産施設の退所状況として, 退所者のうち就職を理由に退所する割合が60〜100%の通所授産施設例が取り上げられていた（全国平均は15%程度)。

24　峰島ら（2005）は, 最低定員を10人に下げて, 20人未満定員の小規模作業所や小規模通所授産施設も機能移行できるようにすべきことを提起している。

25　2018（平成30）年度報酬改定においては, 就労継続支援Ｂ型事業所に関して,「基本報酬については, 定員規模別の設定に加え, 平均工賃月額に応じた報酬設定とする」として,「工賃が高いほど, 自立した地域生活につながることや, 生産活動の支援に労力を要すると考えられることから, 高い報酬設定とし, メリハリをつける」こととされ, 平均工賃の多寡が事業所報酬の多寡に結びつくシステムが導入された。

26　スウェーデンでも, 地域移行に向けた脱施設化を長期間かけて達成してきている（田中, 2004b)。なお, 一般就職に関しては, 法定雇用率の対象は身体・知的障害者に限られていたが, 精神障害者にも適用対象（実雇用率として算定可能化）を拡大する障害者雇用促進法改正が行われた（2005（平成17）年６月成立, 2006（平成18）年４月施行, 法定雇用率の算定基礎に精神障害者を加える雇用義務化は2013（平成25）年成立の改正障害者雇用促進法により2018（平成30）年４月施行)。2018（平成30）年度から民間企業の法定雇用率は2.0%から2.2%（常用労働者数45.5人以上規模の企業）に引き上げられ（公的機関は2.3%から2.5%へ, 教育委員会は2.2%から2.4%へ引き上げ), 2021（令和３）年３月１日からは, さらに民間企業の法定雇用率は2.3%（常用労働者数43.5人以上規模の企業）に引き上げられるが（公的機関は2.6%, 教育委員会は2.5%), 民間企業の実雇用率（2020（令和２）年６月１日現在）は2.15%であり（達成企業割合48.6%), なお法定雇用率には達していない（厚生労働省職業安定局障害者雇用対策課, 2020)。難病患者等を含め, 適用対象をすべての障害者に拡大していく課題も残されている。なお, 障害者の一般就労を視野に入れつつ，「半福祉･半就労」の可能性を探ったものとして，山村（2019）を参照。

27　2016（平成28）年6月に閣議決定された「ニッポン一億総活躍プラン」においては，「障害や疾病の特性等に応じて最大限活躍できる環境を整備することが必要」とされるとともに，「障害者の就労支援等の推進」が掲げられており，報酬改定を通じて障害者の工賃・賃金向上，一般就労への移行の促進や就労定着支援の充実が求められている。

28　伊藤（2009）は，負担軽減措置の恒久化により「介護保険との整合性を考慮した仕組みの解消」が骨抜きにされる可能性を指摘している。

29　障害者権利条約においては，障害のある人が，他の者との平等を基礎として，どこで誰と生活するかを選択する機会を有すること，並びに特定の生活様式で生活するよう義務づけられないこと，地域社会における生活を支援し，孤立および隔離を防止するために必要な地域社会支援サービスにアクセスすること，あらゆる形態の雇用に関するすべての事項（募集，採用および雇用の条件，雇用の継続，昇進並びに安全かつ健康的な作業条件を含む）に関し，障害を理由とする差別を禁止すること，などが規定されている。同条約から見た国内の制度改革課題や今後の方向については，大曽根（2010），長瀬・東・川島（2012），小澤（2014），薗部（2014）を参照。なお，障害者権利条約に基づく日本の取り組み状況に対する国連・障害者権利委員会による初めての総括所見が，「内閣府に設けられた障害者政策委員会が，政府から独立して条約の実施を監視する役割を果たせるのか，人権機関の設立はどこまで進んだのか」などの事前質問事項をふまえ，2020（令和元）年8～9月に提示される予定であったが，2021（令和2）年に持ち越されている。

30　富山方式の影響を受けつつ，高知県内でも田野町（なかよし交流館）や土佐町（とんからりんの家）において，高齢者・障害者・児童の垣根を越えた交流，介護予防，障害者の就労等の共生の居場所づくりが注目され，それを全市町村に普及させる「あったかふれあいセンター」事業が高知県独自に2009（平成21）年度から始まっているが，同時に，その制度化に向けた県から国への要請も行われている。地域生活支援事業のような形で制度化していくことも考えられる。高知県の取り組みや共生ケアについては，田中・水谷・玉里・霜田（2013a，2013b），三菱・UFJリサーチ＆コンサルティング（2013），田中・玉里・霜田・水谷・山村（2018）を参照。

（参考文献）

・デイリー法学選書編集委員会『障害者総合支援法のしくみ』三省堂，2019年
・DPI日本会議編『合理的配慮，差別的取扱いとは何か』解放出版社，2016年
・藤岡毅「応益負担の違憲性」『賃金と社会保障』2009年8月号
・福岡寿「相談支援事業の現状と課題」『ノーマライゼーション』2014年6月号
・福祉行政法令研究会『障害者総合支援法がよ～くわかる本』秀和システム，2019年
・東俊裕「障がい者制度改革推進会議の第一次意見と閣議決定」『ノーマライゼーション』2010年9月号
・東俊裕「解説　障害者差別解消法の意義と課題」『月刊福祉』2013年12月号
・井上泰治・塩見洋介『障害保健福祉改革のグランドデザインは何を描くのか』かもがわ出版，2005年
・井上泰治「障害者相談支援事業の課題と自治体の役割」『住民と自治』2016年11月号
・井上泰治「『自立支援法案』とは何か」『福祉のひろば』2005年5月号

- 石川準「障害者政策委員会による障害者差別解消法の見直し作業」『新ノーマライゼーション』2020年12月号
- 石渡和実「障害保健福祉施策の改革―障害者自立支援法案のポイント―」『月刊福祉』2005年５月号
- 伊藤周平「障害者自立支援法と介護保険法」『賃金と社会保障』2009年８・９月号
- 伊藤周平「障害者総合支援法の改正とその問題点」『住民と自治』2016年11月号
- 城西医療財団編『検証　障碍者福祉60年と介護保険20年』SEC出版，2020年
- 片岡豊「デンマークにおける障害者の『自立』の考え方」『海外社会保障研究』第166号，2009年
- 高知県自治研究センター・障害者自立支援法施行後の実態調査研究会「障害者自立支援法と高知県の実態（Ⅱ）」2009年
- 高知県自治研究センター・障害者自立支援法施行後の実態調査研究会「障害者自立支援法施行後の実態調査（第三次）報告」2012年
- 厚生労働省職業安定局障害者雇用対策課「令和２年　障害者雇用状況の集計結果」令和３年１月15日
- 厚生労働省社会・援護局障害保健福祉部「今後の障害保健福祉施策について（改革のグランドデザイン案）」2004年10月12日
- 厚生労働省社会・援護局障害保健福祉部「障害保健福祉施策の改革」「障害保健福祉関係主管課長会議資料」2005年２月17日
- 厚生労働省社会・援護局障害保健福祉部企画課「障害者自立支援法案について」『ノーマライゼーション』2005年４月号
- 厚生労働省社会・援護局障害保健福祉部「障害者自立支援法による改革」2005年12月６日
- 厚生労働省社会・援護局障害保健福祉部「障害者自立支援法の施行前後における利用者の負担等に係る実態調査結果について」2009年11月26日
- 厚生労働省社会・援護局障害保健福祉部企画課「わが国における障害認定の歴史的経緯と現状」『ノーマライゼーション』2013年11月号
- 厚生労働省社会・援護局障害保健福祉部障害福祉課「平成30年度『障害者虐待の防止，障害者の養護者に対する支援等に関する法律』に基づく対応状況等に関する調査結果報告書」令和元年12月
- 京極髙宣『介護保険改革と障害者グランドデザイン―新しい社会保障の考え方―』中央法規出版，2005年
- 京極髙宣『障害者自立支援法の課題』中央法規出版，2008年
- 京極髙宣『福祉サービスの利用者負担―公共サービス料金の社会経済学的分析―』中央法規出版，2009年
- 牧野将宏「第３次障害者基本計画について」『ノーマライゼーション』2013年10月号
- 松井亮輔・川島聡編『概説　障害者権利条約』法律文化社，2010年
- 峰島厚「社会福祉基礎構造改革の具体化＝支援費制度の特徴と課題」『福祉のひろば』2002年３月号
- 峰島厚・白沢仁・多田薫編著『障害者福祉制度　何が問題か』全障研出版部，2005年
- 峰島厚・白沢仁・多田薫編著『障害者自立支援法の基本と活用』全障研出版部，2006年

・峰島厚『障害者自立支援法と実践の創造』全障研出版部，2007年
・峰島厚・木全和巳・冨永健太郎責任編集『障害者に対する支援と障害者自立支援制度』弘文堂，2018年
・三菱・UFJリサーチ＆コンサルティング編集・発行「地域共生の拠点づくりの手引き」（厚生労働省平成24年度セーフティネット支援対策等事業費補助金［社会福祉推進事業分］研究報告書），2013年
・宗澤忠雄『地域に活かす私たちの障害福祉計画―相談援助から築く自立支援システム―』中央法規出版，2008年
・宗澤忠雄編著『障害者虐待―その理解と防止のために―』中央法規出版，2012年
・村井龍治編著『障害者福祉論―障害者自立支援の制度と方法―』ミネルヴァ書房，2010年
・内閣府編『障害者白書』各年版
・長瀬修・東俊裕・川島聡『増補改訂　障害者の権利条約と日本』生活書院，2012年
・日本弁護士連合会高齢者・障害者の権利に関する委員会編『障害者虐待防止法活用ハンドブック』民事法研究会，2012年
・日本社会福祉士会編『障害者虐待対応の手引き―養護者・障害者福祉施設従事者・使用者による虐待対応帳票・事例―』中央法規出版，2016年
・日本ソーシャルワーク教育学校連盟編『最新社会福祉士養成講座・精神保健福祉士養成講座⑧障害者福祉』中央法規出版，2021年
・二宮厚美「構造改革のなかの障害者教育・福祉政策」『賃金と社会保障』2005年1月号
・新田秀樹「障害者差別解消法の見直し」『週刊社会保障』第3099号，2020年
・野口典子編著『デンマークの選択・日本への視座』中央法規出版，2013年
・大曽根寛「障害者権利条約と制度改革推進の基本的な方向」『ノーマライゼーション』2010年9月号
・大塚晃「障害者自立支援法見直しの背景とポイント」『月刊福祉』2009年9月号
・小澤温「障害者権利条約とは―批准までの道のりと条約の意義―」『月刊福祉』2014年5月号
・坂本洋一『図説　よくわかる障害者自立支援法　第2版』中央法規出版，2008年
・坂本洋一『図説　よくわかる障害者総合支援法　第2版』中央法規出版，2017年
・佐藤久夫「障害者福祉の『70年』―その到達点と課題―」『社会福祉研究』第137号，2020年
・佐藤久夫・小澤温『障害者福祉の世界　第4版補訂版』有斐閣，2013年
・『社会福祉学習双書』編集委員会『障害者福祉論』全国社会福祉協議会，2019年
・社会保険研究所『障害者福祉ガイド　障害者総合支援法と障害者関連法の解説』2019年
・薗部英夫「障害者権利条約批准における障害者運動の意義と今後の課題」『障害者問題研究』第42巻第1号，2014年
・鈴木清覚「施設体系にみる就労・日中活動」『ノーマライゼーション』2005年5月号
・鈴木勉・田中智子『現代障害者福祉論』高菅出版，2011年
・障害者差別解消法解説編集委員会編『概説　障害者差別解消法』法律文化社，2014年
・障害者福祉研究会編『障害者自立支援法Q＆A』中央法規出版，2009年

・障害者生活支援システム研究会編『障害者自立支援法と人間らしく生きる権利』かもがわ出版，2007年
・障害者生活支援システム研究会編『どうつくる？　障害者総合福祉法―権利保障制度確立への提言―』かもがわ出版，2010年
・障害者福祉研究会編『逐条解説　障害者自立支援法』中央法規出版，2007年
・障害者福祉研究会編『逐条解説　障害者総合支援法　第２版』中央法規出版，2019年
・障害者福祉研究会編『逐条解説　障害者虐待防止法』中央法規出版，2013年
・瀧澤仁唱・平野方紹ほか『障害者自立支援法と応益負担』かもがわ出版，2005年
・田中恵美子『障害者の「自立生活」と生活の資源』生活書院，2009年
・田中きよむ「社会福祉基礎構造改革の意義と問題点」『高知論叢』第65・66号，1999年
・田中きよむ『少子高齢社会の福祉経済論』中央法規出版，2004年a
・田中きよむ「スウェーデンにおける障害者福祉・教育・雇用の動向―エーレブロー県の取り組みを中心に―」高知大学経済学会『高知論叢』第80号，2004年b
・田中きよむ『改訂　少子高齢社会の福祉経済論』中央法規出版，2006年
・田中きよむ・水谷利亮・玉里恵美子・霜田博史『限界集落の生活と地域づくり』晃洋書房，2013年a
・田中きよむ・水谷利亮・玉里恵美子・霜田博史「限界集落における孤立化防止と共生の居場所づくり・地域づくり」高知大学経済学会『高知論叢』第108号，2013年b
・田中きよむ・玉里恵美子・霜田博史・水谷利亮・山村靖彦『小さな拠点を軸とする共生型地域づくり―地方消滅論を超えて―』晃洋書房，2018年
・谷口泰司「障害者自立支援法と障害者福祉」関西福祉大学社会福祉研究会編『現代の社会福祉―人間の尊厳と福祉文化―』日本経済評論社，2009年
・田山輝明「障害者権利条約からみた日本の成年後見制度の課題」『季刊　福祉労働』第143号，2014年
・東京都社会福祉協議会『障害者総合支援法とは・・改訂第２版』(2015年)
・若林美佳監『障害者総合支援法と支援サービスのしくみと手続き』三修社，2019年
・山村りつ「『半福祉・半就労』の現状とこれからの可能性―障害者支援政策を手がかりにして―」『社会政策』第11巻第１号，2019年
・山内一永『図解　障害者総合支援法早わかりガイド』日本実業出版，2018年
・全国精神障害者地域生活支援協議会編『障害者地域移行支援・地域定着支援ガイドブック』中央法規出版，2013年

第7章

# 生活保護システムの制度分析

社会保障制度における最後の拠り所であり，日本国憲法第25条に規定された生存権保障の中核をなすものとして法制化されたものが生活保護制度である。より包括的で，国際的な表現としては公的扶助（Public Assistance）と称されるが，戦後，法定化される際には「生活保護法」として成立した経緯から，国内では生活保護という表現が一般的に定着している。

以下では，生活保護制度の法律や行財政から見た基本構造，生活保護とソーシャルワーク，実施状況の順に叙述していく。また，その関連制度として，生活福祉資金制度とホームレス自立支援制度，生活困窮者自立支援制度にも言及する。最後に，生活保護制度の課題と方向について述べる。

## 第1節｜生活保護制度の基本構造と実施状況

### 1――― 現行生活保護制度以前の状況

生活保護制度の世界史的な原初形態は，イギリスのエリザベス治世の1601年に成立した救貧法（Poor Law）にさかのぼるが，国内における制度的萌芽は，1874（明治7）年に成立した「恤救規則」（じゅっきゅう）にみられる（「恤」の語義は，あわれみ恵む）。この規則では，救済の基本（前提）を「人民相互の情誼（じょうぎ）」（「情誼」の語義は，同情心）に置いている。そして，救済の対象は，親族扶養や隣保相扶が不可能な「無告の（よるべのない）窮民」として，具体的には，その困窮原因に即して，障害，疾病，老衰，幼少により労働困難な人が対象とされた。きわめて低水準の給付で権利性を伴わなかったが，居宅救護を原則とする金銭給付であり，初めて国が費用負担を行った。

1929（昭和4）年には，恤救規則に代わって，「救護法」が成立する。これは，国家による居宅保護を原則とする公的扶助義務を示す一方で，家族制度および隣保相扶の情誼を尊重しつつ，その不足を補う制度という位置づけが与えられた。対象は，労働能力をもたない貧困者（65歳以上の老衰者，13歳以下の幼者，妊産婦，障害等があり労務に支障のある者）であり，性行著しく不良または著しく怠惰な者は対象外とされる制限扶助主義に立っていた。また，扶養義務者が扶養することができるときは急迫の事情がある場合を除いて救護しないとされた。被救護者は，選挙権，被選挙権が認められず，市民的権利が制限されていた。救護の種類は，当初，生活扶助，医療扶助，助産扶助，生業扶助の4種類に限られていたが，同法改正により，生活扶助と生業扶助の2種類に縮小された。救護の執行機関は，救護を受けるべき人の居住地または現在地の市町村長であるが，補助機関は，民生委員の前身である方面委員（名誉職）とされ，実際の運用を担っていた。救護費は，市町村または都道府県が負担する費用の2分の1以内を国が補助するものとして，国庫補助率が示された。

戦後，1946（昭和21）年には，旧・生活保護法が制定された。国家責任とともに，初めて無差別平等の原則が示されたという意味では一般扶助主義に立脚したが，実際には「勤労の意思のない者，素行不良な者」を対象外とする絶対的欠格事由が残された。保護の実施機関は市町村長であるが，補助機関としては民生委員が位置づけられ，依然として法の運用を委ねられた。旧法のもとでは，保護の種類は「生活扶助」「医療」「助産」「生業扶助」「葬祭扶助」の5種類であった（住宅扶助と教育扶助は生活扶助に含まれていた）。保護の費用は，国が10分の8を負担するものとして，国庫負担率が救護法より高められた。

1949（昭和24）年には，社会保障制度審議会から「生活保護制度の改善強化に関する勧告」が出され，不服申立て権，および，旧法にはない2つの扶助を独立して設ける必要性が提起された。翌1950（昭和25）年には，現行生活保護制度の基本構造を体現した新・生活保護法が制定された。

## 2――現行生活保護制度の構造

### 目的と基本原理・原則

生活保護制度の目的は，「最低限度の生活保障」と「自立の助長」（自立支援）にある（生活保護法第1条）。その目的を達成するうえで，4つの基本原理が示されている。

第一に，「国家責任の原理」（第1条）があげられ，国が，生活に困窮するすべての国民に対して，その困窮の程度に応じ必要な保護を行う生活保障の責任主体に据えられている。第二に，「無差別平等の原理」（第2条）があげられ，すべての国民は，この法律による要件を満たす限り，困窮の原因，信条，性別等に関係なく無差別平等に保護を受けることができる。なお，外国人は日本国民に準じた保護が適用されるが，不服申立てを起こすことは認められていない。第三に，「最低生活の原理」（第3条）があげられ，この法律によって保障される最低限度の生活は，健康で文化的な生活水準を維持することができるものでなければならないとされている。

第四に，「補足性」の原理があげられる（第4条）。保護は，生活に困窮する者が資産や能力（労働能力）などを活用することを要件とするとともに，扶養義務者の扶養が生活保護に優先して行われるものとされている。この場合の扶養義務者は，民法上，「絶対的扶養義務者」と「相対的扶養義務者」に区別される。前者は，直系血族（子，父母，孫，祖父母等），配偶者および兄弟姉妹であり，後者は，前者以外の三親等内の親族（兄弟姉妹の配偶者や，伯・叔父，伯・叔母等）のうち，過去に当該申請者やその世帯に属する者から扶養や遺産相続等の利益を受けた特別の事情がある者を指す。また，年金保険，医療保険，介護保険の適用など，他法他施策を活用することが生活保護の前提条件とされている。

生活保護制度は，より具体的な運用上のルールとして，4つの原則を定めている。第一は，「申請保護の原則」であり（第7条），旧法にはない保護請求権が認められるとともに，「急迫した状況」にあるときは例外として，申請がなくても職権保護の対象となる。申請者の範囲は，要保護者，扶養義務者，同居親族である。第二に，「基準および程度の原則」がある（第8条）。厚生労働大臣の定める保護基準によって測定した要保護者の需要を基準として，その者の金品で満たすことができない不足分を補う程度において保護が行われる。

第三に，「必要即応の原則」があげられる（第9条）。保護は，要保護者の年齢や健康状態等の個人または世帯の実際の必要の相違を考慮して行うものとさ

**図表7－1　世帯分離の例示**

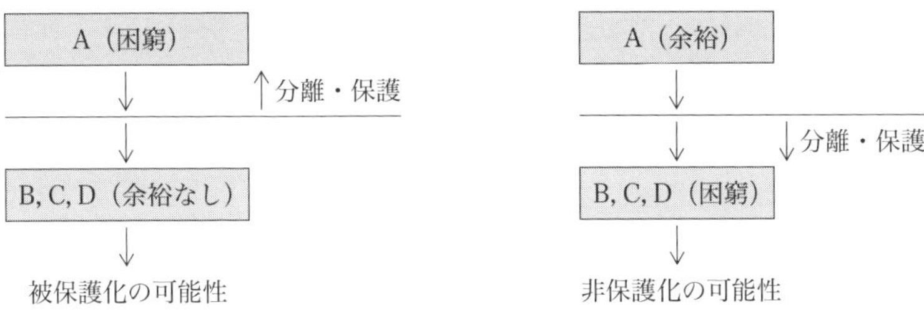


れる。そのために各種扶助が設けられているほか，最も基本的な生活扶助においても各種加算が設けられている。第四に，「世帯単位の原則」があげられる（第10条）。保護は，世帯を単位としてその要否および程度を定めるものとされるが，これによりがたい場合は個人を単位とする世帯分離が例外として認められている。この場合の世帯とは同一生計世帯を意味し，出稼ぎや入院の場合など，同一の住居に居住していなくても，生計をともにしていれば他人を含めて原則として同一世帯とみなされる。

世帯分離の例外とは，例えば同一世帯内の個人が保護を要する場合であっても，他の世帯員も経済的に余裕がなく，その個人の扶養を実際に引き受けるとなると要保護状態になる場合は，その個人だけを分離して保護を適用することが認められる。逆に，同一世帯の特定の個人が経済的に余裕がある場合，他の世帯員が要保護状態であるにもかかわらず，その個人が同一世帯であることにより保護が受けられなくなる場合，その個人だけを分離して他の世帯員が保護を受けられるようにすることが認められる（図表7－1）。

### 生活保護給付の種類

現行生活保護制度の給付は，❶「生活扶助」，❷「教育扶助」，❸「住宅扶助」，❹「出産扶助」，❺「生業扶助」，❻「葬祭扶助」，❼「医療扶助」に加えて，介護保険制度の発足に伴い，❽「介護扶助」が追加され，8種類の扶助から構成される（生活保護法第11条～第18条）。

「生活扶助」は，衣食光熱費等を満たす基礎的扶助であり，8つの扶助のなかでも最も基本的な最低生活費を満たす扶助である。しかし，その最低生活費は全国一律ではなく，生活様式や物価の相違による生活水準差を考慮に入れた級地制度をとっている。都市部ほど物価水準が高い等の事情により，生活扶助基準も高く設定されている。1987（昭和62）年度以降，３級地６区分制を採っており，１級地の１・２，２級地の１・２，３級地の１・２に区分される。１級地は大都市および周辺地域，２級地は地方中核都市および周辺地域，３級地はその他の地域，という区分けがされており，６区分の地域間格差は4.5％，したがって最大格差（１級地の１と３級地の２の地域間格差）は22.5％となっている。生活扶助以外の扶助では，後述の通り，住宅扶助と葬祭扶助に級地格差が設定されている。

居宅の場合の生活扶助は，居宅第１類と居宅第２類から構成される。居宅第１類は，飲食物費や被服費などの個人単位の経費であり，年齢別に８区分（０～２歳，３～５歳，６～11歳，12～19歳，20～40歳，41～59歳，60～69歳，70歳以上）とされている。なお，1985（昭和60）年度から性別格差は廃止されている。居宅第２類は，光熱水費や家具什器などの世帯単位の経費であり，１～９人世帯の各人数世帯別扶助額が設定されているが，10人以上の世帯は１人ごとの加算がつく世帯人員別の扶助額となっている。この居宅第２類には冬季加算があり，10～４月の７か月間（2015（平成27）年度～），都道府県別にⅠ～Ⅵ区に６区分された（例えば北海道であればⅠ区，高知県であればⅥ区）加算が行われる（１か月分を超える一括交付も可）。

病院や施設に入院・入所している場合の生活扶助は，入院患者，入所者の一般生活費として，それぞれ「入院患者日用品費」「介護施設入所者基本生活費」が支給される。これらは，診療報酬や介護報酬に含まれない日常生活需要を満たすために，居宅第１類・第２類に代えて支給される。

生活扶助には，個別の特別需要に対応して各種の加算が設けられている。そのうち，「老齢加算」は，72歳以上の者，67歳以上の身体障害者，70歳以上72歳未満の病弱者を対象に支給されていたが，2004（平成16）～2006（平成18）年度にかけて段階的に廃止された。父母の一方を欠く場合等に支給される「母子加算」は，16～18歳の児童に関しては，2005（平成17）～2007（平成19）年度に段階的に廃止されたが，15歳以下の児童に関しても，2007（平成19）～2009（平成21）年度に段階的に廃止され，その代わりとして，18歳以下の児童を養育する者を対象として「ひとり親世帯就労促進費」が2007（平成19）年度から創設された（就労収入を得ているか職業訓練に参加している場合，就労収入が月３万円以上の場合は月１万円，就労収入が月３万円未満の場合は月5000円支給）。しかし，母子加算は2009（平成21）年12月から復活し，父母の一方を欠く場合もしくは両方が欠けている場合等に，児童が原則として18歳に達する年度まで支給されることになった。それに伴い，「ひとり親世帯就労促進費」は廃止された。

その他，身体障害者福祉法１～３級または国民年金法１～２級の該当者を対象とする「障害者加算」，居宅療養患者で医師が栄養補給の必要を認めた者を対象とする「在宅患者加算」，15歳の年度末に達するまでの児童を養育する者を対象とする「児童養育加算」がある。

また，介護保険第１号被保険者で普通徴収対象者（年金年額18万円未満，月額１万5000円未満）に対しては，介護保険料の実費を支給する「介護保険料加算」がある。特別徴収対象者（年金年額18万円以上，月額１万5000円以上）の場合は，介護保険料額を年金収入から控除して収入認定される[注1]。したがって，介護保険施設入所者の場合，介護保険料部分は普通徴収対象者であれば生活扶助に加算され，日常生活費は保険外負担（介護報酬に含まれない需要）であるので，前述の通り「介護施設入所者基本生活費」として生活扶助の対象となるが，支給限度額の１～３割の利用者負担部分および食費（負担限度額）は後述

**図表７―２　介護保険と生活保護の関係**

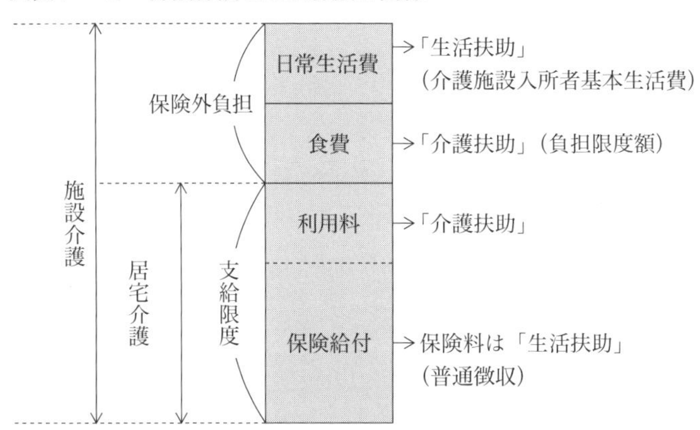

図表7—3　生活扶助の構造

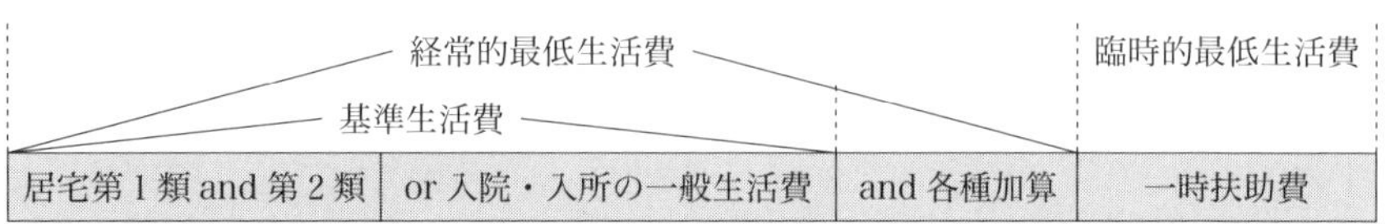


の「介護扶助」の対象となる（図表7—2）。なお，介護施設入所者基本生活費が算定され，かつ，障害者加算および母子加算が算定されない者には「介護施設入所者加算」が支給される。

以上述べてきた生活扶助に関して，居宅第1類・第2類，入院患者日用品費・介護施設入所者基本生活費を総称して「基準生活費」という。そして，基準生活費と上述の各種加算を総称して「経常的最低生活費」という。これに対して，出産，入学，入退院，保護開始等の場合に最低生活物資の確保が困難な世帯を対象として「一時扶助費」が支給されるが，これを「臨時的最低生活費」という（図表7—3）。

生活扶助は，世帯主等に1か月分を現金給付する居宅保護を原則としつつも，介護保険施設や病院に入所・入院する場合は介護・診療報酬以外の日常生活費部分を現金給付するほか，目的達成が困難であったり本人が希望する場合は，後述の保護施設に入所するという形態の現物給付が行われる。

生活扶助基準の算定方式には歴史的な変遷がある[注2]。旧法制定当時の1946（昭和21）年には，「標準生計費方式」という考え方により，「限度標準額（経済安定本部が定めた世帯人員別日額）×30日分」という算定式が用いられた（標準5人世帯）。1948（昭和23）年には，「マーケット・バスケット方式」が採用され，生活必需物資の物量的評価に基づく最低生活費が算定された（標準5人世帯）。1961（昭和36）年には「エンゲル方式」が採用され，栄養学的に算出した最低限度の飲食物費に基づき，その飲食物費で実際に暮らしている世帯から最低生活費が算出された（標準4人世帯）。しかし，一般世帯との格差がむしろ広がる状況であったことから，1965（昭和40）年には「格差縮小方式」が採用され，一般世帯の消費支出（名目賃金から税・保険料の非消費支出を控除した後の可処分所得から，さらに貯蓄部分を控除した残額）の伸び率を生活扶助基準の伸び率が上回るように（図表7—4）算定された（標準4人世帯）。

**図表７—４　格差縮小方式のイメージ**

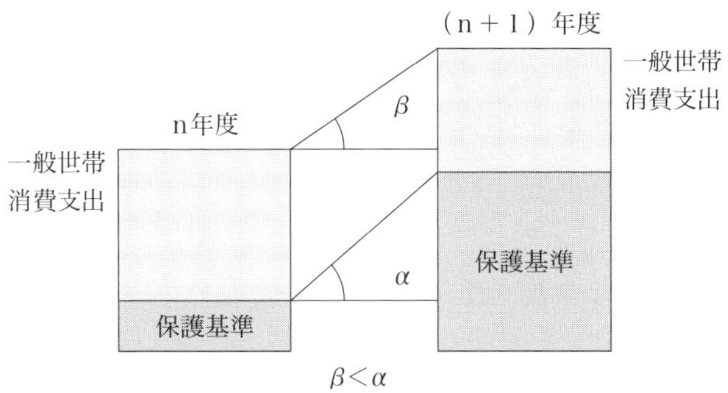


**図表７—５　一般世帯の消費支出に合わせる水準均衡方式**

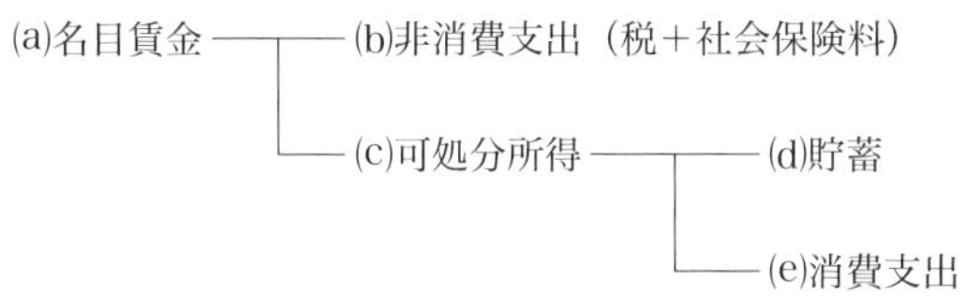


日本（2018年）

b／a＝18.5%　e／c＝消費性向＝69.3%

エンゲル係数＝飲食物費／e＝24.1%

そして，1984（昭和59）年以降は，一般世帯の消費支出の一定比率（７割弱程度）を生活扶助基準とする「水準均衡方式」が採用されている（標準３人世帯)。これは，人間が社会的文化的存在としての尊厳を保つために一般国民と均衡のとれた最低限度の生活水準を保障するという相対的最低生活水準の考え方によっている（図表７—５)。

生活扶助以外の扶助のうち，「教育扶助」は，義務教育就学に必要な最低限度の経費を給付するものであり，基準額（学用品費）＋学習支援費＋学校給食費＋通学交通費＋教材代が現金給付される。このうち，基準額および学習支援費には級地差が設けられていないが，学校給食費＋通学交通費＋教材代は実費が現金給付される。なお，学習支援費は，2018（平成30）年10月からクラブ活動等に要する費用に限定して実費支給されるようになり，家庭内学習参考書は認められなくなった。

「住宅扶助」は，家賃，間代，地代のほか，敷金，礼金，不動産手数料も支給対象となる。持ち家の場合も，住宅維持費が補修費等の形で給付対象となり得る。家賃，間代，地代は，1・2級と3級の間で級地差が設けられているが，住宅維持費には級地差が設けられていない。現金給付原則であるが，生活保護施設である宿所提供施設を利用する場合は，そのことが現物給付を意味する。

「生業扶助」は，生業費（設備・運営費），技能修得費，就職支度費から構成される。2005（平成17）年度から高等学校等就学費（基本額，教材費，授業料，入学料および入学考査料，通学交通費，学習支援費）が追加されたが，労働力育成による家計支援という観点から生業扶助に位置づけられたものと考えられる。生業扶助は級地差のない現金給付を原則とするが，生活保護施設である授産施設を利用する場合，現物給付となる。

「出産扶助」は，施設分娩または居宅分娩に対する現金給付であり，施設・居宅分娩それぞれの基準額に実入院8日以内の必要最小限度額や衛生材料費が加算されるが，級地差は設けられていない。

「葬祭扶助」は，最低限必要な葬祭費を扶助するものである。現金給付であるが，1・2級と3級の級地別，および大人・小人別の扶助となっており，それらの級地別，大人・小人別の基準額に一定額以上の火葬費用や死体運搬費用が加算される。遺体検案（医師が死亡を確認し，死因を判断）の費用も対象となる。死亡した被保護者が単身世帯の場合も給付対象となり，町内会長や民生委員などに支給される。

「医療扶助」は，最低限必要な医療費を扶助するものであり，指定医療機関等において診療を受ける場合の費用，薬剤または治療材料にかかる費用，施術のための費用，移送費を対象とする。指定医療機関への委託による現物給付（福祉事務所から要保護者に対して交付された医療券による受診）という形態を原則としている（級地差なし）。ただし，現物給付が不可能または不適当である場合などは，現金給付を行うこともできる。現物給付は，指定医療機関の受診以外に，生活保護施設である医療保護施設の利用を通じて行われることもある。

例えば，Aさんの実収入が月5万円，勤務のための必要経費が月1万円，生

図表７—６　生活扶助と医療扶助の併給事例

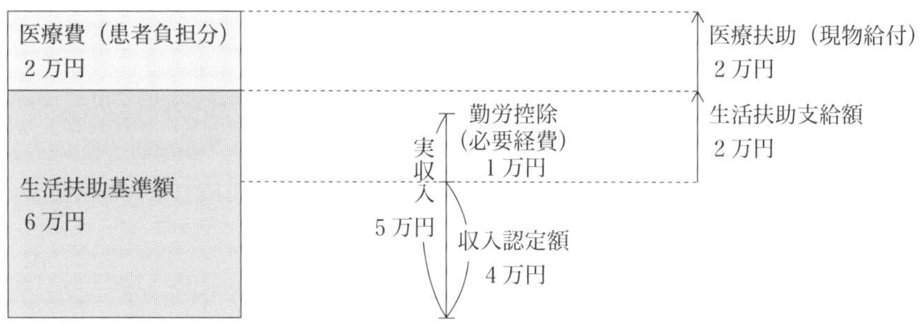


活扶助だけで見た保護基準（最低生活費）が月６万円，医療費自己負担相当額が月２万円だとすれば，最低生活費と比較すべき収入認定額は，５万円－１万円（勤労控除）＝４万円となり，生活扶助基準との差額２万円が生活扶助として支給され，そのうえ医療費を支払うとすれば，最低生活費を割り込むので，本人負担相当分２万円が医療扶助として現物給付される（図表７—６）。医療扶助のみの適用を受ける場合（単給）は，世帯の収入充当額から，医療費（一部負担請求分）を除く最低生活費（生活扶助基準額）を差し引いた額が本人支払額となる(注３)。保険給付が行われる場合は，保険給付部分は保険適用が優先されるが，国民健康保険被保険者が生活保護を受けるに至った場合には，国民健康保険法第６条第９号の適用除外規定に基づき，保護受給期間は国民健康保険の被保険者となることができない(注４)。

「介護扶助」は，2000（平成12）年度からの介護保険制度の発足に伴って新設されたものであり，介護サービスに必要な最小限度の額（居宅介護，福祉用具，住宅改修または施設介護にかかる費用）および移送費を対象とする。指定介護機関への委託による現物給付（福祉事務所から指定介護機関への介護券の直接送付に基づく利用）という形態を原則としている（級地差なし）。ただし，現物給付が不可能または不適当である場合などは，現金給付を行うこともできる。

保険給付が行われる場合は，介護サービス費の１割などの利用料負担分が介護扶助の給付対象となり（区分支給限度額基準額の範囲内で，居宅介護の場合は月額１万5000円を上限とする），残りの９割などは介護保険の給付対象とな

**図表7—7　生活扶助と介護扶助の併給事例**

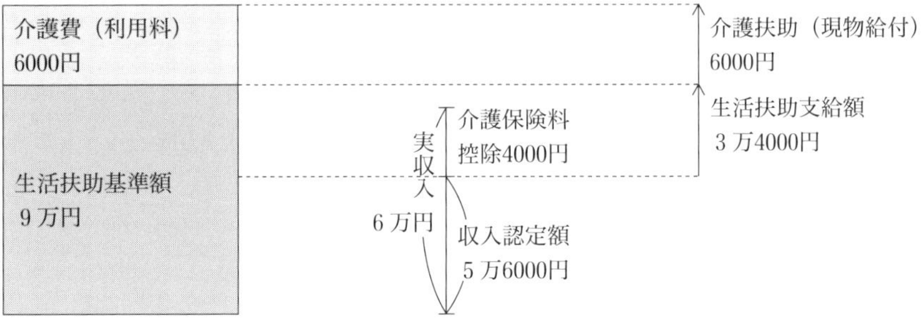

介護費（利用料）
6000円

生活扶助基準額
9万円

実収入
6万円

介護保険料
控除4000円

収入認定額
5万6000円

介護扶助（現物給付）
6000円

生活扶助支給額
3万4000円

る。

例えば，Bさんの実収入が月6万円，介護保険料が月4000円，生活扶助だけで見た保護基準（最低生活費）が月9万円，介護サービス利用料相当額が月6000円だとすれば，最低生活費と比較すべき収入認定額は，6万円－4000円（勤労控除）＝5万6000円となり，生活扶助基準との差額3万4000円が生活扶助として支給され，そのうえ介護費を支払うとすれば，最低生活費を割り込むので，利用料相当分6000円が介護扶助として現物給付される（図表7—7）。介護扶助のみの適用を受ける場合（単給）は，世帯の収入充当額から，介護費（介護保険被保険者の場合は利用料，被保険者でない場合は介護費全額が上限）を除く最低生活費を差し引いた額が本人支払額となる。(注5)

以上のように，医療扶助と介護扶助は現物給付を原則として，それ以外の扶助は現金給付を原則としているが，例外的に，前者の場合は現金給付，後者の場合は保護施設の利用を通じた現物給付が行われることがある。

保護施設は，設置主体が地方公共団体や社会福祉法人に限定される第一種社会福祉事業と限定されない第二種社会福祉事業で区別すると，医療保護施設（設置主体が日本赤十字社）のみ第二種社会福祉事業であるが，それ以外は第一種社会福祉事業である。保護施設は，保護実施機関からの委託応諾義務を負うが，保護処分権限はもたない。

保護施設には，❶「救護施設」，❷「更生施設」，❸「医療保護施設」，❹「授産施設」，❺「宿所提供施設」の5種類がある（生活保護法第38条）。

「救護施設」は，身体・精神上の著しい障害により日常生活を営むことが困難な要保護者を入所させて，生活扶助を行うことを目的とする施設である。通所による生活指導・訓練も行われる。「更生施設」は，身体・精神上の理由により養護や生活指導が必要な要保護者を入所させて，生活扶助を行うことを目的とする施設である。通所による作業指導・訓練も行われる。「医療保護施設」は，医療が必要な要保護者を入所させ，医療の給付を行うことを目的とする施設である。

「授産施設」は，身体・精神上の理由または世帯の事情により就業能力の限られている要保護者に対して，就労または技能の修得のために必要な機会・便宜を提供して，その自立を図ることを目的とする。要保護者は，施設入所・通所を通じて生業扶助を受けることになる。「宿所提供施設」は，住居のない要保護者の世帯に対して，住宅扶助を行うことを目的とする施設である。

各保護施設の設置数は，2019（令和元）年10月1日現在，救護施設183か所，更生施設20か所，医療保護施設56か所，授産施設15か所，宿所提供施設14か所，計288か所となっている[注6]。障害者自立支援法移行前の障害者福祉施設の名称においても「更生施設」や「授産施設」が使用されていたが，各保護施設のそれらとは区別される。

## 被保護者の権利および義務

被保護者としての権利は，3つの権利が明文化されている（生活保護法第56条～第58条）。第一は，「不利益変更の禁止」であり，被保護者は，正当な理由がなければ，すでに決定された保護を不利益に変更されることがない，というものである。ただし，被保護者の実態に基づく合理性がある限り，扶助の種類，程度，方法などの保護の「変更」処分を行政が行うことは認められている（生活保護法第25条）。第二は，「公課禁止」であり，被保護者は，保護金品を標準として租税その他の公課を課せられることはない。第三に，「差押禁止」であり，被保護者はすでに給付された保護金品またはこれを受ける権利を差し押さえられることがない。

被保護者としての義務は，5つの義務が明文化されている（生活保護法第59条～第63条）。第一は，「譲渡禁止」であり，被保護者は保護を受ける権利を譲渡することはできない。第二は，「生活上の義務」であり，被保護者は，常に，能力に応じて勤労に励み，支出の節約を図り，その他生活の維持，向上に努めなければならない。第三は，「届出の義務」であり，被保護者は，収入・支出その他生計の状況や居住地，世帯構成に変動・異動があった場合，速やかに保護の実施機関または福祉事務所長にその旨を届け出なければならない。

第四は，「指示等に従う義務」であり，被保護者は，保護の実施機関が被保護者に対して必要な指導または指示を行ったときは（口頭が原則），これに従わなければならない。従わない場合，保護の実施機関は，保護の変更，停止または廃止を行うことができる。ただし，指導または指示は，被保護者の自由を尊重し必要最小限度にとどめなければならず，被保護者の意に反して強制し得るものと解釈してはならないことになっている（生活保護法第27条）。第五に，「費用返還義務」があり，被保護者が，資力がありながら急迫の場合等に保護受給した場合，保護金品に相当する金額の範囲内で保護の実施機関が定める額を返還しなければならない。

### 不服申立て

保護の実施機関が行う決定，行政処分には，「開始」（申請に基づき，扶助の支給を実施），「却下」（申請の否認決定），「変更」（扶助の種類，程度や方法の変更），「停止」（保護を要しない状態が一時的，または，要しない根拠事実が不明確な場合），「廃止」（保護を要しない根拠事実が明白な場合）がある。それらの行政決定・処分に不服がある場合，要保護者は不服申立てを行うことができる（生活保護法第64条〜第66条）。

不服申立ての第一段階は「審査請求」であり，保護の実施機関が行った決定・処分に不服がある者は，それを知った日の翌日から90日以内に，都道府県知事に対して書面で審査請求をすることができる。それに対して，厚生労働大臣または都道府県知事は，違法性・不当性がないかを審理のうえ，裁決を行う（50日以内）。その期間内に裁決がないときは，審査請求が棄却されたものとみなすことができる。

不服申立ての第二段階は「再審査請求」であり，審査請求についての都道府県知事の裁決に不服がある者は，裁決を知った日の翌日から30日以内に，厚生労働大臣に対して再審査請求をすることができる。それに対して，厚生労働大

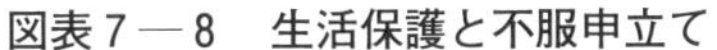
図表7―8　生活保護と不服申立て

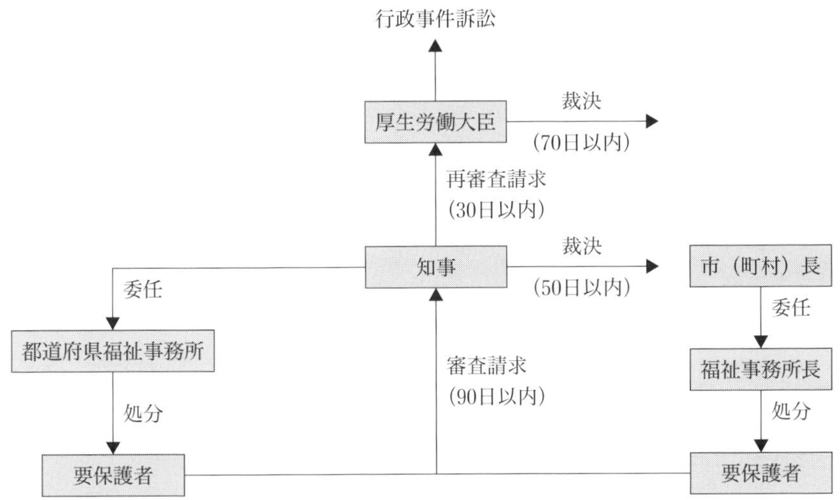


臣は，違法性・不当性がないかを審理のうえ，裁決を行う（70日以内）。

それらの審査請求，再審査請求に対する裁決に不服がある場合は，「行政事件訴訟」を起こすこともできる（図表7―8）。ただし，保護の実施機関がした行政処分の取り消し訴訟は，審査請求に対する裁決を経た後でなければ提起できない（生活保護法第69条に基づく審査請求前置主義）。

**生活保護事務に関する国と地方公共団体の行財政関係**

生活保護事務を含む地方公共団体の事務は，地方自治法上，「法定受託事務」と「自治事務」に区別される。かつては，「機関委任事務」と「団体委任事務」という分類が用いられていた。機関委任事務は，国から地方公共団体の執行機関である知事や市町村長に委任された事務であり，地方公共団体は国の指揮監督を受け，地方議会は関与できない。それに対して，団体委任事務は，国から地方公共団体そのものに委任された事務であり，地方議会は関与できる。

機関委任事務と団体委任事務は，1999（平成11）年制定の「地方分権の推進を図るための関係法律の整備等に関する法律」（地方分権一括法）によって廃止され，地方公共団体の主体性と自主性をより尊重する方向で，「法定受託事務」と「自治事務」に再編された。前者は，地方公共団体が行う事務のうち国や他の地方公共団体から委託され，代行して行う事務であり，地方公共団体は，法令に抵触しない限りで条例を定めることができる。後者は，地方公共団体が処理する事務のうち，法定受託事務以外のものであり，地方公共団体が，地方自治の本旨に基づいて自らの判断と責任で行う事務である。

生活保護事務のうち，保護の実施機関が行う保護の決定および実施は，「法定受託事務」として位置づけられ，保護の実施機関が行う要保護者への相談・助言は，「自治事務」として位置づけられている。

厚生労働大臣は，保護の実施機関（福祉事務所を管理する市町村長，都道府県知事）に対して，法定受託事務の委託や監査指導（指揮監督を意味するものではなく，法律に基づく制度運用が行われているかをチェックすることを意味する）を行う。そして，保護の実施機関は，保護業務の専門部署である福祉事務所に対して，保護の決定，実施等の権限を委任する。福祉事務所は，都道府県と市は必置であるが，町村は任意となっている。福祉事務所をもたない町村の場合，都道府県の郡部福祉事務所が実施機関としての都道府県知事から権限委任を受ける。

福祉事務所には，「所の長」「指導監督を行う所員」「現業を行う所員」「事務を行う所員」が置かれる（社会福祉法第15条）。このうち，所の長（以下，所長）は，都道府県知事または市町村長の指揮監督を受け，事務所運営に責任をもつ（掌理）。指導監督を行う所員（査察指導員）は，所長の指揮監督を受けて，現業事務の指導監督をつかさどる（生活保護業務における管理機能，現業員に対する教育的機能，悩みや困難への支援機能）が，所長が兼任することもできる。現業を行う所員（現業員）は，所長の指揮監督を受けて，要保護者の面接，調査，保護の必要性等の判断，生活指導等を行う（ケースワーカー）が，行政処分の権限を直接もつものではない。事務を行う所員は，所長の指揮監督を受けて，福祉事務所の庶務をつかさどる（庶務担当，文書担当，経理担当）。

査察指導員と現業員は，社会福祉主事の資格が必要であり，社会福祉主事（20歳以上）が知事または市町村長の補助機関となる。査察指導員と現業員は，保護業務に支障がない限り，他の保健医療福祉事務に従事することができる。現業員の標準数は，生活保護受給世帯80世帯に1人（市部）〜65世帯に1人（郡部福祉事務所）となっている（ただし，町村設置の福祉事務所の場合は80世帯に1人）。

市町村が設置する福祉事務所は，福祉六法（生活保護法，児童福祉法，母子及び父子並びに寡婦福祉法，老人福祉法，身体障害者福祉法，知的障害者福祉法）に定める援護，育成，更生の措置を担い，社会福祉主事の配置が義務づけられている。都道府県が設置する福祉事務所は，福祉三法（生活保護法，児童福祉法，母子及び父子並びに寡婦福祉法）に定める援護，育成，更生の措置を担い，社会福祉主事の配置が義務づけられている。福祉事務所を設置していない町村の場合は，福祉三法（老人福祉法，身体障害者福祉法，知的障害者福祉法）に定める援護，育成または更生の措置を担うが，社会福祉主事の配置は可能とされ，義務づけられてはいない。

民生委員は，市町村長，福祉事務所長，社会福祉主事に協力する協力機関であり，住民の立場に立って相談に応じ，要・被保護者に必要な援助を行う。民生委員は，民生委員法（1948（昭和23）年）により制度化され，児童委員を兼ねる（児童福祉法第16条〜第17条）。民生委員の職務は，民生委員法第14条において，住民の生活状態の適切な把握，援助を必要とする者への生活相談・助言，必要な情報の提供，社会福祉事業経営者または社会福祉活動を行う者との連携・支援を行うほか，福祉事務所その他の関係行政機関の業務に協力することが規定されているが，2000（平成12）年の同法改正に伴い，必要に応じて，住民の福祉の増進を図るための活動を行うことが追加された。また，改正前は，「要保護者を適切に保護指導する」「名誉職」「必要に応じて生活の指導を行うこと」という，住民に対して上下関係をもつかのような表現があったが，改正に伴って，それらの表現は削除された。

民生委員の任期は3年で無給であり，社会福祉への理解と情熱があり，地域の実情に精通した者が推薦を受ける。まず，市町村に設置される民生委員推薦会において候補者が都道府県知事に報告される。次に，都道府県知事は，地方社会福祉審議会（民生委員審査専門分科会）の審査を経て，候補者を厚生労働大臣に推薦する。そして，厚生労働大臣は，都道府県知事の推薦に基づき委員を委嘱する。民生委員の配置基準は，町村で70〜200世帯に1人，人口10万人未満の市で120〜280世帯に１人，中核市および人口10万人以上の市で170〜360世帯に１人，東京都区部および指定都市は220〜440世帯に１人となっているが，民生委員の定数は，配置基準を参酌して，都道府県知事が市町村長の意見を聞いて条例で定めることになっている。民生委員の職務に関する指揮監督は都道府県知事が行い，市町村長は必要な指導を行う。

国と地方の財政関係については，生活保護費のうち，とくに国が最低限度の生活保障責任を負うことから，財政的にも主要部分を負担している。保護費のうち，国が負担する費用部分を国庫負担金，その率を国庫負担率という。地方財政法上，国庫負担金は，国が財政責任を果たすべき義務的経費（負担すべき経費）として位置づけられており，支出について国に政策的裁量の余地がある国庫補助金（補助することができる経費）に比べて，支出責任が強い。

国庫負担率は，戦後，10分の８が維持されてきたが，行財政改革の影響によって見直しが行われ，1985（昭和60）〜1988（昭和63）年には10分の７に引き下げられ，1989（平成元）年以降は４分の３（10分の7.5）で固定されてきた。[注７] 残りの４分の１を地方公共団体が負担するが，市または福祉事務所を設置している町村内の居住者については，その市町村が４分の１を負担し，福祉事務所を設置していない町村内の居住者や，居住地の明らかでない者については，都道府県が４分の１を負担する。

1970（昭和45）年度以降の長期的なトレンドでみると，図表７－９の通り，被保護人員は，1984（昭和59）年度まで増加傾向がみられたが，1985（昭和60）年度以降，一貫して低下し続け，1995（平成７）年度をボトムとして，再び上昇し続けたが，2015（平成27）〜2018（平成30）年度は連続して減少している。人口に占める被保護人員の割合を千分率で見たものを保護率というが，

**図表７－９　被保護人員・保護率・保護費の推移**

| | 1970年度 | 1984年度 | 1985年度 | 1995年度 | 2005年度 | 2015年度 | 2018年度 |
|---|---|---|---|---|---|---|---|
| 被保護人員（1か月平均） | 1,344,306 | 1,469,457 | 1,431,117 | 882,229 | 1,475,838 | 2,163,685 | 2,096,838 |
| 保護率（‰） | 13.0 | 12.2 | 11.8 | 7.0 | 11.6 | 17.0 | 16.6 |
| 保護費（億円） | 2,736 | 14,818 | 15,233 | 15,157 | 25,942 | 36,977 | 36,062 |

出典　国立社会保障・人口問題研究所「『生活保護』に関する公的統計データ一覧」，厚生労働省「生活保護費負担金事業実績報告」

保護率は，1984（昭和59）年度までは，増減があるもののなだらかな低下傾向がみられたが，1985（昭和60）年度以降は一貫して低下し続け，1995（平成7）年度をボトムとして，その後は上昇し続けたが，2016（平成28）～2018（平成30）年度は連続して減少している。これに対して，保護費は，被保護人員の減少が即時に保護費の低下につながるとは限らないので，1985（昭和60）年度までは増加したものの，翌年から減少に転じ，1991（平成3）年度をボトムとして，その後はほぼ上昇し続けた後，2017（平成29）年度，2018（平成30）年度は連続して減少している。

1985（昭和60）年度以降の被保護人員・保護率・保護費の下降傾向は，1980年代後半のバブル景気による雇用・所得状況の改善が考えられるほか，前述の国庫負担引き下げによる地方負担の増加，それに伴う保護行政の引き締めが影響しているものと考えられる[注8]。1991（平成3）年度をボトムとする保護費の上昇傾向，ならびに，1995（平成7）年度をボトムとする被保護人員および保護率の上昇傾向は，バブル崩壊後の景気の低迷と高齢化の進展が，行財政改革では歯止めにならない形で影響を及ぼしているものと考えられる。さらに，2015（平成27）・2016（平成28）年度からの被保護人員・保護率の減少（被保護世帯数は2015（平成27）～2017（平成29）年度も増加し続けて2018（平成30）年度に減少）は，2017（平成29）年度からの保護費の減少にもつながっているが，景気の一定の回復傾向が影響しているものと考えられる。

## 3——— 生活保護とソーシャルワーク

生活保護の相談業務においては，面接から決定後の自立支援に至るまでのプロセスにおいて，いくつかのポイントがある（図表7—10）。

❶「面接員による生活相談」は，相談者から受ける初期段階の相談であり，「インテーク（intake)」とも言われる。現業員は，さらに面接員と地区担当員で役割分担するが，これは面接員が担う（地区担当員を兼ねることもある）。これは，生活保護法第27条の2の「相談及び助言」に基づくものであり，同条では，「保護の実施機関は，要保護者から求めがあったときは，要保護者の自立を助長するために，要保護者からの相談に応じ，必要な助言をすることができる」と規定されている。

この初期相談では，紋切り型の尋問ではなく，面接員の氏名や職名の自己紹介から始まり，相談者の主訴を傾聴し（秘密を守ることを伝える），相談内容を明確化する（生活保護以外の相談も受け入れる）。そして，福祉事務所の機能の説明（平易な表現を心がける）や利用できる制度の説明を行う。

**図表7―10　ケースワークの流れ**

| |
|---|
| ❶　面接員による生活相談 |
| ↓ |
| ❷　保護の申請 |
| ↓ |
| ❸　地区担当員による事前評価 |
| ↓ |
| ❹　保護の要否判定 |
| ↓ |
| ❺　保護の決定 |
| ↓ |
| ❻　保護の開始または申請の却下 |
| ↓ |
| ❼　援助方針の作成 |
| ↓ |
| ❽　援助プログラムの実施 |
| ↓ |
| ❾　援助活動の事後評価 |
| ↓ |
| ❿　終　　結 |

❷「保護の申請」は，生活保護法第7条の「申請保護の原則」に基づいている。書面以外に口頭による申請も認められる（なお，2013（平成25）年12月成立，2014（平成26）年7月施行の改正生活保護法第24条第1項では，「申請書を保護の実施機関に提出しなければならない」としつつも，「特別の事情があるときは，この限りでない」という同項但し書きが付されている）。保護制度の説明（保護の受給要件，権利・義務の十分な説明）をしたうえで，申請意思の確認を行う。相談名目で申請用紙を手渡さずに申請させないケースも見られるが，受給要件のチェックは次の段階であり，本人の意思に反する申請抑制は戒められなければならない（注9）。

❸「地区担当員による事前評価」は，受給要件を満たすかどうかの評価であり，「アセスメント（assessment）」とも言われる。生活保護法第4条に基づき，資産や能力の活用，扶養義務者の扶養の可能性，収入等の把握，他法他施策の活用の可能性などが検討される。申請書を受理してから1週間以内に訪問して実地調査が行われる。同意書を前提に，要保護者等の雇用主，金融機関，医療機関等に調査することもできることになっている（注10）。

❹「保護の要否判定」は，❸と並行して行われ，収入と最低生活費が対比される。

❺「保護の決定」では，保護決定調書が作成される（保護の要否判定，種類

別扶助額，支給方法等）と同時に，決定理由が明確化される（開始または却下の具体的内容の記述)。そして，決定・却下通知書が交付される。

なお，扶養義務を履行していないと認められるときは，保護の開始にあたり，事前に扶養義務者に対して書面通知がされる。扶養義務を負わせることができるのは家庭裁判所であるが，保護の実施機関は扶養義務者から報告を求めることができる。

❻「保護の開始または申請の却下」は，前者の場合，決定した保護の内容と保護費の支給について要保護者に対して説明する。後者の場合，却下した理由の説明とともに，不服申立て権があることを書面によって教示しなければならない。

保護を開始した後も，自立に向けた支援が必要になる。

❼「援助方針の作成」では，援助課題の設定および援助プログラムの作成を行う。これは，生活保護法第27条「指導及び指示」に基づいており，「保護の実施機関は，被保護者に対して，生活の維持，向上その他保護の目的達成に必要な指導又は指示をすることができる」（ただし，被保護者の自由を尊重し，強制し得るものと解釈してはならない）ことになっている。

❽「援助プログラムの実施」は，介入を意味する「インターベンション（intervention)」とも言われる。本人や環境に働きかけながら，少なくとも1年に2回以上，家庭訪問しなければならない（入院・入所者の場合は，本人だけでなく担当医や医療ソーシャルワーカー等も含め，1年に1回以上訪問する）ことになっている。訪問調査の目的は生活状況の把握と自立助長のための指導であり，訪問計画を策定しなければならないが，臨時訪問することもできる。

❾「援助活動の事後評価」は，援助プログラムの実施状況を評価するものであり，「エバリュエーション（evaluation)」とも言われる。必要に応じて，援助課題の再設定および援助プログラムの再策定を通じて援助方針の見直しを行う。

❼〜❾のプロセスは，別の言い方をすれば，自立支援計画の策定（Plan）→計画の実行（Do）→評価（Check）→改善（Action）→計画の再策定（Rolling）というPDCAサイクルを意味する。

❼～❾のプロセスに関しては，「生活保護制度の在り方に関する専門委員会報告書」(2004（平成16）年）を受け，翌年度から自立支援プログラムが推進されるようになった。国が指針を策定し，自治体は実施主体として位置づけられた。生活問題の複雑化や受給期間の長期化が背景にあり，実施機関による保護世帯全体の状況把握→被保護者の状況と自立阻害要因の類型化→自立支援の具体的内容の明確化と個々に必要な支援，という手順で進められる。就労，健康の維持回復，生活管理，社会的なつながりの維持回復，等のプログラムを策定し，「就労自立」「日常生活自立」「社会生活自立」の支援が目指される（これらの自立は並列の関係にあり，どれかが優位に立つわけではない)。個別支援プログラムの策定に際しては，民生委員，社会福祉協議会，社会福祉法人，民間事業者等に外部委託することが可能であり，他法他施策や関係機関をも積極活用することになっている。自立支援プログラムへの参加は任意であり，不参加の場合も，保護の停・廃止をすることはできない。

❿「終結」とは，生活保護の「廃止」を意味するが，廃止後のフォローアップにより，その後の生活が自立できているかを確認する必要がある。

❷の保護の申請から，❺の決定・却下通知書の交付までの期間は，14日以内を原則とするが，30日まで延長することもできる（通知書面に理由を明示しなければならない）ことになっている（生活保護法第24条第５項・第６項)。ただし，30日以内に通知がない場合は，申請者は，保護の実施機関が却下したものと「みなすことができる」ことになっている（同条第７項)。

なお，保護の申請は町村長を経由することもできる（生活保護法第24条第10項)。福祉事務所を設置しない町村は，経由機関として，申請受領後５日以内に実施機関（都道府県）の福祉事務所に申請書を送付しなければならない（受理日から決定期間を算定する)。福祉事務所を設置しない町村は，実施機関の求めに応じて要保護者に関する調査を行ったり，要保護者を発見したときや被保護者の生計状況の変化を発見したときは実施機関に通報するが，保護の決定（保護施設への入所決定を含む）は行えない。ただし，町村長は，急迫状況の要保護者に対しては職権保護を行わなければならない（生活保護法第25条第３項)。

保護の実施機関は，福祉事務所を設置しない町村に対して被保護者への保護金品の交付を求めることはできるが，その町村は被保護者に対して必要な指導または指示をすることはできず，保護の変更申請を受け取ったときも，変更の決定を行うことはできない。

## 4 ——— 生活保護制度の実施状況

生活保護制度適用の現状を知るために，その実施状況を見てみよう。(注11)

2018（平成30）年度の保護率は16.6‰（1.66％）であり，前述の通り，2016（平成28）年度以降，連続して減少している（過去最高は1951（昭和26）年度の24.2‰である）。2018（平成30）年度の被保護実人員は１か月平均209万6838人であり，2015（平成27）年度以降，連続して減少している。2018（平成30）年度の被保護世帯数は１か月平均163万7422世帯であり，2015（平成27）～2017（平成29）年度に連続して増加した後，2018（平成30）年度に減少している。

2018（平成30）年度の被保護世帯の平均世帯人員は1.30であり，一般世帯の平均世帯人員（2.44）より顕著に少ない。同年度の被保護世帯の単身世帯割合は80.8％を占めている。2000（平成12）～2018（平成30）年度の間，世帯人員別被保護世帯数では単身世帯が最も多い。また，2018（平成30）年度の被保護世帯の非稼働世帯割合は84.3％を占めている。

2018（平成30）年度の被保護世帯類型別構成比では，高齢者世帯が最大で54.1％と過半数を占めており，傷病・障害者世帯が25.3％，母子世帯が5.3％（2005（平成17）年度以降，割合は減少している）を占めており，この３世帯類型で約85％を占めている。(注12)ただし，「その他の世帯」の割合が15.2％を占めており，稼働能力世帯（いわゆるワーキングプア）の比重が近年少なくない割合を占めている（1999（平成11）～2018（平成30）年度の「その他の世帯」の増加倍率は，６万1930世帯から25万5845世帯へと４倍増えており，他の世帯類型と比べて最も増加率が高い）。なお，世帯保護率でみると，2018（平成30）年度の母子世帯の保護率は130.8‰，高齢者世帯の保護率は62.7‰であり，前者の方が２倍以上高い。2018（平成30）年度の保護受給期間別被保護世帯数構成比でみると，「５年以上10年未満」（31.7％），「10年以上」（30.7％），「１年以上３年未満」（25.2％）の順に多く，「５年以上」が合わせて６割程度を占めており，2006（平成18）年度（55.7%）から2018（平成30）年度（62.4%）にかけて「5年以上」の比重が漸増しており，受給期間の長期化の傾向がうかがえる。

2018（平成30）年度の保護開始理由別構成比を見ると，多い順に，「貯金等の減少・喪失」38.8%，「傷病による」23.4%，「働きによる収入の減少・喪失」19.3%となっており，貯蓄や給与の減少，傷病による就労困難が生活保護の開始に結びつく大きな理由となっていることがうかがえる。同年度の保護廃止理由別構成比を見ると，「死亡」41.5%，「働きによる収入の増加」17.7%，「失踪」6.2%となっている。

2018（平成30）年度の扶助別被保護人員で見ると，多い順に，「生活扶助」185万1939人，「住宅扶助」179万2265人，「医療扶助」175万1433人，「介護扶助」38万1383人となっており，生活扶助が最も多い（同年度の扶助別被保護世帯数で見た場合には，「医療扶助」144万81世帯，「生活扶助」143万8068世帯，「住宅扶助」139万3767世帯，「介護扶助」36万9263世帯の順）。

扶助別の被保護人員の動向を見ると，生活扶助被保護人員は，1996（平成8）～2014（平成26）年度の間，増加し続け，2015（平成27）～2018（平成30）年度の間，減少し続けている。住宅扶助被保護人員も，1996（平成8）～2014（平成26）年度の間，増加し続け，2015（平成27）～2018（平成30）年度の間，減少し続けている。医療扶助被保護人員は，1996（平成8）～2015（平成27）年度の間，増加し続け，2016（平成28）～2018（平成30）年度の間，年により増減が見られる(注13)。教育扶助被保護人員は，1996（平成8）～2018（平成30）年度の間，年により増減が見られる。介護扶助被保護人員は，2001（平成13）～2018（平成30）年度の間，一貫して増加し続けている。

市部と郡部で比較した場合，2002（平成14）～2018（平成30）年度の間，被保護世帯数は，市部の方が郡部より多い。2018（平成30）年度の場合，市部155万1315世帯に対して，郡部8万6107世帯となっている。2018（平成30）年度の年齢階級別被保護人員は，「70歳以上」37.8%，「65歳以上」50.3%，「60歳以上」58.6%となっており，一般よりも高齢化が進んでいる。

2018（平成30）年度の生活保護費に占める割合は，「医療扶助費」（49.4%），「生活扶助費」（30.6%），「住宅扶助費」（16.5%），「介護扶助費」（2.5%）の順に多くなっており，医療扶助費が半分程度を占めている。

## 第２節｜生活福祉資金制度

生活保護制度の関連制度として，「生活福祉資金制度」がある。これは生活保護制度とは異なり，生活資金等の貸付けという形態をとりながら，生活の自立促進を図るものであり，1955（昭和30）年度から予算措置として開始された「世帯更生資金貸付制度」が1990（平成２）年から名称変更されたものである。低利（年３％以下）または無利子の貸付けと，民生委員の相談支援（資金申込み時の相談や貸付世帯への日常的な訪問活動等）により，経済的自立，生活意欲の助長，社会参加等を促進することを目的として，都道府県社会福祉協議会が実施，貸付けの決定を行う。

貸付けの申込みは，相談にあたる民生委員から市町村社会福祉協議会を経由して都道府県社会福祉協議会に対して行われるが，利用者に直接かかわる資金の交付，償還金の受け入れは，都道府県社会福祉協議会から市町村社会福祉協議会に委託して実施されている。貸付条件は，永住資格があり，現住所に６か月以上居住していること等であり，その限りで外国人世帯も貸付対象となる。また，死亡その他のやむを得ない理由により，償還未済額の全部または一部の償還を免除することができる。貸付原資は都道府県が交付する補助金であり，そのうち３分の２ないし４分の３を国が補助する（ただし，総合支援資金は10分の10を国が補助する）。

生活福祉資金は，低所得世帯，失業者世帯，高齢者世帯，障害者世帯を貸付制度の対象とするが，一人親世帯に対しては，母子・父子・寡婦福祉資金（生活資金や就職支度資金）が優先される。

生活福祉資金の種類としては，❶「修学資金」，❷「緊急小口資金」，❸「災害援護資金」，❹「離職者支援資金」，❺「長期生活支援資金」，❻「要保護世帯向け長期生活支援資金」，❼「更生資金」，❽「療養・介護等資金」，❾「福祉資金」，❿「自立支援対応資金」の10種類であったが，2009（平成21）年10月１日から，❶「総合支援資金」，❷「福祉資金」，❸「教育支援資金」，❹「不動産担保型生活資金」の４種類に整理・統合された。同一世帯への複数の資金の貸付けも可能である。

現行の生活福祉資金のうち，低所得世帯のみを対象とするのは，❶と❸である。❶「総合支援資金」は，さらに，「生活支援費」（生活再建までに必要な生活費用），「住宅入居費」（敷金，礼金等の住宅賃貸契約に必要な経費），「一時生活再建費」（就職・転職を前提とした技能習得費や滞納公共料金の支払いなど）に分類される。❸「教育支援資金」は，さらに，「就学支度費」（高校，大学，専門学校への入学に必要な一括経費）と，「教育支援費」（高校，大学，専門学校への就学に必要な月額経費）に分けられる。

低所得世帯，障害者世帯，高齢者世帯を対象とするのは，❷「福祉資金」である。それはさらに，「福祉費」（生業を営むのに必要な経費，技能習得に必要な経費，住宅の増改築や補修等に必要な経費，傷病・疾病の療養に必要な経費，介護サービスや障害者サービス等を受けるのに必要な経費，福祉用具購入費や障害者用自動車購入費，災害時の臨時的必要経費など）と，「緊急小口資金」（医療費，介護費の支払いや被災等により緊急，一時的に生計困難となった場合の臨時の生活費）に大別される。この「福祉資金」と「教育支援資金」は，被保護世帯であっても，自立更生を促進するために必要があると認められる場合に限り対象となる。

高齢者世帯のみを対象とするのは，❹「不動産担保型生活資金」であり，一定の居住用不動産を担保とする生活資金の貸付けである。これはさらに，低所得の高齢者世帯を対象とする「一般世帯向け不動産担保型生活資金」と，福祉事務所が要保護と認めた高齢者世帯を対象とする「要保護世帯向け不動産担保型生活資金」に分けられる。後者は，貸付けを受けなければ生活保護の対象となる高齢者世帯に対して生活保護より貸付けが優先されるものである。[注14]

以上の生活福祉資金のうち，「教育支援資金」と「緊急小口資金」は無利子であり，「総合支援資金」と「福祉費」は保証人がいれば無利子，いなければ年1.5％の利子が貸付条件になっている。「不動産担保型生活資金」は，年3％か，長期プライムレート（民間金融機関が企業に対して1年以上の期限で融資する際の最低金利）のいずれか低い利率が貸付条件となる。

なお，2016（平成28）年度の場合，貸付合計件数3万9922件（約178億円）のうち，「緊急小口資金」1万9997件（約22億円），「教育支援資金」1万4504

件（約107億円），「福祉費」3996件（約16億円），「総合支援資金」1122件（約３億円），「要保護世帯向け不動産担保型生活資金」284件（約20億円），「一般世帯向け不動産担保型生活資金」214件（約16億円），「不動産担保型生活資金」89件（約14億円）であり，貸付件数では「緊急小口資金」が，貸付金額では「教育支援資金」が最も多い状況にある。(注15)

# 第３節｜ホームレスと自立支援施策

## １──── ホームレスの生活実態と生活保護との関係

厚生労働省は近年になって，ホームレスの実態調査を行うようになった。(注16)最初の「生活実態調査」は2003（平成15）年調査であり，その後，2007（平成19）年に同様の「生活実態調査」が行われた後，2008（平成20）〜2011（平成23）年の間は毎年，「概数調査」が行われた（各１月調査）。そして，2012（平成24）年に再び「生活実態調査」が行われた後，2013（平成25）・2014（平成26）年には「概数調査」が行われている。その後，2016（平成28）年に行われた「生活実態調査」を除き，2014（平成26）〜2020（令和２）年までの毎年，「概数調査」が行われている。このように，４〜５年に一度，生活実態を詳しく聞き取る「生活実態調査」が行われ，それ以外の年は目視による人数把握を中心とする「概数調査」が行われてきた。(注17)

ホームレスの全国人数は，図表７─11の通り年々減少してきている。生活保護受給者数が近年増加し続けていることを考えると，市民活動団体の支援等により保護制度に結びついていることも考えられるが，とりわけ概数調査では目立ちにくい時期の目視調査しか行われていないという問題もある。(注18)

ホームレスの多い都道府県は，2020（令和２）年「概数」調査によれば，多

**図表７─11　ホームレスの人数の年次推移（各年１月）**

| 2003年 | 2007年 | 2010年 | 2012年 | 2014年 | 2016年 | 2018年 | 2020年 |
|---|---|---|---|---|---|---|---|
| 25,296人 | 18,564人 | 13,124人 | 9,526人 | 7,508人 | 6,235人 | 4,977人 | 3,992人 |

出典　厚生労働省「ホームレスの実態に関する全国調査報告書」各年版

い順に，大阪府（1038人），東京都（889人），神奈川県（719人）となっており，職などを求めて都市部に集中する傾向がうかがえる。

2016（平成28）年「生活実態調査」によると，性別では，男性95.2%，女性3.8%となっており，圧倒的に男性が多い。平均年齢は，61.5歳であり（「55～69歳」が59.0%），2003（平成15）年（55.9歳），2007（平成19）年（57.9歳），2012（平成24）年（59.3歳）調査時より上昇している。生活場所は，「公園」33.0%，「河川」26.3%，「道路」15.3%となっている[（注19）]。

路上生活の期間は，2016（平成28）年では「５年以上」が55.1%となっており，2003（平成15）年（24.0%），2007（平成19）年（41.4%），2012（平成24）年（46.2%）より長期化している傾向がうかがえる。「10年以上」も34.0%を占めており，2012（平成24）年（26.0%）より比重が高まっている。

仕事と収入の状況では，仕事をしている人の割合は，2016（平成28）年は55.6%であり，2003（平成15）年（64.7%），2007（平成19）年（70.4%），2012（平成24）年（60.4%）より減少している。仕事をしている人の内訳では，2016（平成28）年では「廃品回収」が70.8%で最も多くを占めている。多くの人が仕事をしつつもホームレス状態になっているという意味では，ワーキングプアの底辺に位置しているとも言える。仕事による収入月額は，2016（平成28）年の場合，「１万円以上３万円未満」が30.7%と最も多く，平均収入額は約3.8万円であり，2007（平成19）年（約４万円），2012（平成24）年（約3.5万円）の平均収入額と大きな差はないが，家賃支払いをしながら定住生活してゆくには到底不十分な収入である人の割合が多いことがうかがえる。

路上生活に至った理由としては，2016（平成28）年の場合，「仕事が減った」26.8%，「倒産・失業」26.1%，「人間関係がうまくいかず仕事を辞めた」17.1%という回答分布になっており，社会経済的な事情や職場環境などによってホームレス化している様子がうかがえる。

健康状態については，2016（平成28）年の場合，「身体の不調を訴えている者」が27.1%であり，そのうち「治療等を受けていない者」が60.9%となっており，体調不良でありながら受診できていない人が６割と多い状況がうかがえる。生活保護を利用したことがある人の割合は，2016（平成28）年で32.9%となっており，2003（平成15）年，2007（平成19）年，2012（平成24）年より増加している。

今後の生活について，どのような生活を望まれるのか。2016（平成28）年の場合，「アパートに住み，就職して自活したい」21.7%，「アパートで福祉の支援を受けながら，軽い仕事を見つけたい」12.8%に対して，「今のままでいい」35.3%と最も高くなっている。就職事情が厳しいなかで，就職意欲が低下している様子がうかがえる。「求職活動をしている」人の割合も，2003（平成15）年32.0%，2007（平成19）年19.6%，2012（平成24）年13.7%，2016（平成28）年11.4%と低下してきている。

生活保護法との関係については，居住地を所管する福祉事務所を基本としつつも，居住地がないか不明の場合，現在地を所管する福祉事務所を管理する都道府県知事または市町村長が決定，実施主体となる（生活保護法第19条第1項）。また，居住地が明らかでも急迫状況にあるときは，現在地を所管する福祉事務所を管理する都道府県知事または市町村長が決定，実施主体となる（同条第2項）。なお，救護施設や更生施設，宿所提供施設等に入所する場合は，入所前または委託前の居住地または現在地を所管する福祉事務所を管理する都道府県知事または市町村長が決定，実施主体となる（同条第3項）。

住所不定という理由で生活保護が受給できないかのような行政の相談対応が行われることや，本人もそのように思いこんでいる場合もあるが，双方に正しい運用，理解が求められる。

## 2――― ホームレス自立支援法に基づく施策

ホームレスに対する行政支援等を進めるため，「ホームレスの自立の支援等に関する特別措置法」（ホームレス自立支援法）が2002（平成14）年8月に制定・施行された。当時は2011（平成23）年8月まで効力をもつ10年間の時限立法とされていたが，2017（平成29）年8月まで有効期間が延期され，さらに2017（平成29）年6月の同法改正により，2027（令和9）年8月まで再延期された。

この法律は，「ホームレスの自立の支援，ホームレスとなることを防止するための生活上の支援等に関し，国等の果たすべき責務を明らかにするとともに，ホームレスの人権に配慮し，かつ，地域社会の理解と協力を得つつ，必要な施策を講ずることにより，ホームレスに関する問題の解決に資する」ことを目的としている（第1条）。ここで，ホームレスとは，「都市公園，河川，道路，駅舎その他の施設を故なく起居の場とし，日常生活を営んでいる者」と定義づけられている（第2条）。

自立支援施策の目標としては，安定した雇用の場の確保，職業能力開発等による就業機会の確保，安定した居住場所の確保，保健・医療の確保に関する施策や，生活相談・指導の実施により，ホームレスの自立やホームレスとなることの防止を図ることに置かれている。それと並んで，宿泊場所の一時提供，日常生活物品の緊急援助，生活保護の実施，国民への啓発活動等により，問題の解決を図ることとされている（第3条）。また，ホームレスは，国や地方公共団体の施策の活用等により自立に努めるものとされている（第4条）。そして，国は，第3条をふまえた総合的な施策の策定・実施，地方公共団体は問題の実情に応じた施策の策定・実施が責務とされ，国民はホームレス問題の理解，施策の協力を通じてホームレスの自立支援等に努めるものとされている（第5条～第7条）。

具体的には，厚生労働大臣および国土交通大臣は，全国調査をふまえ，ホームレスの自立の支援等に関する基本方針（就業機会の確保，安定した居住場所の確保，保健・医療の確保，生活相談・指導に関する事項等）を策定しなければならないとされている（第8条）。都道府県および（実施計画を策定した都道府県内の）市町村は，必要があると認められるときは，基本方針に即した実施計画を策定しなければならないとされ，その際には，地域住民や民間支援団体の意見を聴くよう努めるものとされている（第9条）。国および地方公共団体は，自立支援施策の実施にあたり，民間支援団体との連携確保に努め，その能力の積極活用を図る（第12条）とともに，国と地方公共団体の間でも緊密な連携確保に努めるものとされている（第13条）。

上記のホームレス自立支援法第8条をふまえ，厚生労働省・国土交通省告示という形で，「ホームレスの自立の支援等に関する基本方針」が2003（平成15）年7月に策定された。この基本方針の運営期間は5年間とされ，策定後5年を目途に見直しをすることになっている。それをふまえ，同じく厚生労働省・国土交通省告示という形で2008（平成20）年7月に改めて策定され，さらに2013（平成25）年７月に改めて策定された。ただし，それらの基本的内容は踏襲され，各年版の間に大きな変更は見られないが，以下では，2013（平成25）年版に即して，その特徴を確認する。

ホームレス支援の基本的な考え方としては，⑴ホームレスに至った要因（倒産・失業等の仕事に起因するものや，病気やけが，人間関係，家庭内の問題等が複合的に重なり合っている）や高齢化・長期化の傾向，社会情勢の変化をふまえた総合的できめ細かな対策が必要であること，⑵自らの意思で安定した生活を営めるように支援すること（就業機会の確保を最重要視するとともに，居住場所の確保を必要とする），⑶地方公共団体は地域の状況をふまえた施策を推進すること，があげられている。

その具体的な推進方策としては，❶就業機会の確保（事業主等への啓発活動，ホームレスへの情報提供，職業相談，職業能力開発等），❷居住場所の確保（公営住宅の活用，民間賃貸住宅情報，民間保証会社情報の提供等），❸保健医療の確保（健康相談・保健指導，無料低額診療事業施設の活用，急迫状態にある者への生活保護適用），❹生活に関する相談・指導（福祉事務所を中心に，NPO，ボランティア団体，民生委員，社会福祉協議会，地域住民等と連携して総合的相談・指導体制を確立），❺自立支援事業（宿所および食事の提供，健康診断，生活相談・指導，職業相談等による自立支援）や個々の事情に対応した総合的支援，❻ホームレスとなるおそれのある者が多数存在する地域を中心とする生活上の支援（職業相談，技能講習，居住場所の確保，積極的相談活動による予防等），❼緊急に行うべき援助および生活保護（急迫状態にある者等への医療扶助の活用や，状況に応じた適切な保護の実施），❽ホームレスの人権擁護（差別の解消や人権侵害事案への適切な対応，入所施設等における人権尊重への配慮），❾地域における生活環境の改善，❿地域における安全の確保（パトロール活動の強化等による地域住民の不安除去とホームレスに対する事件・事故の防止等），⓫民間支援団体との連携（地方公共団体と民間団体との情報・意見交換，行政・民間団体・地域住民等で構成される協議会の設置と具体的な対策化），⓬新たなホームレスを生まない地域社会づくり（住民の主体的な参加による地域福祉計画の策定，NPO等の活動しやすい環境づくり，民生委員の資質向上等）や若年層へのキャリア教育の推進があげられている。

❼に関しては，病気等により急迫した状態にある者については適切な保護に努める，「ホームレスに対する生活保護の適用については，一般の者と同様であり，単にホームレスであることをもって当然に保護の対象となるものではなく，また，居住の場所がないことや稼働能力があることのみをもって保護の要件に欠けるということはない。このような点を踏まえ，資産，稼働能力や他の諸施策等あらゆるものを活用してもなお最低限度の生活が維持できない者について，最低限度の生活を保障するとともに，自立に向けて必要な保護を実施する」と述べられている。また，❽に関しては，「基本的人権の尊重は，日本国憲法の柱であり，民主主義国家の基本でもある。ホームレスの人権の擁護については，ホームレス及び近隣住民の双方の人権に配慮しつつ，以下の取組により推進することが必要である」として，人権尊重思想の普及高揚を図るための啓発広報活動の実施，通行人からの暴力，近隣住民からの嫌がらせ等の事案を認知した場合には，関係機関と連携・協力して当該事案に即した適切な解決を図る，といったことが示されている。❾に関しては，「都市公園その他の公共の用に供する施設を管理する者は，当該施設をホームレスが起居の場所とすることによりその適正な利用が妨げられているときは，ホームレスの人権にも配慮しながら，当該施設の適正な利用を確保するため」「以下の措置を講ずることにより，地域における生活環境の改善を図ることが重要である」と述べて，「施設内の巡視，物件の撤去指導等を適宜行う」「必要と認める場合には，法令の規定に基づき，監督処分等の措置をとる」ことがあげられている。(注20)

その他，ホームレス数が少ない地方公共団体の各課題に対する取組方針として，⑴広域市町村圏や都道府県等，広域的な施策展開の検討，⑵福祉事務所の窓口相談だけでなく，関係団体と連携した巡回相談，雇用・住宅・保健医療等の関係部局と連携した対応，⑶既存施策の実施や充実の際に，ホームレス問題にも配慮して実施すること，があげられている。また，総合的，効果的な推進体制の一環として，NPO，ボランティア団体，社会福祉協議会等の民間団体は，ホームレスへの支援活動において重要な役割を担い，地方公共団体に対しても積極的に協力するよう努めるものとして位置づけられている。

この2013（平成25）年版基本方針においては，2012（平成24）年に実施されたホームレスの実態に関する全国調査に関して，ホームレスが大幅に減少している一方，背後には，不安定な居住環境にあり，路上と屋根のある場所とを行き来している層が存在するものと考えられる，と指摘されている。

自立支援の具体的な推進方策としては2003（平成15）年版，2008（平成20）年版とあまり変わりなく，項目も同じ12項目が掲げられている。主な変更点を見てゆくと，❶就業機会の確保については，直ちに常用雇用による自立が困難なホームレスに対しては，国および地方公共団体においてNPO等の民間団体と連携しながら，事業所での軽易な作業等の就労機会の提供を通じて一般就労に向けた支援つきの就労体験やトレーニングを行う中間的就労の場や多種多様な職種の開拓等に関する情報収集および情報提供等を行う，という文章が追加され，必ずしも一般就職を前提とせず，中間的就労などの選択機会を整える方向も目指されている。

❺自立支援事業や個々の事情に対応した総合的支援については，自立支援センターの退所者，特にアパート確保による就労退所者に対しては，その再路上化を防ぐため，個々の状況に応じた多面的なアフターケアに十分配慮する，という文章が追加されており，再ホームレス化の防止に向けた配慮も求められている。また，路上生活期間が長期化している場合，脱却が難しくなるという実態があることから，粘り強い相談活動や早期の巡回相談により社会生活復帰を図る方向が示されており，ホームレスの長期化防止が目指されている。さらに，若年層のホームレスに対する中間的就労の場の推進・充実を図ることも追加されている。

❻ホームレスとなるおそれのある者が多数存在する地域を中心とする生活上の支援については，年齢等の特性をふまえ，キャリアカウンセリングを行うことが追加され，若年層などへの予防的取り組みが示唆されている。❿地域における安全の確保に関しては，ホームレス自身に対する「襲撃」等の事件・事故の防止活動を推進するという表現に改められ，実際に起こった事件を念頭に置いて直截な表現で予防が喚起されている。⓬新たなホームレスを生まない地域社会づくりについては，路上生活を脱却したホームレスが再度路上生活に陥ることを防止する，という文言が追加され，再ホームレス化の防止が強調されている。また，若年層のなかには不安定な就労を繰り返し路上生活に陥る者も少

なからずおり，勤労の意義の理解やキャリア形成に対する意識が低いという若者認識を前提にして，各学校段階を通じた体系的なキャリア教育を推進する必要性が述べられている。

さらに，「ホームレスの自立の支援等に関する基本方針」が2018（平成30）年7月に策定された。この2018年版基本方針の従来からの変更部分を述べると，「ホームレス対策の推進」という表現が「ホームレス自立支援施策の推進」に改められた。そして，ホームレスの数が大幅に減少している一方で，高齢化や長期化が進行していることが指摘され，ホームレスとなることを余儀なくされるおそれのある者の自立や問題解決を図る必要性が述べられている。そして，年齢層が低いほど「アパートに住み，就職して自活したい」を希望する傾向が見られること，39歳以下では深夜営業等の利用のため「アウトリーチ」が届きにくい一方，65歳以上では居所確保後の見守りや支援が必要であることが指摘されている。そして，地域社会からの孤立した状況から，地域での自立した日常生活の継続可能性への方向性が示されている。居住支援との関係では，住宅セーフティネット法の居住支援協議会の活用や居住支援法人による支援が求められている。また，保健医療職による医療的視点に基づいたきめ細かな相談や支援の実施も求められている。

## 第4節　生活保護と生活困窮者自立支援をめぐる近年の政策動向

### 1──全体的動向

近年の生活保護や生活困窮者支援の動向としては，保護水準や要件，給付対象や内容を見直すとともに，その予防や貧困の拡大・多様化への対応を図る方向で生活困窮者自立支援の政策立案が行われるようになった。ここでは個別立法化や法改正に至る全体的な政策動向について概観する。

社会保障審議会生活保護基準部会では2011（平成23）年4月から保護基準の検証が行われ始めた。生活保護制度改革に向けた国と地方の事務レベル協議（2011（平成23）年5月～）においては，期間を設定した集中的かつ強力な就労・自立支援（３～５年の有期制），就労支援プログラムや社会奉仕・貢献活動への参加の義務づけ（ボランティア義務化），稼働能力のある人については求職者支援制度の訓練を受給要件化（受給制限），医療扶助における自己負担の導入（受診有料化），といった改革方向が検討されてきた。そして，社会保障・税の一体改革による改革方向（「社会保障・税一体改革大綱」2012（平成24）年２月17日）においては，貧困・格差対策の強化として，生活保護制度の見直し（生活保護法改正を含む）に向けた生活支援戦略の策定（2012（平成24）年秋），生活困窮者に対する支援を実施していくための体制整備・人材確保等の中期プラン，生活自立支援サービスの体系化，民間支援機関の育成，多様な就労機会創出の法整備，生活保護制度の見直しについて地方自治体とともに具体的に検討，といった方向が示された。2012（平成24）年度の関連施策としては，「生活保護受給者の就労・自立支援の充実」（ハローワークと連携した生活保護受給者に対する就労支援の強化，社会福祉法人やNPOの協力を得て実施する高齢者等の生活支援の充実，生活保護受給世帯の子どもに対する養育相談等の実施）と「生活保護の適正化の徹底」（支援が必要な人に対し適切な保護を行う一方で，国民の信頼を損なうような不正・悪質な事例に厳正に対処する。電子レセプトの効果的活用や後発医薬品の使用促進等を通じた医療扶助の適正化，調査手法の見直しを通じた不正受給対策の徹底）が目指された。

2012（平成24）年６月４日に厚生労働大臣が「生活支援戦略」骨子を国家戦略会議に報告した。そこでは，「今後の検討項目」として，扶養可能者に扶養義務を果たしてもらうための仕組みの検討（受給者の扶養が困難という親族にはその理由の証明を義務づけ，自治体向けに家庭裁判所での調停を活用するマニュアルの作成等）や，地方自治体の調査権限や医療機関に対する指導権限の強化があげられ，「当面の対応」として，医療機関に対する電子レセプトの点数強化による医療扶助の削減，申請者への資産調査の強化として本店一括照会方式の導入があげられた。そして，「生活支援戦略」中間まとめ（2012（平成24）年７月５日，国家戦略会議提出）においては，経済的困窮と社会的孤立からの脱却，貧困の連鎖の防止，社会的に包摂される社会の実現と活力ある社会経済の構築，必要な人への支援（生活保護給付の適正化），総合相談体制の強化と包括的かつ伴走型の支援体制の構築，民の力との協働による就労・生活支援の展開，医療扶助の適正化（レセプト点検，後発品使用促進，本店一括照会方式），就労収入積立制度の検討といった政策方向が示された。

社会保障制度改革推進法（2012（平成24）年8月10日成立）においては，その附則の第2条で，「不正な手段により保護を受けた者等への厳格な対処，生活扶助，医療扶助等の給付水準の適正化，保護を受けている世帯に属する者の就労の促進その他の必要な見直しを早急に行うこと」「生活困窮者対策及び生活保護制度の見直しに総合的に取り組み，保護を受けている世帯に属する子どもが成人になった後に再び保護を受けることを余儀なくされることを防止するための支援の拡充を図るとともに，就労が困難でない者に関し，就労が困難な者とは別途の支援策の構築，正当な理由なく就労しない場合に厳格に対処する措置等を検討すること」と記され，不正対策強化，給付水準の適正化，貧困の連鎖の防止，就労の強化に向けた制度改革方向が示された。その後，第10回社会保障審議会生活保護基準部会（2012（平成24）年10月5日）においては，「第8回生活困窮者の生活支援の在り方に関する特別部会資料」として，❶保護開始直後からの早期で集中的な就労支援，❷低額・短時間であってもまず就労することへの支援方針の明確化，❸特別控除（勤労控除）の廃止も含めた見直しの検討，❹就労収入積立制度の創設，❺総合相談体制，❻支援方法の見直し，といった支援や給付のあり方の見直し方向が示された。また，同第10回生活保護基準部会においては，生活保護基準に関して，❶年齢体系，❷人員体系，❸級地差の見直しに向けた検証，生活保護基準と一般所得世帯（第1十分位層）の比較が行われている。さらに，第11回社会保障審議会生活保護基準部会（2012（平成24）年11月9日）においては，年齢体系，人員数体系，級地間格差が消費実態に合っていないことの影響の定量評価が行われている。

そのような経過をふまえ，まずは法改正・立法措置を伴わない予算措置として，2013（平成25）年8月から，保護基準の引き下げが実施されることになった。すなわち，2013（平成25）年8月から2015（平成27）年度までの3年間で生活扶助費670億円の削減が実施されることになった。

さらに，2018（平成30）年度においても，生活扶助基準の見直しが行われた。2018（平成30）年10月～2020（令和2）年10月にかけての3回の見直しにより，180億円の予算削減が行われた。母子加算は20億円削減（月2万1000円

→1万7000円）される一方で，児童養育加算は40億円増加が図られ（月1万円：中学生→高校生まで拡大），一時金7億円（親元離れ大学進学30万円，同居継続10万円）が創設された。それらの結果，生活扶助額（母子加算や児童養育加算を含む）受給世帯の67％は減額，8％は変わらず，26％は増額されることになった。(注21) 単身世帯は，65歳未満の81％，65歳以上の76％が減額となり，子どものいる世帯は57％が増額，43％が減額されることになり，ひとり親世帯では，61％が増加，38％が減額されることになった（図表7―12）。

**図表7―12　生活扶助基準見直しによる減額例**

| 65歳単身世帯の生活扶助基準 |
|---|
| 1級地の1：7万9790円→7万3190円 |
| 2級地の1：7万2110円→6万8560円 |
| 3級地の2：6万4480円→6万4290円 |
| 40代夫婦＋小学生・中学生の2人世帯 |
| 1級地の1：18万5270円→15万9960円 |
| 2級地の1：16万8590円→14万9360円 |
| 3級地の2：14万4230円→13万8720円 |

注　社会保障審議会生活保護基準部会（平成29年12月8日）資料（世帯人員別の指数を実データで算出する場合）に基づき，筆者試算。減額は，2段階実施（2018（平成30）年10月と2020（令和2）年10月）によるもの。

## 2――個別立法・法改正の特徴

以下では，前節の経緯をふまえた個別の立法・法改正，すなわち，「生活保護法の一部改正」「生活困窮者自立支援法」および「子どもの貧困対策法」の特徴を確認する。

### 生活保護法の一部を改正する法律（2013（平成25）年）

生活保護法一部改正法は，2013（平成25）年5月17日に国会に上程され，同年6月26日に廃案になったが，同年10月17日に再提出され，同年12月6日に成立したものであり，2014（平成26）年7月1日（一部は同年1月1日）施行である。

その内容としては，❶就労による自立の促進（保護から脱却するための給付金の創設），❷健康・生活面等に着目した支援（健康の保持・増進，収入・支出等の生計状況の適切な把握を受給者の責務化），❸不正・不適正受給対策の強化等（福祉事務所の調査権限拡大，罰則の引き上げおよび不正受給にかかる返還金の上乗せ，返還金の保護費との相殺，必要な限度で要保護者や扶養義務者に報告を求める)，❹医療扶助の適正化（指定・取消要件の明確化，後発医薬品の使用促進，等）が盛り込まれ，就労の促進や給付の適正化を強化する内容となっている。

**生活困窮者自立支援法（2013（平成25）年）**

生活困窮者自立支援法は，生活保護法一部改正法と同じく，2013（平成25）年5月17日に国会上程，同年6月26日廃案，同年10月17日再提出，同年12月6日に成立したものであるが，2015（平成27）年4月1日に施行された。それまでの2013（平成25）〜2014（平成26）年度の予算措置として，「生活困窮者自立促進支援モデル事業」が実施されている。

同法は，「生活困窮者」（現に経済的に困窮し，最低限度の生活を維持することができなくなるおそれのある者）の自立の促進を図ることを目的として（第1条，第2条)，以下の諸事業を推進するものであるが，主として市部である福祉事務所設置自治体は，「生活困窮者自立相談支援事業」「生活困窮者住居確保給付金の支給」は必須事業であり，「生活困窮者就労準備支援事業」「生活困窮者一時生活支援事業」「生活困窮者家計相談支援事業」「生活困窮者である子どもに対し学習の援助を行う事業」「その他生活困窮者の自立の促進を図るために必要な事業」は任意事業であり，「生活困窮者就労訓練事業」は都道府県の認定事業である。なお，それらの事業は，社会福祉協議会や社会福祉法人，NPO等へ委託することもできる。

❶　「生活困窮者自立相談支援事業」

就労の支援その他の自立に関する問題について相談対応・情報提供・助言を行い，認定生活困窮者就労訓練事業についてのあっせんを行い，支援の種類・内容等を記載した計画の作成や支援が一体的かつ計画的に行われるための援助を行う事業である。すなわち，生活困窮者の抱えている課題評価・分析，ニーズ把握を行い，ニーズに応じた支援が計画的に行われるよう自立支援計画の策定などを行う事業である。

❷　「生活困窮者住居確保給付金」

生活困窮者のうち離職等により経済的に困窮し，住宅の所有権または使用権等を失い，または賃貸住宅の家賃を支払うことが困難になった者であって就職を容易にするため住居を確保する必要があると認められる者に対して，住居確保給付金を支給する事業。現行の緊急雇用創出事業臨時特例基金（住まい対策拡充等支援事業分）事業として2009（平成21）年10月から行われている住宅支援給付（2013（平成25）年度末までの時限措置）の制度化を図る事業。

❸　「生活困窮者就労準備支援事業」

雇用による就業が著しく困難な生活困窮者に対して，就労に必要な知識および能力の向上のために必要な訓練を行う事業であり（６か月から１年程度の期間を想定），生活習慣形成のための指導・訓練（生活自立段階），就労の前段階として必要な社会的能力の習得（社会自立段階），事業所での就労体験の場の提供や一般雇用への就職活動に向けた技法や知識の取得等の支援（就労自立段階）の３段階が想定されている。自立相談支援事業における自立支援計画に基づいて実施する。

❹　「生活困窮者一時生活支援事業」

一定の住居をもたない生活困窮者であって，本人および同一世帯に属する者の資産・収入が一定水準以下の者に対して，一定期間（３か月程度を想定）に限り，宿泊場所の供与，食事の提供，日常生活に必要な便宜の供与等を実施する事業。

❺　「生活困窮者家計相談支援事業」

生活困窮者の家計に関する問題につき，生活困窮者からの相談に応じ，必要な情報の提供・助言を行い，併せて支出の節約に関する指導その他家計に関する継続的な指導および生活に必要な資金の貸付けの斡旋を行う事業である。すなわち，失業や債務問題等を抱える生活困窮者に対して，①家計収支等に関する課題の評価・分析と相談者の状況に応じた支援計画を策定，②生活困窮者の家計の再建に向けた公的制度の利用支援，家計表の作成等きめ細かい相談支援を実施，③法テラス等の関係機関へのつなぎ，④生活に必要な資金の貸付のあっせん等を実施する事業である。

❻　「生活困窮者である子どもに対し学習の援助を行う事業」「その他生活困窮者の自立の促進を図るために必要な事業」

生活困窮者の自立促進のための生活困窮家庭での養育相談，学び直しの機会の提供，学習支援といった「貧困の連鎖」の防止の取り組みや中間的就労事業の立ち上げ支援など育成支援等を実施する事業。

❼　「生活困窮者就労訓練事業」

雇用による就業を継続して行うことが困難な生活困窮者に対し，就労の機会を提供するとともに，就労に必要な知識および能力の向上のために必要な訓練等の便宜を供与する事業（いわゆる中間的就労）。就労準備支援事業を利用しても一般就労に移行できない者等を対象に，就労支援プログラムを作成し，就労支援担当者の支援を併せた就労の場を提供する社会福祉法人，NPO，営利企業等を都道府県が認定する仕組みである（都道府県の認定事務につき必須事業）。

財源としては，以上の7事業のうち，「自立相談支援事業」および「住居確保給付金」は国庫負担率4分の3であり，「就労準備支援事業」および「一時生活支援事業」は国庫補助率3分の2であり，「家計相談支援事業」および「学習援助事業その他自立促進事業」は国庫補助率2分の1である。「就労訓練事業」は立ち上げ時の初期経費が助成される。

### 子どもの貧困対策法（2013（平成25）年）

2013（平成25）年6月19日に成立，2014（平成26）年1月17日から施行された「子どもの貧困対策の推進に関する法律」は，子どもの将来がその生まれ育った環境によって左右されることのないよう，貧困の状況にある子どもが健やかに育成される環境を整備するとともに，教育の機会均等を図るため，子どもの貧困対策を総合的に推進することを目的とし（第1条），国および地方公共団体の関係機関相互の密接な連携の下に，教育の支援（就学援助，学資支援，学習支援等），生活の支援（生活相談，交流機会の提供等），保護者に対する就労の支援（職業訓練，就職斡旋等），経済的支援（各種手当ての支給，貸付金の貸付等）などの施策に総合的に取り組んでいくことを基本理念としている（第2条，第10条〜第13条）。

政府は，この法律の目的を達成するために必要な法制上または財政上の措置を講じなければならず（第6条），毎年，子どもの貧困の状況および子どもの貧困対策の実施状況を公表しなければならないこと（第7条），そして政府は子どもの貧困対策に関する大綱を定めなければならないこと（第８条），大綱案を作成するために内閣府に子どもの貧困対策会議を設置すること（第15条〜第16条），都道府県は子どもの貧困対策に関する計画を定めるよう努めなければならないこと（第９条）になっている。

具体的な数値目標（経済的指標）としては，子どもの貧困率（相対的貧困率であり，中位所得の半分以下の世帯に属する子どもの割合）を15.7％（2009（平成21）年）から10％未満（2021（令和３）年）に減らす，ひとり親世帯の貧困率を50.8％（2009（平成21）年）から35％未満（2021（令和３）年）に減らす，といった目標が立てられている。

子どもの貧困が独自にとらえられ，その多様性が明らかにされるなかで，[注22]政策的対応が図られようとすることの意義は大きい。各都道府県で，子どもの生活実態に応じた具体的な貧困対策計画がどのように立てられ，見直されていくのかが注目される。

### 生活保護法の一部改正（2018（平成30）年）

2018（平成30）年６月１日に成立し，同年６月８日以降に施行された。

⑴生活保護世帯の子どもの貧困の連鎖を断ち切るため，大学等への進学支援を図るものとして，前述の通り，❶進学の際の新生活立ち上げの費用として，「進学準備給付金」を一時金として給付することとされた。⑵生活習慣病の予防等の取り組みの強化，医療扶助費の適正化を図るため，❶「健康管理支援事業」を創設し，データに基づいた生活習慣病の予防等，健康管理支援の取り組みを推進，❷医療扶助のうち，医師等が医学的知見から問題ないと判断するものについて，後発医薬品で行うことを原則化することとされた。⑶貧困ビジネス対策と，単独での居住が困難な方への生活支援を進めるため，❶無料低額宿泊所について，事前届出，最低基準の整備，改善命令の創設等の規制強化，❷単独での居住が困難な方への日常生活支援を良質な無料低額宿泊所等において実施を図るものとされた。⑷資力がある場合の返還金の保護費との調整，介護保険適用の有料老人ホーム等の居住地特例等を図るものとされた。

**生活困窮者自立支援法の一部改正（2018（平成30）年）**

2018（平成30）年6月1日に成立し，同年10月1日から施行された。まず，生活困窮者の定義として，「就労の状況，心身の状況，地域社会との関係性その他の事情により，現に経済的に困窮し，最低限度の生活を維持することができなくなるおそれのある者」と改め，地域における孤立と生活困窮の関係性が示された。そのうえで，(1)生活困窮者に対する包括的な支援体制の強化を図るため，❶自立相談支援事業，就労準備支援事業，家計改善支援事業の一体的実施促進（就労準備支援事業と家計改善支援事業の実施努力義務化，両事業を効果的・効率的に実施した場合の家計改善支援事業の国庫補助率を2分の1→3分の2に引き上げ），❷都道府県等の各部局で把握した生活困窮者に対し，自立相談支援事業等の利用勧奨を行う努力義務化，❸都道府県による市等に対する研修等の支援を行う事業の創設を図ることとされた。(2)子どもの学習支援事業の強化を図るため，学習支援のみならず，生活習慣・育成環境の改善に関する助言等も追加し，「子どもの学習・生活支援事業」として強化することとされた。(注23) (3)居住支援の強化（一時生活支援事業の拡充）を図るため，シェルター等の施設退所者や地域社会から孤立している者に対する訪問等による見守り・生活支援を創設することとされた。

## 第5節｜生活保護制度の課題と方向

生活保護制度の実際の運用においては，訴訟で提起されるほどの問題点が浮かび上がっており，生活保護制度の公共性が改めて問われている。また，運用面だけではなく，制度改革上の課題もある。以下では，生活保護制度の運用上の課題と制度改革上の課題に分けて，今後の方向を論じる。

### 1――― 制度運用上の課題

生活保護制度の実際の運用場面である福祉事務所では，本来のケースワークの手順をふまないことによって請求権が阻害されたり，生活保護法上の根拠をもたない届出用紙の活用によって申請や受給が取り下げられるという事態が生じている。

前述の通り，保護の受給要件のチェック（アセスメント）は，申請受理後に行われるべきことであるが，事実上それを先取りしつつ，誤った情報提供を含め，これでは受給できないという事柄を並べ立てて，申請意思を萎縮させるということが行われている場合がある。それは，申請用紙を手渡さないことによって，法的手続きに入ることを牽制する申請抑制といえる[(注24)]。また，生活保護法上の根拠をもたない形で活用されている「申請取下届」「辞退届」によって，申請や受給が取り下げられることもある。要保護者は，前述の通り，収入・支出等に変動があった場合に，その事実を届け出る義務があるのみであり，自ら申請を取り下げたり，受給を辞退する届けについては法文や通達上の規定がない。法制度上の根拠をもたない運用によって生活保護制度から要保護者を排除する行政機能が見られる。

申請意思を萎縮させるという意味では，厚生省社会局保護課長・監査指導課長連名通知「生活保護の適正実施の推進について」（昭和56年11月17日社保第123号）を根拠として，あらゆる調査への白紙委任に同意させることで，同じ作用をもたらしている。

指導指示権限の濫用や根拠のない停・廃止措置が行われることがある。本人にとっては病状等からすれば無理な就労指導でも，それに従わなかったという理由で保護が停・廃止されたり，退院したという事実のみをもって，最低生活水準を確保できているか否か，就労できるか否かに関係なく，保護が停・廃止されることもある。指導・指示は，それに従わない限り停・廃止を伴うこと自体が事実上，強制力をもっており（生活保護法第62条），「指導又は指示は，被保護者の自由を尊重し，必要の最小限度に止めなければならない」「被保護者の意に反して，指導又は指示を強制し得るものと解釈してはならない」という法文（生活保護法第27条）との間に制度内矛盾をはらんでいる。

補足性の原理が保護の受給要件として強権的に運用される結果，申請却下や保護の廃止をもたらしているという側面もある。例えば扶養義務者の扶養は，それが徹底して追求された後でなければ，あるいはその指導に従わなければ保護が受けられないという運用がされているが，生活保護法立案者の立案意図としては，「公的扶助に優先して私法的扶養が事実上行われることを期待しつつも，これを成法上の問題とすることなく，単に事実上扶養が行われたときにこれは被扶助者の収入として取り扱うものである」という趣旨であった。(注25) 私的扶養が行われた場合には収入として算入するという立案意図が活かされず，厳格な受給要件であるかのように運用されている。その結果，扶養は受給要件ではないにもかかわらず，特定の有名人親子が不正をしているかのようなバッシングまで行われる報道や世論が醸成されてきている。

しかも，前述の生活保護法一部改正（2013（平成25）年12月成立）をふまえ，申請の要式化や扶養義務者への扶養追求が強化されることになった。しかし，申請の要式化は申請の萎縮・牽制や決定の遅延化をもたらすおそれがある。また，扶養義務者等への扶養の不履行通知や扶養困難な事情の報告追求は，扶養実態と乖離した家族・親族関係の悪化や離縁を含む孤立化を助長するおそれがある。とくに，扶養照会は，コロナ禍の下での受給困難要因として問題視されるなかで緩和されることになった（厚生労働省事務連絡令和3年2月26日付）。

資産についても，自分の葬儀費用のための貯蓄や子どもの進学のための学資保険の満期給付が問題視され，活用指導や減額措置を受けたりしている。また，前述のように，「要保護世帯向け不動産担保型生活資金」が活用され，高齢者の居住用不動産を担保にする形で，事実上，資産処分が生活保護に優先して進められている。

法律的根拠をもたない運用や，指導指示権限の濫用，補足性原理の立案意図を超えた強権的な運用などを是正する通達や法文化，福祉事務所の研修がいっそう求められるが，前述の保護法改正自体が申請意思を萎縮させる機能も内包しており，その運用が注視されていく必要がある。相談支援を当事者の立場に立って行うためにも，行財政から独立した立場で，正確な情報提供，相談支援，制度活用に向けた権利擁護を行える体制づくりを検討する必要があるだろう。住民に対する公務員の本来の姿勢を取り戻す自覚と努力も求められるが，それとは別に，住民の立場に立った行政とは独立した相談支援センターや相談窓口，相談支援員を設置，充実させる必要がある。要保護者が，制度の知識や情報が不足しているがために不合理な対応を受けないためにも，要保護者のエンパワメントを高める相談支援システムの強化が必要となっている。その意味では，生活困窮者自立支援における相談支援を社会福祉協議会等に委託しながら包括的に進める方向は評価できるが，生活困窮者自立支援法の対象から保護受給者が明確に外されているという問題がある。被保護者世帯に対しても，孤立化防止・自殺予防や居場所づくり，ひきこもり対応，就労支援，学習支援など，福祉事務所のケースワークだけでは対応しきれない広い意味の困窮者支援が求められる。

ホームレス対応においても，住所不定の事実をもって，保護適用ができないかのような行政対応が行われたり，当該自治体外の地域からの流入をもって，保護適用が受けられないかのような明らかに誤った行政対応が行われている場合もある。また，就労意欲があっても，一遍通りの就労指導しか行われていない場合もある。[(注26)] 自立支援に向けた地方公共団体の実施計画にしても，前述の通り，「必要があると認められるとき」に限定されているため，策定している自治体も限られている。ホームレスの自立支援を明確に位置づけた相談窓口を各自治体，ないし広域市町村圏域や都道府県単位で設けるとともに，就業機会や居住場所の確保，食料や医療の確保等に向け，公民が連携した具体的な支援チームをつくり，具体的なアクションプランを策定，実施していく必要がある。とりわけホームレス問題が時限立法で解決し得る一過性の社会問題とみなすことができるのか，調査方法（とりわけ概数調査）の有効性も含めて慎重な検討が求められる。

## 2——— 制度改革上の課題

### 貧困のとらえ方

生活保護制度等の貧困対策の方向を考えるうえで，貧困をどのようにとらえるか，という点を整理する必要がある。イギリスにおける貧困概念の変遷にみられるように，[(注27)]「絶対的貧困」から「相対的貧困」へ，さらに「相対的剥奪」としての貧困や，「社会的排除」へ，というように，貧困概念は，その時代の社会状況に応じて相対的にとらえられるとともに，通常の生活や機会に対する社会的権利の剥奪や疎外としてもとらえられるようになった。スウェーデンにおいても，政策理念としては，社会扶助の水準は，最低限度の生活というよりも，「適切な生活水準」（社会的に通常な生活を送るのに十分な水準）を保障することが目指されている。[(注28)]

あるいは，貧困を人間の発達に即して，経済的側面だけでなく包括的にとらえ直した場合，アマルティア・センがいうように，貧困とは「各発達段階の基礎的諸機能の最低水準を達成する潜在能力をもち損なうこと」であり，社会保障とは，発達に向けた「権利剥奪およびそれを被りやすいことを防止するための社会的手段」ということになる。(注29)

したがって，貧困の克服とは，その時代の社会状況に合った適切な生活水準が権利として保障され，各個人の身体的，精神的諸機能の発達が損なわれないような形で生存・発達権が確保されていくことを意味する。しかし，日本の現在の生活保護制度は，受給要件を狭く限定することによって，むしろ，そのような社会的権利からの剥奪・疎外を生み出している面があるといわざるを得ない。受給「要件」や「資格」を超えた困窮の事実のみに依拠する普遍的な扶助システムが展望されるべきであろう。(注30)

### 自立支援のとらえ方

前述の通り，現在の生活保護政策は，自立支援プログラムを通じて，就労自立，日常生活自立，社会的自立を目指している。しかし，実際の運用面では，経済的自立に主眼が置かれ，仕事に就いて生活が成り立つことに自立支援の視点が偏っている。(注31)そこには，生き方の自由や仕事内容の選択の余地がないかのような政策姿勢がうかがえる。しかも，前述の生活保護法一部改正法（2013（平成25）年12月成立）に基づく就労強化は，就労実態や就労条件整備との矛盾に直面させ，低労働条件の強制（劣等処遇，ワークハウスの復活）につながるおそれがある。(注32)

しかし，そのような行政的な自立観のなかには精神的自立が欠如している。生活に困窮している個々人が，どのような生き方をしてきて，現在から将来にかけて，どのような生き方をしたいと願っているのか，どのような働き方をしたいのか，どのような仕事や働き方を通じて自己実現を果たしたいと考えているのか。そのように一人ひとりの生き方，想い，興味・関心に寄り添い傾聴することもなく，不就労や受給状態にあること自体が問題視され，無条件に「指導」に従うことが当然視され，従わなければ給付が拒絶される。そこには，生き方，働き方の自己決定の猶予は与えられず，人間としての自尊の感情を傷つけながら行政への隷従が求められる。それは言い方を換えれば，市場での独立，自立した個人になることこそが政策目標とされ，合理的な人間のモデル，規範とされ，市場的価値観のみが正統化される。一人ひとりにとって価値ある生き方の自由度，生き方の選択肢（潜在能力）を拡張することこそが福祉の本質であるとするアマルティア・センの福祉思想に依拠するならば，「指導・指示」が現実的には強制力をもっている状況を見直し，精神的な自由と自立を実質的に承認，包容する制度基盤が整えられなければならない[（注33）]。

しかも，前述の生活保護法一部改正法（2013（平成25）年12月成立）に基づく不正対策の強化は，不正の実態を超えた加罰的，罪悪的啓蒙効果（スティグマの拡大）をもたらすおそれもある。前述の生活保護実態やホームレス実態に明らかなように貧困に直面することは個人責任に帰することができないにもかかわらず，就労の強化と不正対策の強化，申請手続きの強化が，保護受給自体に罪悪感や恥辱感を伴う方向へ時代を逆流させている特徴がうかがえる。

### 生活保護水準のあり方

前述の通り，2013（平成25）年８月から生活保護基準の引き下げが実施された。すなわち，2013（平成25）年８月から2015（平成27）年度までの３年間で生活扶助費△670億円（うち，社会保障審議会生活保護基準部会による検証をふまえた削減△90億円，前回の基準見直し時である2008（平成20）年からの物価下落を反映させた削減△580億円）の削減が実施されることになった。

しかし，比較対象にすべきは，一般国民の平均的消費水準（消費支出）であり，実際には，根拠不明のまま最低所得階層が比較対象に据えられたこと[（注34）]，物価下落と生活扶助の関係は生活保護基準部会では議論されず，厚生労働省独自の作業であり，しかも，2008（平成20）年と比較した2011（平成23）年の生活扶助相当物価指数は電気製品21品目（物価下落率が大きいが保護世帯ではほとんど購入されていない）のウエイトを変えていないため家計支出全体に占める電気製品の割合が一般世帯より保護世帯のほうが高くなってしまい，実態に合っていないことなどが指摘されている[（注35）]。そのうえ，生活保護基準の引き下げは，地方税非課税，介護保険料減免，国民健康保険料減免，保育料減免，就学援助などの低所得者対策や最低賃金に連動するため，保護世帯だけでなく，それに近接する低所得世帯の生活困難を増幅させるのではないかという懸念が広がっている。それは，保護受給世帯からワーキングプアまで，高齢者から子どもまで，芋づる式に制度的に貧困が拡大再生産されることを意味する。

### 基礎年金制度の見直し

生活保護制度は，他の社会保障制度を補足するものとして，できる限り生活保護制度以外の制度や社会資源によって生活の自立を全うすることが期待されながら，所得保障を担う主軸である基礎年金制度が，最低生活保障水準にすら到達し得ていないという問題がある。

生活扶助基準の級地別によっては年金水準の方が上回る場合もあるが，例えば高知市（２級地－１）の場合，2018（平成30）年度の満額老齢基礎年金（月６万4941円）は，65歳独居の生活扶助基準（居宅第１類＋第２類）だけと比較しても，その扶助額（７万930円）より少ない(注36)。しかも，加入年数によっては満額年金を受けられない人も多数おり，実際の基礎年金受給額（2018（平成30）年度末全国平均）は月額５万5809円（第１号被保険者にかかる基礎年金のみ受給者の場合５万520円）であり(注37)，その差はさらに拡大する。

したがって，基本的には，老齢基礎年金や障害基礎年金の給付水準が生活保護水準を上回り，かつ普遍的に給付されるシステム設計を行う必要がある。それによって，老後や障害をもった場合にも，生活保護に依存せずに生活してゆける制度基盤を一般的に確立するとともに，それによる生活保護費の節減部分を基礎年金財源に回すことが考えられる。生活保護受給の権利性を強調しても，生活困窮者自身が生活保護を受けることにスティグマを感じる状況が根深いことを考えると，社会保障の生活保護依存度を下げてゆく政策転換を図ることのほうが現実的であろう。

例えば，イギリスでは，資力調査つき給付の内部ではあるが，年金受給者の最低所得を保障（基礎年金の補完）する「年金クレジット」による給付水準は，「所得補助」の基準額より高い。スウェーデンでは，最低保障年金制度の給付水準は社会扶助の基準額より高い(注38)。

同時に，母子家庭や若年世代に対するきめ細やかな就労相談・支援のいっそうの充実や，公共住宅政策を拡充させることも並行して進められなければならない。日本の場合，戦後復興過程において，公営住宅等の公共住宅の供給が過少となる自助型住宅政策を展開したために，住宅貧困問題を生み出してきたが，そのような脆弱な居住制度環境のもとで生活保護対策を講じることが政策非効率をもたらしている。(注39)

**生活保護制度の公共性回復に向けた見直し**

生活保護制度の公共性回復に向けて，国のナショナル・ミニマムに対する社会保障責任を全うする観点から，母子加算とともに老齢加算をも恒久的に復活させ，(注40)生活保護費は原則として国が負担し，地方の財政力格差によらずにすべての国民に対する平等な生存権保障を担保することが必要であろう。そのうえで，各市町村の実情に合わせた上乗せ給付（ローカル・ミニマム）を市町村が行うことが考えられる。

そして，生活保護法に根拠をもたず，申請抑制的な「相談」や，申請取り下げ，受給辞退を強要する「指導」によって，申請権，受給権が侵害されている実態を是正するために，それらを明示的に禁止する法改正が求められる。同時に，資産・能力・扶養活用に向けた指導・指示権限の濫用を防ぐためにも，要保護者に対する福祉事務所の関係を「指導・指示」から「助言・支援」に転換させ，それらの活用を強権的に受給要件とするのではなく，活用を努力義務としつつ，活用された場合には収入認定されるという方向で，生活保護法第４条および関連通知を改める必要がある。さらには，「負の所得税」構想等からも示唆されるように，ミーンズテストからインカムテストへの転換を図りつつ，資産から所得を基本としたアセスメントに重点を移してゆくことも検討されてよい。(注41)

母子加算や老齢加算の廃止経過に見られたように，一般低所得世帯の貧困状況に合わせた保護基準の低位平準化の方向ではなく，文化的生活水準を維持しつつ，漏救防止を図るとともに，最低賃金の引き上げや低所得・不安定雇用対策の充実，年金等の充実を図り，国民の生活水準や生活の質を高めてゆく政策視点が求められる。さらに，貧困家庭は，低所得に加えて，借金トラブル，子どもの養育問題や教育問題，非行，家庭内不和，等の諸問題を複合的に抱えている場合もあり，総合的なファミリーサポートに向けた公民双方からの相談支援体制を充実させる必要がある。

### 包括的な生活困窮者支援の推進

2015（平成27）年度から実施された生活困窮者自立支援法の2013（平成25）年度のモデル事業からの取り組み状況を見る限り（例えば高知市），包括的な窓口の明確化（対象者が限られていた相談窓口や，どこに相談すればよいかわからなかった従来の状況に対して）が潜在的ニーズの掘り起こしにつながっている面も（生活保護へのつなぎ）ある。

しかし，❶対象者に関する法律とモデル事業の矛盾（モデル事業では生活保護受給者も対象となっていたが，法施行後は原則的には対象とならず，逆に困窮者支援が保護受給に対する牽制的機能を果たすという側面が一般的にはある），❷生活困窮者自身の意見の施策反映の不十分さ（法案に向けた検討委員会には当事者代表が含まれていなかった），❸地域の生活実態，ニーズ把握の欠如（モデル事業や法施行に向けた地域アセスメントが位置づけられていなかった），❹包括的な相談に対応する関係機関の総合的な連携力，❺行政内部の連携（生活困窮に対する福祉，住居，就労，教育等の総合的な対応力）や社会福祉協議会の総合力（生活福祉資金，日常生活自立支援事業，成年後見，地域福祉活動や地域福祉ネットワーク），専門機関や市民活動団体との連携などの内部連携と外部連携，❻緊急対応や非制度的課題（ホームレス，ひきこもり，高齢者の孤独死，子どもへの貧困連鎖，就労以前の自立支援）への機動力，❼さまざまな自立支援の間の分担と連携に向けた調整（生活保護のケースワーク，ホームレス自立支援，日常生活自立支援，生活困窮者自立支援）と4つの自立への総合的対応（経済的自立，日常生活自立，社会的自立，精神的自立）による課題解決力が今後も課題となる[(注42)]。2019（令和元）年以降のコロナ禍の下で緊急小口資金や総合支援資金の特例措置による生活福祉資金の貸付や，生活困窮者自立支援法における住居確保給付金の特例措置による家賃助成が空前の勢いで増加しているが，逆に生活保護受給状況は大きくは変わらず，生活福祉資金や住居確保給付金が予防的機能を果たしているが，貸付・助成の有期的な対応では限界も見え始めており，生活保護制度や生活困窮者支援，ソーシャルワークのあり方[(注43)]が，ポスト・コロナに向けても根本的に問われてくるであろう。

地域の包括的な相談窓口が「入口」として機能するだけでなく，生活困窮者の生活課題を包括的に解決していくための「出口」が用意されてゆくかどうかが，生活困窮者自立支援事業の成否を握るであろう。

### 最低生活保障制度の公共性回復に向けた再構築

- 発達的生存権保障としての再構築(精神的自立や社会的自立の定置･豊富化)
- 絶対的・相対的貧困概念から，包括的な貧困概念への抜本的とらえ直し
- 生活保護水準以上の給付水準を保障する基礎年金制度の再構築
- ナショナル・ミニマムの底割れの修復（老齢加算の復活と保護基準引き下げの見直し）
- ナショナル･ミニマム保障とローカル･ミニマム保障の二重財源構造の構築
- 申請権侵害の違法運用の抜本的改善に向けた制度的措置
- 行政と要保護者の「指導・指示」関係から「助言・支援」関係への転換
- 資産調査を解消してゆく方向での所得中心型アセスメントへの転換
- 保護基準の低位平準化から国民の生活水準と質の全体的底上げに向けた政策転換
- 貧困家庭のファミリーサポートに向けた地域基盤整備
- フォーマル，インフォーマルサポートの連携による包括的な生活困窮者支援体制の構築
- ポスト・コロナに向けた生活保護制度のあり方の問い直し

（注）

1　例えば，生活扶助基準が月10万円，介護保険料の実費が月3000円であるとすれば，年金収入が月１万円（普通徴収）のＡさんの場合，10万円から１万円を引いた残りの９万円に3000円を加えた９万3000円が生活扶助額となり，年金収入が月８万円（特別徴収）のＢさんの場合，８万円から3000円を控除した後の７万7000円と10万円の差額２万3000円が生活扶助額となる。

2　戦後の生活保護基準の格差縮小方式までの変遷を詳細に分析・考察したものとして，籠山（1978）を参照。

3　例えば，就労控除後の収入が月12万円，生活扶助基準額が月10万円，医療費一部負担請求額が月３万円のケースを仮定した場合，収入だけを見れば生活扶助基準を上回るので生

活扶助の対象にはならないが，医療費負担によって生活扶助基準を下回ることから，医療扶助の適用対象となる。この場合，生活扶助と医療扶助以外のニーズを捨象すれば，収入充当額12万円から，医療費を除く最低生活費10万円を差し引いた残額の２万円が医療費本人支払額となり，それと一部負担請求額３万円との差額１万円分が医療扶助の給付対象（現物給付による単給）となる。一方，例えば，就労控除後の収入が月９万円，生活扶助基準額が月10万円，医療費一部負担請求額が月３万円のケースを仮定した場合，生活扶助１万円と医療扶助３万円の併給となる。

4　そのような除外規定のない被用者医療保険や介護保険と国民健康保険との間に齟齬が生じていること等の問題を指摘したものとして，嶋貫（2001）を参照。

5　例えば，年金収入が月８万円，生活扶助基準額が月７万円，介護保険サービス利用料が月２万円のケースを仮定した場合，収入だけを見れば生活扶助基準を上回るので生活扶助の対象にはならないが，利用料負担によって生活扶助基準を下回ることから，介護扶助の適用対象となる。この場合，生活扶助と介護扶助以外のニーズを捨象すれば，収入充当額８万円から，利用料を除く最低生活費７万円を差し引いた残額の１万円が利用料本人支払額となり，それと利用料総額２万円との差額１万円分が介護扶助の給付対象（現物給付による単給）となる。一方，例えば，年金収入が月５万円，生活扶助基準額が月７万円，介護保険サービス利用料が月２万円のケースを仮定した場合，生活扶助２万円と介護扶助２万円の併給となる。

6　厚生労働省「令和元年 社会福祉施設等調査の概況」令和２年12月23日

7　1980年代の生活保護の行財政をめぐる動向を分析したものとして，田中（1991b）を参照。また，生活保護費をめぐる国と地方の財政関係については，上原（2013, 2014），武田（2013）を参照。

8　生活保護人員・経費低下を促進する行政構造については，田中（1991a）を参照。

9　申請を受理しないことなどのケースワークをめぐる行政対応の問題については，小野（1986），寺久保（1988），尾藤・木下・中川（1991），杉村（2007），寺久保（2012）等を参照。

10　これは，厚生省社会局保護課長・監査指導課長連名通知「生活保護の適正実施の推進について」（昭和56年11月17日社保第123号）が根拠となっているが，あらゆる調査への白紙委任に同意させることで，要保護者にスティグマ（屈辱感を感じさせる烙印）を与え，申請意思を萎縮させる，との実態に基づく批判が多方面からなされているほか，法学的な見地から，生活保護法との矛盾を生み出しているとの指摘もある（尾藤・木下・中川（1991）25～31頁）。

11　厚生労働省「被保護者調査」，国立社会保障人口問題研究所「『生活保護』に関する公的統計データ一覧」，厚生労働協会『国民の福祉と介護の動向』，社会保障入門編集委員会編『社会保障入門』の各年版を参照。

12　湯澤・藤原（2009）によれば，傷病・障害者世帯以外でも傷病・障害と貧困の関連が見出されること，母子世帯以外でも「子どもの貧困」の視点が必要であること等から，被保護層の実態把握のうえで新たな指標の必要性が示唆されている。

13　医療扶助を「入院」・「入院外」（外来）別に見ると，2002（平成14）～2018（平成30）年度の間，「入院外」の方が一貫して多い（2018（平成30）年度で「入院」11万1127人，「入院外」164万316人）。「入院」のうち，最大比重を占めているのは「精神及び行動の障害」（33.0％）である（2019（令和元）年度）。

14　これは，生活保護を受けないよう資産活用（リバース・モーゲージ）という形で資産処分が優先される側面があり，生活保護を受ける権利との関係で問題点を含んでいる。

15　国立社会保障・人口問題研究所編『社会保障統計年報　平成31年版』を参照。貸付金額は，筆者が１億円未満を四捨五入して概数で示した。なお，新型コロナウイルス感染症の影響に伴う特例措置については，三宅（2020）を参照。

16　厚生労働省「ホームレスの実態に関する全国調査報告書（概数調査）」，同「ホームレスの実態に関する全国調査報告書（生活実態調査）」の各年版を参照。

17　「生活実態調査」は東京23区，政令指定都市，ホームレス50名以上の市に限定して行われているので，それ以外の地方では，この20年近く，目視調査（「概数調査」）しか行われていないことになる。しかし，地方ほどホームレスであることが目立つために，定住型ではなく紛れやすい姿をとる傾向も見られる。NHK松山放送局『四国らしんばん』「見えない路上の貧困」（2020年９月11日放映）では，ホームレス支援団体「こうちネットホップ」（代表田中きよむ）の活動を取り上げつつ，そのような状況を伝えている。

18　とくに概数調査は目視調査に基づくものであり，調査時期も，どういうわけか，目立ちにくい冬の寒い時期に特定の１日が選ばれている。筆者の夜回り・昼回り支援活動においても，お遍路姿をしている人や商店街の閉店後に絵・詩を売る青年，バス停の待ち客やパチンコ屋の休憩所で客を装っている人，図書館や公園の休憩場所で読書をしている人など，実際にコミュニケーションを交わさなければホームレスかどうかわからない場合が多い。2020（令和２）年１月の概数調査結果では，高知県では０名と公表されているが，われわれが90分程度，高知市内の市街地の一角を夜回り・昼回りしただけでも，５名以上の方々と出会うことがあり，それらのよく会う方々は概ね５年以上のホームレス歴をもつ（田中，2021）。

19　2020（令和２）年概数調査によれば，「河川」25.6％，「都市公園」24.2％，「道路」19.9％，「駅舎」15.6％となっている。なお，定住型ホームレスを取材したものとして，村田（2020），田中・霜田（2021）を参照。

20　これは，ホームレス自立支援法第11条「公共施設の適正な利用の確保」に対応するものであるが，解釈によっては，公共施設管理者の裁量によってホームレスを排除する根拠を与え得るものである。

21　2018（平成30）年度の生活保護改革について，社会保障審議会生活保護基準部会の議論の経過をふまえつつ，それが社会保障全体の水準引き下げにつながることを指摘したものとして，村田（2017）を参照。

22　山野（2008），阿部（2014a）を参照。なお，阿部（2014b）は，子どもの貧困も含め，相対的貧困率の制約を補完するための「剥奪指標」を検討している。

23　なお，学習支援事業につながっていなかった膨大な「利用できなかった層」には，潜在的な学習支援ニーズが高いことが示唆されている（阿部・松村，2020）。

24　長友は，一連の適正化施策は指導・監査によって徹底化が図られた結果，福祉事務所やケースワーカーは相談者を入口段階で排除することに合理性があるとの認識をもってしまい，現実の制度運用場面において保護請求権を認めないという違法行為が厳然と行われてきたとして，保護申請以前の段階で申請そのものが拒否されてしまう状況があることを問題視している（長友（2009））。

25　小山（1975）119～120頁

26　2008（平成20）年７～９月にかけて，ゼミの学生に同行して行った高知県内のホームレスへの個別聴き取り調査においても，県外からの流入をもって医療扶助等の適用が拒まれただけでなく，病院の紹介すら拒否された人もいる。通行人から投石を受けた人や行政から退去を求められた人もいる。福祉事務所では，何回も来て納得できるようになるまで保護は受けられない，と言われた人もいる。仕事がなくてホームレスになっているのに，仕事をみつけてくるようにという「指導」を受けたホームレスもいる。行政の姿勢を「話をあまり聴いてくれず，（ホームレスを）やっていること自体が悪いという感覚をもっている」という受け止め方をしているホームレスもいる。

27　栃本・連合総合生活開発研究所（2006）第Ⅱ部第１章（武川）参照。

28　同上第Ⅱ部第４章（宮寺），田中（2004）参照。

29　田中（2006）終章参照。それは，貧困や社会保障の概念を人間の発達（capability）から包括的にとらえ直すことを示唆するものと言える。

30　アマルティア・センの潜在能力理論をふまえつつ，後藤は，決定的な困窮に至ることを防止する役割をもつと同時に資格・要件の制約をもつ「理由別公的扶助システム」と，困窮の事実のみに基づく「一般的公的扶助システム」からなる「複層的公的扶助システム」を提起している。セン・後藤（2008）第４章（後藤）を参照。

31　大友（2013）は，日本の生活保護行政が経済的自立に偏っているとして，当事者のエンパワメントや社会的自立，個別性などを重視する釧路モデルや韓国のプロジェクトを紹介している。

32　福祉事務所の実態から就労支援のあり方を探ったものとしては，池谷ほか（2013）を参照。

33　岩永（2009）は，経済的自立だけでなく，日常生活自立と社会生活自立を想定することにより，制度の対象が「保護」とは別の概念に代わり得ることを示唆するが，さらに，精神的自立を視野に入れた場合，生きることの自由を包摂した発達や自己実現に近い概念が想起され得るであろう。

34　布川（2009）を参照。また，木下（2012）はドイツでは憲法との関係で保護基準の引き上げが議論されている状況をふまえ，文化的社会的政治的な生活への参加を保障することや比較対象の慎重な設定が必要であることを指摘している。ドイツの最低生活保障制度の動向については，埋橋ら（2013）第17章（森周子）を参照。

35　生活保護問題対策全国会議（2013）を参照。また，保護基準切り下げに関する判例を批判的に考察したものとして，嶋田（2020）を参照。なお，この保護費の減額処分を裁量権の逸脱・濫用として違法とする判例も示されている（大阪地裁，2021年２月22日）。

36　『生活保護手帳　2018年度版』中央法規出版，2018年を参照。

37　厚生労働省年金局「平成30年度厚生年金保険・国民年金事業の概況について」を参照。

38　栃本・連合総合生活開発研究所（2006）補論（岩名）参照。

39　早川（1979）を参照。

40　後藤は，生活保護受給母子世帯の消費水準が低所得母子世帯の消費水準を上回るという事実は，彼女たちが「健康で文化的な生活」を享受していることを示すものではないとして，低所得でありながらより多くの人的・物的資産を手元に残す低所得母子世帯は，「ディーセントな衣食の充足」機能の達成可能性はより低いものの，「社会活動・将来設計」の達成可能性はより高いのに対し，生活保護受給母子世帯は目に見えない社会的抑制のせいで，「社会活動・将来設計」の達成可能性は大きく削がれている，と指摘している（セン・後藤（2008）第４章）。そのことは，老齢加算の廃止根拠についても合理性がないことを示唆するものである。なお，母子世帯の生活実態から母子加算廃止の問題性を明らかにしたものとして，山口（2009）を参照。また，老齢加算の廃止を例示し，それが，憲法第25条から導かれる制度後退禁止原則に抵触することが示唆されている（伊藤，2017）。

41　なお，アマルティア・センの潜在能力理論をふまえつつ，ミーンズテストに伴うスティグマから解放され，標準的な消費生活への参加と地域コミュニティへの参加を保障する制度提案として「ベーシック・インカム構想」があるが，それは労働と所得の厳密な関係性を相対化してゆくことを展望することにもなる（小沢（2002），藤岡（2009））。

42　生活困窮者支援の地域福祉ベースにおける位置づけは，全国社会福祉協議会「社協・生活支援活動強化方針」（2012（平成14）年10月）や菊池（2019）にも見られるが，具体的展開としては，奥田・稲月・垣田・堤（2014），後藤（2015），岡部（2015），上原（2017），五石・岩間・西岡・有田（2017）等を参照。なお，とくに就労支援に関して，その対象者の範囲が本人の「働く意欲」で線引きされていることなどの課題を示したものとして，櫻井（2019）を参照。また，生活困窮者の「自立」概念を戦後の社会保障制度審議会に係る生活保護制度の文脈に遡って再検討したものとして，狩谷（2020）を参照。

43　朝比奈ミカ・菊池馨実（2021）を参照。

（参考文献）


・阿部彩『子どもの貧困Ⅱ』岩波書店，2014年a

・阿部彩「日本における剥奪指標の構築に向けて」『季刊社会保障研究』第49巻第４号，2014年b

・阿部彩・松村智史「子どもの貧困対策における学習支援事業：利用者の特性の分析」『社会保障研究』第５巻第３号，2020年

・アマルティア・セン（後藤玲子訳）『福祉と正義』東京大学出版会，2008年

・朝比奈ミカ・菊池馨実『地域を変えるソーシャルワーカー』岩波書店，2021年

・浅井春夫「子どもの貧困の今日的特徴―子どもの貧困対策をめぐる論議をふまえて―」『経済』第228号，2014年

・浅井春夫「子どもの貧困に抗する政策づくりのために―子ども・若者たちを見捨てない社会への転換を―」『住民と自治』2016年８月号

・尾藤廣喜・木下秀雄・中川健太朗編著『誰も書かなかった生活保護法』法律文化社，1991年

・尾藤廣喜・木下秀雄・中川健太朗編著『生活保護のルネッサンス』法律文化社，1996年

・B.S.ラウントリー（長沼弘毅訳）『貧乏研究』千城，1975年

・藤岡純一「社会保障論の基本視座―人間発達とスウェーデンモデル―」関西福祉大学社会福祉研究会編『現代の社会福祉―人間の尊厳と福祉文化―』日本経済評論社，2009年

・布川日佐史『生活保護の論点』山吹書店，2009年

・福田泰雄「新自由主義と日本の貧困大国化」『経済』第305号，2021年

・五石敬路・岩間伸之・西岡正次・有田朗『生活困窮者支援で社会を変える』法律文化社，2017年

・後藤広史「生活困窮者の現状とソーシャルワーカーの役割」日本社会福祉士会・日本精神保健福祉士協会ほか編『社会保障制度改革とソーシャルワーク―躍進するソーシャルワーク活動―』中央法規出版，2015年

・Hamilton, L., Amartya Sen, Key Contemporary Thinkers Series, Polity Press, 2019（神島裕子訳『アマルティア・センの思想』みすず書房，2021年）
・早川和男『住宅貧乏物語』岩波書店，1979年
・池谷秀登編著『生活保護と就労支援』山吹書店，2013年
・稲葉剛『生活保護から考える』岩波書店，2013年
・伊藤周平『社会保障のしくみと法』自治体研究社，2017年
・岩永理恵「生活保護制度における自立概念に関する一考察―自立支援および自立支援プログラムに関する論議を通じて―」『社会福祉学』第49巻第４号，2009年
・岩田正美・岡部卓・清水浩一編『貧困問題とソーシャルワーク』有斐閣，2003年
・岩田正美『現代の貧困』ちくま書房，2007年
・岩田正美・杉村宏編著『公的扶助論―低所得者に対する支援と生活保護制度―』ミネルヴァ書房，2009年
・自立相談支援事業従事者養成研修テキスト編集委員会編『生活困窮者自立支援法　自立相談支援事業従事者養成研修テキスト』中央法規出版，2014年
・鏑木奈津子『詳説　生活困窮者自立支援制度と地域共生―政策から読み解く支援論―』中央法規出版，2020年
・小沢修司『福祉社会と社会保障改革―ベーシック・インカム構想の新地平―』高菅出版，2002年
・籠山京『公的扶助論』光生館，1978年
・狩谷尚志「日本の生活保護制度における『自立』言説の再検討―1940～1950年代の『社会保障制度審議会』を構成したアクターの言説を中心とする―」『社会福祉学』第61巻第３号，2020年
・菊池馨実『社会保障再考』岩波書店，2019年
・木下秀雄「生活保護基準『引き下げ』を論じる前に」『賃金と社会保障』2012年12月号
・国立社会保障・人口問題研究所編『社会保障統計年報』法研，各年版
・厚生労働省「ホームレスの実態に関する全国調査報告書」各年版
・小山進次郎『生活保護法の解釈と運用（復刻版）』全国社会福祉協議会，1975年
・桑原洋子『前近代における社会福祉法制』信山社，2014年
・京極髙宣『生活保護改革の視点』全国社会福祉協議会，2006年
・生活保護問題対策全国会議編『「生活保護法」から「生活保障法」へ』明石書店，2018年
・丸山里美編『貧困問題の新地平―もやいの相談活動の軌跡―』旬報社，2018年
・三宅由佳「生活福祉資金貸付制度に係るコロナ特例貸付の意義―同制度の公私協働関係を手掛かりとして―」『賃金と社会保障』第1768号，2020年
・増田雅暢・脇野幸太郎編『よくわかる公的扶助論』法律文化社，2020年
・宮本太郎編『生活保障の戦略』岩波書店，2013年
・三和治『生活保護制度の研究』学文社，1999年
・椋野美智子編著『福祉政策とソーシャルワークをつなぐ』ミネルヴァ書房，2021年
・村田らむ『ホームレス消滅』幻冬舎，2020年

・村田隆史『生活保護法成立過程の研究』自治体研究社，2018年
・村田隆史「高齢者世帯の増加と生活保護『改革』」社会保障政策研究会編『高齢期社会保障改革を読み解く』自治体研究社，2017年
・森川清『改正生活保護法』あけび書房，2014年
・長友祐三「いま，生活保護行政に何が問われているのか」『賃金と社会保障』2009年10月号
・中川健太朗・成美美治編『公的扶助概論』学文社，2004年
・日本ソーシャルワーク教育学校連盟編『最新社会福祉士養成講座④貧困に対する支援』中央法規出版，2021年
・大友信勝「日本における生活保護の自立支援」『季刊公的扶助研究』2013年３月号
・岡部卓編著『生活困窮者自立支援ハンドブック』中央法規出版，2015年
・岡部卓・長友祐三編『生活保護ソーシャルワークはいま』ミネルヴァ書房，2017年
・奥田知志・稲月正・垣田裕介・堤圭史郎『生活困窮者への伴走型支援』明石書店，2014年
・小野哲郎『ケースワークの基本問題』川島書店，1986年
・桜井啓太「生活保護における『三つの自立論』の批判的検討」『社会政策』第11巻，第３号，2020年
・櫻井純理「就労支援政策の意義と課題―半『就労』の質をどう担保するのか―」『社会政策』第11巻第１号，2019年
・生活保護問題対策全国会議編『間違いだらけの生活保護「改革」』明石書店，2013年
・生活福祉資金貸付制度研究会編『生活福祉資金の手引平成21年度版』筒井書房，2009年
・『生活保護50年の軌跡』刊行委員会編『生活保護50年の軌跡―ソーシャルケースワーカーと公的扶助の展望―』みずのわ出版，2001年
・『生活保護手帳』中央法規出版，各年版
・生活保護の動向編集委員会編『生活保護の動向』中央法規出版，各年版
・嶋田佳広「保護基準の法的統制における課題」『賃金と社会保障』第1767号，2020年
・嶋貫真人「生活保護における医療扶助の問題点―現状と改革へ向けての提言―」『社会福祉研究』第81号，2001年
・副田義也『生活保護制度の社会史』東京大学出版会，1995年
・杉村宏・岡部卓・布川日佐史編『よくわかる公的扶助』ミネルヴァ書房，2008年
・杉村宏編著『格差・貧困と生活保護』明石書店，2014年
・杉村宏・河合幸尾・中川健太朗編著『現代の貧困と公的扶助行政』ミネルヴァ書房，1997年
・社会福祉士養成講座編集委員会編『新・社会福祉士養成講座⑯低所得者に対する支援と生活保護制度　第５版』中央法規出版，2019年
・社会保障入門編集委員会編『社会保障入門』中央法規出版，各年版
・武田公子「生活保護と地方財政」『季刊公的扶助研究』2013年３月号
・竹下義樹「生活保護訴訟の到達点と今後の課題」『季刊公的扶助研究』2009年９月号
・田中きよむ「生活保護人員・経費低下の促進要因としての行政メカニズム」京都大学経済学会『経済論叢』第147巻第４号～第６号，1991年a

・田中きよむ「生活保護人員・経費低下の原因についての行財政分析―1985～1988年の動向を中心にして―」京都大学『経済論集』第３号，1991年b
・田中きよむ「スウェーデンにおける障害者福祉・教育・雇用の動向―エーレブロー県の取り組みを中心に―」高知大学経済学会『高知論叢』第80号，2004年
・田中きよむ『改訂　少子高齢社会の福祉経済論』中央法規出版，2006年
・田中きよむ「地方におけるホームレスと『見えにくい貧困』―高知県内における支援活動をふまえて―」『Humanismus』第32号，2021年
・田中きよむ・霜田博史「生活困窮者支援の先進的取り組み―大阪市西成区を中心とするNPO等の取り組み―」『高知論叢』第119号，2021年
・中央法規出版編集部編『改正生活保護法・生活困窮者自立支援法のポイント―新セーフティネットの構築―』中央法規出版，2014年
・寺久保光良『「福祉」が人を殺すとき』あけび書房，1988年
・寺久保光良『また，福祉が人を殺した』あけび書房，2012年
・栃本一三郎・連合総合生活開発研究所編『積極的な最低生活保障の確立―国際比較と展望―』第一法規，2006年
・東京ソーシャルワーク編『How to 生活保護』現代書館，2015年
・上原紀美子「財源保障からみた生活保護行政の問題と課題」『賃金と社会保障』2013年10月号・12月号，2014年３月号
・上原久編著『生活困窮者を支える連携のかたち』中央法規出版，2017年
・埋橋孝文編著『どうする日本の福祉政策』ミネルヴァ書房，2020年
・山田篤裕・駒村康平・四方理人・田中聡一郎・丸山桂『最低生活保障の実証分析』有斐閣，2018年
・山田壮志郎・斉藤雅茂「生活保護の厳格化は今も支持されているか？」『厚生の指標』第67巻第12号，2020年
・山口かおり「母子加算復活を求めて」『賃金と社会保障』2009年７月号
・山野良一『子どもの最貧国・日本』光文社，2008年
・湯澤直美・藤原千紗「生活保護世帯の世帯構造と個人指標」『社会福祉学』第50巻第１号，2009年
・六波羅詩朗・長友祐三『三訂　ケアマネ業務のための生活保護Ｑ＆Ａ―介護・医療現場で役立つ制度の知識―』中央法規出版，2018年

第8章

# 地域福祉システムの事例分析

市町村および都道府県の行政が策定主体となる地域福祉計画は，2000（平成12）年の社会福祉法制定（社会福祉事業法等の改正）により制度的に位置づけられたが，当時は，策定自体は努力義務化も義務化もされていなかった。社会福祉法等の改正（2017（平成29）年5月26日成立，2018（平成30）年4月1日施行）により，市町村および都道府県による地域福祉計画の策定が努力義務化された。同時に，高齢者・障害者・児童等に関する個別の福祉計画を包括するマスタープランとして上位計画に位置づけられた。(注1)

そして，貧困・困窮は，経済的な側面だけでなく，孤立化，人間関係・家族関係，ネットワーク，居場所づくり，地域づくりなどの包括的な課題を含んでおり，他人事ではなく「我が事」のように，部分的支援ではなく生活の「丸ごと」支援が必要とされる。高齢者・障害者・児童の垣根を越えた「地域共生社会」の実現が目指されると同時に，「支え手」と「受け手」の二分法を克服し，多様で複合的な地域生活課題に対して，住民や福祉関係者による把握，および関係機関との連携による解決が期待されている。しかし，行政責任に基づく地域福祉計画，ないし社会福祉協議会等による民間の地域福祉活動計画の策定・実行・評価を定着・継続させる持続要因については，具体的な市町村・地域に即して，先行研究では必ずしも明らかにされていない。

岡村（1974）は，社会福祉施策の立案過程のみならず運営・管理まで住民が関与する必要性を指摘，地域福祉計画の立案における公共目的の価値選択を重視している。大橋（1995）は，地域福祉計画の策定，地域福祉の推進における地域住民の主体形成，主体化を重視している。

原田（2004・2014）は，住民からの意見徴収という断片的な住民参加ではなく，計画策定段階を重視しつつも進行管理に至る過程全体を住民参加とし，地域の課題の共有化のみならず積極面の共有化をも視野に入れるべきことを指摘している。

松端（2017）は，地域福祉計画を実効性のあるものにしていくうえでのプラットフォーム（場・機会）形成を重視しており，池本（2019）も地域福祉計画実践における「協議の場」づくりの重要性を指摘している。都築（2019）は，地域福祉活動の推進意欲を構成する要素として，「活動組織」「実践目標」「地域単位」「協議決定可能」単位の明確化があることを明らかにしている。

しかし，各市町村・地域の具体的な地域生活課題に対して，解決に向けて実際にどのように取り組んでいくべきか，という局面においては，個々の具体的な生活課題によって一様ではなく，その解を見出しにくい場合，アクション・リサーチによって，住民主体に探し出していくほかない。本章では，全国および高知県の全体的動向を確認したうえで，高知県内の佐川町，日高村，四万十町の先進事例の参与観察（アドバイザーとしての策定・実行プロセスへの協力や視察に基づく）に基づき，地域福祉（活動）計画の持続要因を明らかにしたい。

## 第1節　全国および高知県の動向

市町村地域福祉（活動）計画の全国の策定状況としては，2016（平成28）年3月現在で1211市町村（策定率69.6%），2017（平成29）年4月現在で1289市町村（策定率74.0%），2018（平成30）年4月現在で1316市町村（策定率75.6%），2019（平成31）年4月現在で1364市町村（策定率78.3%）となっており，[注2] 8割近くの市町村で策定が進められている状況がうかがえる。そのなかでも，策定率100%の都道府県は，2016（平成28）年3月現在で8府県，2017（平成29）年4月現在で10府県，2018（平成30）年4月現在で12府県，2019（平成31）年4月現在で15府県見られるが，高知県もそのなかに含まれており，高知県地域福祉政策課が策定率100%に向けて推進してきた経緯もあり，積極的な取り組みを進めている都道府県と言える。

未策定市町村の理由としては，[注3]「計画策定にかかる人材やノウハウ等が不足」が189市町村（74.7%）と最も多く，市町村への必要な支援策としては，「既に策定した自治体のノウハウ提供」が209市町村（82.6%）と最も多くなっている。策定自体が義務づけられていないために(注4)，国の市町村への関与は弱い反面，主体的に取り組むうえでの体制・方法に戸惑いを見せている市町村もある状況がうかがえる。計画の期間は，法律上の定めはないが，「5年間」が1020市町村（74.8%）と最も多い(注5)。なお，社会状況の変化を反映して，災害時を含む要援護者支援や，生活困窮者自立支援法の制定（2013（平成25）年12月6日成立，2015（平成27）年4月1日施行）をふまえ，それらの支援方策を地域福祉計画に盛り込むことを求める厚生労働省通知が発せられているが(注6)，生活困窮者支援策については，盛り込み済みの市町村が全国で23.3%（2016（平成28）年3月），39.1%（2017（平成29）年4月），50.9%（2018（平成30）年4月），58.2%（2019（平成31）年4月）という状況になっており(注7)，計画策定済みの市町村のうち6割近くが生活困窮者支援策を盛り込んでいる。

社会福祉法等の改正（2017（平成29）年5月26日成立，2018（平成30）年4月1日施行）により，地域福祉（支援）計画の策定に際しては，「地域における高齢者の福祉，障害者の福祉，児童の福祉その他の福祉の各分野における共通的な事項」を記載することとされているが，そのような共通事項を記載していない市町村は，策定済みの1364市町村中134市町村で見られる(注8)。また，社会福祉法等の改正（2020（令和2）年5月26日成立，2021（令和3）年4月1日施行）により，市町村地域福祉計画において，「地域生活課題の解決に資する支援が包括的に提供される体制の整備に関する事項を定めるよう努める」こととされたが，市町村による包括的な支援体制の整備を「実施」または「実施予定」の市町村は，策定済み市町村のうち850市町村（62.3%）となっている(注9)。計画を定期的に点検している市町村は，策定済み市町村のうち787市町村（57.3%）であり，そのうち508市町村（64.5%）が評価実施体制（評価委員会等の設置）を構築している(注10)。なお，策定済み市町村のうち，市町村社会福祉協議会等の地域福祉活動計画と「連動させて策定している」市町村47.6%，「一体的に策定している」市町村35.7%，「課題把握，ニーズ調査は一体的に行っている」市町村14.7%となっている(注11)。

社会福祉法等の改正（2017（平成29）年5月26日成立，2018（平成30）年4月1日施行）をふまえた「地域福祉（支援）計画ガイドライン改定のポイント（未定稿）」においては，まちおこし，産業，防災，社会教育，環境などとも連携して「福祉でまちづくり」の視点をもつことをはじめ，重点分野の明確化（高齢，障害，子ども等），制度の狭間への対応，各分野横断的な相談体制や分野横断的なサービスの展開，居住課題や就労課題への横断的支援，自殺対策，権利擁護，高齢・障害・児童への統一的な虐待対応や虐待家庭の課題対応，刑余者の社会復帰支援，住民が集う拠点や既存施設の活用と計画への位置づけ，「我が事・丸ごと」の地域づくりを進める圏域の位置づけ，官民協働促進に向けた募金，地域づくり補助事業の一体的活用，役所・役場内の全庁的な体制整備が方向づけられている。「福祉」の概念を狭くとらえずウイングを広げ，住民の生活全般に関してセクショナリズムに陥らず，制度間の谷間にも光を当てながら，総合的な支援体制を構築していくことが目指されている。

高知県内でも多様な策定方法が見られるが，筆者は，市町村全体計画が先行する場合と同時，地区・地域計画が先行する場合によって，「市町村全体計画先行型（「下向法」）」（土佐清水市第２期・３期，四万十町第１・２期，高知市，奈半利町など），「市町村＝地区・地域同時並行型」（安芸市，日高村第２期・３期など），「地区・地域先行型（「上向法」）」（佐川町第２期・３期，本山町第３期，津野町モデル地区，香美市，仁淀川町第１・２期，北川村第２期など）の３つのタイプに類型化され，行政策定の地域福祉計画と社会福祉協議会（以下，社協）策定の活動計画を一体的に策定するか，独立的に策定するか，行政が後追い的に策定・一体化するかによって，「一体（合冊）型」（土佐清水市第２期・３期，佐川町第２期・３期，本山町第３期，高知市，奈半利町，安芸市，香美市，日高村第２期・３期，仁淀川町第２期，北川村第１期・２期，四万十町行政第２期・社協第３期など），「独立・並走（別冊）型」（本山町第１・２期，津野町，仁淀川町第１期，土佐町，四万十町行政第１期・社協第１・２期など），「追走（追認）型」（土佐清水市第１期，佐川町第１期など）の３つのタイプに類型化されることを明らかにしてきた。[注12]

## 第２節｜高知県佐川町の取り組み事例の分析

高知県佐川町の場合，第１期（５年計画）地域福祉活動計画では，地区計画が不明確であったが，その策定途中で行政が地域福祉計画としても位置づける追認型であった。第２期（５年計画）と第３期（６年計画）においては，地区計画（佐川地区，尾川地区，黒岩地区，加茂地区，斗賀野地区の５地区）も明示され，地区から積み上げていく上向法をとりながら，地域福祉活動計画（社協）・地域福祉計画（行政）の一体型となった。

佐川町の策定プロセスは，とくに第２期・第３期において，❶前期計画のふり返りの地区別座談会（過去の検証）を開き，できたこととその要因，できなかったこととその原因が住民の話し合いによって明らかにされる。❷現在のニーズ（地域特性をふまえた地域の生活課題）およびシーズ（地域の福祉資源，住民の福祉意識，ボランティアや地域活動の意向）の把握がアンケート調査によって行われ，地区別に集約される。❸地区単位で地域福祉・地域づくりの目標と活動内容・方法等を地区別座談会で方向づける（将来の目標）。すなわち，過去をふり返り，現在の状況を確認し，将来を見据える，という時間軸に沿った計画策定プロセスが踏まれる。❹市町村全体の計画管理委員会と地区部会を軸に，町全体と地区（地域）別に住民が計画のふり返りを行い，推進してゆく体制がとられていることにより，町全体評価と地区別評価が可能になっている。

第３期計画（2018（平成30）〜2023（令和５）年度）においても，過去（第２期計画）のふり返り→現在（ニーズや意識）のアンケート把握→将来（第３期計画）に向けた地区座談会，という手順が踏まれた。そして，地区計画（第３期計画から「アクション・プラン」という表現が用いられる）においては，地区の目標，活動内容，活動主体，対象，場所，方法等が明らかにされる。それをふまえて，町計画の全体目標，町計画の重点目標（大目標），町計画の活動目標（中目標），町計画の地域での取り組み例（小目標）も明らかにされる。

第３期計画においては，第１に，総合計画との関係において，市町村計画や都道府県計画は，地方自治法の定める基本構想（総合計画）に即して策定されなければならないという規定は廃止されたが，❶ただし，総合計画との重複を避けるため，生活福祉活動を中心に据えることが考えられる，❷地域福祉計画においては，要援護者支援，生活困窮者支援を位置づける，ことが確認された。第２に，生活福祉活動を中心に見直す場合の視点として，❶そのまま継続（課題）とした方がよい目標・項目は維持する，❷第２期計画の経過のなかで，すでに達成済み，解決済みの目標，項目や他計画に譲った方がよいものがあれば削除する，❸第２期計画の経過のなかで，地域ニーズの変化や新たな担い手をふまえ，従来見落としていた活動，新たに掲げるべき目標，項目があれば，追加する，❹第２期計画の経過のなかで，表現・内容で変更した方がよいものがあれば修正する，ということが確認された。

佐川町地域福祉計画ふり返り（2017年７月７日）

そのうえで，第２期計画のふり返りにおいては（2017（平成29）年７月７日）においては，住民による自己評価として，①「とても順調」（◎），②「順調である」（○），③「やや遅れている」（△），④「遅れている」（×）という４段階評価が行われた。

尾川地区の場合，生活支援の仕組みづくりや地域の活性化の評価は高く，健康づくりはやや不十分という評価が行われた。そして，現状把握に関しては，佐川町役場保健福祉課による❶「介護保険ニーズ調査結果」として，独居高齢者が相対的に多い，閉じこもりリスクがやや高いなどが確認されたうえで，佐川町社会福祉協議会による❷「お世話役さんアンケート」により，行事の参加状況や地域の助け合いが相対的に活発である一方，取り組み課題として，人口減対策，自主防災，高齢・障害者支援，地域課題として，高齢化，地域に関心がない人の増加，つながりが弱いこと，課題克服のためには，介護予防・健康づくり，若者定住，後継者育成があげられていることが確認された。

それをふまえて，⑴地域の「お宝」（地域資源や積極面），⑵課題，⑶対策が住民同士の話し合いによって共有化され，提案されていく。

さらに，第３期地区計画に向けての第２期地区計画の修正が行われたうえで，具体的なアクション・プランの提案，選定作業がグループごとに（ベスト３）行われる。

黒岩地区においても，災害に強い地域づくりや集落活動センターづくりは高い評価がされたうえで（注13），現状としては，独居高齢者が相対的に多く，運動への

**第3期計画に向けて**

尾川地区　地域計画　2017年9月8日

①介護保険ニーズ調査結果

家族構成：独居24．2%2番目に多い、介助不要72．1%
要介護要因：高齢・衰弱、骨折・転倒
閉じこもりリスク：やや高い
地域活動への参加意向42．8%、運動への取組40．1%
健康づくりや介護予防を重視（33．5%）

**第3期計画に向けて**

尾川地区　地域計画　2017年9月8日

②お世話役さんアンケート

人口802人、高齢化率48%（2017年1月）
出生数2名（2016年度）
行事の参加状況：60%（No.1）
地域の助け合い：96%（No.1）
取り組み課題：人口減対策、自主防災、高齢・障害者支援
地域課題：高齢化、地域に関心ない人の増加、つながり弱く
課題克服：介護予防・健康づくり、若者定住、後継者育成

第3期計画に向けて第2期計画の修正尾川地区（2017・10・12）
①全体目標
「未来に夢を　明るい尾川」
②重点目標の再検討・確定
・生活支援の仕組みづくり
（困りごとの解決、交通手段の確保、助け合いの仕組み作り）
・地域の活性化
（若者定住対策、世代間交流を通じ後継者の育成を図る、地域文化の掘り起こし継承）
・健康づくり
（介護予防の取り組み、仲間と楽しく運動しよう、あったかふれあいセンターひまわりに参加しよう）

取り組みが相対的に不十分であることが町アンケートによって確かめられる一方，ここ４～５年で「住みやすくなった」，「活気が出てきた」，「助け合っている」などの住民評価は相対的に高く，地域の課題克服に向けて，❶介護予防・健康づくり，❷後継者育成，❸若者定住等があげられていることが確認された。

そして，地域の自然環境，人のつながり，伝統文化の継承などにおいて，地域の「お宝」が確認される一方で，地域の課題として，外出，つながり，買い物，後継者育成，移動支援，災害不安などがあげられ，対策としては，あったかふれあいセンターの開設，買い物支援，住む家の確保，仲間づくり，情報発

佐川町黒岩地区地区計画（2017年９月29日）

黒岩地区第３期計画に向けての話し合い（2017年10月18日）

信などが示された。

そのうえで，第３期地区計画に向けての第２期地区計画の修正が行われたうえで，アクション・プランに向けてのアイデア出しがグループ単位で行われ（ベスト３），相互に発表された。その活動目標としては，❶「買い物支援」，❷「お宝やイベントの発掘・発信」，❸「子どもと老人の一緒に遊べる場づくり」などの助け合い，地域固有の価値の再発見，世代間交流にかかわる内容や，❶「文化祭・収穫祭をする」，❷「黒岩スタンプラリー」，❸「案内看板をつくる」といった地域内のつながり・交流と地域内・外交流にかかわる提案がなされている。

斗賀野地区の第２次計画の取り組み状況では，自然を守り育てる活動やひとづくり・交流活動が高く評価されている反面，防災活動の充実という点では不十分であると評価されている。また，役場アンケートにより，家族との同居率が相対的に高いこと，生活継続のための利用意向としては，外出支援，ゴミ出し，電球交換，調理・掃除支援が多いこと，運動への取り組みは積極的であることが確認された。そして，社会福祉協議会のアンケートにより，「ここ４～５年近所づきあいが増えてきた」割合や「日頃から助け合っている」割合は相対的に高い反面，地域の課題としては，つながりの弱まり，活動停滞，後継者不足があげられていることが確認された。

それをふまえた住民座談会では，後継者不足や地域のつながりの弱さという課題に対して，みんなで声かけすることや，イベントの強化，異年齢交流や人

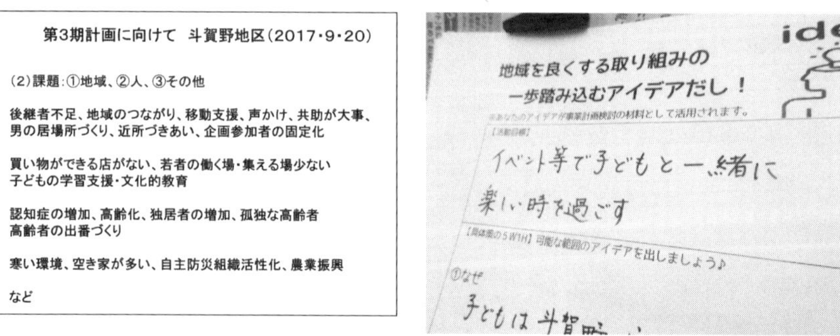


斗賀野地区第３期計画に向けての話し合い
（2017年10月25日）

材バンクの名簿づくりなどが提案された。

そして，第３期計画に向けての第２期計画の重点目標の削除・追加などが行われた。そのうえで，地域をよくする取り組みのアイデア出しが各個人から行われ，各グループ単位でベスト３が選出され，他のグループに向けての発表が住民によって行われる。

実際，独居高齢者で希望する世帯の掃除や庭木の剪定，草刈りなどは，住民有志による「お助け大作戦」として，2017（平成29）年度も2018（平成30）年度も開催されている。

加茂地区では，休耕田の有効活用以外は，概ね順調に第２期計画が達成されてきたことが確認された。そして，行政アンケートにより，介助を不要とする人の割合が相対的に高い反面，閉じこもりリスクやうつリスクが相対的に高いことが確認された。また，社会福祉協議会のお世話役さんアンケートでは，「ここ４～５年近所づきあいが増えてきた」と思う人の割合や，「地域ボランティアへの関心度」が相対的に高い結果となったことが確認された。

そして，地域の積極面や人のつながりのよさが再確認された反面，地域活動への女性の参加が消極的であることなどの課題があげられた。同時に，その対策としては，女性のネットワークづくりなどが提案された。

さらに，第３期計画に向けての第２期計画の修正をふまえて，各グループ単位で，アクションプランに向けてのアイデア出しが行われた。あったかふれあいセンターの開所（集落活動センター内に併設予定）等のほか，消防分団女性グループの結成やモーニングの開催などが提案された。

佐川町の中心市街地である佐川地区における第２期計画のふり返りでは，自

第3期計画に向けて第2期ふり返り 加茂地区
（2017・7・7の紹介）

①全体目標
「交流でつちかう絆と人づくり」
②重点目標の再検討・確定
・人づくり・交流〇
（夏祭りの復活〇、交流機会の充実〇、
ウォーキング組織の充実◎、定住促進△）
・高齢者などへの生活支援〇
（高齢者の暮らしを守る〇）
・健康づくり〇
（高齢者自身による健康づくりの取り組み〇）
・防災・減災活動〇
（自主防災組織の充実〇）
・地域の活性化△
（休耕田の有効活用で地域の活性化△）

第3期計画加茂地区に向けて（2017・9・22）

（2）課題：①地域、②人、③その他

A班

・買い物が不便　・運動会の参加が少ない
・公共交通の充実　・電波が入らない所がある
・あったかセンターの実現
・寂しい国道沿い　・情報伝達の充実
・若い世代の地域参加　・女性の参加が少ない

**第3期計画に向けて**

佐川地区　地域計画　2017年9月26日

②お世話役さんアンケート

人口6909人、高齢化率35%（2017年1月）
出生数31名（2016年度）
住む地域の安心度22%（No.1）
ここ4～5年、活気が出てきた22%（No.5）
助け合い意識のため：①あいさつ、②一緒に課題解決、③見守り
取り組み課題：①自主防災、②絆づくり、③高齢・障害者支援
地域課題：①高齢化、②つながり弱く、③地域に関心ない人増加
課題克服：①後継者育成、②健康・予防、③仲良くなる活動

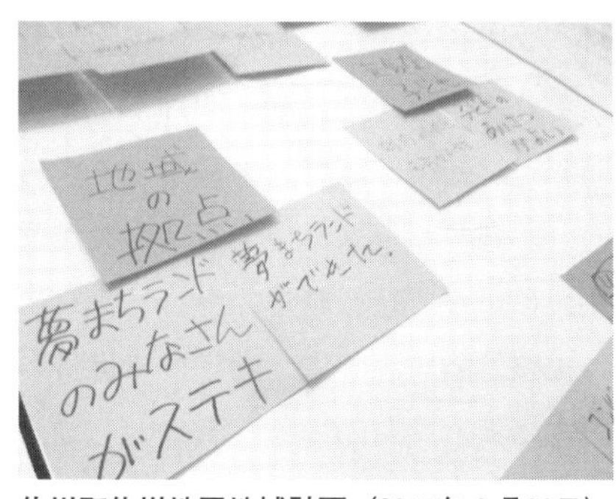


佐川町佐川地区地域計画（2017年９月26日）

主防災組織の発展や体操の充実などの自己評価が高いことが確認された。そして，行政アンケートにより，閉じこもりリスクが相対的に小さい反面，ゴミ出し支援のニーズが高いことが確認された。社会福祉協議会によるお世話役さんアンケートでは，住む地域の安心度は相対的に高い反面，地域に関心のない人が増え始めていることなどが確認された。

住民座談会のなかでは，新しくできた住民の地域交流拠点「夢まちランド」などが地域の「お宝」として確認される一方，地域のつながりが薄いことや若い人の参加が少ないことなどが地域課題にあげられた。対策としては，ウォーキング，イベント，居場所づくりなどが方向づけられた。

そして，第３期計画に向けての第２期計画の見直しをふまえたアクション・プランに向けてのアイデア出しでは，「町民運動会の復活」や「学校と地域の

**第3期計画に向けて第2期計画修正案の検討結果（チーム田村班）**
佐川地区（2017・10・23）

アクションプランに向けてのアイデア出し
（ベスト3！）
①活動目標
「町民運動会の復活」
夢まち協議会が呼びかけ学生も参加
②活動目標
「夢まちランドにあったかふれあいセンターを」
③活動目標
「学校と地域のつながり」ゴミ出しや下校時の交流

→子どもから高齢者までが温かくつながる佐川地区

佐川町尾川地区昔のこども遊び（2017年８月30日）

つながり」など，子どもから高齢者までが温かくつながる地域づくりなどが提案された。

第２期計画のふり返りや第３期計画の策定と並行して，各地区では実際にさまざまな具体的活動が展開されている。計画の策定→実行→評価→改善，というPDCAサイクルが５つの各地区単位で，文字通り住民主体に展開されている。そして，町全体の「みんなでまちづくり委員会」や健康福祉大会，各地区の広報などを通じて相互に報告し合い，刺激し合いながら，より活発な地域福祉活動，地域づくりが展開されてきている。

佐川町黒岩地区流しそうめんづくり（2017年８月23日）

【小括】

佐川町の地域福祉（活動）計画の策定，実行，評価，改善のプロセスが10年以上にわたって継続，発展してきた要因として，以下のことが考えられる。

❶健康福祉・地域福祉アンケートをふまえた根拠に基づく計画づくり，総合計画や個別福祉計画とも整合性が図られた福祉総合計画となっている。しかも，地区計画から町計画へ手堅い手法で丹念に積み上げられている。❷地区別座談会をふまえた住民のニーズと主体性を尊重し（地域の顔が見える計画），策定委員会での熱心な議論を民主的に反映させた計画づくりが行われてきた。とくに，県下では早い３期目に取り組み，過去10年の実践が住民の自信を培っている。❸生活困窮者支援，防災活動，地域拠点づくり（あったかふれあいセンター，集落活動センター，夢まちランド）の精力的な活動実績を活かし，それが計画にも進取的に反映されている。とくに，各センターやランドが，活動を促進する地域拠点として活かされ，地域福祉計画の活性化に向けたエンジン機能を果たしている。

❹一定期間ごとに各地区のふり返り，地区間で共有，刺激し合える仕組み（「みんなで福祉のまちづくり委員会」と各地区のふり返り）がある。❺重点目標ごとに，社会福祉協議会と行政の役割が地域福祉の両輪として，住民の支

援体制が明記されると同時に，その運転主役である住民が主役となる計画づくり，計画実践が行われてきている。❻地区計画があることによって，住民がアイデンティティ（「おらんく」の計画）をもちやすい。そして，「明日，来週，来月のあれどうする？」というように，住民が無理せず，楽しく取り組んでおり，日常化した計画活動の継続的・発展的実践となっている。❼５つの地区どうしがよい意味で競い合い，どの地区も独自の魅力ある地域づくりを進め，よきライバルとなりながら，結果的に，町全体の地域福祉力を高めてきている。

❽健康福祉大会などで各地区の活動を発表する機会があり，高知県内外の取り組みの視察も毎年重ねてきており，住民が発奮し，学び続けられる計画活動となるよう社会福祉協議会が配慮している。❾各地区に計画を推進する住民組織があり，リーダー，サブリーダーがいる。それが，「絵に描いた餅」にならない計画活動を生み出し，推進する担い手となっている。

❿第３期計画の表紙にあるように，住民の「手と手を結ぶ」（「心と心をつなぐ」）計画であることが重視されており，互いの弱みを強みで補い合う人の循環が真の地域活性化となって，活気のあるまちづくりの持続性を住民自身が生み出している。

## 第３節｜高知県日高村の取り組み事例の分析

日高村では，第３期地域福祉（活動）計画が，第２期計画をふまえて，行政と一体的に策定されている（2017（平成29）～2021（令和３）年度）。行政が町全体の地域福祉計画を担当し，地区・地域と向き合う社会福祉協議会が具体的な地域福祉活動計画を担当するが，活動計画では，冊子体の総論に対して，模造紙を用いて，半年単位でふり返りができるよう，各地区（５地区）単位で集まり，各地域（20地域）単位で地域計画の進行管理が進められている。それは，各地区・地域単位で，小地域ネットワーク会議を通じて検討・共有化されるが，そのネットワーク会議は，見守り支援ネットワーク会議と地域福祉活動ネットワーク会議から構成される。前者の個別支援の共有化をふまえて，後者の地域福祉（活動）計画を軸とする地域支援の状況確認が行われる。

本郷地区に即して，その手順を見てみる。見守り支援ネットワーク会議で

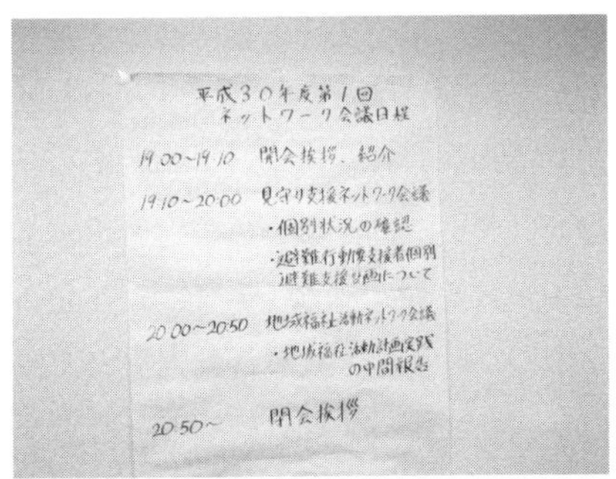


日高村本郷地区見守りネットワーク会議（2018年９月28日）

日高村本郷地区見守りネットワーク会議（2018年９月28日）

は，日常時の独居高齢者の見守り支援と災害時要支援者への対応が検討される。日常時の独居高齢者の見守り支援については，まずは，グループ（20地域単位）ごとに，前回のネットワーク会議で共有化された個別支援課題への課題解決に向けた役割分担と取り組み結果が報告される。そのうえで，一人暮らし高齢者台帳とマップを併用しながら，社会福祉協議会職員や保健師による近況確認が行われ，住民からも情報提供が行われる。

マップ上では，見守りの協力者は赤色で，対象者は黄色で識別して所在が確認される。一人暮らし高齢者台帳では，その人に対する一声ボランティアや緊急通報装置協力者，緊急行動支援者が確認され，サービス利用状況のほか，困っていること（調理，通院，買い物，その他）の有無が共有化される。その他の状況としては，近隣家族との関係，体調や食事の状況，外出の様子などが確認，共有化される。

見守りネットワーク会議（日高村）2018年9月28日
本郷地区１人暮らし高齢者台帳

・氏名　・住所　・電話番号　・生年月日
・一声ボランティア　・親族
・緊急通報装置協力者　・避難行動支援者

利用サービス
・いきいき百歳　・ふれあいサロン　・ミニデイ
・介護保険　・避難行動要支援者　・その他

困っていること
・調理（　）・通院（　）・買い物（　）・ゴミ出し（　）

見守りネットワーク会議（日高村）
2018年9月28日　本郷地区

各グループで共有化された個別状況例
困っていること:「その他」

・娘や孫がごはんをもってきてくれる
・薬を飲むと調子が良くなる
・手をケガしており掃除がしにくい
・買い物は週1回　・変わったことはない　・元気
・ほぼ毎日、娘が泊まっている　・歩行が難しい
・自立　・娘が来ている　・娘が近くにいる
・杖をついて外を歩いていた

一方，災害に備えた個別支援においては，避難行動要支援者個別避難支援計画（高知県内で防災に向けたマクロの市町村計画だけではなく，ミクロの個別支援計画まで作成している自治体は数か所しかない）が作成されるが，その要件としては，❶75歳以上の高齢者世帯，❷要介護３～５，❸身体障害者手帳１～２級のいずれかに該当することとされる。日高村全体では，該当者640名中，要支援者としての意向を表明した人225名に対して，避難行動支援者が決定している人が186名，計画作成中39名となっており，さらに候補者を選定する必要がある。そのため，作成中の避難行動要支援者個別避難支援計画が示され，避難時に配慮しなくてはならない事項，緊急時の連絡先，避難準備支援者，避難場所，避難経路，避難方法などが確認されつつも，避難行動支援者（南海トラフなど余裕時間が短い災害の場合，および台風等の一般の風水害の場合）の候補があげられる（４名まで）。住民からは，「～さん」「役場の～さん」「奥さんからも依頼あり」「誰々しかおらん」「できれば誰々にお願いしたい」といった形で候補があげられた（その後，行政の方で支援候補者に同意してもらえるか，関係機関で支援候補者の個人情報を共有してよいかが確認される）。

小地域ネットワーク会議のもう１つの柱である地域福祉活動ネットワーク会議においては，第３期の日高村全体の地域福祉（活動）計画のなかの基本構想（全体目標），重点目標（大目標），活動目標（中目標），実施目標（小目標）のうち，５年計画の２年目（2018（平成30）年度）として，村全体の実施目標（小目標）から各地域（20地域）のアクション・プランとして抽出して掲げた目標の点検が行われる。その際，模造紙を用いて，2018（平成30）年度にすで

見守りネットワーク会議（日高村）
2018年9月28日　本郷地区
避難行動要支援者個別避難支援計画

要件：①～③のいずれかに該当
①75歳以上の高齢者世帯
②要介護3～5
③身体障害者手帳1～2級

日高村全体
640名→要支援者の意向を表明した人225名
支援者決定186名、計画作成中39名
↓
さらに候補者選定

見守りネットワーク会議（日高村）
2018年9月28日　本郷地区
避難行動要支援者個別避難支援計画

・避難時に配慮しなくてはならない事項
・同居家族　・緊急時の連絡先　・世話人（コーディネーター）
・避難準備支援者
・避難行動支援者（南海トラフなど余裕時間が短い災害の場合、台風等の一般の風水害）
・避難場所・経路
・避難方法
・避難生活支援者

避難行動支援者→候補を挙げる（4名まで）
：「～さん」「役場の～さん」「奥さんからも依頼あり」
「誰々しかおらん」「できれば誰々にお願いしたい」

に実施した場合は報告書の作成，未実施の場合は計画書の作成を行う。このようなふり返りが半年スパン（年度内の中間と最終）で行われる。

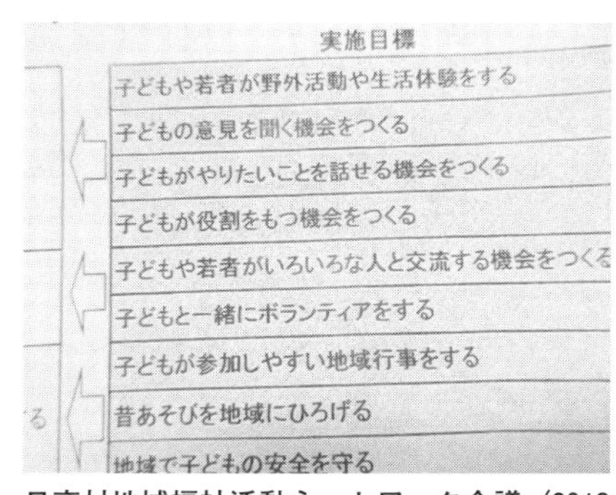

日高村地域福祉活動ネットワーク会議（2018年９月28日）

未実施の地域でも，10月に芋煮会と防災学習を実施する計画を立てている地域では，事前に準備しなければならない項目ごとに，その担い手を明確にし，チラシの作成も済ませている。別の未実施地域では，子ども食堂の計画を立てて，そのメニューや料金が具体的に検討されている。

すでに実施された地域では，写真なども使って，当日の様子などを思い浮かべながら，「よかったこと」，「気づいたこと」，「課題」が集約されていく。

沖名地区でも，前回のネットワーク会議で共有化された個別支援課題への課題解決に向けた役割分担と取り組み結果が報告される。そのうえで，一人暮らし高齢者台帳とマップを併用しながら近況確認が行われる。「その他」の項目では，外出状況，入退院状況，疾病や認知症，避難行動支援などに関する状況が確認，共有化されている。

地域福祉活動ネットワーク会議においては，春の山菜料理を企画，チラシを作成しながら中止となった地域では，交流会・ペタンク大会という形で企画を

日高村本郷地区地域福祉活動ネットワーク会議（2018年９月28日）

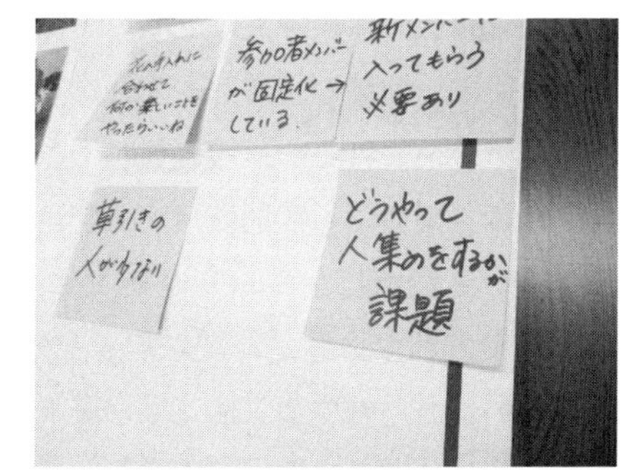

日高村本郷地区地域福祉活動ネットワーク会議（2018年９月28日）

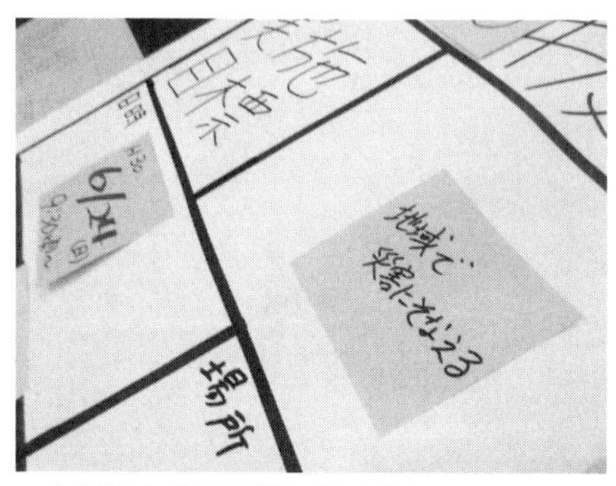


日高村沖名地区地域福祉活動ネットワーク会議（2018年10月２日）

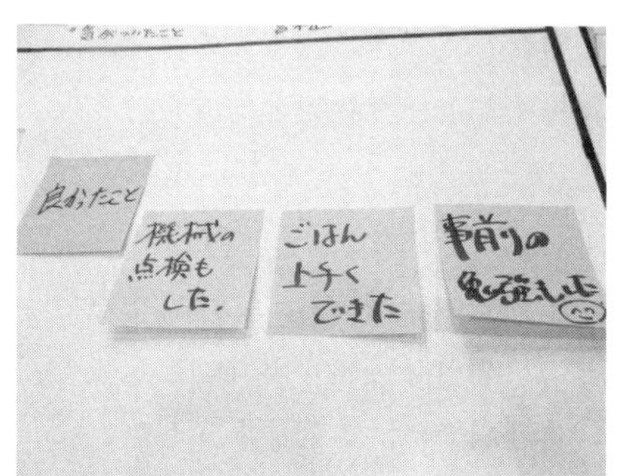


日高村沖名地区地域福祉活動ネットワーク会議（2018年10月２日）

練り直したり，「地域で災害に備える」実施目標を選択した地域では，実際に炊き出しを実施した様子を写真で確認しながら，「よかったこと」や「気づいたこと」などが確認，共有化されている。

その他，チラシ配布のうえ，地域で健康を学ぶ取り組みを実施した地域では，参加していない独居高齢者への誘い方の工夫や，高齢者が気軽に集まれる場所の必要性に気づいたり，また，災害時に備えた炊き出し訓練を実施した地域では，若い人をイベントを通じて巻き込む必要性に気づいている。

【小括】

日高村の地域福祉（活動）計画の策定，実行，評価，改善のプロセスが10年以上にわたって継続，発展してきた要因として，以下のことが考えられる。

地域福祉は，住民一人ひとりを大切にしようとする個別支援志向の「社会福祉」の眼と，地域の暮らしやすさを望む地域づくり志向の「福祉社会」の眼の複眼思考が望まれるが[注14]，日高村はそれを理想的な形で備えている。

５地区（集会所）20地域（テーブル）別に開催される小地域ネットワーク会議における個別状況のふり返りにおいては，台帳やマップを活用しながら，「元気で問題ない」，「体調が悪く見守りが必要」，「地域とのつながりが弱くなっている」，「軽度の生活支援が必要」，「介護保険や避難行動支援の対象」というように，個々の独居高齢者等の支援課題の共有化と課題解決への取り組みが進められてきた。それは，住民一人ひとりが大切にされる個別支援，社会福祉の視点である。

その個別支援を徹底するなかで，個別の問題を地域の共通課題として発展的にとらえ直すときに，地域福祉（活動）計画に向けた取り組みへと視野が広がる（例えば，認知症になっても地域で暮らせるようにするために，障害をもっても生き生きと暮らせるために，子育ての悩みや子育ちの不安がない地域とするためには，どのような仕組みづくりや支え合いが必要か，というように）。日高村では，2007（平成19）～2011（平成23）年度の第１期地域福祉活動計画の取り組みにおいて，単年度ごとに，各地域（５地区20地域）ごとに，自分たちが目標に掲げた地域福祉活動がどれだけできたのか，やってみてどういう点がよかったのか，できなかったことは何か，その原因は何か，というように活動の自己評価をきちんと行い，さらに過去５年間を通じての総括もされた。それは，地域づくり，福祉社会を志向する視点とも言えるが，そのような社会福祉協議会による地域福祉活動計画の取り組みが，2012（平成24）～2016（平成28）年度の第２期，2017（平成29）～2021（令和３）年度の第３期地域福祉（活動）計画へと確実に受け継がれ，発展してきている。

日高村では，このように，個人を大切にする眼と地域を大切にする眼を各地域の住民がしっかりともちながら，地域福祉活動を理想的な形で進められてきた。それは，家族が祖父母，父母，子，孫一人ひとりを気遣うと同時に，一人ひとりが家族全体の幸せや健康を願うような関係が，地域と個々の住民の関係において拡大再生産されていると言えるだろう（住民の言葉を借りれば，「地域は家族」）。

第２期・第３期計画は，そのうえで住民と行政が協働して取り組む地域福祉計画が新たに策定され（総論），それに，住民と社会福祉協議会が協働して取り組む地域福祉活動計画が前半・後半で合冊化する形となっている。計画の前半部分は地域福祉計画と位置づけられ，日高村の地域福祉の全体的な理念・方向・施策が記され，後半部分ではより具体的な次元で住民が取り組む活動目標，実施目標が掲げられている。その際，両計画とも，目標設定に際しては，20地域ごとに小地域ネットワーク会議を通じて出された住民の考えやアイデアが，作業部会，策定委員会を通じて積み上げられており，住民の願い，意思や言葉が大切にされている。いわば，行政と社協が地域福祉活動を動かす車の両輪になりながらも，地域のあり方や目指す方向は，運転手である住民が自己決定する形をとっている。

そして，計画冊子には掲載されていないが，模造紙を使って，20地域単位の地域計画が具体的な実施目標に即して策定されている。村全体の計画だけでは，「絵に描いた餅」になりかねないが，日高村では，20地域ごとに，何を，いつ，どこで，誰がするのか，というアクション・プランを半年～１年単位で策定，実施，評価（中間・最終）する形をとっている。これは，第１期地域福祉活動計画以来，継承されている手法である。

このように，日高村では，各20地域（20地域は，民生委員の担当エリアでもある）が，計画の策定と実行を進める基本単位となっている。第２期・第３期の村全体の地域福祉（活動）計画という大きな歯車を動かすためには，20地域の地域計画という小さな歯車が動かなければならない。20地域の地域計画が実現に向けて動き出すことによって，それらを包含する村全体の計画が実現に向けて動いてゆくことになる。村全体の計画と各地域計画は，いわば，灯台と船のような関係にあり，各地域の住民は，村全体の計画を羅針盤としながら，自分たちの立ち位置を確かめつつ，自分の地域の方向性を見定めている。

日高村では，「点」としての活動である個別支援を地道に展開し，それをつなぎ合わせながら，「面」としての地域づくりを進めてきている。そして，「住民による住民のための村づくり，地域づくり」が誇張でも，言葉だけの文句でもなく，住民が考え，実行し，ふり返るという形で現実化してきている。それは，住民が自分たちの地域計画を手離さず，「絵に描いた餅」にしない地域づくりを主体的に進めてきた結果と言えるだろう。

## 第４節｜高知県四万十町の取り組み事例の分析

四万十町では，「市町村全体計画先行型（「下向法」）」（四万十町第１・２・３期）という形態をとりながらも，旧町村単位（窪川，大正，十和）の３地区単位での計画の見直しやふり返りが行われてきている。そして，「独立・並走（別冊）型」（社会福祉協議会第１・２期，行政第１期）をとりながらも，社会福祉協議会にとっては，第２期途中で第３期としてリセットする形で，行政

四万十町：地域福祉計画と地域福祉活動計画の親和性

地域福祉計画　←→地域福祉活動計画

・「気づく」　←→「地域の宝を活かした町づくり」

・「育てる」　←→「支える人づくり」

・「つなげる」　←→「みんなの場を支える場づくり」

・「支える」　←→「みんなの集える場づくり」
「暮らしの場づくり」

にとっては第2期当初から，行政策定の地域福祉計画と社会福祉協議会策定の活動計画を一体的に策定する「一体（合冊）型」(社協第3期・四万十町行政第2期）の形態をとるに至っている（2018（平成30）年度〜)。それは，社会福祉協議会の第2期計画と行政の第1期計画の目標項目の大半が共通した親和性をもっていることを考慮すれば，本来は，無理のない統合と言える。

本稿では，社会福祉協議会サイドの第2期までの注目すべき部分に焦点を当てる。その第1期計画から単年度単位の計画のふり返りが3つの地区単位で行われ，しかも達成された項目については，その要因が住民同士で共有化され，達成されなかった項目についても，その原因を住民同士で話し合い，共有化するという丹念な作業が進められてきた。

しかも，それを地区単位のふり返りに終わらせず，テーマ部会別のふり返りが行われ，住民，社会福祉協議会，行政が部会単位で計画を推進させている。

そして，重点目標に沿って，地区別のふり返りとテーマ部会別のふり返りをクロスさせることによって，テーマごとに，地区単位の評価も見える形がとられている。

さらには，住民が2つの地区（窪川地区と大正・十和地区）別の評価グルー

四万十町地域福祉活動計画ふりかえり2014、2、28

（1）四年間（平成22〜25年度）の達成状況
【大正・十和地区】

①できたこと
ハイキング、百歳体操、ひな祭り、防災、フリマ、よさこいグループ、乗り合いバス、健康づくり、パワースポット、等

②できなかったこと
モーニング、買い物代行、昭和体操、空き屋利用、等

四万十町計画推進委員会（2014年2月28日）

プに分かれながら，「住民関心度」，「住民参画度」，「社協関与」という評価基準に従って，重点目標（大目標）のなかの活動目標（中目標）のさらに具体的な実施目標（小目標）ごとに，5点満点で自己評価を行っている。

四万十町地域福祉活動計画　2015／12／18
平成28年度の方向
②自主防災活動部会　（2016年1月視察）
目標「地域の防災活動を知ろう」
四万十町版災害食レシピ
防災グッズ、火災報知器→四万十町版パンフ
④子育て･高齢者見守り･買い物支援部会
目標「子育て世帯応援隊を作る」
情報収集、視察先の再検討
サロンの日に買い物ができれば
Ｉターン者が集える場に向けてのネットワークづくり

【小括】

四万十町の取り組みは，とりわけ社会福祉協議会サイドの地域福祉活動計画における評価方法が注目される。計画の立てっぱなし，やりっぱなしではなく，達成できた項目に関しても，その要因を議論して共有化すると同時に，達成できなかった項目についても，その原因を率直に出し合い，反省点として共有化されている。その作業は地道であるが，予定時間を大幅に超過してでも熱心に議論し合う住民の様子は印象的であった。

さらに，合併前の旧町村単位の地域性が異なることに着目して，地区単位のふり返りが行われている。そして，眼に見えるエリアだけでなく，眼に見えないが地理的空間領域を超え出るテーマ部会別に住民，社会福祉協議会，行政が自発的に「この指止まれ」方式で参加し，ふり返るという計画推進体制がとられている。いわば，眼に見える伝統型コミュニティからテーマ型コミュニティへの発展形態であり，住民だけでなく，職務命令ではない形での社会福祉協議会等の職員の自分の関心に応じた自発的な計画への参画により，モチベーショ

四万十町地域福祉活動計画　2016／8／5
(1)全体のふり返り(重点目標)
③手をつなごう―安心のまちづくり―
→高齢者見守り、買い物支援部会
【窪川地区】
･空き家あっても貸してもらえない
･自立支援協議会(住まい部会、子ども支援部会)
　相談窓口、支え合い･集まりの場
･商店街の活用(休憩やちょっとした食事)
【大正･十和地区】
･見守り隊(隊長:区長、民生委員)、自主防との連携
･母と独身の息子にどのように関わるか
･廃校利用
･空き家活用(四世帯一緒)→買い物等の支え合い
･空き家あっても貸さない、土地も活用
･コミュニティバスの見直し(ニーズとの関係)

四万十町地域福祉活動計画　2017／9／29
進行評価
重点目標(3)手をつなごう―安心のまちづくり―
活動目標④「障害者の自立を支援しよう」
実施目標
1　障害のある人たちへの理解を深めよう
　住民関心度44　住民参画度33　社協関与45
2　地域でともに暮らそう
　住民関心度3　住民参画度3　社協関与45
3　障害のある人の活動の場をつくろう
　住民関心度53　住民参画度33　社協関与45

ンに基づく持続性が担保される。それに地区別評価をクロスさせることにより，テーマ別の評価を地区別に見ることもできるように配慮されている。

そして，地域福祉活動計画を最も具体的な実施目標（小目標）に即して，住民の「関心度」や「参画度」の基準から評価することを通じて，住民の地域福祉活動を客観的にとらえ直す視点を住民自身が育むことができると同時に，「社会福祉協議会関与」の評価基準があることによって，社会福祉協議会職員のコミュニティ・ソーシャルワーカーとしての働きが，住民からどのように映っていたかを客観的にとらえ直せる契機となっている。

## 第５節｜地域福祉活動の持続要因

高知県の３つの町村を取り上げて，地域福祉（活動）計画が確実に活かされ，持続する要因を分析してきた。

佐川町では，５つの地区単位での住民の主体的な話し合いと行動が最大限尊重される形での社会福祉協議会と行政の側面支援があり，住民組織のリーダー，サブリーダーが推進役を果たしていること，そして，どの地区も地域活動拠点をもつことによって，それが活動のエンジンの機能を果たしていること，さらに，「みんなでまちづくり委員会」や健康福祉大会を通じて，地区間相互の刺激と発奮材料が得られることが持続要因となっていると考えられる。

日高村では，やはり，小地域ネットワーク会議が，個別支援と地域支援の両面から，地域福祉活動を持続させるエンジンの役割を果たしている。それが，平時・災害時の見守り支援ネットワーク会議と，計画推進に向けた地域福祉活動ネットワーク会議の両輪となって，個別支援と地域支援という地域福祉の複眼思考を住民自身が養うことを成功させている。しかも，その活動のふり返りや推進の単位が，住民にとって最も身近な小地域単位で行われることによって，計画や活動が自分たちのものとして，アイデンティティをもちやすい関係にあることが持続力を発揮することにつながっているものと見ることができる。

四万十町では，評価が手堅く行われていることが，計画活動を安定化する要因となっていると考えられる。計画達成・未達成の要因・原因の共有化，旧町村単位の地域性に根ざした評価，テーマ部会別の評価，テーマ別地区単位の評価，さらに，住民の主体性や社会福祉協議会の協力体制という観点からの実施目標別の点数評価，というように，より多角的，総合的な評価手段を住民が発展的に活かすことによって，住民が客観的な視点で自分たちの活動をとらえ直し，活動を改善しつつ持続させることができる原動力になっていると考えられる。

３つの町村の取り組みに共通することは，地域活動拠点やネットワーク会議，評価手段という計画活動の重要なエンジンを獲得しながらも，そのエンジンをうまく使いこなす住民の主体性を発揮できるよう，社会福祉協議会や行政が側面支援している点である。依存的な住民から，主役に転換，成長し得る住民へのサポートをできるかどうかが，とくに社会福祉協議会職員のコミュニティ・ソーシャルワーカーとしての力量が問われる試金石であり，それが見事に発揮されている。

さらに四国に視野を広げ，中山間地域における地域共生拠点を軸とする地域福祉活動，地域づくりの現地調査をふまえて付言すれば，その形成・持続要因は，以下の通りとなる（田中，2020）。

１つ目は，少子高齢化，過疎化，地域経済の疲弊・停滞が進む下で，あるいは，災害・水害等の住民共通の困難な状況に直面するなかで，住民の間で危機感が生まれることにより，その逆境を発条として，跳ね返す力が住民の主体性を醸成するということである。

２つ目は，住民が集い，話し合い，行動し，ふり返っていく活動拠点が身近な地域に存在することにより，住民の活動が日常的に継続し，活気が生まれ，それを持続・発展させる基盤を得ることになる，という点があげられる。

３つ目は，行政や社会福祉協議会，NPO法人，社会福祉法人などが，地域福祉，地域づくりの方向や枠組みを定めてしまい，住民がその軌道に乗るだけの受け身の存在にさせることなく，自分たちの問題として考え，行動し，修正していけるように側面支援していく立ち位置にある，ということである。専門職が地域の課題をすべて抱え込むのではなく，住民自身が課題と向き合いつつ，主体的に解決できるような支援をコミュニティ・ソーシャルワーカーが果たせることが重要な鍵を握っている。

４つ目は，移住者に対して，地域住民のなかに受け入れる姿勢と意識，行動が見られるとともに，移住者側も地域のよさを受け止め，前向きな姿勢でアイデアや行動を起こし，新たなプラスのエネルギーを地域に注ぎ込む関係性があることである。同時に，移住者に対して，住居や仕事，活動などの最低限度の生活基盤を地域の側が用意することである。

５つ目に，集落支援員や地域おこし協力隊，地域担当職員など，住民の主体性を尊重しつつも，特定の地域や活動に対して，ピンポイントで包括的な支援を行える人的支援の仕組みがあることである。

６つ目に，その地域ならではの固有価値（自然環境，文化的価値のある物や活動，人間関係のよさ，開発余地のある独自資源など）があり，その潜在的能力を活かし発揮させながら，地域の生活課題を解決していくような仕組みが存在することである。

７つ目に，高齢者・障害者・児童の縦割りで地域福祉をとらえるのではなく，あるいは，高齢者介護や障害，生活困窮問題などに視点を狭めてしまうのでもなく，住民全体の地域生活を豊かにすることとしてとらえ直すことにより，福祉概念のウイングを拡張することで，より多くの住民参加と理解・協力を得られやすくすることである。そして，老人ホームに入ったりデイサービスに通うようなことだけを「福祉」（welfare）としてとらえるのではなく，生き生きとその人らしく仕事ができること（workfare）なども含め，自己実現に向けた役割発揮（well-being）の機会づくりの視点をもつことである。

８つ目に，障害者等を支援を受ける側の立場として固定的にとらえるのではなく，そのエンパワメントを通じて，地域に支えられる側から地域を支える側に転換し得る視点と支援のあり方が求められる。地域経済の衰退や担い手の不足という中山間地域の状況に対して，高齢者や障害者等がコミュニティビジネスを生み出し，地域を支えるとともに，彼らにとっても仕事と収入が得られる，というような，当事者と地域の間にWin-Winの関係が成立することである。

９つ目に，子どもや若い世代が地域の高齢世代等から忘れがたい報いを受けることによって，今度は若い世代の側から，地域のために自発的，利他的な協力をしていくことで地域に報い返す「世代を超えた互酬性」があることが，地域づくりの次世代継承という意味でも，地域の持続性を担保することになる。

そして，10番目に，住民個々人の自立支援を図りつつも，地域の自立を図っていくためには，個々人のための所得確保だけではなく，地域のための住民個々人による寄附や活動資金の拠出なども含めて，住民が自分たちで地域のために資金を確保し循環させていくようなコミュニティビジネスの形成が見られることが，活動の持続可能性と地域の自立性につながっていく。

（注）

1　ただし，地域福祉計画の上位計画化については，従来の自由度の高い内容に対して制度福祉の運用が優先され，自治体の裁量が損なわれることへの懸念も指摘されている（平野，2020）。

2　厚生労働省社会・援護局地域福祉課「市町村地域福祉計画策定状況等の調査結果概要」各年

3　同上，平成31年4月1日

4　2000（平成12）年の社会福祉法制定当時に筆者が厚生労働省の担当課長補佐に直接インタビューし，なぜ義務化しないのかを尋ねた結果では，国が義務づけることによって市町村の自主性や住民の主体性を損なうおそれがあり，それが地域福祉計画の趣旨に矛盾するから，ということであった。

5　前掲3参照。なお，高知県内の市町村の状況を見る限りでは，とくに2018（平成30）年度から，介護保険事業（支援）計画の第Ⅶ期，障害福祉計画の第Ⅴ期と重なることもあり（いずれも現在は3年計画と法定化されている），それらにサイクルを合わせて，6年計画とする市町村もある。地域福祉計画が個別福祉計画に対する上位計画であるとの位置づけが明確化されたことをふまえれば，サイクルをできる限り合わせることも検討されてよいだろう。

6　厚生労働省社会・援護局長「市町村地域福祉計画の策定について」（社発第0810001号平成19年8月10日）別添「要援護者の支援方策について市町村地域福祉計画に盛り込む事項」および厚生労働省「市町村地域福祉計画及び都道府県地域福祉支援計画の策定について」（平成26年3月27日社援発0327第13号）別添「生活困窮者自立支援方策について市町村地域福祉計画及び都道府県地域福祉支援計画に盛り込む事項」を参照。

7　前掲2参照

8　前掲3

9　同上

10　同上

11　同上

12　田中きよむ「地域福祉（活動）計画と住民主体のまち・むらづくり（上）―高知県内各市町村の取り組み―」（『ふまにすむす』第25号，2015年3月）を参照。

13　高知県独自の集落維持・再生の仕組み，住民の課題把握と地域独自の解決方法の仕組みとして，「集落活動センター」が各市町村・各地域で住民組織によって運営され，その地域のニーズに合わせて，生活支援サービス，安心安全サポート，健康づくり，防災活動，鳥獣被害対策，観光交流，定住サポート，農林水産物の生産・販売，特産品づくり・販売，エネルギー資源活用等が取り組まれている。同じく高知県独自の「高知型福祉」の取り組みとして，多様なニーズへの対応と縦割り（高齢者・障害者・児童等）の克服を目指す住民主体の支え合いの共生型交流拠点として，「あったかふれあいセンター」が各市町村・各地域で社会福祉協議会，NPO，企業等によって運営され，地域のニーズに合わせて，必須機能（「集い」，「相談・訪問・つなぎ」，「生活支援」），付加機能（「預かる」，「働く」，「送る」，「交わる」，「学ぶ」），拡充機能（「移動」，「配食」，「泊まり」，「介護予防」）が組み合わされている。そのような地域拠点を軸とする共生型地域づくりの可能性については，田中きよむ編著，玉里恵美子・霜田博史・水谷利亮・山村靖彦『小さな拠点を軸とする共生型地域づくり―地方消滅論を超えて―』晃洋書房，2018年を参照。

14　岡村重夫が指摘する「福祉性」の原則と「地域性」の原則（岡村重夫『社会福祉学』柴田書店，1963年）をはじめ，国内外の地域福祉研究で論じられてきた地域福祉の２つの本質的要素に通ずる。

（参考文献）

・原田正樹「地域福祉計画と地域住民の主体性に関する一考察」『都市問題』第95巻第７号，2004年，同『地域福祉の基盤づくり―推進主体の形成―』中央法規出版，2014年
・平野隆之『地域福祉マネジメント』有斐閣，2020年
・池本賢一「地域福祉実践から考える『協議の場』づくりの重要性」『地域福祉実践研究』第10号，2019年
・井岡勉監，牧里毎治・山本隆編『住民主体の地域福祉論』法律文化社，2008年
・井岡勉・賀戸一郎監，加藤博史・岡野英一・竹之下典祥・竹川俊夫編『地域福祉のオルタナティブ』法律文化社，2016年
・厚生労働省社会・援護局地域福祉課「市町村地域福祉計画策定状況等の調査結果概要」（平成30年４月１日時点），同「市町村地域福祉計画及び都道府県地域福祉支援計画の策定状況について」平成29年４月１日時点，同「市町村地域福祉計画策定状況等の調査結果概要」平成28年３月31日時点
・松端克文「地域福祉計画を実効性のあるものとしていくために」『月刊福祉』2017年９月号
・室田信一「地域共生社会の光と影」『季刊福祉労働』第169号，2020年
・日本ソーシャルワーク教育学校連盟編『最新社会福祉士養成講座・精神保健福祉士養成講座⑥地域福祉と包括的支援体制』中央法規出版，2021年
・野口定久・平野隆之編著『地域福祉』リーディングス日本の社会福祉，日本図書センター，2011年
・岡村重夫『社会福祉学』柴田書店，1963年，同『地域福祉論』光生館，1974年
・大橋謙策『地域福祉論』放送大学教育振興会，1995年
・大橋謙策「地域福祉とは何か！」『コミュニティソーシャルワーク』第26号，2020年
・「市町村地域福祉計画の策定について」（平成19年８月10日社援発第0810001号）別添「要援護者の支援方策について市町村地域福祉計画に盛り込む事項」および「市町村地域福祉計画及び都道府県地域福祉支援計画の策定について」（平成26年３月27日社援発0327第13号）別添「生活困窮者自立支援方策について市町村地域福祉計画及び都道府県地域福祉支援計画に盛り込む事項」

・田中きよむ「地域福祉（活動）計画と住民主体のまち・むらづくり（上）―高知県内各市町村の取り組み―」『ふまにすむす』第25号，2015年３月
・田中きよむ・霜田博史「地域福祉（活動）計画とその持続性に関する一考察」『高知論叢』第115号，2018年10月
・田中きよむ編著，玉里恵美子・霜田博史・水谷利亮・山村靖彦『小さな拠点を軸とする共生型地域づくり―地方消滅論を超えて―』晃洋書房，2018年
・田中きよむ「小さな拠点と地域共生社会―四国地域の動向―」『Humanisumus』第31号，2020年
・谷富夫・稲月正・高畑幸編著『社会再構築の挑戦』ミネルヴァ書房，2020年
・「つながりを切らない」情報・交流ネットワーク編『withコロナ新しい生活様式で進める地域づくり：地域共生社会を見据えた地域活動のヒント集』全国コミュニティライフサポートセンター，2020年
・都築光一「地域住民による地域福祉活動の推進意欲に関する仮説条件と構成要素に関する研究」『東北福祉大学研究紀要』第43巻，2019年
・都築光一編著『現代の地域福祉』建帛社，2020年

# あとがき

本書は，筆者がこれまで，社会保障制度各分野について積み重ねてきた研究・教育をふり返りつつ，とりまとめたものである。2010（平成22）年に初版出版後も，社会保障各制度の改革は著しく，今回も全面的に改訂・改題した。

年金，医療，介護，児童福祉，障害者福祉，生活保護のいずれをとっても，近年，制度改革が繰り返され，また，そのあり方をめぐって論議・論争が盛んになっている。とりわけ，高齢化・少子化の進展に伴う生活課題の拡大・多様化が見られる一方で，それに不況や財政問題,震災や感染症の緊急事態などが重なり合い，国民生活と福祉政策の緊張関係が生まれるなかで，国民の福祉政策に対する関心は鋭敏になっている。

そのような状況のなかで，福祉システムが国民生活から見て信頼しきれず，生活不安が解消されず，公共性を損なっている面があるとすれば，その存在意義が問われることになる。国民の生活不安を軽減するはずの社会保障制度が，逆に生活不安の原因になるならば，本末転倒である。反面，少子高齢化が今後も長期化するなかで，社会保障制度が安定的に公平性を保ちながら持続することも重要になる。そのような公共性と公平性の両立を目指す方向を考えながら，各章の後半部分において課題と方向を示した。

「社会保障」は,英語表現では‘social security’であるが，‘security’はラテン語の‘se-curus’に由来し，それには「不安からの解放」が含意されている。すなわち，社会の責任で国民を生活不安から解放することこそが社会保障の本来の役割であるが，財政的効率性が一面的に追求されるならば，必要な給付が抑制され，制度改革が，かえって高齢者や障害者，児童家庭，生活困窮者の生活不安を増幅させるという「制度的貧困」のパラドクスに陥る。「経済」の語源は，「経世済民」に由来し，社会システムを安定化させながら，国民の生活不安を解消していくことである。その意味では，社会保障政策は，経済政策の重要な一部を構成しつつも，国民の生活不安を取り除き，安心できる生活を保障するという目標理念を経済政策と共有している。今こそ，公共性の信頼回復に裏打ちされた社会保障の真の持続可能性が求められている。

本書は，福祉政策がどのような構造によって成り立ち，何が近年の制度改革の焦点となってきており，どのような課題と方向が考えられるかを各分野ごとに論じつつ，公共性と持続可能性を基軸とする福祉システムのあり方を探ったものである。その方向性を一定程度示したものの，具体的な制度設計については課題を残しており，今後さらに，読者諸氏のご批判，ご指導を仰ぎながら，研究努力を続けていきたい。

国民の一人ひとりが自分らしい生き方を実現していくための基礎条件の1つが社会保障制度であり，状態概念としての福祉（人間発達）と政策概念としての福祉（社会保障）は結びついている。その意味では，アマルティア・センに学ぶところは大きく，その両概念の架け橋を少しずつ具体的に築いていくための調査研究を自分のライフワークとしたいと願っている次第である。

とりわけ，個々の国民のもつ潜在的な福祉力が主体的に発揮されることが，個人の生きる喜びと社会の豊かさを結びつける1つのポイントになるのではないかと考えている。財政制約や高齢化・過疎化のもとにあっても，住民のもつ潜在的な力を発揮し合い，考え，行動するなかで，新たな相互扶助関係や活動拠点，生活スタイル，地域に根ざしたコミュニティ・ビジネスなどが生まれ，地域の活性化をもたらすであろう。そのような実践的提起が，フォーマルな制度の創設・改革にも好影響を与え得るであろう。本書では，制度論が中心になったが，公共性を保ちつつ，持続的な制度構築の可能性と並んで住民主体の地域福祉システムの可能性を重視する立場から，第8章を設けた。

本書は，ささやかなものであるが，これまでの自分なりの研究・教育の積み重ねのうえに成り立っている。学生時代の滋賀大学では，梅澤直樹先生に経済原論のご指導を仰ぎ，複雑化する社会経済現象の本質を見据えることの重要性を学んだ。今は亡き美崎皓先生には社会政策論のご指導を仰ぎ，社会保障が賃金の社会化としてもつ原理的意味を学んだ。成瀬龍夫先生からは，労働者だけではなく生活者として社会政策をとらえることの重要性を教えていただいた。そして，京都大学では，池上惇先生のご指導を仰ぎ，アマルティア・センやジョン・ラスキンの経済思想の醍醐味に導いていただいた。諸先生方の学恩に深く感謝申し上げたい。

高知大学と高知県立大学では，同僚の先生方にさまざまな面で助けていただいてきた。アットホームで伸び伸びとした研究教育環境を与えてくださった両大学に感謝申し上げたい。学生諸氏には,ゼミでの議論や講義,フィールドワークなどを通じて，絶えず新鮮な刺激とエネルギーを与えてもらい，教えることが教わることでもあることを学んだ。さらに，高知県内の社会福祉協議会，行政，NPO，ボランティア団体，施設，事業所，報道機関など，調査研究，研究会，委員会，講演，地域福祉実践，地域交流等を通じて，県内の多くの方々から，多大なご指導ご鞭撻を賜った。謹んで感謝申し上げたい。

そして，本書の作成にあたり，大幅に原稿が遅れたにもかかわらず，たいへん丁寧で親切なご助言，編集を含め，最後まで粘り強く，温かく励ましてくださった中央法規出版の澤誠二氏に心よりお礼申し上げたい。最後に，この場を借りて，生活・研究面を支えてくれた，そして今でも精神面で支えてくれている亡き両親,さらに妻千尋（ちひろ）と息子発達（ほたつ）にも感謝したい。

2021年5月

田中きよむ

## 著者プロフィール

1988年３月　滋賀大学経済学部卒業

1990年３月　滋賀大学大学院経済学研究科修士課程修了

1993年３月　京都大学大学院経済学研究科後期課程単位取得退学

1993年４月　高知大学人文学部社会経済学科講師

1996年４月　　　　　　　同　　　　　　助教授

2002年４月　　　　　　　同　　　　　　教授

2006年４月　高知県立大学（旧・高知女子大学）社会福祉学部教授

専門分野：社会保障論・地域福祉論・公的扶助論・福祉行財政論

著書（共著）：

・『高知の高齢者と保健福祉』高知市文化振興事業団，1997年

・『介護保険から保健福祉のまちづくりへ』自治体研究社，2001年

・『新しい公共性と地域の再生』昭和堂，2006年

・『障害者の人権と発達』全国障害者問題研究会出版部，2007年

・『財政健全化法は自治体を再建するか』自治体研究社，2008年

・『限界集落の生活と地域づくり』晃洋書房，2013年

・『直前対策　子ども・子育て支援新制度PART２』自治体研究社，2013年

・『新しい時代の地方自治像と財政』自治体研究社，2014年

・『小さな拠点を軸とする共生型地域づくり―地方消滅論を超えて―』晃洋書房，2018年

（単著）：

・『少子高齢社会の福祉経済論』中央法規出版，2004年

・『改訂　少子高齢社会の福祉経済論』中央法規出版，2006年

・『少子高齢社会の社会保障論』中央法規出版，2010年

・『改訂　少子高齢社会の社会保障論』中央法規出版，2014年

# 少子高齢社会の社会保障・地域福祉論

2021年6月5日　発行

著者………………田中きよむ

発行者……………荘村明彦

発行所……………中央法規出版株式会社

〒110-0016　東京都台東区台東3-29-1　中央法規ビル

営業　　　　　　TEL03-3834-5817　FAX03-3837-8037

取次・書店担当　TEL03-3834-5815　FAX03-3837-8035

https://www.chuohoki.co.jp/

装丁………………有限会社ダイアローグ

印刷・製本………サンメッセ株式会社

ISBN978-4-8058-8332-7

定価はカバーに表示してあります。落丁本・乱丁本はお取替えいたします。



本書の内容に関するご質問については，下記URLから「お問い合わせフォーム」にご入力いただきますようお願いいたします。
https://www.chuohoki.co.jp/contact/